Ex Libris Bibliothecæ quā Illustriß. Ecclesiæ Princeps
D. PETRVS DANIEL HVETIUS
Episcopus Abrincensis Domui Professæ
Paris. P.P. Soc. Iesu Integram Vivens Donavit.
Anno 1692

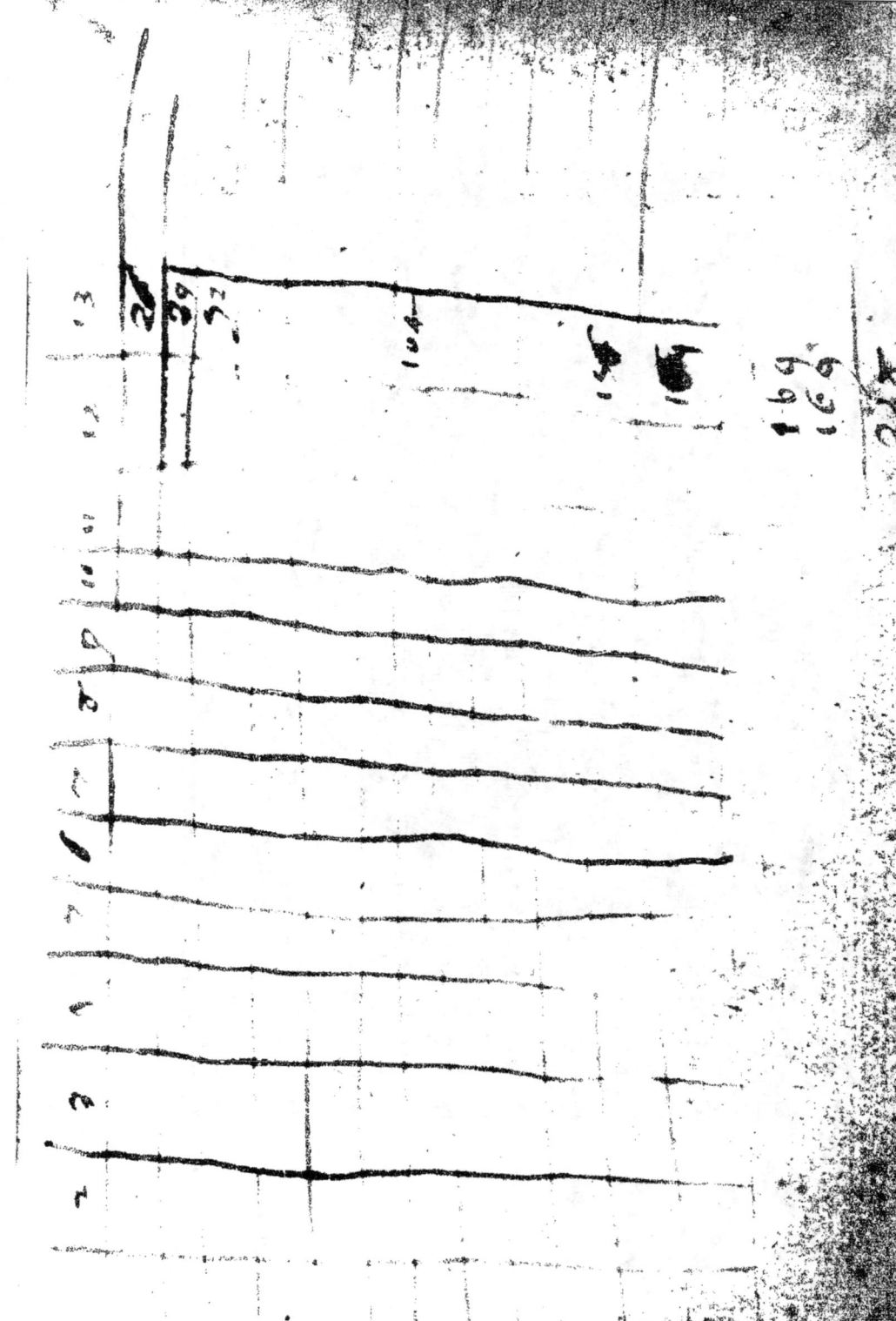

Y. 4643.
A.

LES DIVERSES POESIES DV SIEVR DE LA FRESNAIE VAVQVELIN.

Dont le contenu se void en la page suiuante.

A CAEN,

Par CHARLES MACE' Imprimeur du Roy.

M. D C V.

Auec priuilege de sa Maiesté

Ne extra hanc Bibliothecam efferatur. Ex obedientiâ.

SOMMAIRE DV

contenu en ce Volume.

L'ART POETIQVE LIV. III.

SATYRES LIV. V.

IDILLIES LIV. II.

EPIGRAMMES LIV. I.

EPITAPHES LIV. I.

DIVERS SONETS LIV. I.

AV LECTEVR.

ECTEVR, ce sont ici des vieilles & des nouuelles Poësies : Vieilles, car la plufpart sont composees il y a long temps : Nouuelles, car on n'escrit point à cette heure, comme on escriuoit quand elles furent escrites. Si elles ne sont telles qu'elles deuroient estre, c'est mon defaut : car de mon temps on escriuoit assez bien. Si elles ne sont assez reueües & pollies, c'est ma paresse. Aussi que iamais ie ne

m'oubliay tant, que ie laissasse mes affaires pour entendre à mes vers: Et me donnant garde que les Syrenes des Muses ne m'abusassent, ie me tenoy lié à ma profession toute contraire à leurs Chansons, lesquelles ie n'ecoutoy qu'à mon grand loisir & aux heures ou d'autres s'ebatent à des exercices moins honnestes. Le Public donc ou i'estois attaché, tous les troubles de ce Royaume auenus de mon âge & le soin de mon menage m'empeschérent de les reuoir & de les faire imprimer alors que leur langage & leur stile eust esté, peut estre, receu comme celuy de beaucoup qui firent voir leurs ouurages au mesme temps. Mais grand nombre des Poëtes de mon siecle & de ceux à qui i'auoy donné de mes vers sont trépassez,

& le Roy mort, par le commandement duquel i'auoy paracheué mon Art Poëtique: & quant & quant ces doux passetemps tombez en tel mépris, que depuis on n'en a tenu guere de conte. Ce qui fera que ceux-ci venants hors de saison & comme mets d'entree de table à la fin du disner, (ou comme ceux qui apres la dixiesme annee vinrent au secours de Troye) ne seront si bien receus qu'ils auroient esté du viuant de mes contemporains. C'est pourquoy vn ancien disoit bien à propos, qu'il estoit malaisé de rendre conte de sa vie deuant des hommes d'vn autre siecle que de celuy auquel on auoit vescu. Toutefois ne les pouuant changer ni r'accoutrer suiuant la façon des habits de maintenant, ie les laisse à leur naturel. Et me souuenant qu'en AEtiopie encor que les plus grands & les plus beaux fuſſent choiſis pour eſtre Rois, que pourtant ceux-la n'eſtoient chaſſez du Royaume, ni de la Choſepublique qui en la ſtature & en la proportion des membres auoient eu la Nature moins fauorable: i'eſpere ainſi, que mes vers en leur premier accoutrement pourront auoir quelque place entre les moindres, s'ils ne peuuent attaindre à la hauteur des grands. Sinon me voyant garanti par la defence de mes ans (& que la poſterité ſera iuge des ouurages d'autruy & non ceux qui viuent) ie les laiſſeray au rang des vanitez du monde, dont ie me moqueray auec ceux qui s'en moqueront, ie te prie Lecteur d'en faire de meſme : car ie ne trouue plus rien

ici bas d'admirable que les œuures de
Dieu : aux volontez duquel, i'essaye
à me ranger & à me conformer de
sorte, que quand il me faudra partir
pour aller à luy, ie m'y en aille volontairement & sans regret.

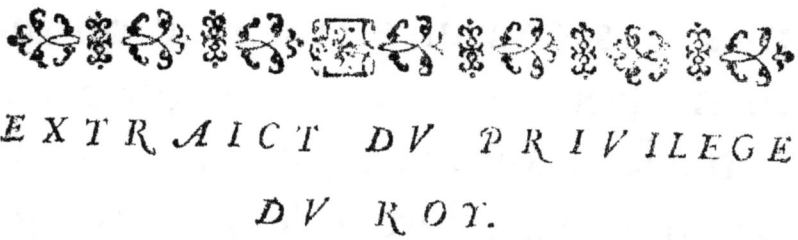

EXTRAICT DV PRIVILEGE

DV ROY.

PAR Lettres patentes du Roy, donnees à Paris le vingt troisiesme iour de Decembre mil
six cents quatre, signees par le Roy en son Conseil Angenoust, & seellees du grand sceau en cire iaune. Il est permis au Sieur de la Fresnaie
Vauquelin, de faire imprimer, vendre & distribuer ses Poesies Françoises durant le temps de
dix ans, sans qu'autres que ceux qu'il y commet-
tra les puissent imprimer, ou faire imprimer,
vendre & distribuer, sur peine de confiscation
& d'amende arbitraire, comme il est plus am-
plement contenu ésdites Lettres.

Ledit Sieur de la Fresnaie au sauuage, Sassi, Boessey, les Tucteaux, les Aulnez, & d'Arri, Conseiller du Roy, & President au Bailliage & Siege Presidial de Caen, a transporté ledit Priuilege à Charles Macé, pour en iouir suiuant l'intention de sa Maiesté, deuãt les Tabellions Royaux à Caen, le vingt-troisiesme de Iuillet mil six cents cinq.

Fautes à corriger.

Fueillet 9. Ligne 6. Lisez à mesme sorte 17. 8. qu'il. 74. 23. Lancelot. 89. 10. Syringue. 195. 18. en France ramené. & 19. Et Filleul a conduit 240. 17. Quand vn 394. 24. Et l'art de la milice. 408. 12. Puis le 430. 13. Qu'vn Marsie on y voit 449. 13. sur Menale. 523. 10. Se maintint. 708. 27. faudroit.

L'ART POETIQUE FRANCOIS,

Ou l'on peut remarquer la perfection & le defaut des anciennes & des modernes poësies.

AV ROY.

Par le sr. DE LA FRESNAIE VAVQVELIN.

LIVRE PREMIER.

I R E ie conte ici les beaus enseignemens
De l'Art de Poësie, & quels commencemens
Les Poëmes ont eu, quels auteurs quelle trace
Il faut suiure qui veut grimper dessus Parnasse.
Muses, s'il est permis d'enseigner l'Art des vers,
Et montrer d'Helicon les saints écrins ouuers,

A

L'ART POETIQVE

Que chacune de vous me montre sa cachette,
Permettez que les huis de Circe ie crochette,
Que ie monte en Parnasse ouurant vos cabinets,
Que ie cueille les fleurs des feconds iardinets
De Pimple & de Permesse : & que l'eau de Pirene
Ruisselle dans mes vers sur la françoise arene.

Apollon pren pour moy ton Luth harmonieux,
Etoufe d'vn son doux le bruit calomnieux
De ceux qui blameront cette mode enseignante
Pour ne sentir assez sa façon elegante.
Et vous, ô mon grand Roy soyez le deffendeur
De l'ouurage duquel vous estes commandeur.

Comme Dieu grand ouurier, fist de rien toute chose,
Son œuure aussi de peu le Poëte compose :
Mais quand vn homme va pour vn plaisant soulas,
Dans quelque beau iardin, dressé par entrelas
D'aires, de pourmenoirs & de longues allees,
Partis diuersement en sentes egallees ;
S'il marche dedaigneux par dessus les plançons
Des aires, compartis en diuerses façons,
Et qu'il rompe en passant les bordures tondues,
Et d'vn gentil dedal les hayettes fendues,
Au lieu d'aller ioyeux par les petits sentiers,
Diuisant le parterre en ses diuers quartiers,
Le iardinier fasché de voir les pieds superbes
De ce hautain gaster son iardin & ses herbes,
De mots iniurieux à luy s'adressera,
Et hors de son iardin, dépit le chassera.

Ainsi quand le grand Dieu iardinier de la terre
Nous void marcher hautains au monde son parterre,

Hors de ſes chemins droits, les eſpaliers briſant,
Les berceaus & les fleurs de ſon iardin plaiſant,
Il nous chaſſe dehors : il luy déplaiſt que l'homme
Retenté de nouueau regouſte de la pomme :
Sa loy, ſes mandemens, ſentiers de la cité,
Sont chemins ou l'on peut marcher en ſeureté.

 SIRE pareillement ſi quelcun plein d'audace,
Malin, outrecuidé vos Edicts outrepaſſe,
De vos grands Parlemens le ſeuere pouuoir
Le fait bien toſt ranger à ſon humble deuoir
Voſtre image parlant en vos licts de iuſtice,
Fait de voſtre Royaume obſeruer la police
Et voſtre bras vangeur pourſuit de toutes parts
Ceux qui vous irritant veulent irriter Mars.
Les Edicts de nos Roys, vos iuſtes ordonnances,
Doiuent à vos ſuiets ſeruir de ſouuenances
Du trac, dont on ne doit iamais ſe detraquer,
Qui ne veut le couroux du prince prouoquer.

 De meſme en tous les arts formez ſur la Nature,
Sans art il ne faut point marcher à l'auenture:
Autrement Apollon ne guidant point nos pas
Monter au double mont ne nous ſouffriroit pas.
Les chemins ſont tracez, qui veut par autre voye
Regaigner les deuants, bien ſouuent ſe fouruoye:
Car nos ſçauans maieurs nous ont deſia tracé
Vn ſentier qui de nous ne doit eſtre laiſſé.

 Pour ce enſuiuant les pas du fils de Nicomache,
Du harpeur de Calabre, & tout ce que remache
Vide, & Minturne aprés, i'ay cet œuure apreſté
Sire, l'accommodant au langage vſité

a ij

De voſtre france, afin que la françoiſe Muſe
Sans Art à l'auenir ne demeure confuſe.
Mais qui ſelon cet Art du tout ſe formera
Hardiment peut oſer tout ce qui luy plaira
Eſcriuant en françois; ainſi voſtre langage
Par ces vers ne reçoit vn leger auantage,
Veu qu'il ſe trouue plus de commens mille fois
Au latin, que de vers en l'Art du Calabrois:
Et puis ce n'eſt pas peu de ioindre à vos domaines,
Sans deffence ou haſard les dépouilles Romaines.
Mais tout par art ſe fait, tout par art ſe conſtruit,
Par art guide les Naues le Nautonnier inſtruit,
Et ſur tous le Poëte en ſon doux exercice
Meſle auec la nature vn plaiſant artifice;
Teſmoin en eſt cet Art, qui par les vers conté
A tous les autres arts aiſement ſurmonté.

 Comme on void que les voix fortement entonnees
Dans le cuyure étrecy des trompettes ſonnees,
Iettent vn ſon plus clair, plus haut, plus ſouuerain,
Pour eſtre l'air contraint dans les canaux d'erain:
Ainſi les beaus deſſeins plus clairs on fait entendre,
De les ſoumettre aux loix qu'en proſe les étendre.
Premier cette raiſon, fiſt aſſeruir les voix,
Soubs l'air de la ſyllabe à conter par ſes doigs.

 L'inuention des vers eſtre des cieux venue,
Eſt vne opinion des plus ſçauans tenue,
Et le fils de Latone ils y font preſider,
Et les vierges qu'on fait en Pinde reſider,
Pour monſtrer que la ſource en eſt toute celeſte,
Ce qu'vn rauiſſement à pluſieurs manifeſte;

Car estants idiots de fureur sainte espris,
Ils sentent tellement éleuer leurs espris,
Et de Phœbus si fort échauffer leurs poitrines
Que, comme s'ils auoient apris toutes doctrines,
Ils chantent mille vers qu'on pourroit égaller
A ceux qui font la Muse en Homere parler :
Puis quand cet éguillon plus ne les époinçonne,
Ils remachent leurs vers, leur Muse plus ne sonne :
Et demeurants muets ils sont émerueillez,
Quel Ange auoit ainsi tous leurs sens reueillez,
Quel Bacchus leur auoit l'ame tant éleuee,
Et du Nectar des dieux tellement abreuuee,
Que sans corps ils estoient en tel rauissement
Tirez iusques au Ciel, ou le saint souflement
De la bouche de Dieu leur halenoit en l'ame
Vne fureur diuine, vn rayon, vne flame,
Qui sans art, sans sçauoir, les faisoit tant oser,
Qu'en tous arts ils vouloient & sçauoient composer ;
Cela fist que l'on vid maints doctes recognoistre,
Les Orateurs se faire, & les Poëtes naistre.
Et truchemens des dieux beaucoup les appeloient,
Croyans que par leur bouche aux humains ils parloient.
 On void aussi que l'homme ayant dés la naissance
Le Nombre, l'Armonie & la Contrefaisance,
Trois points que le Poëte obserue en tous ses vers,
Que de la sont venus tous les genres diuers
Qu'on a de Poësie : à raison que naissante
Premier cette Nature en tous contrefaisante,
Fist que celuy qui fut enclin pour imiter,
S'enhardit peu à peu de nous representer

a iij

L'ART POETIQVE

Tous les gestes d'autruy, chanter à l'auenture
Rapportant à la voix l'accort & la mesure:
Depuis il s'ensuiuit qu'en beaucoup de façons
Elle fut diuisee en l'esprit des garçons,
Selon que de leurs meurs la coustume diuerse
A faire les poussoit des vers à la trauerse.
Dela vint qu'on voyoit les sages genereux
Les gestes imiter des hommes valeureux:
Les prudens contrefaire vne vieille prudence,
Et mettre d'vn Nestor l'esprit en euidence,
En imitant leurs meurs, leurs belles actions,
Comme elles ressembloient à leurs intentions:
Les autres plus legers les actions legeres
Imitoient des mauuais : & comme harengeres
Touchoient l'honneur de tous, vsant de mots picquants,
Au contraire de ceux qui les dieux inuoquants,
Faisoient à leur honneur des Hymnes venerables,
Ou celebroient des bons les bontez fauorables:
De Nature ils estoient poussez à cet effet:
Nul ne pensoit à l'Art qui depuis s'en est fait:
Mais l'vsage fist l'Art ; l'Art par apprentissage
Renouuelle, embellit, regle & maintient l'vsage:
Et ce bel Art nous sert d'escalier pour monter
A Dieu, quand du nectar nous desirons gouster.
Le Nombre & la Musique en leur douce Harmonie,
Sont quasi comme l'ame en la sainte manie
De tout genre de vers, de qui faut emprunter
Le sucre & la douceur pour les faire gouster.
 Bien que la vigne soit aussi belle aussi viue,
Qu'aucun autre arbrisseau qu'vn laboureur cultiue,

Il la faut toutesfois appuyer d'échalas,
Ou quelque arbre à plaisir luy bailler pour soulas:
Ainsi des autres Arts il faudra qu'on appuye
La Poësie, afin qu'elle en bas ne s'ennuye:
Le Lierre en la sorte en forme de serpent,
Sans son grand artifice en bas iroit rampant:
Aux arbres il s'attache, industrieux il grimpe
Par son trauail, plus haut que le coupeau d'Olimpe:
Il grauit contremont sur les antiques murs,
Il s'éleue collé dessus les chesnes durs,
Et sa force si bien haussant il etançonne,
Que plus ferme est son pied qu'vne ferme coulonne.
De mesme la Nature aux Arts a son recours,
Pour auoir vn soustien, pour auoir vn secours,
Qui ferme rend sa peine en plaisir égayee
De se voir par les fleurs de science étayee:
C'est pourquoy quand on fait par vn prix droicturier,
La couronne aux sçauans de verdoyant Laurier,
(Signe que la verdeur d'immortelle duree
Aura contre le temps vne force asseuree)
On y met du lierre ensemble entrelassé,
Pour montrer que sans l'Art l'esprit est tost lassé:
Ainsi representoit l'Egiptienne écolle
Le Poëte parfait, par ce gentil symbolle.
Comme vn autre disoit, que de laict doucereux,
Pour montrer la Nature; & de miel sauoureux,
Pour marquer l'artifice, on debueroit repaistre,
Celuy qui veut aux vers se faire appeler maistre.
Personne ne pouuant sans leur conionction
Iamais toucher au but de la perfection.

a iiij

L'ART POETIQVE

C'est vn Art d'imiter, vn art de contrefaire
Que toute Poësie, ainsi que de pourtraire,
Et l'imitation est naturelle en nous :
Vn autre contrefaire il est facile à tous.
Et nous plaist en peinture vne chose hideuse,
Qui seroit à la voir en essence facheuse.
   Comme il fait plus beau voir vn singe bien pourtrait :
Vn dragon écaillé proprement contrefait,
Vn visage hideux de quelque laid Thersite,
Que le vray naturel qu'vn sçauant peintre imite :
Il est aussi plus beau voir d'vn pinceau parlant
Dépeinte dans les vers la fureur de Roland,
Et l'amour forcené de la pauure Climene,
Que de voir tout au vray la rage qui les mene.
   Tant s'en faut que le beau, contrefait, ne soit beau,
Que du laid n'est point laid, vn imité tableau :
Car tant de grace auient par cette vray-semblance,
Que sur tout agreable est la contrefaisance.
   Donc s'vn peintre auoit peint vn beau visage humain,
Y ioignant puis après d'vn trait de mesme main,
Vn haut col de cheual dont l'estrange figure
D'vn plumage diuers bigarrast la nature,
Et qu'ores d'vne beste, & qu'ores d'vn oyseau
Il adioutast vn membre à ce monstre nouueau,
Ses membres assemblant d'vne telle ordonnance,
Que le bas d'vn poisson eust du tout la semblance,
Et le haut d'vne femme, ainsi qu'on dit qu'estoient
Celles qui de leurs voix les nochers arrestoient :
Sire, venant à voir ce monstre de Sirene,
De rire que ie croy vous vous tiendriez à peine.

Croyez ô mon grand Roy qu'en ce tableau diuers,
Semblable vous verrez vn beau liure en ces vers,
Auquel feintes seront diuerses Poësies,
Comme au chef d'vn fieureux sont mille fantasies:
De sorte que le bas ni le sommet aussi
Ne se rapporte point à mesme force icy:
Toutesfois tout le corps des figures dépeintes
Donnent vn grand plaisir ainsi qu'elles sont feintes:
Ce sont des vers muets que les tableaux de prix,
Ce sont tableaux parlants que les vers bien écris.

 Le Peintre & le Poëte ont gaigné la puissance
D'oser ce qu'il leur plaist, sans faire à l'Art nuisance:
Au moins nous receuons cette excuse en payment,
Et la mesme donnons aux autres mesmement.
Mais non pas toutesfois que les choses terribles,
Se ioignent sans propos auecques les paisibles:
Comme de voir couplez les serpens aux oyseaux,
Aux tigres furieux les dous bellants agneaux.
Tout ce doit rapporter par quelque apartenance,
Tant qu'vn fait ioint à l'autre ait de la contenance.
Comme en Crotesque on voit par entremeslemens
De bestes & d'oyseaux diuers accouplemens.

 Bien souuent bastissant d'vn hautain artifice
Quelque ouurage superbe, on met au frontispice.
Et de pourpre & d'azur maint braue parement,
Pour enrichir le front d'vn tel commencement.
Tout de mesme on descrit la forest honoree,
Et l'autel ou iadis fut Diane adoree,
Ou le bel arc en ciel bigarré de couleurs,
Ou le pré s'emaillant de differentes fleurs:

Ou le Rhin Germanique, ou la Françoise Seine,
Qui partant de beaus champs en serpent se pourmeine,
Puis embrasse en passant de ses bras tortueux
Paris le beau seiour des libres vertueux.
Mais de ne mettre point chose qui ne convienne
Au suiet entrepris tousiours il te souvienne :
Et ne fay pas ainsi que ce peintre ignorant,
Qui peindre ne sçauoit qu'vn Ciprez odorant :
Et desirant de luy tirer quelque peinture,
Tousiours de ce Ciprez il bailloit la figure.
A quel propos cela ? quand pour argent donné
Veut estre peint celuy, qui sur mer fortuné
Le nauffrage a souffert ? te chargeant de pourtraire
Vn Satire cornu, ne fay rien au contraire.
Parquoy doncques au lieu d'vn Satire paillard,
Nous viens tu figurer Sylene le vieillard.

Si tu fais vn Sonnet ou si tu fais vne Ode,
Il faut qu'vn mesme fil au suiet s'accommode :
Et plain de iugement vn tel ordre tenir,
Que hautain commençant haut tu puisses finir.

Pour dire en bref il faut qu'à toymesme semblable,
Ton vers soit tousiours mesme en soymesme agreable,
Si bien que ton Poëme égal & pareil soit.
Soubs l'espece du bien souvent on se deçoit :
Qui fait que la pluspart des Poëtes s'abuse.
Car l'vn pour estre bref importunant la muse,
Trop obscur il devient : à l'autre le cœur faut
Suiuant vn suiet bas : trop s'enflant s'il est haut :
Qui trop veut estre seur, & qui trop craint l'orage,
Il demeure rampant à terre sans courage.

FRANÇOIS.

Qui veut d'vn autre part, prodigue de ses vers
Vn mesme fait changer par vn parler diuers,
Il conduit aux forests les Dauphins hors des ondes,
Les Sangliers hors des bois dedans les eaux profondes,
Et les Cerfs il veut faire en hardes abbander,
Pour aller hors la terre en la mer viander:
Au vice nous conduit la faute qu'on éuite,
Si par Art elle n'est du iugement conduite.

   A Paris, Renaudin Imager diligent
Sçait bien representer en bronze & en argent
Les ongles & la main : & de douce entailleure
Imiter gentiment la crêpe cheueleure :
Mais le chetif ne peut d'vne derniere main
Parfaire son ouurage : Ainsi ie fais en vain
Mille vers, quand ie veux composer vn Poëme,
Qu'imparfait, ie ne puis paracheuer de mesme
Que ie l'ay commencé : comme si mal en point
I'auois la chausse neufue, & quelque vieux pourpoint.

   O vous qui composez, que prudens on s'efforce
De prendre vn argument qui soit de vostre force:
Pensez long temps au fais que vous pourrez porter:
Car s'il est trop pesant il s'en faut deporter.
Qui sçait bien vn suiet selon sa force elire,
Point ne luy manquera l'ordre ni le bien dire.

   La grace & la beauté de cet ordre sera,
Si ie ne me deçoy, quand bien on dressera
Ce qui dire se doit, & non se dire à l'heure,
Reseruant plusieurs points en leur saison meilleure,
Et quand bien à propos on sçaura prendre vn point,
Et quand hors de propos on ne le prendra point.

Sur tout bien inuenter, bien disposer, bien dire,
Fait l'ouurage des vers comme vn Soleil reluire.
Comme sur tous louable est l'edifice, ou l'art
fait priser la matiere, auquel d'vne autre part
La matiere fait l'art estimer dauantage :
Tout ainsi le Poëme a l'honneur en partage,
Quand vn digne suiet fait les vers estimer,
Et quand les vers bien faits font le suiet aimer.
 Si quelques mots nouueaux tu veux mettre en vsage,
Montre toy chiche & caut à leur donner passage:
Ce que bien tu feras les ioignant finement
Auec ceux dont la france vse communement.
Si mesme le premier il te faut d'auenture,
Découurir en françois des secrets de nature
Non encor exprimez, lors prudent & rusé,
Tu peux feindre des mots dont on n'a point vsé:
Et puis les mots nouueaux que les nostres inuentent
Qui de l'Italien la langue representent,
Ou qui sont du Latin quelque peu détournez,
Ou qui sont du milieu de la Grece amenez,
Seront receus, pourueu qu'auec propre matiere
La france rarement en soit faite heritiere:
Et tous les mots qui sont proprement françoisez,
Et tous ceux qui ne sont du françois deguisez,
Et les vieux composez desquels tousiours en france
On vsoit à l'égal de la Grecque eloquence.
 Mais seroit ce raison qu'à Thiard fust permis,
Comme à Sceue d'auoir tant de mots nouueaux mis
En france, dont il a nostre langue embellie
Par les vers éleuez de sa haute Delie,

FRANÇOIS.

Et que Bellay, Ronsard, & Baif inuentant
Mile propres beaus mots, n'en peussent faire autant?
Si i'en inuente aussi, par la trace suiuie
Des plus doctes, pourquoy m'en porte l'on enuie?
Puis que tant ont ainsi nostre langage orné,
Quand à nouuelle chose ils ont vn nom donné?
Comme ont fait nos Herauts, en beaucoup de manieres
Blasonnant les escus armoyez aux banieres:
Comme en la chasse ont fait nos antiques chasseurs,
Comme ore font aussi nos recens bastisseurs:
Tesmoin vn Iean Martin qui nostre langue a faite,
Propre pour exprimer Vitruue l'architecte:
En la chasse il y a pour les champs & les bois,
Du Fouilloux & Modus, & le prince de Foix,
Dont puiser tu pourras les mots de venerie:
Et puis Iean de Franciere en la fauconnerie,
Vollant t'enseignera les traits & les façons
D'affaiter & leurrer les Gerfauts & Faucons.
Et du braue cheual caluacadour agile
Le parler tu sçauras d'vn escuyer habile,
Et voirras le Grison (bien qu'à le manier
Il ne soit à la fin qu'vn françois escuier)
Et d'autre part Nicot, qui de plume diuine
Voyageant t'assembla des termes de marine.
L'idiome Norman, l'Angeuin, le Manceau,
Le François, Le Picard, le poli Tourangeau,
Aprens, comme les mots de tous arts mecaniques
Pour en orner aprés tes phrases Poëtiques.
   Si tu veux vn dessein ou d'armes ou d'amour,
Ou de lettres montrer qui soit digne du iour,

Que tu sçaches la regle au vray des Entreprises,
Cris-de-bataille, Mots, Ordres, Chiffres, Devises,
Brisures & Couleurs, les Armes des maisons,
Anagrammes, Rebus, Emblesmes & Blasons,
Et des Egiptiens des choses les images
Soubs lesquels ils couuroient leurs doctrines plus sages:
Aux festins solemnels, aux ioustes, aux tournois
Tu rempliras ainsi les Oualles des Rois
D'ames & de beaux corps : ce sont Mots & Figures,
Qui de guerre & d'amour cachent les auantures :
Alors il te sera permis de mots vser
Que la necessité ne pourroit refuser :
(Ie ne veux toutesfois qu'vn bon esprit se fiche
A faire vn Anagramme, à faire vne Accrostiche
D'vn trauail obstiné : ce sont fruicts abortifs
Dont la semence vient des poures apprentifs,)
Lors en renouuelant vne vieille empirance
Changer tu peux des mots par quelque tolerance.
On a tousiours permis, est, & permis sera
Faire naistre vn beau mot, qui representera
Vne chose à propos, pourueu que sans contrainte
Au coin du temps present la marque y soit empreinte.
Comme on void tous les ans les fueilles s'en aller,
Au bois naistre & mourir, & puis renouueler :
Ainsi le vieux langage & les vieuls mots perissent,
Et comme ieunes gens les nouueaux refleurissent.
Tout ce que nous ferons est suiet à la mort :
Ce qui fut terre ferme à cette heure est vn port,
Oeuure haute & royalle : & maintenant la Seine
Pour enceindre la ville abandonne la pleine :

FRANÇOIS.

Et ce qui d'vn costé n'estoit rien que marests,
Et qui d'vn autre endroit n'estoit rien que forests
Est, fendu soubs le soc, deuenu champ fertille
Des blonds cheueux que tond la dent de la faucille.
Comme ore en mainte part Loire a changé son cours,
Et sans plus nuire aux bleds, des prez est le secours:
La mer en maint endroit de nos costes Normandes
A pris, sans partager des campagnes trop grandes:
Ailleurs se reculant de ses bords sablonneux,
Elle a fait des pastils de marests limonneux.
A la fin periront toutes choses mortelles;
Aussi fera l'honneur des paroles plus belles:
Car si l'vsage veut plusieurs mots reuiendront
Aprés vn long exil, & les autres perdront
Leur honneur & leur prix, sortant hors de l'vsage
Soubs le plaisir duquel se regle tout langage.

   De quel air, en quel vers on doit des Empereurs,
Des princes & des Rois descrire les erreurs,
Les voyages, les faits, les guerres entreprises,
D'vn siege de dix ans les grandes villes prises,
T'enseigne Homere grec, & Virgile Romain:
Autre exemple choisir ne te trauaille en vain.
Comme Apelle en peinture estoit inimitable
En ses traits, en ses vers Virgile est tout semblable:
En l'Epique tu peux suiure ce braue autheur:
Nul ne peut en sa langue attaindre à sa hauteur.

   Pour t'aider tu pourras bien remarquer tes fautes
Dedans la Thebaide & dans les Argonautes,
Suiure vn coulant Ouide & cet Italien,
Qui ne les suit de loin, bien que d'vn seul lien,

Dans vn mesme suiet de trois digne, il assemble
Vn long siege, vn voyage & maint amour ensemble.
  Et d'autant qu'il ne siet au Poëte fameux,
De prendre rien des siens quand il écrit comme eux,
(Estant né de bon siecle auec la vehemence
Qu'en la France a produit la premiere semence)
Sans rien luy dérober honore ce bel Art
En Francus voyageant soubs nostre grand Ronsard.
  Si né soubs bon aspect tu auois le genie,
Qui d'Apolon attire à soy la compagnie,
Pour d'vn ton assez fort l'Heroïque entonner,
Les siecles auenir tu pourrois étonner:
Mais il faut de cet Art tous les preceptes prendre,
Quand tu voudras parfait vn tel ouurage rendre:
Par ci par là meslé rien ici tu ne lis,
Qui ne rende les vers d'vn tel œuure embellis.
  Tel ouurage est semblable à ces fecons herbages,
Qui sont fournis de prez & de gras pasturages,
D'vne haute fustaye, & d'vn bocage épais,
Ou courent les ruisseaux, ou sont les ombres frais,
Ou l'on void des estangs, des vallons, des montagnes,
Des vignes, des fruictiers, des forests, des campagnes:
Vn Prince en fait son parc, y fait des bastimens,
Et le fait diuiser en beaus appartemens:
Les cerfs, soit en la taille, ou soit dans les gaignages,
Y font leurs viandis, leurs buissons, leurs ombrages:
Les abeilles y vont par esquadrons bruyants
Chercher parmi les fleurs leurs viures rousoyants:
Le bœuf laborieux, le mouton y pasture,
Et tout autre animal y prend sa nourriture.
                                              En

En l'ouurage Heroïque ainsi chacun se plaist,
Mesme y trouue dequoy son esprit il repaist:
L'vn y tondra la fleur seulement de l'Histoire,
Et l'autre à la beauté du langage prend gloire:
Vn autre aux riches mots des propos figurez,
Aux enrichissemens qui sont elabourez:
Vn autre aux fictions aux contes delectables
Qui semblent plus au vray qui ne sont veritables:
Bref tous y vont cherchant, comme sont leurs humeurs
Des raisons, des discours, pour y former leurs mœurs;
Vn autre plus sublim à trauers le nuage
Des sentiers obscurcis, auise le passage
Qui conduit les humains à leur bien-heureté
Tenant autant qu'on peut l'esprit en seureté.
 C'est vn tableau du monde, vn miroir qui raporte
Les gestes des mortels en differente sorte.
On y void peint au vray le gendarme vaillant,
Le sage capitaine vne ville assaillant,
Les conseils d'vn vieil homme, escarmouches, batailles,
Les ruses qu'on pratique au siege des murailles,
Les ioustes, les tournois, les festins & les ieux,
Qu'vne grand' Royne fait au Prince courageux,
Que la mer a ietté par vn piteux naufrage,
Apres mille dangers à bord à son riuage.
On y void les combats les harengues des chefs,
L'heur apres le malheur, & les tristes méchefs
Qui tallonnent les Roys : les erreurs, les tempestes
Qui des Troyens errants, pendent dessus les testes,
Les sectes, les discords, les points religieux,
Qui brouillent les humains entre eux litigieux:
        B

Les astres on y void & la terre descrite,
L'ocean merueilleux quand aquilon l'irrite:
Les amours, les duels, les superbes dédains,
Ou l'ambition mist les deux freres Thebains:
Les enfers tenebreux, les secrettes magies,
Les augures par qui les citez sont regies:
Les fleuues serpentants, bruyants en leurs canaux
Le cercle de la Lune, ou sont les gros iournaux
Des choses d'ici bas, prieres, sacrifices
Et des Empires grands les loix & les polices.
On y void discourir le plus souuent les Dieux,
Vn Terpandre chanter vn chant melodieux,
A l'exemple d'Orphee: & plus d'vne Medee
Accorder la toyson par Iason demandee:
On y void le dépit ou poussa Cupidon
La fille de Dicæ & la poure Didon:
Car toute Poësie il contient en soymême
Soit tragique ou Comique, ou soit autre Poëme.
Heureux celuy que Dieu d'esprit voudra remplir,
Pour vn si grand ouurage en françois acomplir!
En vers de dix ou douze aprés il le faut metre:
Ces vers la nous prenons pour le graue Hexametre,
Suiuant la rime plate, il faut que mariez
Par la Musique ils soient ensemble appariez,
Et tellement coulans que leur veine pollie
Coule aussi doucement que l'eau de Castallie.
Mais du vers Heroic ailleurs nous parlerons
Et tandis d'autres vers ici nous meslerons.

  Les vers que les Latins d'inegale iointure
Nommoient vne Elegie, aigrete en sa pointure

Seruoient tant seulement aux bons siecles passez,
Pour dire apres la mort les faits des trepassez:
Depuis à tous suiets: ces plaintes inuentees,
Par nos Alexandrins sont bien representees,
Et par les vers communs, soit que diuersement
En Stances ils soient mis, ou bien ioints autrement.
   Cette Elegie vn Lay nos François appelerent,
Et l'Epitere encor de triste luy baillerent:
Beaucoup en ont escrit tu les imiteras,
Et le prix non gaigné peut estre emporteras.
Breue tu la feras, te reglant en partie
Sur le Patron poli de l'amant de Cinthie.
Les preceptes tousiours generaux obseruant,
Tels que nous les auons cottez par ci deuant.
   Nos Poëtes François, qui beaus Cignes se fient
A leur voler hautain: or l'a diuersifient
En cent genres de vers, si trop long est leur cours,
Ils couurent sa longueur d'vn beau nom de discours.
   Qui la triste Elegie a premier amenee,
Cette cause au Palais encor est demenee:
Car les Grammairiens entre eux en vont plaidant,
Et soubs le Iuge encor est le procez pendant.
Tibulle est le premier dont la Muse bien nette
A Romaine imité, Callimaque & Philætte:
Puis Ouide & Properce, & Gallus le vieillart,
Dont tu peux emprunter les regles de cet Art.
Mais ta Muse ne soit iamais enbesongnee
Qu'aux vers dont la façon ici t'est enseignee,
Et des vieux chants Royaux décharge le fardeau,
Oste moy la Ballade, oste moy le Rondeau.

b ij

Les Sonnets amoureux des Tançons Prouençalles
Succederent depuis aux marches inegalles
Dont marche l'Elegie : alors des Trobadours
Fut la Rime trouuée en chantant leurs amours :
Et quand leurs vers Rimez ils mirent en estime
Ils sonnoient, ils chantoient, ils balloient sous leur Rime,
Du Son se fist Sonnet, du Chant se fist Chanson,
Et du Bal la Ballade, en diuerse façon :
Ces Trouuerres alloient par toutes les Prouinces
Sonner, chanter, danser leurs Rimes chez les Princes.
Des Grecs & des Romains cet Art renouuelé,
Aux François les-premiers ainsi fut reuelé :
A leur exemple prist le bien disant Petrarque
De leurs graues Sonnets l'ancienne rémarque :
En récompence il fait memoire de Rembaud,
De Fouques, de Remon, de Hugues & d'Arnaud.
Mais il marcha si bien par cette vieille trace,
Qu'il orna le Sonnet de sa premiere grace :
Tant que l'Italien est estimé l'autheur,
De ce dont le François est premier inuenteur.
Iusqu'à tant que Thiard épris de Pasithee
L'eut chanté d'vne mode alors inusitée,
Quand Sceue par dixains en ses vers Deliens
Voulut auoir l'honneur sur les Italiens,
Quand desia S. ingilais, & doux & populaire
Refaisant des premiers le Sonnet tout vulgaire,
En Court en eut l'honneur : quand bien tost du Bellay
Son Olliue chantant l'eut du tout rappelé :
Et que Ronsard bruslant de l'amour de Cassandre
Par dessus le Toscan se sceut bien faire entendre :

Et Baïf du depuis (Meline en ses ébats
N'ayant gaigné le prix des amoureux combats)
Ces Sonnets repillant, d'vn plus hardi courage,
Et changeant son amour, & changeant son langage
Chanta de sa Francine au parangon de tous,
Faisant nostre vulgaire & plus bas & plus dous.

 Puis Ronsard reprenant du Sonnet la mesure
Fist nostre langue aussi n'estre plus tant obscure
Et deslors à l'enui fut des François repris
L'interest du vieux sort, que l'Itale auoit pris.
Et du Bellay quitant ceste amoureuse flame,
Premier fist le Sonnet sentir son Epigrame:
Capable le rendant, comme on void, de pouuoir,
Tout plaisant argument en ses vers receuoir.

 Desportes d'Apolon ayant l'ame remplie,
Alors que nostre langue estoit plus accomplie,
Reprenant les Sonnets, d'art & de iugement
Plus que deuant encor écriuit doucement.
De nostre Cathelane ou langue Prouençalle
La langue d'Italie & d'Espagne est vassalle:
Et ce qui fist priser Petrarque le mignon,
Fut la grace des vers qu'il prist en Auignon:
Et Bembe reconnoist qu'ils ont pris en Sicille
La premiere façon de la Rime gentille,
Que l'on y fut planter auecques nos Romants,
Quand conquise elle fut par nos Gaulois Normands,
Qui faisoient de leurs faits inuenter aux Trouuerres
Les vers q̃ leurs Ionglours, leurs Contours & Chanterres
Rechantoient par apres. (Ainsi les Grecs auoient
Des Rapsodes, qui lors tous les carmes sçauoient

D'Homere & d'Hesiode, estant les secretaires,
Interpretes, conteurs, des fabuleux misteres
De ces Poëtes vieux) lors Tristan de Cisteaux
En Pouille auec Guiscart, plantoit ses panonceaux.
Puis en suite plus grand Tancred de Hauteuille
Conduisant douze fils de sa terre fertille,
Mist en Pouille & Calabre vn vulgaire François
Du Cathelan, Roman, Vualon & Thiois,
Langages tous formez sur la langue Gauloise,
Que corrompit ainsi la Latine & Thioise ;
Qui par les Cours des grands Romande se forma,
Et chacun à la fin ceste derniere anna.
Les Normands derechef, suiuant hors de leur terre
Guillaume leur grand duc, mirent en Angleterre
Leur coustume & leur langue, & de la d'autres lois,
Qu'en François bien long tems n'ôt point eu les Angl.

 D'Archilocque premier la furieuse rage,
De son Iambe propre arma le fier courage:
Ce pied du gros soulier des Comicques fut pris,
Et du beau brodequin des tragiques espris :
Outil propre à traiter des communes affaires,
Des propos mutuels & des bruits populaires,
Se pouuant comme on veut en François rapporter,
Car il peut en tous vers l'oreille contenter :
Mais nostre vers d'huict, sied bien aux comedies,
Comme celuy de douze aux graues Tragedies.

 Nos longs vers on appelle Alexandrins, d'autant
Que le Roman qui va les prouesses contant
D'Alexandre le grand, l'vn des neuf preux de
En ces vers fut escrit d'vn Romanzé langage:

Heroïques ainſi les Carmes furent dits,
D'autant que des Heros les hauts geſtes iadis
En ces vers on chanta: Heros qui de la Grece
Guiderent en Colchos la fleur de la ieuneſſe
Dans la parlante Nef, quand le preux fils d'AEſon,
Mais deſloyal amant, emporta la toyſon.
   On peut le Sonnet dire vne chanſon petite:
Fors qu'en quatorze vers touſiours on le limite:
Et l'Ode & la Chanſon peuuent tout librement
Courir par le chemin d'vn bel entendement.
La chanſon amoureuſe affable & naturelle
Sans ſentir rien de l'Art, comme vne villanelle,
Marche parmy le peuple aux danſes aux feſtins,
Et raconte aux carfours les geſtes des mutins:
L'Ode d'vn graue pied, plus nombreuſe & preſſee
Aux dames & ſeigneurs par toy ſoit addreſſee:
De mots beaus & choiſis tu la façonneras,
De mile belles fleurs tu la couronneras:
D'ornemens, de couleurs, de peintures brunies,
En leurs deieĉtemens egalement vnies.
En cent ſortes de vers tu la peux varier:
Mais touſiours aux accodrs du Luth la marier:
Et que chacun couplet r'entre de telle ſorte,
Que quelque mot poignant en ſa fin il rapporte
Sentant ſon Epigramme, & tellement ſoit ioint
Qu'au lecteur il ſemble eſtre acomply de tout point.
Si d'vne fiĉtion d'vn long diſcours tu cauſes,
Tu pourras diuiſer cette longueur en pauſes.
Ou par les plis tournez des Odes du Sonneur,
Qui Grec ſur les neuf Grecs lyriques eut l'honneur,

b iiij

Mais rien n'est si plaisant que la courte Odelette
Pleine de ieu d'amour, douce & mignardelette :
Si tu veux du sçauoir philosophe y mesler,
Par la Muse il le faut à ton aide appeler,
A toy mesme asserūant la douce Polimnie,
Autrement sa faueur, depite elle denie,
Et non l'assuiettir aux mots sentencieux
Sans quelle sente vn peu son air capricieux,
Sur quelque fantasie éleué (par la grace
De contes fabuleux) dessus la prose basse.
 La Muse sur le Luth pour suiet fist iouer
Et les Dieux & les Rois, & leurs mignons loüer,
Les ioustes les combats, la ieunesse s'aymante
A picquer les cheuaux soubs la bride écumante ;
Les ballets & le vin, les danses, les banquets
Et des ieunes amans les amoureux caquets.
 Mais auec son fredon, or la Lyre cornue
En la France est autant qu'en la Grece connue :
Et nul vulgaire encor n'a iamais entrepris
De vouloir par sus elle en emporter le pris.
Car depuis que Ronsard eut amené les modes
Du Tour & du Retour & du Repos des Odes,
Imitant la paume ou du Roy le grand bal,
Le François n'eut depuis en l'Europe d'égal :
D'Elbene le premier cette lyre ancienne
A l'enuy des François fait ore Italienne.
 En ce genre sur tous proposer tu te dois
L'inimitable main de Pindare Gregois,
Et du Harpeur Latin, & teiouir & rire
Et sur la Téïenne & la Saphique lyre.

Le but de Galien c'est garder de mourir
Le malade qu'il veut par drogues secourir :
Le but de Ciceron c'est de bien faire croire
Par ses viues raisons, son fait comme vne histoire.
Mais quand & l'vn & l'autre à ce but n'atteindroit,
Le nom de medecin Galien ne perdroit,
Ni Ciceron son tiltre : à raison que procede
Le mal souuent d'vn point qui n'a point de remede :
Or qu'aussi d'vn procez l'entremeslé defaut
Empesche qu'on ne soit entendu comme il faut :
Mais sans donner plaisir son nom perd vn Homere,
Il deuient de Poëte vne laide Chimere.
C'est le but, c'est la fin des vers que resiouir :
Les Muses autrement ne les veulent ouïr.
Les Peintres font ainsi peingnants la Madelene,
Pleurante ils la feront ressembler vne Helene,
Nonchalante, agreable, ouurant de tous costez,
En son rauissement vn thresor de beautez.
  Ce qui fist sembler beaus à la Grece ancienne
Et les vers & les chants de Saphon Lesbienne,
C'est qu'ils parloient tousiours de mile faits plaisans,
Des ombrages, des prez, des oyseaux degoisans,
Des épesses forests, des sources gasouillardes,
Roullant sur le grauois leurs ondes babillardes,
Des Hesperides Sœurs, de leurs iardins encor,
Ou le dragon vueillant gardoit les pommes d'or :
Des Nimphes, de leur bal, des danses mesurées
Qu'elles branloient en rond sur les tardes serées,
De mile autres plaisirs qui tous delicieux
Sont, sans les regarder, agreables aux yeux :

Semblables au Printemps, dont les fleurs aurilleres
Bigarrant vn iardin, promtes & iournalieres,
Vous plaisent sans penser aux bons fruicts de l'Esté,
Tant vous est à propos ce plaisir presenté :
Sans fruict ainsi vous plaist vne rose nouuelle,
Et le baiser sans fruict qu'on prend d'vne pucelle.

 Puis des vers le Genie estant du Ciel venu,
Pour celeste plustost que terrestre est tenu.
Car encor que la perle Indienne & gemmeuse
Naisse dedans le nacre en la mer escumeuse,
Toutefois elle tient plus du Ciel que de l'eau,
Aprochant en couleur de son visage beau :
Aussi l'esprit conduit par la Muse diuine,
Dépend plustost du Ciel, dont il prend origine,
Que non pas de la terre ou son corps est viuant,
Ainsi que le Soucy son beau Soleil suiuant.

 C'est pourquoy des beaus vers la ioyeuse alegresse
Nous conduit aux vertus d'vne plaisante addresse,
Et pourquoy Dieu se prie aux Temples en chantant,
Et d'vn cœur réioui, plustost qu'en lamentant.

 Ie sçay bien toutefois que profiter & plaire,
Comme ailleurs ie diray, est le seul exemplaire
De la perfection ; mais tousiours si faut il,
Qu'on trouue quelque chose au profit de gentil :
Chasteau-vieux bouffonnant pour gosser & pour rii
Ne laisse à profiter & plaire en son medire.

 Des gemmes que l'on trouue aux riuages Indois,
I'estime tousiours celle estre de plus grand chois,
Qui non seulement belle en couleur variante
Sçait réiouir les yeux agreable & riante,

Mais qui sçait à des maux remedes aporter,
Et par vertu secrete vn esprit conforter :
Ainsi des Muses est la chanson souueraine,
Qui n'a pas seulement la voix belle & sereine,
La parole plaisante & l'air delicieux :
Mais qui sçait d'auantage enchasser precieux
Le diamant en l'or ; tirant auec delices,
Par ses enseignemens vn homme de ces vices.

   Si quelqu'vn deuant vous, si quelqu'vn puis apres
Imite en mesme endroit les Latins & les Grecs,
Vous rencontrant ensemble, il ne faut par enuie,
Ni par dépit laisser l'œuure non poursuiuie :
Les Autheurs sont communs, tels les imiteront,
Qui mieux que les premiers les representeront :
Qui va méme chemin & fait méme voyage,
Quelquefois se rencontre en vn méme passage.

   Comme tout peintre n'est parfait en cháque part
De tout ce que requiert la regle de son art :
Mais, l'vn en simples traits tant seulement charbonne,
L'autre sçait porfiler l'ombre d'vne personne :
L'vn de membres fait bien vn raccourcissement,
L'autre sçait de couleurs faire vn rehaussement :
L'vn peindra seulement des grands dieux les images,
Et l'autre au naturel contrefait les visages :
L'vn sçait bien les couleurs subtil entremesler,
Et l'autre en Symmetrie aussi tout egaller.
Des Poëtes ainsi, l'vn fait vn Epigrame,
L'autre vne Ode, vn Sonnet, en l'honneur d'vne dame,
L'vn vne Comedie, & l'autre d'vn ton haut,
Tragique fait armer le royal echafaut.

L'vn fait vne Satyre, & l'autre vne Idillie,
Qui iusque aux petits chants des Pasteurs s'humillie,
Et peu, qui sont bien peu, la trompette entonnant,
Font bruire d'vn rebat l'air au tour resonnant.
Mais comme auec Apelle, on loüe vn Timagore,
Protogene, Zeusis, Timante, Apollodore,
Parrasse & Pollignot, peignants diuersement:
Homere seul ainsi, ni Maron seulement
N'ont gaigné le Laurier : De cette branche on pare
Comme eux, Catule, Horace, Hesiode, & Pindare:
Aussi pour le suiet des premiers ne traitter,
On ne doit de leur rang les seconds reietter:
Chacun en son espece a part à la Couronne
De l'arbre Delphien, qui leurs chefs enuironne.

 Mais celuy qui ne peut garder l'ordre diuers,
Et les couleurs de l'œuure en escriuant des vers,
Et donner son vray iour à l'argument qu'il traite,
Ne meritera point qu'on l'appelle Poëte.
Pourquoy veut il honteux, ignorant demeurer,
Plustost qu'en aprenant, plus hardy s'asseurer?

 Par vn Tragicque vers ne veut estre traitee
Vne chose Comique, ains bassement contee:
Et ne faut reciter en vers priuez & bas
De Thiëste sanglant le plorable trespas;
Chacune chose doit en sa naïfue grace
Retenir proprement sa naturelle place :
Si l'Art on n'accommode à la Nature, en vain
Se trauaille de plaire en ses vers l'escriuain:
Neaumoins quelquefois de voix vn peu hardie
S'éleue en son couroux la basse Comedie:

FRANÇOIS.

Et d'vne bouche enflee on void souuentefois
Chremes se dépiter en éleuant sa voix ;
Le Tragicque souuent de bouche humble & petite,
Bassement sa complainte aux échaffauts recite
  Quand Telephe & Pelé banis & caimandans
S'efforcent d'émouuoir le cœur des regardans,
Et Ragot belittrant, vn Euesque importune,
Il a des mots piteux propres à sa fortune,
Tous laissent les gros mots empoulez & venteux,
Comme mal conuenant aux banis souffretteux.
  Non ce n'est pas assez de faire vn bel ouurage,
Il faut qu'en tous endroits doux en soit le langage,
Et que de l'écouteur, il sache le desir
Le cœur & le vouloir tirer à son plaisir.
Montre face riante en voulant que l'on rie,
Pour nous rendre marris montre la nous marrie,
Si tu veux que ie pleure il faut premierement
Que tu pleures & puis ie plaindray ton tourment.
  Ragot si tu venois en priere caimande,
Me faire, trop hautain, vne sotte demande,
Ie me rirois, ou bien tu n'aurois rien de moy,
Vn doux parler est propre aux hommes tels que toy:
Aux hommes furieux paroles furieuses,
Lasciues aux lascifs, & aux ioyeux ioyeuses:
Et le sage propos & le graue discours
A quiconque a passé de ieunesse le cours:
Car Nature premier dedans nous a formee
L'impression de tout pour la rendre exprimee
Par le parler après ; & selon l'accident
Elle nous aide, ou met en vn mal euident,

Qu'a'angoisse le cœur si durement nous serre,
Qu'elle nous fait souuent pasmez tomber à terre,
Et descouurir apres d'vn parler indiscret,
Aueuglez de fureur, de nos cœurs le secret.
Il faut que la personne à propos discourante,
Suiue sa passion pour estre bien disante.

Si le graue langage à celuy qui le tient,
Selon sa qualité, peu seant n'appartient,
La noblesse Françoise & le bas populace
Se pasmeront de rire en voyant son audace.

Grand' difference y a faire vn maistre parler,
Ou Damis qui ne doit au maistre s'égaller,
Ou le bon Pantalon, ou Zany dont Ganasse
Nous a representé la façon & la grace :
Ou le sage vieillard, ou le garçon bouillant
Au mestier de l'amour & des armes veillant :
Ou bien faire parler vne dame sçauante,
Ou la simple nourrice, ou la ieune seruante,
Ou celuy qui la pleine en sillons va trenchant,
Ou bien de port en port vagabond le marchant,
L'Alleman, le Souisse, ou bien quelque habile homme
Qui n'est point amendé de voyager à Rome,
Ou celuy qui nourri dans l'Espagne sera.
Ou celuy qui d'Italie en France passera.

Toy, qui sçauans escris d'vne plume estimee
Au plus pres suy cela que tient la renommee :
Ou bien des choses fein conuenantes si bien,
Que de non vray-semblable en elles n'y ait rien.

Si tu descris d'Achille, honoré par Homere,
Les faits & la valeur, l'ardeur & la colere,

FRANÇOIS.

Fay le brusque & hautain, actif & conuoiteux,
Ardant, impitoyable, inuaincu depiteux,
Ne confessant iamais que les loix engrauees,
Pour luy soient en du cuyure es tables eleuees:
Mais voulant par le fer, poussé de son dedain,
Soumettre toute chose à son pouuoir hautain.
   Descris vne Medee, indomtable & cruelle,
Inon toute epleuree, Ixion infidelle,
Oreste furieux, Ion vagabondant
De son dieu rauisseur le secours attendant.
   Si tu veux sur le ieu de nouueau mettre en veüe,
Vne personne encor en la Scene inconneüe,
Telle iusqu'à la fin tu la dois maintenir,
Que tu l'as au premier fait parler & venir.
Mais il est malaisé de bien proprement dire
Ce qu'on n'a point encor veu par vn autre escrire:
Pour ce plus seurement tu pourras imiter
L'Aueugle clair voyant, qu'vn suiet inuenter,
(Qui n'ait point esté dit) de choses inouyes,
Rendant sans aucun fruict des fleurs epanouyes.
Ou bien si d'vne Histoire, vn grand Prince fameux
Tu veux faire floter sur les flots ecumeux,
Faire tu le pourras, & Chrestien son nauire
Hors des bancs perilleux & des ecueils conduire:
Aussi bien en ce temps, ouïr parler des dieux
En vne Poësie est souuent odieux.
Des siecles le retour & les saisons changees,
Souuent soubs d'autres loix ont les Muses rangees.
   Tasso, qui de nouueau dans Solyme a conduit.
Le deuot Godefroy, qu'vne grand' troupe suit,

Certaine preuue en fait ; mais vn suiet semblable
Il te faut imiter sur vne vieille fable,
Et pour n'estre dedit, il faut bien aduertir
De prendre vn argument ou l'on puisse mentir :
Le vers du vray-semblable aime vne conterie,
Qui plustost que le vray suit vne menterie.

 Si d'vne longue alaine vn bel œuure tu veux
Parfaire pour passer iusqu'aux derniers neueux,
Chanté d'vn air moyen, non tel que l'Heroïque,
Ni si bas descendant que le vers Bucolique,
Mais qui de l'vn & l'autre vn vers enlassera,
Qui tantost s'eleuant, tantost s'abbaissera :
Tel que du grand Maron le doux plaisant ouurage,
Qu'imitant Hesiode il fist du labourage :
Et que celuy d'Ouide ayant par les retours
De l'an, chanté l'honneur de leur chommables iours :
Et tel qu'aprés Pontan en nostre langue encores
Auoit bien commencé Baïf aux Meteores :
Tel que de Saintemarthe est cet œuure diuin
Qu'il a fait sur le Clain au bel air Poiteuin :
Quand Latin & François imitant la Nature,
Il chante des enfans la chere nourriture,
Et tel qu'aprés Arat Manile chante ainsi
Les Estoiles du Ciel, leurs figures aussi :
Tel qu'aprés Empedocle, ô Lucrece, tu oses
Chanter d'vn air pareil la Nature des choses.

 Premier souuienne toy par vn humble recours,
De la toute puissance inuoquer le secours
Soubs quelque nom diuin, puis de trop d'abondance,
Garde toy de la Muse enfraindre l'ordonnance,
        Enfillant

Enfillant tes propos si Poëtiquement,
Qu'ils ne sentent grossiers la Prose aucunement:
Et ne mets nul suiet, nul conte, nulle histoire,
Qui dans le cabinet des filles de memoire,
Ne puisse bien entrer : depeur de cette erreur,
Rends au bon iugement suiette ta fureur:
A quoy te seruiront mille choses chantees
Par les Grecs, dudepuis des Romains imitees.

   Les argumens connus aux Poëmes ouuers,
Comme tiens se liront estre tes propres vers,
Si tout tu ne veux point t'embrouiller à la suite
De l'ample & du vil tour de la matiere escrite.
Pour ce tu ne doibs point, mot pour mot t'arrester,
A vouloir vn suiet sidelle interpreter :
Car l'on ne doit iamais, lors que libre on imite,
De son gré s'engager en place trop petite:
La honte d'en sortir nous viendroit empescher,
Et la loy de l'ouurage ensemble d'y toucher.
Qui veut trop curieux vne langue traduire
Veut la langue estrangere & la sienne destruire:
Ce qui proprement est au langage ancien
Il le faut proprement dire au langage sien.

   Pourtant ie ne veux pas à nos François deffendre
De ne traduire plus, & fidellement rendre
Le Grec & le Latin : quiconque aura cet heur,
De rapporter au vray le sens d'vn vieil autheur,
Profite à la ieunesse en la langue suiuante,
Qui sans Grec & Latin sera tousiours sçauante:
Tel premier ainsi, du grand François conduit,
Beaucoup de l'Illiade a doucement traduit,

C

L'ART POETIQVE

Et Iamin bien difant, l'a tellement refaite
Qu'à l'autheur ne fait tort vn si bon interprete.
Long temps au parauant le bon Octauien
De Saintgilais fist voir le preux Dardanien
En habit de François : & depuis des Mazures
Le fist marcher encor soubs plus douces mesures.
Mais nos deux Cheualiers doctes freres ont ioint
Leurs esprits, & l'ont mis encores mieux en point:
Et pour estre François Apolon mesme auoue
Qu'en eux se recognoist le Cigne de Mantoue:
Qu'ainsi puissions nous voir tous autres vers chantez
Auecques la trompette en France interpretez.
Ie voudrois bien aussi quelquefois variable
Rendre nostre François au Latin mariable,
Et suyure en traduisant nostre langue sur tout :
Mais ô meschef! souuent nous n'allons iusque au bout
De la course arrestee, & recullons arriere
Deuant qu'auoir attaint le but de la carriere.
Car les vns retirez par leurs empeschemens,
Les autres détournez par fouls débauchemens
Abandonnent les vers : Mais bien peu par addresse
Fendent l'empeschement, comme on fend vne presse
De gens en vn passage : & l'ayant renuersé,
Le chemin d'ignorance est bien tost trauersé.

 Comme pour s'esiouir de voir briller la flame
Des rais d'vn beau Soleil par les yeux d'vne dame
Qui soit auecques nous : nous ne pouuons pas voir
Que l'Amour ait sur nous encor aucun pouuoir:
Car à tous est commun de sentir quelque ioye
Quand vn œil amoureux ses regards nous enuoye,

Puis eslongnez de luy la flame s'amortit
Aussi tost qu'autre part son œil on divertit.
Mais ne le voyant plus, & porter dedans l'ame
Le trait de la beauté qui nostre cœur entame,
De ce triste depart tousjours s'entretenir,
Ne paissant nos esprits que de son souvenir,
C'est d'Amour qui commence vne enseigne certaine,
Qui porte en son drapeau pourtraite nostre peine,
Qui nous pousse à reuoir ce bel œil messager
D'Amour, qui s'est venu dans nostre ame loger:
Aussi pour voir plusieurs s'esiouir & se plaire
Aupres du saint troupeau des neuf Muses, & faire
Mile sortes de vers, ce n'est pour asseurer,
Qu'ils pourront amoureux des neuf Sœurs demeurer:
Aux affaires tirez aux vers plus ils ne pensent,
Et de suiure la Muse oublieux se dispensent:
Mais celuy qui vrayment sent l'éguillon picqueur
Des Muses iusqu'au vif luy chatouiller le cœur,
Il fait doux & modeste, amoureux ses caresses,
Courtisant par ses vers ses sçauantes maistresses:
Puis s'il en est distrait aux affaires tiré,
On le verra fascheux bruslant & martiré
De toute autre entreprise : Impatient encore
De se voir absenté, de l'amour qui deuore
Son esprit elongné des Sœurs & d'Apolon,
Oubliant ses amis : dépiteux & felon,
Iusques à tant qu'il soit de retour auec elles:
Tant le point le desir de ses doctes pucelles,
Tant il se tient heureux en son loisir dequoy
Il peut viure seulet comme elles à recoy,

ç ij

Sçachant pour en iouir prendre l'heure oppertune,
Aidé de la science & non de la fortune.
Car bien qu'vn bon Pilote, aborde par hasard
Aussi tost à bon port, comme il fait par son art,
Et qu'vn grand Capitaine aussi tost mette en fuite
L'ennemy par hasard comme il fait par conduite:
Toutefois la fortune aux arts ne sert de rien :
Sinon qu'elle seruit à ce Peintre ancien,
Lequel ayant tiré de main presque animante,
Vn cheual furieux à la bouche écumante,
Il n'en peut onc l'écume luy vif representer:
Ce qui le fist cent fois à la fin depiter:
Et iettant dédaigneux sa éponge souillee,
(Et de toutes couleurs du pinceau barbouillee)
Au mords de son courser, le dedain par hasart
Fist ce que le pinceau ne peut faire par art.
Mais le beau iugement à l'art conioint, assemble
Vne perfection qui les vnit ensemble.

   De ce beau iugement vn exemple se voit,
Quand Polignot, Scopas, & Diocle (qu'on croit
Trois peintres excellens auoir des leur bas aage
Payé soubs Apelles le droit de l'écollage)
Entreprindrent chacun de tirer curieux
Le Roy borgne Antigone, à qui feroit le mieux.

   Polignot lors estant à son art tout fidelle,
Bien qu'il sceust que le Roy portast haine mortelle
A ceux qui se moquoient de son œil arraché,
Toutefois sans respect de l'en rendre fasché,
Marchant par le chemin aux peintres ordinaire
Le Roy borgne & hideux au vray va contrefaire.

FRANÇOIS.

Desorte qu'il sembloit auec son œil osté,
Estre en l'image mort mieux qu'au vif rapporté.
Mais Scopas plus craintif n'ayant pas osé peindre
Le Roy tel qu'il estoit : ni ne voulant enfraindre
Les regles de son Art, il le peignit moins vieux,
Tel qu'il estoit alors qu'il auoit ses deux yeux :
Son pinceau deslié rapportoit chose vraye,
Antigone n'ayant encor receu la playe
Qui luy fist perdre l'œil. ce pourtrait bien tiré
Semblable a ceux du temps fut de tous admiré.
Scopas par ce moyen se pensa digne d'estre
De ses deux compagnons le premier & le maistre
Pouuant se conseruer en la grace du Roy,
Auecques le renom que l'art tire apres soy.

 Mais Diocle d'ailleurs desseignant mesme chose
Que Polignot faisoit, en l'ame se propose
Les respects qui rendoient Scopas aussi douteux,
Ne voulant se iouer à ce prince ireteux,
Ni suiure de son Art le plus commun vsage,
Ni trop flater le Roy par vn lasche courage :
Ains suiuant du moyen le sentier asseuré,
Auecques vn espoir du laurier esperé,
Il peignit en profil d'Antigone la face :
Dont le tableau couuroit, d'ombre de bonne grace,
Vne part du visage : & son œil emporté
En droite ligne estoit couuert de ce costé,
Tant qu'auecques bien peu de soigneux artifice,
En l'ombre se cachoit de son œil tout le vice :
Et l'outreplus si bien le Roy representoit,
Que le Roy si semblable à luy mesme n'estoit.

     C iij

Quand au iour arresté les trois se rencontrerent,
Et leurs tableaux au Roy chacun à part montrerent:
Le Roy voyant celuy de Polignot, soudain
Conceut en son esprit vn superbe dedain,
Pensant lors receuoir vn affront, vn outrage
De se voir peint ainsi d'vn si hideux visage,
Des l'heure le faisant hors de sa Court chasser,
Et hors de son Royaume en autre endroit passer.
Par ce que la prudence il auoit par enuie,
A son art glorieux trop malin asseruie:
Art dont il hauffoit plus la basse qualité
Que de l'honneur Royal la haute dignité.

Le tableau de Scopas à tous fut agreable
Pour raporter au vray cette aage fauorable
Auquel fut Antigone au beau May de ses ans,
Ayant encor ses yeux amoureux & plaisans:
Toutefois au visage vne rougeur luy monte,
Qui naturelle fait qu'il semble qu'il ait honte
D'auoir esté trompé par le pinceau menteur,
Qui trop ieune l'a fait dans son tableau flateur:
La façon de flater est douce & delicate
Quand point elle n'importe à celuy que l'on flate:
Mais celle la despleut à sa simple bonté,
Et le voulut chasser comme vn homme ehonté.

A l'heure Diocles son tableau luy presente:
Qui des le premier front tout le monde contente:
Et sur tous Antigone en fut fort satisfait:
Luy mesme remarquant le iugement parfait
De ce peintre modeste, ayant pluftost laissee
La grandeur de son art par sa gloire abaissée

FRANÇOIS.

Que de manquer prudent à l'arts temperé,
Qui de l'extremité rend l'erreur moderé,
Et pour ne sembler pas aimer la courtoisie,
Qui par vn noble choix des nobles est choisie.
De sorte que voyant le defaut du pourtrait
Du visage en profil en epargne retrait,
Il sembloit qu'à dessein cette petite espace
Plustost qu'vne plus grande adioutast de la grace
A ce que cachoit l'ombre : & le Roy de costé
Mieux que parlant estoit muet representé.
Antigone depuis luy fist de l'auantage,
Autant que meritoit le prix de cet ouurage,
Et luy fist reconnoistre en prenant le tableau
Qu'il payoit son esprit plustost que son pinceau.

 Beaus esprits pensez y, vostre Muse auertie,
Ne soit doncques si fort à l'Art assuiettie,
Que le bon iugement ne face election
De tout ce qui depend de la discretion :
Donez puissãce egalle aux mœurs, au tems, aux Muses,
Sans pourtant tromper l'Art de quelques fausses ruses.

 Quand vous voudrez les Roys à vos chants amuser,
De paroles de ioye il faut tousiours vser :
Et sans les flater trop d'vne ame trop mauuaise,
Leur ombrager le vray par chose qui leur plaise,
Sans pourtant offusquer du tout la verité :
Mais leur faire à propos paroistre sa clarté.
Vous en aurez ainsi de l'honneur sans dommage,
Et vostre iugement fera que dauantage
Vous tirerez profit de cet Art, ou souuent
Les sçauants indiscrets n'emportent que du vent.

c iiij

Je ne fay point du Ciel vn Apolon defcendre,
Pour faire ce bel Art mieux par fa bouche entendre,
Et donner à mes vers plus grande auctorité
Suiuant des vieux autheurs la docte antiquité :
Depeur d'eftre femblable à ces bouffons tragiques,
Qui veftus de drap d'or pompeux & magnifiques,
Ouuroient la bouche grande vn Priam imitant,
Ou le Roy des Gregois enflez reprefentant,
Puis difoient quelque chofe indigne d'eftre à peine,
Ou dite par Hecube ou dite par Helene :
Mais fans deguifement, fans le mafque d'autruy,
Ces Preceptes ie mets comme on parle auiourdhuy,
Marri que n'eft ma Mufe & plus nette & polie,
Sans gemir fouls le fais de la melancolie :
Plus nette elle feroit fi les euarts tabus
Du Palais ne m'auoient feparé de Phœbus.
Car pour neant aux vers mes efprits s'euertuent :
Ie fuis toufiours trouble les affaires me tuent :
Ie fuis comme vn grand Lac ou beaucoup vont à beau
Qui tariffent ma fource & troublent mon ruiffeau.
Il faut laiffer raffeoir cette eau tant epaiffie :
C'eft affez iufqu'à tant qu'elle foit eclaircie.

FIN DV I. LIVRE.

L'ART POETIQUE FRANCOIS,

Où l'on peut remarquer la perfection & le défaut des anciennes & des modernes poësies.

AV ROY.

Par le Sr DE LA FRESNAIE VAVQVELIN.

LIVRE SECOND.

USES, filles de dieu, qui tous les
    Arts sçauez,
Le reste de cet Art Nimphettes ache-
    uez :
Montrez moy le chemin par lequel il me loise
Conduire seurement la ieunesse Gauloise :
Quitez Vierges quitez le mont de Citheron,
Habitez des François le plaisant enuiron,
Et faites que les eaux d'Hipocrene chantantes,
Aprennent leurs chansons à nos eaux ecoutantes:

Donnez moy de l'esprit la reluisante ardeur,
Que la grace Aglaïe accorde à la verdeur
De Thalie, agreable en sa ieunesse blonde,
Faites que la gayeté d'Euphrosine responde
Auecques la douceur de sa ioyeuse vois,
Et qu'vn plaisir parfait se reçoiue des trois.

Faites que vostre grace, ô santés Charites,
Couure ici le defaut de ces Regles escrites
En vers mal agencez : & vous Phœbus ostez
Les caillons des chemins, qui sont mal rabotez :
Marchez deuant afin que ces masses rocheuses
Rendent suiuant vos pas les sentes moins facheuses.

SIRE qui sçauez faire vn saint accouplement
Des neuf filles du Ciel, (diuin assemblement !)
Et des Graces ensemble : aportez vostre grace,
Qui ces filles du Ciel & les Charites passe :
Il est fort mal aisé les Muses bien gouster,
Qui ne sçait attentif leur beaus chants ecouter :
De bien loin on ne peut la hauteur reconnoistre
Des hauts monts que l'on void seulement aparoistre :
Mais en les approchant on tient pour merueilleux
De grimper sans danger sur leur dos orgueilleux :
Et puis on s'esbahit quand quelque sente estroitte
Nous conduit au plus haut de la montaigne droitte :
On ne regarde aussi combien sont les espris
Des Poëtes hautains en leur faits enteprís,
Comme ils sont esleuez sur toute chose humaine,
Si soymesme on ne veut entrer dans leur doumaine,
Et contempler de pres leurs diuines façons,
En l'antre Thespien imitant leurs chansons :

FRANÇOIS.

Et puis on s'esbahit que pas à pas on gaigne
Au haut sommet cornu de la double montaigne.
　　Comme l'Emant le fer, & l'Ambre le festu
Attire sans effort, par secrete vertu :
La Muse attire ainsi, sans force violente,
Par vn secret instinc, à soy l'ame excellente,
Quasi des le berceau tout bel entendemen
Dict à suiure ses pas tout son contentement.
L'Auette pour aimer la douceur sauoureuse
De toute plante douce est tousiours amoureuse :
L'homme aussi de luymesme estant ingenieux
Aime, embrasse & cherit tout œuure industrieux.
C'est pourquoy l'enfançon de sa nature, en haste
Prendra pluftost qu'vn pain vn oiselet de paste :
Et quand on luy presente vn pourtrait, vn balet
En argent imprimé l'argent luy semble laid
Qui n'est qu'en simple masse : il aime vne meslange
Qui la chose suiette à l'artifice range.
Ce qu'on void de gentil & d'artificieux,
De nature est à l'homme aimable & precieux :
Les paroles ainsi des Muses animees
Sont naturellement de tous hommes aimees :
Ils aiment beaucoup plus vn parler mesuré,
Que celuy qui sans pieds marche mal asseuré :
De fait les Muses sont l'Ocean, dont les ondes
Arrousent nos esprits de sciences profondes :
Et ne faut pour y voir des discours mensongers
Croire qu'y voyageant s'y trouue des dangers.
　　Comme en la vigne on void dessoubs la fueille verte,
La grappe cramoisie estre souuent couuerte

Sans qu'on la puisse voir : ainsi soubs les discours
D'vn conte Poëtique & dessoubs les amours
Des Heros & des Dieux, entremeslez de fables,
Sont des enseignemens richement profitables.
　Souuent nous nous plaisons à l'odeur, aux couleurs,
Sans chercher les vertus des odorantes fleurs :
L'abeille toutefois en tirera sacree
La cire & la liqueur dont son œuure est sucree :
De mesme on void plusieurs s'abuser aux beautez
Des parolles qui sont pleines de nouueautez :
Mais d'autres n'arrestant aux paroles fleuries,
Recueillent le beau sens couuert d'allegories.
De feuillage d'Acante & de plaisans festons,
Les Muses cachent l'or des vers que nous chantons.
　Mais r'entrons au chemin de la forest sacree,
Ou parmi les Lauriers la Muse se recree
A rendre des Heros les beaus faits immortels,
Et disons comme on doit chanter en œuure tels?
　Pour vn commencement tu n'enfleras ta veine,
Comme fist vn Ciclic, d'vne trop forte aleine :
De Priam les destins hautain ie veux chanter,
Ses valeureux exploits, & ses guerres conter :
Ou comme a fait celuy, qui tout plein de brauade,
Voulut du premier mot router vne Illiade :
Ie chante les combats de ce grand Pharamont,
Qui les Gaules iadis bouluersa contremont.
Que pourroit aporter ce prometteur qui dresse
L'aisle si haut, qui fust digne de sa promesse?
Les montaignes s'enflant, grosses accoucheront,
Vne mouche en naistra dont les gens se riront!

FRANÇOIS.

O combien mieux a dit d'Vlisse la trompette,
Qui rien messeamment en ses œuures ne traitte!
Muse, di moy celuy qui tant a voyagé
Apres Ilion pris & son mur saccagé:
Pratiqué tant de mœurs & tant d'ames diuerses,
Et tant souffert de maux dessus les ondes perses?
 Ou bien nostre Ronsard, si d'vn air entonné
Hautement sa trompette en long vers eust sonné.
 Abusé du plaisir qui trompe la ieunesse,
Seruiteur des beaus yeux d'vne ieune maistresse,
En vain i'ay souspiré les amours bassement:
Puis r'enforçant ma voix vn peu plus hautement,
Le premier des François i'ay façonné les modes
De marier la lyre au nouueau son des Odes:
Maintenant plus hautain, Charles Roy treschrestien,
Ie chante les valeurs & les faits du Troyen,
Qui poussé du destin, des dieux & de Cassandre,
Fuitif de son pays quand Troye fut en cendre,
Ayant beaucoup souffert & par terre & par mer
Vint de son nom Francus la France surnommer:
De qui, de pere en fils nos Roys ont pris naissance,
Et qui nous raportant vne autre Troye en France
Fonda pour Ilion la cité de Paris,
Et l'enrichit du nom de son oncle Pâris
Apres mile combats. Tant il y eut de peine
Auant que de l'enclorre entre les bras de Seine:
Ou l'empire d'Europe ebranlé tant de fois,
Deuoit à tout iamais y demeurer François.
 Filles de Iupiter, Muses, venez moy dire,
Si ce fut par fortune, ou si ce fut par l'ire

D'un Dieu trop courroucé que Francus a esté,
Si loin du bord Gaulois tant de fois reieté ?
 Et s'il m'estoit permis d'aleguer de ma rime,
Peut estre ie pourroy me mettre en quelque estime
En l'ouurage que i'ay des long temps auancé,
Autant qu'autre qui soit en France commencé.
 Inspiré de l'esprit qui diuin tout inspire,
Muse, fay moy chanter sur la celeste lire,
Les faits & la valeur du magnanime Hebrieu,
Qui berger fut choisi par le conseil de Dieu,
Flouet, ieune & cadet d'vne maison petite,
Pour estre oinct sacré du peuple Israëlite ?
Et qui suiuant de Dieu les eternels destins,
Du Royaume promis chassa les Palestins,
Chassa l'Ammonien & soustint la colere
De Saül enuieux sur son regne prospere :
Par bois & par forests, par deserts pleins d'horreurs
Il souffrit mile maux, fuyant à ses fureurs.
 Car Saül tout ardant de voir sa main puissante
S'affoiblir par la force en Dauid accroissante,
Brusloit ouir d'ailleurs le destin predisant,
Que du tronc de Iessé le Sion florissant
Ombrageroit le monde. Ainsi par mainte guerre
Il endura beaucoup pour asseurer la terre
Ou il deuoit fonder l'admirable Cité
Qui aux Peres croyants promise auoit esté.
 Cité qui deuoit estre en son contour assise,
Pour figurer du CHRIST l'vniuerselle Eglise.
Dont Chrestiens nous venons : & ce nom ancien
Par dessus tous retient nostre Roy treschrestien

Henry, soubs lequel puisse Europe, Asie, Afrique,
Couronner de ce nom du monde la fabrique.

   O parler souuerain, dont la Triple-vnité
Est vne auecques Dieu de toute eternité,
Ayant en toy parfait vne parfaite essence
En la perfection de la grand prouidence :
Qui Pere, Fils, Esprit, es le Dieu tout-puissant,
Commençant toute chose, aussi la finissant,
Par ta parole fais, que cette œuure conceue
De moy, soit enfantee à bien heureuse issue.

   Seigneur raconte moy comme des Cieux amis
Ce Prince fut esleu pour estre leur commis ?
Pourquoy tant il souffrit pour vn courroux inique,
Et pour vn feu sorti d'vne flamme impudique ?

   Mais pour sonner, Seigneur, tes honneurs bien à plain,
Cette harpe il faudroit dequoy sur le Iourdain,
Prophete il fredonnoit tes celestes louanges,
Qui vont encor bruyant depuis Eufrate & Ganges,
Iusques sur nostre Seine ! O bien heureux sonneur,
Celuy qui du grand Ihoue auroit eu cet honneur
De retoucher les nerfs de ta harpe seraine,
Diuin rabaisseroit la gloire plus hautaine
De ces fameux Harpeurs, dont les fables contoient,
Qu'au mouuoir de leurs doigs les fleuues s'arrestoient,
Et qu'ils estoient suiuis des arbres & des plantes
Marchant aux doux accords de leurs voix souspirantes !

   Mais ce n'est nous qu'il faut aux François aleguer,
Il faut en la mer Grecque & Latine voguer,
Amener ses vaisseaux tous chargez de la proye,
Que tant d'esprits trouuoient aux beaus restes de Troye.

Suiuant Virgile ainsi, (quand du suiet plus bas,
Passant par le moyen il chanta les combats:)
 Ce fut moy qui flutay, ma chanson bocagere
Au pipeau pertuise d'vne auene legere :
Puis sortant des forests, apris aux champs voisins
A doubler au fermier les bleds & les raisins:
Au laboureur champestre œuure bien agreable:
Maintenant de la guerre & de Mars effroyable
Ie chante les combats, & ce Prince guerrier,
Qui fugitif de Troye aborda le premier
Aux champs Italiens : auec peine infinie
Arriuant par destin au port de Lauinie.
 Il passa maints hasards : on ne peut estimer
Combien dessus la terre & combien sur la mer,
Il endura de maux : de Iunon couroucee
Et des dieux ennemis sa flote estant poussee :
Iunon qui dans son cœur la vengeance couuoit
Des affronts du passé que soufferts elle auoit.
Aussi de grands perils il courut en Latie
Auant que la cité superbe y fust bastie,
Et qu'il eust mis ses Dieux, par vn fatal destin
Et par ses grands exploits, dans le terroir Latin,
D'ou vint la gent Latine, & d'ou tant on renomme,
Et les Peres Albains & les hauts murs de Rome.
 Muse raconte moy la cause de ces maux?
Et quel Dieu luy brassa tant de facheux trauaux?
Pourquoy fut à ce Preux si iuste & debonnaire,
La Princesse des cieux si cruelle & contraire?
Que de le voir ainsi sur les mers agité?
Peut vn celeste cœur estre tant irrité?

Voyez

Voyez comme le Grec rend la Muse estimee,
Tirant vne clarté d'vne obscure fumee :
Ne voulant pas aussi la lueur enfumer,
Mais d'vn epais brouillas vne flamme allumer :
Afin qu'il chante apres des choses merueilleuses,
Vn Antiphat, Caribde & Scille perilleuses :
Vn Cyclops qui cruel Vlysse eust englouti,
S'il ne s'en fust plus caut que les siens garanti.

 Ainsi le doux Virgile a sa voix abaissee,
Afin qu'elle parust dauantage haussee,
Pour dire de Iunon le couroux tempesteux,
Et d'Eole animé les tourbillons venteux,
Vne Troye embrasee, vne Didon pleureuse,
La descente d'AEnee en la cauerne ombreuse
De Pluton où chetif il fust lors demeuré,
Sans sa guide fidelle & le rameau doré.

 Le Grec n'a commencé des bœuf iumeau, la guerre
Des Troyens & des Grecs : le retour en sa terre
De Diomede aussi, des le fatal trespas
Du fâé Maleagre il ne raconta pas.

 Et de sorte Maron n'a son œuure ordonnee,
Qu'elle commence aussi des l'enfance d'AEnce :
Mais le milieu prenants ils font subtilement
Sçauoir la fin ensemble & le commencement :
Et tendant vers la fin, chacun d'eux rend connues
Les choses qui ne sont & qui sont auenues :
Car ils font au liseur le milieu si bien voir,
Que tout le precedent il en peut conceuoir :
S'ils trouuent quelquefois la matiere choisie,
Ne pouuoir aisement couler en Poësie,

D

Ils l'a quittent bien tost, & si vont tellement
Meslant le faux au vray mentant si doucement,
Qu'au premier le milieu se rencontre en la sorte,
Qu'au milieu le dernier proprement se raporte.

 Or comme eux l'Heroic suiuant le droit sentier,
Doit son œuure comprendre au cours d'vn an entier :
Le Tragic, le Comic, dedans vne iournee
Comprend ce que fait l'autre au cours de son annee :
Le Theatre iamais ne doit estre rempli
D'vn argument plus long que d'vn iour accompli :
Et doit vne Iliade en sa haute entreprise,
Estre au cercle d'vn an, ou gueres plus, comprise.

 En Prose tu pourras poëtiser aussi :
Le grand Stragirirain te le permet ainsi.
Si tu veux voir en Prose vn œuure Poëtique,
D'Heliodore voy l'histoire Ethiopique :
Cette Diane encor, qu'vn pasteur Espagnol,
Bergere mene aux champs aueques le Flageol.
Nos Romants seroient tels, si leur longue matiere
Ils n'alloient deduisant, comme vne histoire entiere.

 Comme on void les couleurs beaucoup plus emouuoir,
Qu'vn trait simple ne fait ou qu'vn Creon à voir,
Pour vn ie ne sçay quoy qui l'homme represente,
Trompant le iugement & toutefois contente :
Ainsi dedans les vers le faux entrelassé,
Auec le vray-semblant d'vn conte du passé,
Nous emeut, nous chatouille & nous poind dauantage,
Que l'estude qu'on met à polir son ouurage,
Sans faire vne meslange, vne varieté,
Qui ne suit mensongere en rien la verité :

Le changement diuers tousiours affectionne,
Selon l'euenement qui le cœur passionne.

 Les vers aiment tousiours cette diuersité :
Car le changement tient vn esprit excité
A se passionner, selon que veut le conte,
Soit ioyeux ou facheux que la Muse raconte :
Le plaisir estant plus agreable & plaisant,
Que la fin est contraire à l'aduis du lisant :
Mais d'ailleurs ce qu'on void estre simple & semblable
Ne passionne point, pour estre vn & sans fable :
Cela fait qu'vn Homere ou Virgile ne fait,
Qu'vn homme soit tousiours ou vainqueur ou parfait.
Et quand ils font les dieux se mesler des affaires,
Heureux & malheureux, doux les font & coleres :
Afin qu'en nulle part ne manque l'action,
Qui tient l'homme tendu tousiours en passion.
Ce qui n'aduiendroit pas si les choses heureuses,
Ne trouuoient du malheur parmi les dangereuses.

 O maistre du grand fils du Macedonien,
Si tes yeux eussent veu du Cigne Ausonien
Les admirables chants, ta voix docte & hardie
Les eust lors preferez à toute Tragedie,
A tous vers Heroics : car n'en desplaise aux Grecs,
Soit au commencement, à la fin, au progrés,
Il les a surpassez : & s'Homere il seconde
En âge, en rang il est le premier par le monde.

 Il sçait bien à propos l'esprit raui saisir
Tantost d'ennuy facheux & tantost de plaisir,
Quand il chante les faits du debonnaire AEnee,
Pour rendre d'autant plus l'ame passionnee :

d ij

Tantost d'vn grand bonheur en malheur l'abaissant,
Et tantost d'vn peril en honneur le haussant :
Aux vices naturels le faisant vn peu tendre :
Mais ferme à la vertu tousiours le fait entendre,
Et sans du vray-semblant du tout se departir,
Il sçait bien les vertus aux vices assortir :
Luy baillant vne grace, vne ame, vne faconde,
Qui luy fait contrefaire à propos tout le monde :
Comme quand il luy fait à Didon raconter
Le piteux sac de Troye, il luy fait emprunter
Les gestes, les discours, la posture & les âges,
(Lors qu'il les fait parler) de plusieurs personnages.

Oy donc ce que le peuple & moy te desirons,
Si tu veux que chacun publie aux enuirons
Du Theatre ta gloire, alors que le murmure
De l'aplaudissement & du chant dernier dure :
Soit qu'Homere imitant tu faces outremer
Derechef Saint Loys en son voyage armer,
Soit que graue des Roys, soit que la Muse basse
Te chante en l'echafaut les tours du populace,
Tu dois de chacun âge aux mœurs bien regarder,
La bienseance en tout soigneusement garder,
Et tout ce qui sied bien aux natures changeantes :
L'enfançon qui petit assied fermes ses plantes
Desia dessus la terre, & qui sçait bien parler,
Auecques ses pareils aux ebats veut aller :
Soudain il pleure, il rit, il s'appaise il chagrine,
D'heure en heure changeant de façon & de mine.

Le ieune gentilhomme à qui le poil ne poind,
Et qui sort hors de page, & de maistre n'a point,

Aime chiens & cheuaux, & loin de son pedante,
A voir apres le Cerf la meute clabaudante :
Aime les champs herbeux & se plaist dans les bois,
D'entendre retentir des bergeres les vois :
Au vice, comme cire, il est ployable & tendre,
Aspre & rude à ceux-la qui le veulent reprendre,
Paresseux à pouruoir à son vtilité,
Despencier, desireux, rempli de vanité :
Qui bien tost est faché de ses folles delices,
Aimant diuers plaisirs & diuers exercices.
Quand il a l'âge d'homme il se veut augmenter,
Acquerir des amis, aux grands estats monter,
Garder le point d'honneur, ne faisant temeraire
Ce qu'il faudroit apres rechanger ou deffaire.
　L'âge aporte au vieillard mainte incommodité,
Soit qu'aux acquets il soit ardemment incité,
Soit que son bien acquis il ne vueille despendre
Qu'il aime mieux garder qu'à son dommage vendre,
Soit qu'en toute entreprise il soit timide & froid,
Dilayeur, attendant, riotteux, mal adroit,
Conuoiteux du futur, chagrin plaignant sans cesse,
Loüant le temps passé qu'il estoit en ieunesse :
Seuere repreneur des mœurs des ieunes gens,
Se fachant negligent de les voir negligens :
Plusieurs commoditez l'âge venant ameine,
Et plusieurs quant & luy s'en allant il entraine.
Le ieune est tout conduit de courage & d'espoir,
Esperant riche & grand quelque iour de se voir :
Au contraire le vieil vit plus de souuenance
Du temps qu'il a passé qu'il ne fait d'esperance.

d iij

Pour ce il ne faut iamais qu'vn ieune homme gaillard
Represente en parlant la façon d'vn vieillard,
Ni qu'vn ieune homme aussi son vieillard sente encore :
Ayant tousiours egard à ce qui plus honore
La personne parlante : & ce qui conuient mieux
A l'âge de chacun, ou soit ieune ou soit vieux.
Quand la forest n'est plus en Hyuer cheuelue
Si plaisante elle n'est que quand elle est fueillue :
Qui diroit son ombrage estre lors verdoyant,
Chacun dementiroit son parler en l'oyant :
Quand vne Dame aussi n'est au vray contrefaite,
Du sot Peintre on se rit qui l'a si mal pourtraite.
Guidé de iugement rien ne faut ignorer,
Ains clair & net de l'Art les regles honorer :
Celuy qui puisera d'vne source troublee,
De la bourbe mettra dans son œuure assemblee.

 Or pour loy le Tragic & le Comic tiendront
Quand aux ieux vne chose en ieu mettre ils voudront
Qu'aux yeux elle sera de tous representee,
Ou bien faite desia, des ioueurs recitee :
Et bien que ce qu'on oit emeuue beaucoup moins,
Que cela dont les yeux sont fidelles tesmoins,
Toutefois il ne faut lors montrer la personne,
Quand la honte ou l'horreur du fait les gens etonne :
Ains il l'a faut cacher, & par discours prudens
Faut conter aux oyants ce qui s'est fait dedans :
Et ne montrer le mort, aporté sur l'Etage,
Qui caché des rideaux aura receu bourrage :
Car cela se doit dire : & plusieurs faits ostez
Hors de deuant les yeux sont mieux apres contez,

FRANÇOIS.

Et ne faut que Medee inhumaine maratbre,
Massacre deuant tous ses enfans au Theatre :
Ou qu'Astree en public impudemment meschant
De son frere ennemi les fils aille trenchant :
Ou que Progne en oiseau deuant tous soit muee :
Ou Cadme en vn serpent : ou Cassandre tuee :
Ou qu'vn monstre en Toreau dans les flots mugissant
Engloutisse Hypolite en son char bondissant :
Ou qu'on montre Antigone en la caue pendue,
Et son amant Hemon lequel aupres se tue :
Tout ce qu'en l'Echafaut tu nous faits voir ainsi,
Faché ie le dedaigne & ne le crois aussi :
Mais le fait raconté d'vne chose aparente
Fait croire le discours de tout ce qu'on inuente.
  Le Comic tout ainsi sur l'Etage fera
Conter ce qu'au couuert l'amoureux fait aura :
Ne descouurant à tous la honteuse besongne,
Qu'à Paris on fait voir en l'Hostel de Bourgongne :
Ains sortant vn Cheré ieune, affetté, mignon,
Il dit sa iouissance au loyal compagnon
Que premier il rencontre : & qu'ayant la vesture,
Et d'vn Eunuque pris la grace & la posture,
Il a d'vne pucelle, au naturel deduit,
Cueilli la belle fleur, de Iupiter conduit,
Qui peint en goutes d'or tomboit comme vne pluye,
Dedans le beau giron d'vne fille eblouye
De ce plaisant metal : l'aspec de ce tableau
Rendit plus courageux l'amoureux iuuenceau !
  Quand au cōmencement, au temps de leurs vendenges,
Que les Grecs celebroient de Bacchus les louenges,

d iiij

Ils dreſſoient des autels de gazons verdelets,
Et chantoient à l'entour quelques chants nouuelets :
Puis ioyeux, enuinez, ſimples & ſans malice,
D'vn grand Bouc amené faiſant le ſacrifice,
Ils le mettoient en ieu trepignant des ergos :
Et ce bouc s'apeloit en leur langue Tragos,
D'ou vint premierement le nom de Tragedie :
Et celuy qui chantoit de plus grand melodie
De ce loyer eſtoit content infiniment :
Ces vers n'eſtoient ſinon qu'vn gay remerciment
De la bonne vendange, vn los de la ſageſſe
De Dieu qui leur donnoit de biens telle largeſſe.

 Mais pour ce que les grands, les Rois & les Tirans
Commencerent depuis, les ſiecles s'empirants,
D'vſurper la louange aux dieux apartenante,
Il y eut des eſprits, qui de Muſe ſçauante,
Commencerent auſsi par leurs vers à montrer,
Que l'homme à tous propos peut la mort rencontrer,
Combien de maux diuers ſont ioints à noſtre vie,
Et d'heur & de malheur egallement ſuiuie,
Au reſpect du plaiſir, de la felicité,
Qui touſiours eſt au Ciel, des Dieux ſeuls habité :
Et pour le faire voir par des preuues certaines,
Lors ils rameteuoient des plus grands capitaines,
Des Princes & des Rois les deſaſtres ſoudains,
Comme ils eſtoient tombez de leurs eſtats hautains
En miſere & ſouffrête : & cela nous fait croire,
Que c'eſt du vers Tragic la plus vieille memoire :
Ainſi la Tragedie eut ſon commencement :
Ainſi les Rois chetifs en furent l'argument :

FRANÇOIS.

La braue Tragedie au Theatre attendue
Pour estre mieux du peuple en la Scene entendue,
Ne doit point auoir plus de cinq actes parfaits :
Ange ni Dieu n'y soit : s'il n'est besoin de faits
Qui soient vn peu douteux : ou d'vne mort celee,
Qui d'vne Ombre ou d'vn Dieu lors sera reuelee :
Et ne parle vn quatriesme en l'Etage auec trois :
Trois parlant seulement suffisent à la fois.
  Le Chœur de la vertu doit estre la defence
Du parti de l'autheur repreneur de l'offence :
Doit parler sagement, graue & sentencieux,
Se montrant de conseil aux grands officieux :
Chose n'entremeslant aux actes, que bien dite,
Rien ne vienne à propos, & qui bien ne profite :
Aux bons & vertueux il favorisera,
Et les non feints amis, ami vray prisera.
Qu'il apaise tousiours vne ame couroucee,
Et plein de iugement descouure sa pensee :
Qu'il honore celuy qui du vice est vainqueur
Loüant ouuertement les hommes de grand cœur,
La table sobre & nette, & l'vtile Iustice,
Les Edits & les Loix qui vont bridant le vice,
Et qu'il loüe en passant la douce oisiueté
Qu'on reçoit en la paix viuant en seureté :
Et qu'il tienne secrets les secrets qu'on luy baille :
Et que les puissans Dieux tousiours priant il aille,
Qu'aux humbles afligez il oste la douleur,
Et qu'aux fiers orgueilleux il donne le malheur.
  La Flute aux premiers temps aux Scenes ordonnee,
S'estoit, comme depuis, de Cuyure enuironnee,

Et l'esclatant Hautbois n'ennuioit point encor
La Trompette guerriere aux longues houpes d'or :
Mais tenue, gresle & simple & bien peu pertuisee,
Es ieux de ce temps la n'estoit point mesprisee
Quand elle ne pouuoit si haut son entonner,
Qu'aux sieges elle peust grands troupes amener :
Car le peuple nombrable estoit petit à l'heure,
Honteux, chaste, modeste & plein d'vne foy seure.

 Ainsi nos vieux François vsoient de leur Rebec
De la Flute de bouis & du Bedon auec,
Quand ils representoient leurs Moralitez belles,
Qui simples corps voloient sans plumes & sans ailles:
De Chœur ils n'auoient point : & par Actes leurs ieus
N'estoient point separez : mais or plus courageux
Ils feroient eleuer le Theatre de France,
S'ils auoient longue paix, sur l'antique arrogance.

 Or quand le Romain eut riche & victorieux,
Estendu son doumaine & d'vn mur glorieux,
Plus ample enuironné l'enclos de sa grand' ville,
Et que libre viuant soubs vne loy ciuille,
Impuniment sortoit par les beaus iours festez,
Pour planger ses esprits dedans les voluptez :
Aussi tost on vit naistre auecques la licence,
Et des vers & des ieux la grand' magnificence :
Car qu'eust peu lors sçauoir le paisan appelé
Auecques le bourgeois confusement meslé ?
Et qu'estoit ce de voir vn mal propre mesnage
Des champs estre en la ville & la ville au village ?
Et l'habile homme ioint auec le mal apris,
Et voir les ignorants parmi les beaus esprits ?

FRANÇOYS.

Mais apres que le temps rendit ciuilisee,
Par l'abondant plaisir, l'allegresse prisee,
Il aduint dudepuis qu'auec le mouuement,
Le Violon icy a beaucoup plus plaisamment :
Et par l'attrait mignard des voix musiciennes,
Fist cette gayeté passer les anciennes,
Sur le Theatre ouuert ioyeux se proumenant,
Et pompeux à longs plis sa grand' robe trainant :
Sur les cordes aussi mieux que deuant sonnantes
Creurent les doux accents des voix bien accordantes :
Et du parler encor l'ornement estimé,
Vn langage eleua lors non accoustumé.

 Auecques l'ornement de la langue pollie,
Volontiers la science & s'vnit & s'allie,
Qui fist qu'vn beau sçauoir à l'vtil auisant,
Et sage par raison, le Futur predisant,
Obtint es faits priuez comme es choses publicques
Honneur pareil à ceux des Oracles Delphiques :
Par loix & par vsage, vn Regne policé,
Quasi comme diuin est conduit & dressé.

 La France tout ainsi comme estant en enfance,
Gaillarde mesura ses pas à la cadance
Diuerse en diuers lieux, quand des Pasteurs apris
De Bourgongne & Poitou, furent les branles pris.

 Les Ballets tremousants, les branles & la dance,
Auec la Poësie ont grande conuenance :
Car on peut par la mine & le geste branlant,
Demontrer ce que font les Muses en parlant :
Et comme en la Pirriche en nos bouffonneries,
On peut representer mile plaisanteries,

Qui font aux passions les ames emouuoir,
Et nous font sans parler vn fait Tragique voir.
Vn fait Comic aussi, qui par la contenance
Nous montre des humains les mœurs & la semblance,
Vn plaisant Matassin, qui sçait bien bouffonner,
Et contrefaisant tout sçait tout plaisir donner.
    Chantant en nos festins, ainsi les vau-de-vire,
Qui sentent le bon temps nous font encore rire.
    Vau-de-vire plaisant ie te tiens bien heureux
D'auoir pour gouuerneur Bordeaux le genereux,
Qui Cæsar imitant, dans la fureur des lances,
Mesle les doctes Arts auecques ses vaillances,
Muses de vostre main tortissez le Laurier
Dont vombrage le front de ce ieune guerrier.
    Le temps qui tout polit depuis rendit polies,
La grace & la douceur de ses chansons iolies,
Auec vn plus doux air les branles accordant,
Et la douce Musique aux nerfs accommodant :
Et nous representant ses farces naturelles,
Choisit vn chant qui fut alors bien digne d'elles.
Mais à dire le vray la France n'eut iamais
Vn repos assez long pour iouir de la paix :
La misere tousiours sa tristesse a meslee
Auec la gaillardise ou elle est appelee :
Toutefois imitant tant qu'elle peut les vieux,
Elle tient aux malheurs son courage ioyeux :
Et nous a ramené de la Lyre cornue
(Qui fut au parauant aux nostres inconnue)
Les chants & les accords, qui vous ont contenté,
Sire, en oyant si bien vn Dauid rechanté

FRANÇOIS.

De Baïf & Courville: O que peut vne Lyre,
Mariant à la voix le son & le bien dire.
  La France aussi depuis son langage haussa,
Et d'Europe bien tost les vulgaires passa,
Prenant de son Roman la langue delaissee,
Et denouant le neud, qui l'a tenou pressee,
S'eslargit tellement qu'elle peut à son chois,
Exprimer toute chose en son naïf François.
Suiuamment c'est aussi la science eleuee,
Au cœur des bons esprits des l'enfance grauee,
Qui soit en faits communs soit en diuinité,
A gaigné sur les vieux le prix d'eternité.
Et d'autant que meilleurs sont en Gaule les hommes,
D'autant plus excellens que les autres nous sommes
En toute Poësie, & brossons à trauers
Tant soient ils buissonneux, des haliers plus couuers.
  Toutefois l'Artisan n'entreprent point d'ouurage,
S'il n'a fait son Chef d'œuure & son apprentissage:
Mais nous du premier pas les Muses nous suiuons,
Sçauans & non sçauans des vers nous escriuons.
  Neaumoins ie diray cette douce folie,
Cette gentille erreur, estre toute remplie
De beaucoup de vertus. Iamais premierement
Le Poëte n'est point auare aucunement:
Il aime ses labeurs, son seul but & sa ioye,
Il aime des forests la solitude coye:
Il aime ses egaux, qui de franche bonté
L'estrangent de leurs mœurs l'honneste volupté.
Se mocque, il se rit des grands citez rasees,
Des pertes, des ennuis, des maisons embrasees,

Contre Dieu ni l'estat il n'a point comploté :
En l'Ocean d'erreur son esprit n'a floté :
Comme vn peu Philosophe il laisse aller le monde,
Les Destins plus courants volontaire il seconde
Contre ses compagnons il ne machine rien :
Il ne tache d'auoir des orphelins le bien :
Sa table est sobre & nette, & comme il se presente,
Du peu comme du prou, souuent il se contente.
S'il n'est propre à la guerre aux armes nonchalant,
Il est bon à la ville, aux meilleurs s'egallant :
Et si tu reconnois que les choses petites
Aux grandes aident bien, tu connois ses merites.
Car aux ieunes il sçait aprendre la vertu,
Leur former le parler que ce monstre testu,
Que ce peuple ignorant, par mauuaise prononce
Des vulgaires plus bas, diuersement anonce :
Leur fait hair le vice, & gracieux & doux
Leur corrige l'ennuie & l'aigreur du couroux :
Les beaux gestes passez il remet en memoire,
Il raconte tousiours quelque agreable histoire,
Il donne enseignements, par le resouuenir
Des exemples connus, pour le siecle aduenir :
Plaisante est son humeur, vtile sa hantise :
Estant tout courtisan : hormis par la feintise :
Et quand, Sire, aux honneurs vous l'auez eleué
Estant de la liqueur d'Hipocrene abreué,
Beau laurier entre tous il paroist en la sorte
Que fait la fueille verde au pres la fueille morte,
    Mais en mettant moymesme en nos moissons la faux
I'ay ven dire d'ailleurs qu'on trouue des defauts

FRANÇOIS.

Aux Poëtes aussi. Vostre maiesté mesme
Qui les Muses connoist, les cherit & les aime,
Sire, s'en aperçoit lors que mal a propos
Vous presentant des vers on rompt vostre repos :
C'est vne faute encor quand depit on mesprise
De l'ami de nos chants vne iuste reprise ;
Quand on le fait vn vers plusieurs fois ecouter,
Qui des le premier coup il a bien sceu gouster :
Et quãd nous nous plaignõs que nos chãts & nos veilles
Que nostre Luth qui donne aux forests des oreilles,
N'est point ouy de vous, qu'il n'est point recherché,
Pour estre comme il deust de vous, Sire, aproché :
Et que nous esperons que quand vous aurez, Sire,
Connu comme si bien nous iouons de la Lire,
Qu'enclin à nous aimer, vous nous apelerez,
Et chanter vostre nom vous nous commanderez :
De sorte que iamais la piteuse soufrête,
N'aportera chez nous de faim ni de disete.
Phœbus est de soymesme vn peu presomptueux,
Tousiours ieune & vanteur, toutefois vertueux.
  Beaucoup de nous aussi leurs ouurages n'amendent :
Beaucoup à les reuoir trop curieux se rendent.
On nota Protogene en son art souuerain,
Pour ce qu'il ne pouuoit iamais oster la main
De ses tableaux polis, sans tousiours l'y remettre :
De mesmes on en voit cette faute commettre
Par trop grand' diligence à polir, leurs escris,
Et ne trouuent iamais vn œuure assez repris.
  Mais, Sire, vous auez fait vn choix honorable
En beaucoup qui rendront Apolon fauorable

A vostre maiesté ; qui d'vn si grand donneur
Couronne les bienfaits d'vn immortel honneur.
Qui diroit qu'Alexandre auroit fait dauantage,
Voulant que seulement fust faite son image
D'Apelle & de Lysippe, il se mesconteroit :
Et l'œuure de la main aux vers r'aporteroit :
Car vn visage n'est rapporté par le cuiure,
Si bien comme les mœurs le sont par vn beau liure,
I'entens par les beaus vers des Pöetes sçauants,
Qui vont vostre louange à qui mieux escriuants.

Mais reuenons au lieu de nos vieilles brisees ?
Voici la grand forest, ou les chansons prisees
Des vieux Satyres sont : ie m'estoy forlongné
Du labeur ou i'estoy naguere embesongné :
Et n'estant ces ramas qu'vn plaisant tripotage
D'enseignements diuers, i'en fais vn fagotage
De bois entremeslé : Car l'arbre Delphien
S'y peut voir des premiers : l'arbrisseau Paphien
Ioint au rampant Lierre ; & d'Oliuier paisible
S'y faire vne couronne à tous il est loisible :
De ces bois sont sortis les Satyres rageux,
Qui du commencement, de propos outrageux
Attaquoient tout le monde estant dessus l'Etage :
Mais depuis ils se sont polis à l'auantage :
Car sortant des forests lasciuement bouquins
En la bouche ils n'auoient que des vers de faquins
Tantost longs tantost cours comme les Dithyrambes
Des mignons de Bacchus, qui n'ont ni pieds ni iambes.

Les bons esprits d'alors, afin que depiteux,
Ils peussent mieux taxer les vices plus honteux

Ils

FRANÇOIS.

Ils mettoient en auant ces Satyres rustiques :
Qui sont Dieux ehontez, impudens fantastiques,
Qui les fautes nommoient & le nom des absents,
Et les forfaits secrets quelque fois des presents,
Telle estoit des Grezeois la Satyre premiere :
Lucile à Rome mist la nouuelle en lumiere.

Et celuy qui premier debatit au passé,
Par vn Tragicque vers, pour le bouc barbassé,
Ce fut mesme celuy qui le cornu Satyre,
Sauuage pied-de-bouc, nous descouurit pour rire :
Qui seuere gardant, la meure grauité,
Entremesloit le ris & la simplicité :
Afin de retarder, par nouueauté plaisante,
Et par riants attraits, la troupe regardante,
Quand le peuple sortoit ioyeux & desbauché
Apres le sacrifice & le ieu despeché.

Et comme nos François les premiers en Prouence
Du Sonnet amoureux, chanterent l'excelence
D'auant l'Italien, ils ont aussi chantez
Les Satyres qu'alors ils nommoient Syruentez,
Ou Syluentois, vn nom qui des sylues Romaines
A pris son origine en nos forests lointaines :
Et de Rome fuyant les chemins perilleux,
Premier en Gaule vint le Satyre railleux.

Depuis les Coc-à l'asne, à ces vers succederent,
Qui les Rimeurs François trop long temps possederent,
Dont Marot eut l'honneur. Auiourdhuy toutefois,
Le Satyre Latin s'en vient estre François ;
Si parmi les trauaux de l'estude sacree,
Se plaire en la Satyre à Desportes agree :

E

Et si le grand Ronsard de France l'Apolon
Veut poindre nos forfaits de son vif eguillon.
Si Doublet, (animé de Iumel qui preside,
Sçauant au Parlement de nostre gent Druide,)
Met ses beaus vers au iour, nous enseignants moraux
Soit en dueil, soit en ioye, à se porter egaux :
Et si mes vers gaillards, suiuant la vieille trace,
Du piquant Aquinois & du mordant Horace,
Ne me deçoiuent point, par l'humeur remontreux
Qu'vn Satyreau follet soufla d'vn Chesne creux.

 Mais rendre il faut si bien les Satyres affables,
Mocqueurs, poignants & doux, en contes variables,
Et mesler tellement le mot facetieux,
Auec le raillement d'vn point sentencieux,
Qu'egalle en soit par tout la façon rioteuse :
Qu'agreable on rendra d'vne langue conteuse,
Sautant de fable en autre, auec vn tel deuis
Qu'on fait quand priuément chacun dit son aduis
D'vn fait qui se presente : en langue Ausonienne
On apelle Sermon, cette mode ancienne.
Horace a soubs ce nom ses Satyres compris,
Nos Sermonneurs preschants aussi l'ont mis en prix.

 Et si tu fais parler quelques Nimphes diuines,
Des Dieux ou des Heros auec leurs Heroines,
Accoustrez brauement de pompes conuoiteux,
Qu'apres on ne les voye, & bouffons & boiteux,
Suiure par leurs discours la vulgaire maniere
De ceux qui vont hantant l'escole tauerniere :
De sorte que pensant bas la terre euiter,
On le voye haut au ciel mal à propos monter,

FRANÇOIS.

Et peu digne Tragicque estendre à la vollee
Vne parole basse & puis vne empoullee.
 Suiuant vn dous moyen subtil faut ioindre l'Art
Auecques la sornette & le graue brocart :
Et mesme faire encor que l'ami ne se fache,
Quand d'vn vice commun à chacun on l'atache.
Comme la Dame honneste aux Dimenches chommez
Se trouue quelquefois aux banquets d'elle aimez,
Ou contrainte à danser, ne laisse bien modeste,
De courtoise montrer vn graue & ioyeux geste :
Ainsi doit la Satyre, en sornettes riant,
La douce grauité n'aller point oubliant :
Estant & de plaisir & d'honnesteté pleine,
Comme la belle Grecque & la chaste Romaine.
Ainsi void on souuent la ioyeuse beauté,
Coniointe chastement auec la loyauté.
Des mots dous & friants il ne faut point elire
Ni ceux qui sont trop lours en faisant la Satyre,
Les communs sont les bons, dehors du rond compas
Du Tragicque, du tout ie ne sortiray pas :
Mais ie mettray tousiours vne grand' difference
Alors que Zani parle auec quelque aparence :
Ou Pite ayant Simon de son argent mouché :
Ou bien quand de Bacchus vn Sylene embouché,
Ie feray discourir. D'vne chose vulgaire
Et commune à chacun, mon vers ie pourray faire,
D'vne facilité si douce la traitant,
Que chacun pensera pouuoir en faire autant :
De sorte qu'il dira que mes vers & la prose,
En discours familiers sont vne mesme chose.

e ij

Que chacun parle ainsi, qu'on ne craint le malheur
De voir friper ces vers pour leur peu de valeur :
Mais s'il vient pour en faire à l'enui de semblables,
Il verra qu'aisement ils ne sont imitables :
Tant bien l'ordre, le sens, & les vers se ioindront,
Et le langage bas & commun ils tiendront :
Et tant d'honneur aduient & de bonne fortune,
Au suiet que l'on prend, d'vne chose commune.

 Selon mon iugement ces Faunes fron-cornus,
Qui des noires forests aux villes sont venus,
Ainsi que s'ils estoient aux citez dans les rues,
Aux Palais aux marchez des villes plus courues,
Comme ieunes muguets n'y seront affettez
Du parler de la ville ou d'ordes saletez,
Et ne vomiront point d'vne maniere sote
Vn propos indiscret, vne iniure ou riote,
Les riches & les grands s'en tiendroient offensez :
Et bien que des bouffons il se rencontre assez,
Et tels marchants louans cette façon bouffonne,
Si n'aquerront ils point des sages la couronne.

 En Satyre tu n'as en Grec autheur certain :
Suy doncques la façon du Lyrique Romain ;
De Iuuenal, de Perse, & l'artifice brusque
Que suit le Ferrarois en la Satyre Etrusque :
Remarque du Bellay ; mais ne l'imite pas :
Suy, comme il a suyui la marque des vieux pas,
Meslant sous vn dous pleur entremeslé de rire,
Les ioyeux eguillons de l'aigrette Satyre :
Et raporte vn butin du Latin & Gregeois,
Ainsi comme il a fait au langage François.

Et ieune ne suy pas ces Dancerets Poëtes,
Qui larrons ne sont rien que Singes & Choëtres.
 Quand la syllabe longue apres la breue alloit,
Ce pied vite en Latin Iambe on apeloit :
Et si nom de Trimetre à l'Iambe l'on donne,
Pour ce que sous les doigs par six fois il resonne.
A soy premierement semblable il fut sans plus :
Mais depuis les Spondés pesans & resolus,
En fin auecques luy plus fermes prindrent place,
L'Iambe patient les receut de sa grace :
Mais en les receuant il ne leur quitta pas,
Ni le siege second ni le quatriesme pas.
Plus dous par ce moyen ils furent à l'oreille,
Et les vieux les faisoient de cadence pareille.
 Apres que maints esprits rangeants la quantité
De la langue Françoise à la Latinité,
Furent rendus aux pieds de leurs mots ordinaires,
La demarche & les pas de leurs legers Senaires :
De ces vers l'artifice en la France a esté
Par maints autres esprits diuersement tenté.
De sorte que Toutain a fait que l'Alexandre
En la Rime pouuoit en Phaleuces se rendre.
 Baïf qui n'a voulu corrompre ni gaster
L'accent de nostre langue, a bien osé tenter,
De renger sous les pieds de la Lyre Gregoise,
Mais en son propre accent, nostre Lyre Françoise :
Et tant a profité ce courageux oser,
Que comme luy plusieurs ont daigné composer,
Allians à leurs vers mesurez à l'antique,
L'artifice parlant de la vieille Musique :

e iij

Ie ne sçay si ces vers auront authorité,
C'est à toy d'en parler sage Posterité,
Qui sans affection peux iuger toutes choses,
Et qui sans peur les prendre ou reieter les oses.

 Bref ces Iambes sont bisarres & diuers,
Par nous representez à maints genres de vers :
Comme sont d'autrepart les doux vers de Catule,
De Pontan, de Second, de Flamin, de Marule,
Qui d'vnze pieds marchoiët : mais les François gaillars,
Qui les font plus petits, ne les font moins mignars :
Tesmoins tant de baisers, Chansons, Airs, Amourettes,
Mignardises, Gaytez & telles œuurelettes,
Dont leurs escrits sont pleins, peignās d'vn dous pinceau
Tout ce que la Nature a de rare & de beau.

 Les vers pesants & lourds enuoyez sur la Scene,
Langoureux ou hâtez, ou composez à peine,
Ne sont pas estimez par vn sçauant en l'Art :
Il blasmera celuy qui tente le hasard
De se faire mocquer, quand trop mal il s'asseure,
En balançant au poids des nombres la mesure,
Et de n'enfanter pas en termes bien receus,
Les vers qu'en luy premier Phœbus aura conceus,
Et de n'estre soigneux d'vne Rime coulante,
Qui se rende à l'oreille agreable & plaisante.

 Chacun n'auise pas les vers qui mal limez,
Sont montrez au public, d'entre les estimez.
A la Muse Romaine ayant esté permise
Vne grande Licence, (indigne d'estre admise,)
Alors qu'on commençoit : & mesme nos François
S'estants plus largement estendus mile fois,

Me dois-ie hasarder de metre sur la presse
Mes Poëmes qui sont pleins de toute rudesse?
Ou si plustost ie doy, par ingement preuoir,
Que chacun pourra bien ma faute aperceuoir?
Si bien que me taisant, par vne sage ruse,
Ie ne sois point tenu de faire aucune excuse?
La faute en ce faisant ie peux bien euiter,
Mais de louange aussi ie ne puis meriter.

 Esprits qui recherchez & matins & serees,
Des Grecs & des Latins les traces asseurees,
Fueilletez leurs labeurs & la vous trouuerrez
Comme vn renom fameux acquerir vous pourrez :
Le sçauoir, l'artifice auec l'experte vsance,
Donnent en quelque temps au renom accroissance :
Comme on void l'vne fois nostre ombre aller deuant,
Et l'autrefois derriere : ainsi va s'esleuant
Le renom des humains : quelquefois des la vie,
Et quelque fois apres la mort en est suiuie.
Et les Muses tousiours laisseront renommez
Tous ceux qu'elles auront cheris & bien aimez.

 Mais nostre Poësie en sa simplesse vtile,
Estant comme vne Prose en nombres infertile,
Sans auoir tant de pieds, comme les Grecs auoient,
Ou comme les Romains qui leur pas ensuiuoient,
Ains seulement la Rime : il faut comme en la Prose,
Poëte n'oublier aux vers aucune chose
De la grande douceur, & de la pureté
Que nostre langue veut sans nulle obscurité :
Et ne receuoir plus la ieunesse hardie,
A faire ainsi des mots nouueaux à l'estourdie,

e iiij

Amenant de Gascongne ou de Languedouy,
D'Albigeois de Prouence, vn langage inouy :
Et comme vn du Monm, faire vne parlerie,
Qui nouuelle ne sert que d'vne moquerie.

Ceux qui cherchent des mots empoulez & bouffis,
Et des discours obscurs, qui ne sont point consis
Dans le sucre François, font vne faute telle,
Que ceux qui vont quitant vne fontaine belle,
Pour puiser de l'eau verte en vn palu fangeux,
Ou dans le creux profond d'vn lieu marescageux :
Vos paroles soient donc & vos pointes eleues,
En figures qui sont des Muses bien voulues :
Manieres de parler qu'vn Rethoricien
En Grec apelle Scheme enseignant l'Artien.

Chasser on ne doit point par les forests espaisses,
Qui ne sçait les detours, les routes, les adresses :
Qui ne sçait redresser les chiens à leur defaut,
De faire vn Horuari requêter comme il faut :
Ainsi dans l'espaisseur du buisson de Pernesse,
Ne faut s'auenturer qui ne sçait la r'adresse,
Qui conduit au sommet du double mont cornu :
Car Poëte on n'est point qu'on n'y soit paruenu.

Ie confesseray bien que les Romains antiques
Auoient fort estimé les nombres Poëtiques,
Les vers & plaisants mots de Plaute qu'ils portoient
Par trop patienment, & qu'ils s'en contentoient
Par grossiere simplesse, & que l'innocent âge
De nos bons vieux Gaulois estimoit le ramage
De nos premiers Romants (qui le Romain parler
Fait Gaulois, au Gaulois sçauoient entremesler)

Vn peu legerement : & si ne veux pas dire,
Qu'à l'heure qu'ils oyoient quelque bon mot pour rire
En leurs chants, Chanterels, Sons, Seruantois, Tançons,
Pastorelles, Deports, Soulas, Sonnets, Chansons,
Triolais, Virelais, Ieux-partis, Lais, sornettes,
(Sans les bonnes iuger d'entre les imparfaites)
Gosses tout leur plaisoit, en tel contentement,
Qu'ils n'ont iugé depuis des Rondeaux autrement,
Balades, Chants-royaux, Epistres & Complaintes,
Que bons ils adoroient d'affections non feintes :
Descriuant leurs amours, ainsi comme en tableaux,
Dedãs leurs beaus Romants, & dedãs leurs Fableaux.
En France lors n'estoit de race grande & belle
Qui n'eust quelque Roman particulier pour elle.
   Depuis long temps encor Guillaume de Loris,
Iean de Meun-clopinel, on prisoit à Paris
Auec peu de raison : au moins si pour cette heure,
Des Rimes nous sçauons discerner la meilleure :
Et si nous sçauons bien à l'oreille & aux dois
Iuger le vers qui marche au nombre de ses lois.
   Or l'Vualon estant tout le premier vulgaire,
Et l'Itale, & l'Espagne, ont formé l'exemplaire
Du leur sur son Roman, ayant pris pour leçons
De nos chants & Sonnets les antiques façons :
Et puis comme celuy qui de ruse maline,
Derobe le cheual en l'estable voisine,
Luy fait le crin, la queuë & l'oreille couper,
Et quelque temps apres le reuend pour tromper,
A son mesme voisin : ainsi nostre langage,
Ils ont prins & planté dans leur terreur sauuage,

Et l'ayant deguisé nous le reuendent or,
Comme fins marquinons plus cher qu'au prix de l'or.

 Et comme nous voyons beaucoup d'herbes plantées
D'vn bon terroir en l'autre, & les greffes entées
Dessus vn autre pied, derechef reuenir,
Et de leur premier tronc perdre le souuenir :
Tout de mesme les traits, les phrases & la grace,
Prenant d'vne autre Langue, en nostre langue place,
S'y ioignent tellement qu'on diroit quelquefois,
Qu'vn trait Latin ou Grec est naturel François.
Virgile ainsi pilla d'Homere la richesse,
Et naturalisa des Gregeois la sagesse :
Et l'Ariosle apres en les pillant tous deux,
Plus hardiment a pris les gestes hasardeux
De nos vieux Paladins, connus par tout le monde,
Et des preux Cheualiers de nostre Table-ronde,
Du Prophete Merlin les forts enchantemens :
De Turpin l'Archeuesque, en ses racontemens,
Suiuant l'histoire vraye, alors que Charle-magne
Pauoit, à Ronceuaux, de morts toute l'Espagne :
Et qu'Agramant venu cet outrage vanger,
Vouloit dessous ses lois la grand' Cité ranger.

 A l'heure l'Ancelot, en Prose Heroïque,
Monstroit de nos maieurs la fureur Poëtique,
Et rauissoit l'esprit de cent diuersitez :
Meslant auec l'Amour les grands solennitez
Des ioustes, des Bouhourds, lors que de Connoissances,
Ils honoroient le bout de leurs guerrieres lances :
Et dessoubs le secret des figurez blasons,
Se cachoient de l'Amour les plaisantes raisons.

Aux combats mesmement on void mile manieres,
De porter armoyez les Escus aux Banieres,
Le Tymbre menaçant l'Armet enpanaché,
Et le Mot-de-bataille au dessoubs attaché,
Cotte-d'armes, Harnois, les armes etofees
Par la courtoise main des gracieuses Fees.

Nostre Amadis de Gaule en vieil Picard rimé,
N'estoit moins que nos Pairs entre nous estimé:
D'Amadis l'Espagnol a sa langue embellie,
Et sa langue embellit de nos Pairs l'Italie:
Et quand nous reprendrons ces beaus larcins connus,
De rien nous ne pouuons leur en estre tenus.

De Thespis le premier la maniere est venue,
De la Farce Tragicque encor lors inconnue,
Quand dans les Chariots & Tombereaus couuers
Conduit, il fist iouer publiquement ses vers
Par des gentils bouffons, qui d'vne lie epesse
Leur face barbouilloient par les villes de Grece:
Ainsi vont à Rouen les Conards badinants,
Pour tout deguisement leur face enfarinants.

Mais par AEschile fut cette façon ostee,
Depuis que braue il eut la maniere inuentee
De se seruir du masque, & proprement changer
D'habillemens diuers, commençant à ranger
Les limandes, les ais, pour dresser le Theatre:
Il enseigna deslors à parler, à s'ebatre
Vn peu plus hautement, & lors fut amené
L'vsage encor non veu du soulier cothurné.

De fausse barbe ainsi nos vieux François vserent,
Quand leurs moralitez au peuple ils exposerent:

Ils ont montré depuis d'vn vers auantageux,
Iouant deuant les Rois leurs magnifiques ieux,
Qui feroient aisement que la Muse Françoise,
Peut estre passeroit la Romaine & Gregoise,
S'elle auoit eu l'apuy d'vn grand Roy pour soustien :
Plustost le bien estrange on prise que le sien.

 Iodelle moy present, fist voir sa Cleopatre,
En France des premiers au Tragique theatre,
Encor que de Baïf, vn si braue argument
Entre nous eust esté choisi premierement.
Peruse ayant depuis cette Muse guidee
Sur les riues du Clain, fist incenser Medee :
Mais la mort enuieuse auançant son trespas,
Fist que ces vers tronquez parfaire il ne sceut pas :
Quand Saintemarthe emeu de pitié naturelle
De ces doux orphelins entreprist la tutelle,
Sçauant les r'agença, leur patrimoine accreut,
Et grand'peine & grand soin pour ses pupiles eut.
Puis Tourtain nous fist voir de la couche royale
Du Prince Agamemnon la traison desloyale :
Cependant que Morin en tout sçauoir profond,
Et d'vn autre costé le bien disant Nemond,
S'efforçoient d'enseigner en nostre langue ornee,
La loy qui fut iadis aux vieux Romains donnee.

 Et maintenant Garnier, sçauant & copieux,
Tragique a surmonté les nouueaux & les vieux :
Montrant par son parler assez doucement graue,
Que nostre langue passe auiourdhuy la plus braue.

 Maisonnier d'autrepart qui se plaisoit souuent
D'ouyr son Pin sifler aux aubades du vent,

La Satyre escrivoit: en sa prime iouuance,
Chantecler arrivant paya la redevance
A Phœbus comme nous, & d'autres que le temps
Eniura du plaisir de ces vains passetemps:
Quand en mesme saison, plein d'une ardeur divine,
Le Feure bouillonnant dans sa vierge poitrine,
Des Hebreux & des Grecs, Poëte tout Chrestien,
De bien chanter de Dieu rechercha le moyen.
    En ce temps, ô quel heur! sans haine & sans envie
Nous passions dans Poitiers l'Auril de nostre vie,
Au lieu de demesler de nos Droits les debats,
Muses, pipez de vous, nous suiuions vos ebats:
Mais comme vn pelerin, qui retourne au voyage,
D'ou s'estant plusieurs fois, par maint divers bocage,
Egaré, ne s'egare encore vne autre fois:
Ainsi, Muses, depuis le chant de vostre vois
Ne nous a tant deceus, que n'ayons fait seruice
Au Roy, tenant le poix de l'egalle Iustice;
Que nous n'ayons aussi par vos douces liqueurs,
De la guerre ciuile adouci les rigueurs:
Et que chacun de nous en sa douce contree,
O Muses, n'ait de vous la science montree:
Tesmoins sont de ma part la belle eau de Cressy,
Ante petit, la Roche, & mon grand Orne aussy,
Ou ieune le premier i'enflay vostre Musete:
Mais nul n'est, ô malheur! en sa terre prophete.
Les soupçons envieux, les médits, la rancœur,
Des nostres me faisoit tout refroidir le cœur.
    La Muse est enuiable & l'ignorant s'irrite,
Quand il ot de Phœbus vne chanson bien dite.

Comme on conte qu'vn Tigre au son du Tabourin,
Et s'irrite & bondit, comme vn monstre marin,
Et tant plus le Tabour il oit sonner & bruire,
Dépit en se mordant plus fort il se dechire :
Ainsi fait l'enuieux, les louanges oyant
Du vertueux qu'il va miserable enuiant.
Tousiours il se tourmente, & tousiours vne enuie
Luy ronge les poulmons le reste de sa vie :
Chetiue enuie, encor, tu fais bien seulement,
En donnant à tous ceux qui t'aiment du tourment.
Vne belle lumiere amene vn bel ombrage,
Qui les yeux enuieux eblouit d'vn nuage :
Né de bonne maison par la faueur des Cieux,
Mon bon heur offusqua l'œil de mes enuieux.

Mais quel vent ma nacelle en haute mer enuole :
Car i'ay passé le temps que marque ma Boussole ?
Reuenons au courant ou les grands Empereurs,
Mourants sont faits egauls aux poures laboureurs.

Au Tragique argument pour te seruir de guide,
Il faut prendre Sophocle & le chaste Euripide,
Et Seneque Romain : & si nostre Echafaut
Tu veux remplir des tiens, chercher loin ne te faut
Vn monde d'argumens : Car tous ces derniers âges
Tragiques ont produit mile cruelles rages :
Mais prendre il ne faut pas les noueaux argumens :
Les vieux seruent tousiours de seurs enseignemens,
Puis la Muse ne veut soubs le vray se contraindre :
Elle peut du vieil temps, tout ce qu'elle veut, feindre.

Poure France qui dors, quand tu veueilleras,
De tes enfans mutins tu t'emerueilleras,

FRANÇOIS. 79

Celuy qui pourroit voir vne forest arbreuse,
Grande, belle, peuplee, antique, noire, ombreuse,
Et la reuoir apres sans ombre ni rameaux,
Vn Taillis remarqué de quelques balliueaux,
Ayant senti le fer de la hache, emoulue
Pour faire trebucher sa richesse feuillue :
France, il te void ainsi, sans Sceptre maiesteux,
Sans couronne Royale en port calamiteux,
Ta robe par lambeaux, comme à l'accoustumee
N'estant plus de lis d'or sur l'azur parsemee.
Tes massacres cruels aux beaux ans qui suiuront,
Aux Poëtes Tragics de suiet seruiront :
Mais ore appaise toy ; permets que tes contrees
Ne soient à l'auenir de tes fureurs outrees :
Nous en ce peu de paix, Nous, qui sentons en nous
Vn Dieu qui nous echauffe & nous chatouille tous,
Nous nous reiouirons tachant par vn bel aise,
A faire quelque chose en quoy Phœbus se plaise :
Aussi bien pouuons nous, Muses, vous dire adieu,
Car, Muses, de long temps ici vous n'aurez lieu :
Des bons ioueurs de Luth la main est engourdie,
L'ardeur de la ieunesse est par tout refroidie,
Et desia de vos sons, & desia de vos chants,
Moins de conte il se fait que des contes des champs.
Et si par cette paix, vn peu d'eiouissance,
Ne nous donne pouuoir sur l'aueugle ignorance,
Tous vos arts se perdront : Muses, donc aprouuez,
Que parmi tant de maux ioyeux vous nous trouuez.

   Comme vn forçat Chrestien, qui depuis mainte annee,
Viuoit dessoubs le Turc en triste destinee,

De Tripoly sortant à Malte va ioyeux,
Echapé hors des mains d'vn bascha furieux :
Ainsi gais nous viurons si sortis de l'oppressé
De la guerre il se peut tirer quelque alegresse.

   Vous, Sire, cependant armez le saint troupeau,
Qui du guide Apolon a suiui le drapeau :
Replantez les Lauriers, refournissez les places
Des monts & des vallons, des Muses & des Graces,
Faites que leurs recois de Mars endommagez,
Ainsi qu'au parauant ne soient desombragez :
Vous laisserez le Sceptre & le beau Diadesme
Les ornemens Royaux, & la Couronne mesme :
Mais cela que la Muse acquis vous gaignera,
Sire, tousiours par tout vous accompagnera :
Et dans le Ciel les vents en la bouche des Anges,
Les Anges iusqu'à Dieu porteront vos louanges.

Fin dv 2. Livre.

L'ART POETIQUE FRANCOIS,

Ou l'on peut remarquer la perfection & le defaut des anciennes & des modernes poësies.

AV ROY.

Par le Sr. DE LA FRESNAIE VAVQVELIN.

LIVRE TROISIESME.

SIRE, ie voy le port : montrez vostre faueur :
Dans ce trouble Ocean, soyez l'Astre sauueur,
Qui me face esperer, que vous ma petite Ourse,
Conduirez mon esquif seurement en sa course.
Muses, ayant passé les flots plus oragez
Ne permettez qu'au Port nous soyons submergez.
Ieunes, prenez courage & que ce mont terrible
Qui du premier abord vous semble inaccessible,

F

Ne vous estonne point. Ieunesse il faut oser,
Qui veut au haut du mur son enseigne poser.
A haute voix defia la Neuuaine cohorte,
Vous gaigne, vous appelle & vous ouure la porte,
Vous montre vne guirlande, vn verdoyant lien,
Dont ceint les doctes fronts le chantre Delien :
Et par vn cri de ioye anime vos courages
A vous ancrer au port en depit des orages :
Elle repand defia des paniers pleins d'œillets,
Des roses, des boutons, rouges, blancs, vermeillets,
Remplissant l'air de musc, de fleurettes menues,
Et d'vn parfum suaue enfanté dans les nues :
Ces belles fleurs du Ciel vos beaus chefs toucheront,
Et sous vos pieds encor la terre ionchéront.
Dans le Ciel obscurci de ces fleurs epandues
Sont les diuines voix des Muses entendues :
Voyez comme d'odeurs vn nuage epaissi,
De Manne, d'Ambrosie, & de Nectar aussi,
Fait pleuuoir dessus vous vne odeur embamée,
Qui d'vn feu tout diuin rend vostre ame enflamée.
Les vers sont le parler des Anges & de Dieu,
La prose des humains : Le Poëte au milieu
S'eleuant iusqu'au Ciel, tout repeu d'Ambrosie,
En ce langage escrit sa belle Poësie.
  Pleust au Ciel que tout bō, tout Chrestien & tout Saint,
Le François ne prist plus de suiet qui fust faint !
Les Anges à miliers, les ames eternelles,
Descendroient pour ouir ses chansons immortelles !
  C'est defia trop long temps cette Muse inuoqué,
Qui rend d'vn court plaisir vn bel esprit moqué,

FRANÇOIS.

Sur l'Helicon menteur couronnant les Perruques
De Lauriers abuseurs, flestrissants & caduques:
Apres elle tousiours il ne faut s'incenser:
Il faut monter aux Cieux sur l'aisle du penser,
La cette Muse voir, qui d'Astres couronnee,
Ayant de beaus rais d'or la teste environnee,
Couronne les beaus chefs de Lauriers qui sont tels,
Que non mourants ils font les mourables mortels,
Dessus vn vray Parnasse ou la sainte verdure
Des Myrthes amoureux eternellement dure:
Ne laissant touteffois d'embellir d'emperler
De fleurs d'humanité ses vers & son parler:
Du sage Medecin imitant la coustume,
Qui pour faire aualer la facheuse amertume
D'vn breuuage salubre, au bort du gobelet
Met du iulet sucré, plaisant & doucelet.

    Mais les Prouinces sont en France si troublees,
Que pour Mars seulement s'y font les assemblees:
Les Muses n'y sont plus, Phœbus en est parti:
Les doctes autrepart veulent prendre parti:
Vn orage par tout les beaus Lauriers fracasse,
Saccage nos forests destruit nostre Parnasse.

    Viendra iamais le temps que le harnois sera
Tout couuert des filets que l'araigne fera?
Que le rouil mangera les haches emoulues,
Que les hantes seront des lances vermoulues?
Que le son des clairons ne rompra nuict ne iour
Du pasteur en repos le paisible seiour?
Viendra iamais le temps que les amours iolies
Et les Muses ie voye en France racueillies,

f ij

Sans que de la discorde on parle desormais :
Viendra iamais le iour que retourne la paix ?
La main pleine d'espics auec l'Oliuier palle,
La corne d'Amaltée & qu'ici liberalle
Abondante elle seme vne moisson de bien,
Qui remette la France en son heur ancien ?
Que derechef encor les Bouffons on renoye
Masquez & deguisez se braüer par la voye,
Et laissant leurs vieux ieux, à la façon du temps
Des Grecs & des Romains, iouër leur passetemps ?
 Or aux Grecs vint ainsi la vieille Comedie,
Non sans grande louange outrageuse & hardie :
Quand en vice tomba cette grand' liberté,
Qui de tout blasonner prenoit authorité :
Et par Edict expres elle fut reformée,
Ce qui fut bien receu la vieille estant blasmée :
Et le Chore deslors s'en teut honteusement,
Et de piquer ne fut permis aucunement.
 Ainsi dedans Paris i'ay veu par les colleges,
Les sacrileges estre appelez sacrileges
Es ieux qui se faisoient, en nommant franchement
Ceux qui de la grandeur vsoient indignement,
Et par son nom encor appeler toute chose :
Medire & brocarder de plus en plus on ose.
Alors vous eussiez veu les paroles d'vn saut,
Comme balles bondir, vollant de bas en haut.
 Mais cette liberté depuis estant retrainte,
Mile gentils esprits sentant leur ame attainte
De la diuinité d'Apolon, ont remis
Le soulier du Comicque aux limites permis :

Fuyant d'Aristophane en medifant la faute,
Et prenant la façon de Terence & de Plaute,
Ils ont en leur Moraux d'vn air assez heureux,
De Menandre meslé mile mots amoureux :
Mais les Italiens exercez dauantage,
En ce genre eussent eu le Laurier en partage,
Sans que nos vers plaisans nous representent mieux,
Que leur profe ne fait cet argument ioyeux :
Greuin nous le tesmoigne : & cette Reconnue
Qui des mains de Belleau n'agueres est venue :
Et mile autre beaus vers, dont le braue farceur
Chasteau-vieux a monstré quelque fois la douceur.
　Premier la Comedie aura fon beau Proëme,
Et puis trois autres parts qui fuiuront tout de mefme :
La premiere fera comme vn court argument
Qui raconte à demi le fuiet breuement,
Retient le refte à dire, afin que fufpendue
Soit l'ame de chacun par la chofe attendue.
La feconde fera comme vn Enuolopement,
Vn trouble-feste, vn brouil de l'entier argument :
De forte qu'on ne fçait qu'elle en fera l'iffue,
Qui tout autre fera qu'on ne l'auoit conceue.
La derniere fe fait comme vn Renuerfement,
Qui le tout debrouillant fera voir clairement
Que chacun est content par vne fin heureufe,
Plaifante d'autant plus qu'elle estoit dangereufe :
Des ieunes on y void les faits licencieux,
Les rufes des putains, l'auarice des vieux.
Elle eut commencement entre le populaire,
Duquel l'Athenien bailla le formulaire :

f iij

Car n'ayant point encor basti sa grand' Cité,
En des hordes ce peuple estoit exercité :
Marcher comme champestre, & par les belles plaines,
Aupres des grands forests, des prez & des fontaines,
Tantost il s'arrestoit, tantost en autre lieu :
Il faisoit cependant sacrifice à son Dieu
Apolon Nomien : en grandes assemblees,
Faisant tous à l'enui des cheres redoublees,
Buuants, mengeants ensemble, ensemble aussi chantans:
Ils apeloient cela Comos, qui vaut autant
Que commune assemblee, & de leurs mariages,
De leurs libres chansons & de leurs festiages,
Qu'ils faisoient en commun, ce fist en fin le nom
De Comedie, ayant iusqu'ici son renom.

 La Comedie est donc vne Contrefaisance
D'vn fait qu'on tient meschant par la commune vsance:
Mais non pas si meschant, qu'à sa meschanseté
Vn remede ne puisse estre bien aporté :
Comme quand vn garçon, vne fille a rauie,
On peut en l'espousant luy racheter la vie.

 Telle dire on pourroit la mocquable laideur
D'vn visage qui fait rire son regardeur :
Car estre contrefait, auoir la bouche torte,
C'est vn defaut sans mal pour celuy qui le porte.

 Mais le suiet Tragic est vn fait imité
De chose iuste & graue, en ses vers limité:
Auquel on y doit voir de l'affreux, du terrible,
Vn fait non attendu, qui tienne de l'horrible,
Du pitoyable aussi, le cœur attendrissant
D'vn Tigre furieux, d'vn Lion rugissant :

Comme quand Rodomont abusé par cautelle,
Meurtrit se repentant la pudique Isabelle.
Ou comme quand Créon, aux siens trop inhumain,
Vit sa femme & son fils s'occire de leur main.
 On fait la Comedie aussi double, de sorte
Qu'auecques le Tragic le Comic se raporte.
Quand il y a du meurtre & qu'on voit toutefois,
Qu'à la fin sont contens les plus grands & les Rois,
Quand du graue & du bas le parler on mendie,
On abuse du nom de Trage-comedie,
Car on peut bien encor par vn succez heureux,
Finir la Tragedie en ebats amoureux :
Telle estoit d'Euripide & l'Ion & l'Oreste,
L'Iphiginie, Helene & la fidelle Alceste.
Tasso par son Aminte aux bois fait voir d'ailleurs
Que ces contes Tragics ainsi sont des meilleurs.
 Au Poëme Tragic se raporte & refere
Vne Iliade en soy. Le Margite d'Homere
Respondoit au Comic, ou des hommes moyens,
(Comme des plus grands Rois) des humbles citoyens,
Se voyoit la nature & la façon bourgeoise,
Comme Heroique escrite, en sa langue Gregeoise.
Le Tragic ne montroit que des faits vertueux,
Magnifiques & grands, Royaux & somptueux :
Le Comic que des faits, qui tous dignes de blame,
Ne rendroient pas pourtant le bon Margite infame.
Las ! le temps deuorant Margite a deuoré,
Et le nom seulement nous en est demeuré.
Depuis nul autheur Grec, ni Romain, ni vulgaire,
De Poëme pareil n'ont entrepris de faire.
     f iiij

Mais rien n'est si plaisant si patic ne si dous,
Que la Reconnoissance, au sentiment de tous!
Vlysse fut connu par vne cicatrice,
Qu'en luy lauant les pieds remarqua sa nourrice.
Par ioyaux, par vn merc, qui sur nous aparoist,
Et par cent tels moyens, les siens on reconnoist.

Puis qu'est il rien plus beau, qu'vn aigreur adoucie,
Par le contraire euent de la Peripetie?
Polinisse croyoit la mort d'Ariodant,
Esperant voir ietter dans vn brasier ardant
L'innocente Geneure, alors que miserable
Au contraire il se void mourir comme coupable.

Leon de Bradamante ayant este vainqueur
Par Roger inconnu, son amour & son cœur,
Par la loy du combat de Charles ordonnee
Elle deuoit au Grec epouse estre donnee:
Mais elle ne pouuant en son ame loger
Vn autre amour egal à celuy de Roger,
Plustost que de le prendre elle se veut defere:
Son Roger d'autrepart de mourir delibere.

Par vn euent diuers il auient autrement:
Roger est reconnu pour auoir feintement
Combatu soubs le nom du Prince de la Grece,
Soubs ce masque vaincu soymesme & sa maistresse:
Desia toute la Court de l'Empereur Latin,
La donne bien conquise au fils de Constantin:
Quand Leon le voyant estre Roger de Rise,
De sa vaine poursuite abandonne la prise,
Luy quitte Bradamante, & courtois genereux
Aide à conioindre encor ce beau couple amoureux.

FRANÇOIS.

...si sont ioints ensemble & la recornoissance,
...e contraire euent qui luy donne accroissance
...Heroic, le Tragic, vse indiferemment
...uecques le Comic, de ce dous changement.
...Tu ne dois pas laisser, ô Poëte, en arriere,
...oupir seule es forests la Muse Forestiere :
...ais tu la dois du croc dependre, & racoutrer
...enche & son bourdon, & paistre luy montrer
...mme Pan le premier soufla la Chalemie,
...iointe des roseaus de Sirinque s'amie,
...'Apolon ensuiuit, quand sur le bord des eaux
...Admete en Thessalie il gardoit les troupeaux :
...res vn Berger Grec es champs de Syracuse,
...l'egal de ces Dieux enfla la Cornemuse.
...le Tybre Romain Tytire dudepuis
...imitant sonna la Flute à sept pertuis :
...ng temps apres encor reprist cette Musette,
...Berger sur les bords du peu connu Sebethe :
...ce flageol estoit resté Napolitain,
...and, pasteur, des premiers sur les riues du Clain,
...rdi ie l'embouchay, frayant parmi la France,
...chemin inconnu pour la rude ignorance :
...ne m'en repen point, plustost ie suis ioyeux,
...e maint autre depuis ait bien sceu faire mieux.
...is plusieurs toutefois, nos forests epandues,
...t sans m'en faire hommage effrontement tondues :
...mesprisant mon nom ils ont rendu plus beaux
...rs ombres decouuers de mes fueillus rameaux.
...Baïf & Tahureau, tous en mesmes annees,
...uions par les forests ces Muses pourmenees :

Belleau, qui vint apres, nostre Langage estant
Plus abondant & dous, la nature imitant,
Egalla tous Bergers, toutefois dire i'ose
Que des premiers aux vers i'auoy meslé la prose :
Or Pibrac & Binet pasteurs iudicieux,
Font la champestre vie estre agreable aux Dieux.

 Tu peux encore faire vne sorte d'ouurage,
Qu'on peut nommer forest ou naturel bocage ;
Quand on fait sur le cham, en plaisir, en fureur
Vn vers qui de la Muse est vn Auancoureur,
Et que pour vn suiet on court par la carriere,
Sans bride gallopant sur la mesme matiere,
Poussé de la chaleur, qu'on suit à l'abandon,
D'vne grand' violence & d'vn aspre randon.

 Stace fut le premier en la langue Romaine,
Qui courut librement par cette large plaine.
Comme dans les forests les arbres soustenus
Sur leurs pieds naturels, sans art ainsi venus,
Leur perruque iamais n'ayant esté coupee,
Sont quelquefois plus beaus qu'vne taille serpee :
Aussi cette façon en beauté passera
Souuent vn autre vers qui plus limé sera.
Les François n'ont encor cette façon tentee :
Si Ronsard ne l'a point au Bocage chantee :
En mon âge premier chanter ie la pensoy,
Quand ma Foresterie enfant ie commençoy.

 Si puis apres on veut la toile ourdir & tistre,
Du vers sentencieux de l'enseignante Epistre,
Le vray fil de la trame Horace baillera,
Libre, graue, ioyeux à qui trauaillera

Et tu verras chez luy qu'aux Satyres il tache
Arracher de nos cœurs les vices qu'il attache :
Et que tout au contraire aux Epiſtres il veut
Mettre & planter en nous toutes vertus s'il peut.
Une Epiſtre s'eſcrit aux perſonnes abſentes,
La Satyre ſe dit aux perſonnes preſentes
Sans grande difference : & pourroient proprement
Sous le nom de Sermons ſe ranger aiſément.

Imite dans les Grecs l'Epigramme petite,
Marque de Martial, trop laſcif, le merite :
Sur tout breue, r'entrante & ſubtile elle ſoit :
De Poëme le nom trop longue elle reçoit :
Elle ſent l'Heroic, & tient du Satyrique,
Toute graue & moqueuſe elle enſeigne & ſi pique.
L'Epigramme n'eſtant qu'vn propos racourci,
Comme vne inſcription, courte on l'eſcrit auſſi.

Les Huictains, les Dixains, de Marot les Eſtreines,
Y pourront bien ſeruir comme adreſſes certaines,
Et les vers raportez, qui ſous bien peu de mots
Enferment bruſquement le ſuc d'vn grand propos.

L'Epicede ſe chante auant que l'on enterre
Le corps du treſpaſſé. Quand la voute l'enſerre
L'Epitaphe ſe met ſur le Tombeau graué,
Ou bien dans vn Tableau dignement eleué.

Quand en vers l'Epitaphe on fait en Epigramme,
Mis contre vne coulonne en Cuyure en quelque lame,
Pluy pour le meilleur on doit touſiours tenir,
Qu'on peut meſme en courant & lire & retenir.

Or ſi d'vn plus beau feu ton ame eſt echauffee,
Pour des Hymnes chanter : ſuy les reſtes d'Orphee,

Homere & Callimach : & suy ce Bisantin
Marule, & Claudian les chantans en Latin :
Note pareillement la genereuse audace
De Ronsard, qui les vieux en ce beau genre passe :
Et le iugement graue & la facilité
Du sçauant Pelletier, en son antiquité :
Et si tu ne veux point vser de noms estranges,
Donne leur, comme luy, le beau nom de louanges.
Ou si tu veux, plus sage, imite de Sion
Le Prophete Royal sur le Psalterion.

   A dire il reste encor que Poëmes se prennent,
Pour vn suiet petit que peu de vers comprennent :
Comme qui descriroit le superbe pauois
Ou du Troyen AEnee ou d'Achile Gregeois,
Et dessus tout au long de leur race future,
Et du temps auenir la diuerse auenture :
Ou l'amour d'Angelique & du soldat Medor :
La fureur de Roland, de Rodomont encor,
Qui d'vne Poësie estant vn petit membre,
Qu'en peu de vers à part de son corps on demembre.

   Les Cartels de deffy, qu'on presente aux tournois,
Des Poëmes ce sont pour le plaisir des Rois,
Et qui seruent aussi de nuict aux Mommeries
Soubs le masque muet : mesme aux bouffonneries
Que sans despence on fait. Mais les Italiens
Faisant representer à leurs Comediens,
(Soit Tragic, ou Comic) vn fait soubs la parade
De la non coutageuse & braue Mascarade,
Nous ont laissé ce nom, prenant l'effect de nous :
C'est pourquoy nous suiuons leurs mascarades tous.

FRANÇOIS.

Ou soit que d'vn ballet la feste on solennise,
Ou soit qu'en vn Tournoy se face vne Entreprise
Couuerte d'vn beau corps & d'vn mot genereux,
Qui montre d'vn amant le dessein amoureux :
Comme a fait du Bellay, quand il fait d'Hibernie
Venir de Cheualiers vne grand' compagnie,
Qui portent à la Iouste vne Entreprise, afin
Qu'on conneust le dessein du gentil Roy-Dauphin.
  Nos Poëtes vrayment, pleins de haute pensee,
N'ont point, sans la tenter, chose aucune laissee :
Et n'ont pas merité peu de gloire & d'honneur,
D'auoir laissé du Grec & du Romain sonneur
Le vieux chemin batu, faisant chanter la gloire
De leurs gestes priuez aux filles de Memoire.
Et ne seroient point plus les François trauaillans,
En Iustice, en proësse, en fait d'armes vaillans,
Qu'à bien dire ils seroient, si plus soigneux la lime,
Le Poëte employoit à bien polir sa Rime :
Et si tant à l'enui ne faisoient voir au iour
Leurs Sonnets enfantez, plustost que leur amour,
Sans prendre le loisir de penser qu'vn bon Astre,
Regarde le Poëte & non le Poëtastre :
Vn secret est aux vers que ie ne diray point :
On le gouste, on le sent, son eguillon nous poind
Quand nous oyons sa voix qui nous frape l'oreille :
Et mesme l'ignorant admire sa merueille.
  Vous, ô vray sang Gaulois, reprenez & blamez
Les vers qui ne sont pas assez veus & limez,
Assez bien repolis, dont la Rime tracee
N'a plusieurs fois esté refaite & reffacee :

Et par plus de dix fois corrigez vous si bien
Qu'à la perfection il ne manque plus rien.

   D'autant que Democrite aimoit plus vne veine,
Coulante naturelle en son grauois sans peine,
Que l'art trop miserable ou l'on mordoit cent fois,
Deuant que faire vn vers, ses ongles & ses doigs :
Qu'il banissoit encor d'Helicon & Parnasse,
Celuy qui tous les vers par le seul Art compasse,
La Nature estimant plus heureuse que l'Art,
Pour ce maints on voyoit, qui faisoient bien à tard
Rongner leur poil hideux, leurs ongles pleins d'ordure
Pensant par ce moyen figurer la Nature :
Comme encor on en voit qui vestus simplement,
Solitaires ne vont, ou sont communement
Les gens en compagnie, estimant fantastique,
Vn homme estre agité de fureur Poëtique,
Et remporter le nom de Poëte parfait,
Si iamais au Barbier son poil raire ne fait :
Pour garir ce catarre vn monde d'Elebore
D'Anticire aporté ne suffiroit encore.

   Mais moy n'estant Poëte, vne Queux ie seray,
Qui le fer des esprits plus durs aiguiseray :
Car bien que la Queux soit à couper inutile,
Elle rend bien coupant tout l'acier quelle affile.
Ainsi n'escriuant point, ie diray le deuoir
Du Poëte & comment il peut des biens auoir,
Et ce qui peut encor le tenir à son aise,
Le dresser & conduire en chose qui luy plaise ;
Ce qui conuient le mieux ; & ce qui point ne duit,
Ou la vertu nous meine, ou l'erreur nous conduit.

FRANÇOIS.

Et ie seray celuy qui porte vne lumiere
La nuict pour eclairer à ceux qui vont derriere :
Son flambeau seulement flambera pour autruy :
Fort peu, quoy que ce soit, il flambera pour luy.
 Le sage & saint sçauoir est la fontaine claire,
Et le commencement d'escrire & de bien faire :
Chose que te pourront montrer les hauts escris
De Socrate & Platon ou tous biens sont compris :
Et mieux nos liures saints, dont la sainte science
Allume vn ray diuin en nostre conscience :
Qui nous fait voir le vray, qui du faux est caché ;
Et le bien qui du mal est souuent empesché :
Puis les choses suiuront doctement preparees,
Les paroles apres non à force tirees :
Quand seront amassez ensemble tels aprets :
Aisement tout dessein tu conduiras apres.
 Le parler le sçauoir de telle Poësie,
(Qui n'entrera iamais qu'en belle fantasie)
N'est point comme vn graueur qui fait sans sentiment
Vn Satyre qu'il met sous vn soubassement :
Ou bien qui taillera de ces images riches
Que muettes on met aux Palais dans les niches :
Car il veut rendre vn cœur actif eguillonné
Aux exploits genereux, bien qu'il n'y fust pas né :
Il donne des eslans, qui poussent les personnes
A faire vertueux tousiours des œuures bonnes,
Et sous vn plaisant voile, il va cachant souuent
Des choses auenir vn admirable euent.
 Mais comme tu vois bien que tousiours verdoyantes
Les forests ne sont pas, ni les eaux ondoyantes :

Et que iusques aux bords Orne & Seine tousiours
N'emplissent regorgeant les riues de leurs cours :
Aussi foible est par fois la veine Poëtique,
Et langoureuse encor s'estend melencolique,
De sorte qu'on voit bien, qu'Apolon depité,
N'a pas de son esprit, cet esprit agité :
Et que les doctes sœurs & des Graces la suite,
Ont ailleurs loin de luy, pour l'heure pris la fuite.
  Lors il faut retourner à la saincte liqueur
Du beau mont dont Phœbus nous echauffe le cœur :
Et la se reposer mesme à l'heure d'etendre
La corde lentement, pour ses forces reprendre :
On rendroit son esprit tout morne & rebuché,
Qui le tiendroit tousiours au labeur attaché :
Il faut espier l'heure, attendre qu'à la porte
Frape le Delien, qui la matiere aporte :
Lors doucement les vers de leur gré couleront,
Et dans l'œuure auancé d'eux mesme parleront,
Sans forcer violent les Vierges Tespiennes,
Versant contre leur gré leurs eaux Pegasiennes.
Dans vn bocage ombreux, les Rosignots plaisans
Vont d'vn si grand courage à benui degoisans,
Que souuent en chantant, la puissance debile
Defaut plustost au corps, que la chanson gentille:
Ainsi beaucoup sont tant des Muses amoureux :
Que par trop de trauaux leurs corps sont langoureux
Et tandis qu'en sçauoir leur sçauoir chacun donte,
Leur peine surmontee eux mesme les surmonte.
Pour ce gardez vos corps : versant moderement
De bonne huyle en la lampe, on void plus clairement.
                                             Celuy

FRANÇOIS.

Celuy qui bien preuoit, bien ordonne & commence,
En n'allant que le pas souuent le plus auance.

   Comme le voyageur (apres plusieurs detours
D'vn long chemin suiuis) qui voit les hautes tours
D'vne Cité fameuse, ou faut qu'enfin il rande
D'vn cœur deuotieux vne deuote offrande,
S'esiouit & prend cœur se sentant aprocher
Des murs de la Cité dont il voit le clocher :
Ainsi fait le Poëte, alors qu'il se repose
Ioyeux de voir de loin le but qu'il se propose :
Et voir les arbres hauts qu'il a sceu remarquer,
Depeur qu'vn ombre obscur ne le fist detraquer.
   Iamais d'enfants ioyeux vne brigade belle,
Plus volontairement en la saison nouuelle,
Ne se trouua parmi les vermeillettes fleurs,
Qu'vn pré d'email bigarré en cent mile couleurs.
Ni iamais d'vn beau fils belle Dame accouchee
Ni la Dame bien peinte & bien endimenchee
Ne s'aima iamais plus aux danses & aux sons,
Aux deuis amoureux, aux mignardes chansons,
Que la Muse se plaist aux peines & aux veilles ;
En recherchant des vers les secrettes merueilles :
Et l'homme n'a iamais plus grand plaisir trouué
Que celuy du Poëte en son œuure acheué.
   Celuy qui du Deuoir a la science aprise,
Ce qu'il doit au Pays, ou naissance il a prise,
Ce qu'il doit à son Roy, ce qu'au public il doit,
Ce qu'il doit aux amis, qui bien iuge & bien voit,
Comme respectueux il faut estre à son pere,
De quelle affection il faut cherir son frere,

G

Son hoste, son voisin, comme encore cherir
L'estranger qui nous peut quelquefois secourir :
Et qui sçait bien ou gist d'vn vray iuge l'office,
Et de celuy qui doit regler vne Police :
Et ce que doit tenir vn braue Cheuetain
En la charge que haute il n'entreprend en vain,
Soit pour aller vaillant en estrangere terre
Reuancher vne iniure, ou soit pour la conquerre,
Cetuy-la certes sçait, donner ce qui conuient
A chacun, quel qui soit, selon le rang qu'il tient.
 Le docte imitateur, qui voudra contrefaire
De cette vie au vray le parfait exemplaire,
Tousiours l'auertiray de regarder aux mœurs,
A la façon de viure & aux communs malheurs :
Et puis de là tirer vne façon duisante,
Vn parler, vn marcher qui l'homme represente :
Bref que Nature il sçache imiter tellement
Que la Nature au vray ne soit point autrement.
 Quelquefois vne farce au vray Patelinee,
Ou par art on ne voit nulle rime ordonnee :
Quelquefois vne fable, vn conte fait sans art,
Tout plein de gosserie & tout vuide de fart,
Pour ce qu'au vray les mœurs y sont representees,
Les personnes rendra beaucoup plus contentees,
Et les amusera pluftost cent mile fois,
Que des vers sans plaisir rangez dessous les lois,
N'ayant sauce ni suc, ni rendant exprimee
La Nature en ses mœurs de chacun bien aimee,
Nature est le Patron sur qui se doit former
Ce qu'on veut pour long temps en ce monde animer.

Zeuxis fut si soigneux de suiure la Nature,
Que voulant de Iunon faire la pourtraiture
Pour vn peuple lascif, premier il voulut voir
Les belles qu'il pouuoit en sa grand' ville auoir,
Il les fist depouiller en secret toutes nues,
Et cinq tant seulement de luy furent esleues,
Pour d'elles retirer les marques de beauté
Dont fut le naturel de son œuure emprunté :
De mesme aussi qui veut escrire vn bel ouurage,
Il faut que des Autheurs par choix & par triage,
Il choisisse toustours les plus excellens traits,
Pour l'embellissement de ses parlants pourtraits :
Et que tous au patron de Nature il les tire :
Car en tout, fors en elle, il se trouue a redire.
 Phœbus donna iadis aux Romains & aux Grés
La grace de parler, la bouche ronde exprés,
Pour atteindre au vray but : & rien que la louange
De surpasser ainsi toute autre langue estrange,
Doctes ne les guidoit (leur langage ils plantoient
Dedans tous les pays, ou vainqueurs ils estoient,
Ainsi que leurs Edits) car l'ardante auarice
Ne bruloit point leurs cœurs, pour estre exempts de vice:
Mais la plus part de France enseigne ses enfants
Au trafic & au gain, comme à faits triomphants :
 C'est pour le seul profit, c'est pour la seule enuie,
D'estre riche & d'auoir que l'estude est suiuie,
Ce n'est pour la bonté ce n'est pour la vertu,
Que des lettrés on suit le sentier peu batu :
Qui des richesses a, n'a besoin de science :
Les hommes seulement aux biens ont confiance,

g ij

Les vns aprendront bien à porter sur le poin
Vn oiseau pour voler, les autres auront soin
Des chiens & des cheuaux : mais tousiours mesprisee
Les Muses seruiront dans leurs cœurs de risees :
Les autres aux Barreaux s'emploiront aprentifs,
Aux seules actions profitables, actifs,
Autres à separer, & les cens & les rentes
D'vne succession en parts equipolentes,
A bien dresser vn compte, & l'ample reuenu
Et la mise reprendre apres par le menu :
Et de là conuoiteux de la riche finance
Se iettent affamez aux Bureaux de la France.
Les ieunes à Paris aprennent à ietter,
Combien d'vn milion se peut le tiers monter :
A partir, à sommer, multiplier, distraire,
A sçauoir d'vn Banquier l'adresse necessaire :
S'on demande au garçon, qui de mile ostera
Sept cents escus, di moy, qui plus te restera ?
Trois cents : c'est bien conté : c'est assez, bon courage,
Tu peux à l'auenir te garder de dommage :
Si i'en remets deux cents, combien demeureront
Sur le conte dernier ? cinq encor resteront.
Tu peux garder le tien ; car cette experience
Mon enfant, vaut bien mieux que toute autre science

 Or comme pourrons nous esperer que ceux ci,
Nourris dés leur enfance apres les biens ainsi,
Ayans desia graué des leurs tendres ieunesses,
Les gloutons apetits des friandes richesses,
Aimassent la vertu, faisant quelque œuure beau,
Qui fust pour ne tomber iamais dans le tombeau ?

Voire qui meritast d'estre en planche imprimee,
Consacré seulement à peu de renommee ?
Tant s'en faut qu'il deust estre en vn ecrin doré,
En vierge parchemin bien peint, bien azuré,
Escrit, illuminé, pour chatouiller l'oreille
D'vn second Alexandre à l'heure qu'il sommeille ?
  Enseigner, profiter, ou bien donner plaisir,
Ou faire tous les deux, le Poëte a desir,
Comme propre à la vie : en faisant tout ensemble
Chose qui profitable & plaisante nous semble.
  Or si premier tu veux enseigner, sois toufiours
Clair & bref, sans vser d'obscurs & longs discours :
Afin qu'incontinent tes preceptes faciles
Se grauent au cerueau des auditeurs dociles.
La chose superflue aussi bien sortira,
Hors de l'estomac plein, qui l'a reuomira :
Et si plaire tu veux toufiours conte tes fables
Pour donner du plaisir, comme estant veritables :
Car n'estant vray-semblable vn propos inuenté,
Comme vray sans propos ne veut estre conté.
Pourtant tu ne feindras rien qu'on ne puisse croire :
Comme celuy qui conte ainsi comme vne histoire,
Que les Fees iadis les enfançons voloient,
Et de nuict aux maisons secrettes deualoient
Par vne cheminee : en tout sois vray-semblable,
Le vieillard ne se plaist au conte d'vne fable,
Ni voir des vers qui soient sans quelque vtilité :
La chose graue plaist aux gens de grauité.
Et la Muse seuere, en ce temps ou nous sommes,
Pareillement desplaist aux ieunes gentils hommes :

g iij

Qui sçait entremesler l'vtile auec le dous,
L'honneur facilement remportera sur tous,
Enseignant les liseurs, & de Muse pareille,
D'vn rauisseur plaisir leur rauissant l'oreille.
 Vn tel liure sçauant, plein d'vn iugement meur
Aporte de l'argent bien tost à l'Imprimeur,
Et tost outre les mers il passe en telle sorte,
Qu'à son autheur connu grand renom il apporte :
Il s'y trouue pourtant quelques defauts souuent,
Ausquels fait pardonner la suite & le deuant :
Car la corde ne rend tousiours à la pensee
Vn son tel que voudroit la chose commencee,
Sous les doigs fredonnants, & cherchant vn ton bas,
Souuent en rend vn haut & ne vous respond pas.
Tousiours l'arquebusier ne frape ce qu'il mire,
Ni l'archer bien expert n'atteint le blanc qu'il tire.
Mais s'vn œuure en maint lieu son lecteur satisfait,
Ie ne le diray pas tout soudain imparfait,
Pour vn petit d'erreur passé par non chalance,
Ou que n'a peu preuoir l'humaine preuoyance :
Et quoy donc ie vous pry ? comme on ne deuroit point
Excuser l'imprimeur, qui faut au mesme point
Dont on l'auoit repris : & comme on se doit rire
De l'escriuain qui faut tousiours à bien escrire
Aux mots qu'on luy a dits : & mesme du sonneur
Qui faut en mesme ton à son grand deshonneur :
Tout ainsi de celuy, qui fait comme vn Chærille,
Qui pour faire des vers est rimeur mal habile ;
Et de Sagon se fait appeler Sagouyn,
Meslant en nostre langue vn sot barragouyn.

De propos decousus, ric à ric voulant prendre,
Le Latin à la barbe & vulgaire le rendre,
Et duquel ie me ri de merueille surpris,
Quand deux ou trois bons vers ie trouue en ses escris.
　Souuent en œuure long la Muse mesme chomme,
Par fois le bon Homere est surpris par le somme :
Mais vn ouurage long on excuse es endroits,
Ou le sommeil glissant fait errer quelque fois.
　La douce Poësie est comme la peinture,
Que belle on trouuera bien prise en sa nature :
Car l'vne de plus pres, plus belle semblera,
Et l'autre de plus loin dauantage plaira,
L'vne se voudra voir dans vne sale obscure,
Et l'autre au iour plus clair d'vne pleine ouuerture,
L'vne en iour se deuise ou par ombragements,
Et l'autre a de couleurs mile deiettements :
Qui d'vn iuge ne craint la plus subtile veue :
L'vne contentera si tost qu'on l'aura veue,
Et l'autre d'autant plus qu'on reuisitera
Ses beaus traits, d'autant plus elle contentera.
　Comme le voyageur, qui d'vn beau lac aproche,
En son bord se va mettre au coupeau d'vne roche,
Là demeurant long temps oisif en son repos,
Il n'a rien pour obiect que les vents & les flots :
Toutesfois les forests dedans l'onde vitrée
Montrent de cent couleurs leur robe diaprée :
Et l'ombre des maisons des tours & des Chasteaux
Cette eau luy represente au cristal de ses eaux ;
Il se siouit de voir que l'onde luy raporte
Par vn double plaisir ces forests en la sorte :

d iiij

Tout ainsi le Poëte en ses vers rauira,
Par diuers passetemps celuy qui les lira,
Emerueillé de voir tant de choses si belles,
En ses vers repeignant les choses naturelles:
Et de voir son esprit de ce monde distrait,
Mirer d'vn autre monde vn autre beau pourtrait.

 Combien que de vous mesme ô Françoise ieunesse,
Qui suiuez ce bel Art, vous ayez la sagesse,
Touteffois ie veux bien vous auertir ici,
Qu'il faut vn grand sçauoir aux hommes en ceci :
Nous voyons beaucoup d'Arts, ausquels est suportable
D'vn apparent sçauoir l'apparence notable :
Comme pour n'estre aux droits vn Ditariu second,
Ou pour docte à plaider, vn Marion facond :
On ne laisse pourtant d'auoir en bonne estime
Sa part de l'or que tant es Palais on estime.

 En tout sçauoir aisé, pour n'estre Historien
Autant que Titeline, il suffit du moyen :
Le Peintre qui peint bien d'vn homme la figure
Sans l'auoir mesme apris, peut tirer en painture
Tout autre tel qu'il soit : ainsi qui sçait des Arts
Le principe & la fin, s'en aide en toutes parts :
Pourueu qu'à son suiet d'vne gentille mode,
Du sçauoir qu'il a veu l'vsage il accommode :
Mais les hommes ni Dieu, ne veulent receuoir
Celuy qui pour les vers n'a qu'vn moyen sçauoir.

 Toutes langues ont eu leurs Poëtes chacune,
Ne pense donc auoir si courtoise fortune
Que de les surpasser, sinon qu'en ton parler
Comme ils ont fait au leur tu veilles exceller :

FRANÇOIS.

approuue toutefois d'escrire en ses langages,
Afin de remarquer les siecles & les âges
Par les hommes sçauants : Entre qui les lauriers
Du Poëte Roussel verdoiront des premiers :
Car Phœbus & les sœurs eux-mesmes les arrosent
Dans les iardins de Caen : & les beaus vers disposent
Du Fanu, de Michel, de Cahaignes auec,
Qui doctes le Romain escriuent & le Grec :
Et comme Sainte Marthe escrit de mesme plume
Le Latin & François quand sa fureur l'allume,
De sorte qu'il egalle vn Dorat d'vne part,
Et de l'autre il seconde vn dous bruyant Ronsart :
Ainsi nostre Malherbe & Tirmois, l'eloquence
Et les vers balançants d'vne mesme cadence,
En Ciceron Latin font deuenir Gaulois,
Et Phœbus tout Romain est comme tout François.
Le grand de l'Hospital a toute Ausonienne
En France a ramené la troupe Avonienne :
Et filleul conduit à la Cour ces neuf Sœurs :
Dauid qui son Perron orne de leurs douceurs,
Possede à iuste droit leur eternelle gloire,
Comme elles filles sont estant fils de Memoire.
Certaut, qui du Soleil a le cœur allumé,
Chez luy mesme leur dresse vn seiour bien aimé :
Et qui taire pourroit la douce Polymnie
De ce diuin Vaillant, tirant la compagnie
De ces iumelles Sœurs hors de dessus leur mont,
Pour les faire habiter en son sacré Pimpont :
Et le sçauant Sueur, que Latin on compare,
Du peu iusqu'à present, imitable Pindare?

Et Passerat ayant trois langages diuers,
Qui, comme au deux, au sien mesure ces beaus vers?
Et Chantecler profond, qui de Rome & d'Athenes
Fait bruire en ses dous vers les bouillantes fontenes?
Et qui pourroit cacher le rayon qui reluit
En l'Ascalle & Chrestien, que tous Phœbus conduit?
Et cette Aurore ouurant au Soleil la barriere
Sur le Tybre Romain, iaune de sa lumiere?
Et cette autre Apolon de Thou, qui tout diuin
Va par les airs traçant le peu connu chemin
Des Sacres & Faucons, où la Muse Romaine
Attaindre ne peut onc tant fust elle hautaine?
Et quel Siecle d'ailleurs a receu si beau don,
Qu'en son Poëte a fait l'isle de Caledon?
De Baïf, Grec-latin, comme François la Muse,
Au combat les nouueaux ni les vieux ne refuse.
Et Pasquier a montré par ces vers excelens,
Que Phœbus hante aussi les barreaus turbulens.
  Mais qui met son esprit pour rendre plus connues
Ces Langues qui nous sont pour estranges tenues,
Et contemne la sienne ; adultere il commet :
Car son ioug delaissant sous l'estrange il se met.
Et tel est que celuy, qui de tout meuble rare,
Riche tapisserie & de beau lambris pare
Vn Chasteau solitaire, ecarté dans les bois,
Où seulement il couche en deux ans vne fois,
Pour estre loin du lieu : Son Palais au contraire,
Qu'il choisit en tout temps pour demeure ordinaire
Il delaisse sans meuble & sans nul parement :
A soy mesme bien faire on doit premierement.
  Comme entre les banquets & les ioyeuses tables,

FRANÇOIS.
107

Les chants mal accordez seront desagreables,
Et facheux le parfum, dont la forte senteur,
Trop aspre passera iusqu'à la puanteur :
(Car bien souuent encor aux festins on s'en passe)
Ainsi la Poësie amoindrissant sa grace,
(Comme estant inuentee & faite seulement
Pour donner du plaisir & du contentement)
Nous deplaist aussi tost qu'elle s'esleue ou baisse,
Ou que bas trebucher du tout elle se laisse.
  Qui lutter ne sçait point se garde de lutter,
Et qui iouster ne sçait se garde de iouster,
Ni de vouloir froisser, mal apris, vne lance :
Et qui ne sçait danser ne se trouue à la dance :
Et qui ne peut la balle au tripot bricoller,
Passant son temps ailleurs se garde d'y aller,
Depeur qu'vn grand amas de personnes s'assemble,
Qui librement de luy se gaudiroient ensemble :
Et toutefois celuy, qui ne sçait l'Art des vers,
S'en veut pourtant mesler de tort & de trauers :
Pourquoy non, dira til ? moy qui suis gentil homme,
Et qui reçoy du Roy de pension grand' somme,
Desia tenu Poëte, à qui sa Maiesté,
Pour ses vers mainte fois a liberale esté,
Qui de la chambre suis deuenu Secretaire,
Des vers à mon plaisir ne pourray-ie bien faire ?
Estant au bel estat des fauoris couché,
Et d'ailleurs n'estant point d'aucun vice entaché ?
  Ne di rien, ne fais rien en depit de Minerue :
En cet Art ne veut point la Nature estre serue,
Mais amis vous auez vn tel entendement,
Que vous pouuez en vous en faire iugement.

Si quelquefois encor, ô Françoise ieunesse,
Quelque œuure vous voulez mettre dessus la presse:
Il la vous faut soumettre au iugement exquis
D'vn sçauant, qui tout ait, ce qu'en l'Art est requis,
Et la garder neuf ans dedans le coffre enclose :
Cependant vous pourrez corriger mainte chose.
La parole parlée on ne peut departer,
Et l'œuure mise hors ne se peut rappeler.

On raconte qu'Orphé, des grands Dieux interprete,
Les humains qui viuoient d'vne façon infete
De massacre & de sang, sceut bien desauuager,
Et sous plus douces loix hors des bois les ranger :
C'est pourquoy l'on disoit qu'il sçauoit bien conduire
Les Tigres les Lions, aux accords de sa Lyre :
Et mesme qu'Amphion (le gentil batisseur
Des nobles murs Thebains) sceut par la grand' douceur
De son Luth façonné d'vne creuse tortue,
Faire marcher des rocs, mainte roche abatue,
Qu'il conduisoit au lieu que meilleur luy sembloit,
Et les faisant ranger, en murs les assembloit.

Telle fut des premiers iadis la Sapience,
De sçauoir separer, par prudente science,
Le public du priué, du prophane le Saint,
D'auoir par vn dous frein, son appetit retraint
D'vn vague accouplement, d'auoir du mariage
Ordonné les Saints droits, d'auoir trouué l'vsage
De bastir les Citez ; dans des tables de bois
Engrauant l'equité des droiturieres lois.

Voila comme s'aquist aux vers & aux Poëtes,
Vn honneur, vn renom tel qu'à diuins Prophetes.
Puis Homere & Tyrté mirent des vers au iour,

FRANÇOIS. 109

Qui graues detournants les hommes de l'amour,
Les firent suiure Mars : & par les vers à l'heure
Des Oracles se fist la responce meilleure :
Et furent mis en vers les beaus enseignemens
Pour maintenir la vie en tous gouuernemens,
Et par la Muse encor fut la grace tentee
Des Princes & des Rois, pour leur gloire chantee.
Puis vinrent les derniers les ebats & les ieux,
L'agreable repos de tous trauaux facheux.
   Premier ainsi iadis nos Poëtes Druides,
Nos Samothés Gaulois, Nos Bards, nos Sarronides,
Policerent la Gaule : & leurs vers animez
Rendoient aprés la mort les Princes plus aimez.
Et mesme au parauant Dauid auoit choisie
Pour mieux celebrer Dieu la sainte Poësie,
Et tant peurent ses vers que sans pompeux arroy,
Ce berger maiesteux de Poëte fut Roy.
Ce que ie dis, afin que vous n'ayez point honte,
De faire d'Apolon & de la Muse conte.
De l'Apolon sur tout qui diuin & sacré
Desancrant de Delos en France s'est ancré.
Portez donc en trophé les despouilles payennes
Au sommet des clochers de vos cuez Chrestiennes.
   Si les Grecs, comme vous, Chrestiens eussent escrit,
Ils eussent les hauts faits chanté de Iesus Christ:
Doncques à les chanter ores ie vous inuite,
Et tant que vous pourrez à despouiller l'Egipte,
Et de Dieu les Autels orner à qui mieux mieux,
De ses beaus parements & meubles precieux :
Et des autheurs humains comme l'vtile auette,
Prenons ainsi des fleurs la manne & la fleurete,

Pour confirmer de Dieu les auertiſſemens,
Contenus aux ſecrets de ces deux teſtamens.
  Vous Prelats, qui n'auez qu'à Dieu ſeul la penſee,
A luy ſeul ſoit auſſi voſtre Muſe addreſſee :
Ainſi que ton du Val Moulinet chante nous
Cette grandeur de Dieu, qu'on voit reluire en tous.
Toy, Dangennes ſçauant qui bois en la fontaine
De l'Hippocrene vraye, & de bouche Romaine,
Et Grégeoiſe & Françoiſe, epuiſes, bien diſant
Le puis de verité, dont tu vas arroſant
De Noyon la contree : ouure nous ta poictrine,
Que nous goutions ici les fruits de ta doctrine.
De Coſſé, qui ne quiers les Lauriers fleſtriſſants,
Qui ſur le mont menteur des Muſes vont croiſſants,
A ce recoin du monde, au mont où Michel l'ange
Tient ferme ſous ſes pieds cette chimere eſtrange,
Plante par les beaus vers de Dieu les eſtandarts
Qui facent l'Ocean trembler de toutes parts.
Toy race d'Eſpinay, qui de maiſon antique
Deuot, polices ſeul ton Egliſe Armorique :
Apren les flots Bretons, ſelon le ſaint Hebrieu,
A redire apres toy les louanges de Dieu.
Deſportes, que ta Muſe à Dieu toute tournee
Ne ſoit des vers d'amour deſormais prophanee :
Maintenant, fauori, (puiſque dans le cerueau
Apolon t'a verſé toute la céleſte eau,)
Arrouſe, doux coulant la Royale prairie
De l'onde que iamais on ne verra tarie.
  Hé ! quel plaiſir ſeroit-ce à cette heure de voir
Nos Poëtes Chreſtiens, les façons receuoir
Du Tragique ancien ? Et voir à nos miſteres,

Les payens asseruis sous les loix salutaires
De nos Saints & Martyrs? & du vieux testament
Voir vne Tragedie extraite proprement?
Et voir representer aux festes de Village,
Aux festes de la ville en quelque Escheuinage,
Au Saint d'vne Parroisse, en quelque belle Nuit
De Noel, ou naissant vn beau Soleil reluit,
Au lieu d'vne Andromede au rocher attachee,
Et d'vn Persé qui l'a de ses fers relachee,
Vn Saint George venir bien armé, bien monté,
La lance à son arrest, l'espee à son costé,
Assaillir le Dragon, qui venoit effroyable
Goulument deuorer la Pucelle agreable,
Que pour le bien commun on venoit d'amener?
O belle Catastrophe! on la voit retourner
Sauue auec tout le peuple! Et quand moins on y pense
Le Diable estre vaincu de la simple innocence!
Ou voir vn Abraham, sa foy l'Ange & son fils!
Voir Ioseph retrouué! les peuples deconfis
Par le Pasteur guerrier qui vainqueur d'vne fonde,
Montre de Dieu les faits admirables au monde!
 C'est vn point debatu par argumens diuers,
Si de Nature ou d'Art, se compose vn beau vers,
Et laquelle des deux plus on estime & prise
En vers, ou la Nature ou la Science aquise :
Quand à moy ie ne voy, que l'Art ou le Sçauoir,
Sans veine naturelle, ait beaucoup de pouuoir :
Ni que sans la Science vne veine abondante
Soit pour bien faire vn vers assez forte & puissante :
Et tant bien l'vn à l'autre aide sert & suruient,
Et d'amiable accord s'vnit & s'entretient,

Que si Nature & l'Art ne sont tous deux ensemble,
Vn vers ne se fait point bien parfait ce me semble.
　Or celuy qui paruient enfin au haut sommet
Ou le but desiré de ce bel Art se met,
Qui se fait remarquer par la belle couronne
Du laurier verdoyant, qui son chef enuironne,
A porté dés l'enfance vn monde de trauaux,
Enduré chaud & froid & souffert mile maux,
N'a connu de Bacchus la liqueur honoree,
Ni la belle Venus des autres adoree.
　Qui sçait d'vn pouce expert à bien rauir les Dieux
Ioindre au Luth la douceur d'vn vers melodieux,
En aprenant il a quelque fois craint son maistre,
Et sceu premierement cet Art aussi cognoistre :
Auiourd'huy c'est assez de dire & se vanter
Que sa Muse sçait bien de beaus vers enfanter :
Moy, ie fay bien vn vers, soit à l'Italienne,
Soit à le mesurer à la mode ancienne ?
Si Mecœne viuoit, ainsi comme autre fois,
Ie serois à bon droit son Virgile François.
La Pelade & le mal venu de Parthenope,
Puisse par tout saisir cette vanteuse trope,
Ces Poëtastres fouls, qui pour sçauoir rimer,
Pensent comme bons vers leurs vers faire estimer :
Ie n'ose de ma part ni confesser ni dire,
Qu'vn vers ie puisse bien fredonner sur la Lyre :
Ains ie reconnoistray franchement desormais,
Que ie ne sçay cela que ie n'aprins iamais.
　Comme vn crieur public à l'encan sçait attraire,
Sous ombre de profit la tourbe populaire,
Pour luy faire acheter les meubles des deffuns :

Tout

Tout ainsi le Poëte, au fumet des parfuns
De sa bonne cuisine & de sa grand' despence
Chacun attire à luy, comme par recompense :
Le riche par presents attrayant les flateurs,
Il orra de ses vers mile contes menteurs :
S'il est homme qui tienne vne table friande,
Donnant franche repue on vient à sa viande,
Et s'il sçait liberal & prester & pleger,
Pour aider au besoin ceux qui sont en danger
Ou de perdre vn procez ou de souffrir dommage :
Ce seroit grand' merueille eux luy faisant hommage,
Qu'il les peust remarquer ou vrais ou faux amis :
Se masquer le visage aux flateurs est permis.

 Si doncques riche & grand tu desires de faire
Plaisir à telles gens tout franc & volontaire,
Ne les prens pour iuger tes vers aucunement.
Car eleuants leurs voix souriants faintement,
Te diroient, ô quel vers ! ô quelle douce veine !
Comme Nature & l'Art, tu sçais ioindre sans peine !
Que ces vers sont bien faits? & faussement rauis,
Repaistront la dessus leurs esprits assouuis :
Feront plouuoir encor dessus tels rudes carmes,
De leurs yeux façonnez, quelques flateuses larmes,
Ils dresseront au Ciel les yeux en t'admirant ?
Comme ceux, que iadis on alloit requerant
A gages, pour pleurer, aux grandes funerailles :
Qui faignant lamenter du profond des entrailles,
Disoient & faisoient plus par leur pleurer moqueur,
Que ceux la qui pleuroient leurs amis de bon cœur :
Ainsi le flateur faint, d'vn deguisé sourire,
Plus que le vray loueur s'ebahit & s'admire.

H

Les grands, ainsi qu'on dit, font quelquefois tenter
Vn homme par le vin, pour l'experimenter,
Le font boire d'autant luy font faire grand' chere,
Pour sçauoir s'il pourroit bien celer vne affaire :
S'il est d'amitié digne ils veulent lors sçauoir :
Par espreuue se peut vn mal aperceuoir.
Aussi faisant des vers tu te dois donner garde
D'vn esprit qui se masque, en sa façon mignarde,
De la peau d'vn Renard : auiourdhuy rarement,
On trouue des amis de libre iugement.

S'on recitoit des vers à Quintil, dit Horace,
Il disoit, mon enfant il faut que ie t'efface,
Cet endroit, & cet autre : & corriger ceci :
Tes vers n'ont point de sens, n'ont point de grace ainsi
Si tu luy confessois ne pouuoir mieux escrire,
Ayant beaucoup de fois taché de les reduire :
Lors il te les faisoit tout du long effacer :
Et sçauoit de nouueau plus beaux les retracer,
Te les faisant remettre & tourner sur l'enclume,
Il les repolissoit des bons traits de sa plume.

Mais si mieux on aimoit defendre sa fureur,
Que de les r'agencer, corrigeant son erreur,
Plus rien ne t'en disoit, estimant chose veine
De perdre apres tes vers son conseil & sa peine :
Et seul te permettoit de priser sans riual,
Comme aueugle en ton fait, toy, ta faute, & ton mal

L'homme bon & prudent, d'ame non violante,
Reprend des vers grossiers la rime mal coulante,
Et les vers qui ne sont polis & relimez,
D'vn trait de plume sont par luy desestimez :
Il retranche d'vn vers comme chose ocieuse

FRANÇOIS.

L'ornement superflu, la pompe ambicieuse,
Il donne vne lumiere au passage obscurci,
Il rend vn dire obscur beaucoup plus eclarci :
Et ce qu'il faut changer, clair voyant il remarque,
Prenant l'authorité que prenoit Aristarque :
Et si ne dira point, Pourquoy veux-ie offenser
Mon ami pour si peu ? Ce peu peut radresser
L'homme qui s'alloit perdre à la sente egaree
Qu'on voit estre sans fruict des hommes separee.
Car en ayant le faux pris pour la verité,
Moqué dans son ouurage il se fust depité.

Il est vne autre humeur d'hommes qu'on dit Poëtes,
Inconstans & legers, comme des Giroëtes
Qui vont vireuoltant, à tous vents, sur les tours :
Ces gens malasseurez, par incertains detours,
Veulent gaigner du Mont la cime double, & haute :
Ils ont la volonté : mais par la grand' defaute
De la Lune (qui n'est forte comme Phœbus)
Qui leur ceruelle occupe, en l'Art font mile abus.
Ils font cent mile vers, ou Megere preside,
Qu'au lieu de Caliope, ils prennent pour leur guide.

Le sage doit fuir ces hommes affolez,
Autant comme on feroit les poures verolez,
Ou bien les furieux pleins d'erreur frenetique
Et pleins d'opinion deuote & fanatique :
Mais les petits enfans en tous lieux les suiuront,
Les garçons debauchez auec eux se riront,
Imitant toutefois les pitaux de Village,
Qui suiuent vn chien foul tourmenté de la rage,
Quand l'vn epoind du bruit de ses voisins prochains,
Prend en hâste vne fourche, & l'autre entre ses mains

h ij

Vn rouge bien trenchant s'asseurant de defence
Si l'animal cruel leur veut faire vne offence.

 On voit leurs vers escrits par tout aux cabarets,
Farouches & gourmans ils vont dans les forests,
Apres vne debauche importuner les Muses,
Meslant en leurs discours mile choses confuses :
Ils seruent bien souuent aux Seigneurs de plaisants,
Vanteurs, iniurieux, iureurs & medisants.

 D'ailleurs les courtisans les incitent sans cesse
A chanter leur amour de quelque grand' Princesse.
Et leur derniere fin c'est de mourir batus,
Langoureux, verollez, dechirez deuestus,
Dedans vn hospital, si leur fureur subite,
Pour irriter quelqu'vn morts ne les precipite :
Et ne reste rien d'eux, que contre les parois
Les noms qu'ils egaloient aux noms des plus grãds Rois

 Horace de son temps vouloit qu'en patience,
On laissast de ces fols l'indiscrete science :
Et si quelqu'vn d'entre eux (tandis qu'il vomiroit
Mile vers que raui, seul il admireroit
Ainsi que l'oiseleur, trop ententif à prendre
Les oiseaux à qui sots les filez il veut tendre)
Tomboit dedans vn puis, ou dans vn creux profond,
Bien qu'il criast d'embas longuement contremont,
Amis, secourez moy, mes voisins, ie vous prie,
Tirez hors de ce puis ce malheureux qui crie,
Il dit qu'il ne faut pas à son secours aller :
Ni pour le retirer la corde deualler :
Que sçait il si ce fol de fait apens luymesme
S'est point allé ietter en ce peril extresme,
Et s'il veut glorieux qu'on l'aille secourir ?

FRANÇOIS.

Il conte, à ce propos, qu'ainsi vouloit mourir
Vn Poëte en Sicile : Empedocle pour estre
Estimé comme vn Dieu, qu'on a veu disparestre,
Secret s'alla ietter dans Mongibel ardant :
Qu'il soit loisible donc à ces fouls, cependant
Qu'ils seront en humeur, de mourir ou de viure
Ainsi comme ils voudront, pour Empedocle suiure :
Qui sauue ces gens là, s'oposant à leur mort,
Il s'opose à leur gloire & leur defend le port :
Les gardant de passer l'onde non renageable,
Ils tiennent ce bien là facheux & dommageable :
Aussi bien d'autrefois d'vn esprit resolu,
Ils voudront derechef cela qu'ils ont voulu :
Desireux d'acquerir vne gloire nouuelle
Par ce mourir fameux, qui les tient en ceruelle.
    Mais courtois de ces fouls il faut auoir pitié,
Les garder, secourir, d'vne douce amitié :
Et prier le grand Dieu que leur ame agitee
Du Demon tourmenteux ne soit plus tourmentee.
Comme vn Alambiqueur tire des mineraux
L'esprit, la quintessence & vertu des metaux,
Fait des eaux de parfum, des huiles salutaires,
Et sçait bien allier maintes choses contraires :
Tandis souuentefois de faux coin, faux alloy,
Il frape monnoyeur sur la face du Roy :
Tout ainsi maint Poëte ayant à gorge pleine
Beu de l'onde sacree à la docte Neuuaine,
Fera mile beaux vers : Mais souuent orgueilleux
Il meslera des traits mutins & perilleux :
Et souuent contre Dieu superbe il outrepasse,
Par folle opinion les loix du Saint Parnasse :

Et puis il deuient fol : car Dieu le veut punir,
D'auoir aux Saints Edits voulu contreuenir,
Et deslors plein de gloire & de sotte vantance,
Il sera le vangeur de son outrecuidance :
Et si n'aparoist point, pourquoy si furieux,
Il veut hausser au Ciel son vers ambitieux,
Ni quelle est la raison de sa fureur si grande,
Ni quel vice mutin sur son ame commande :
Ou s'il a le tombeau de son pere brouillé,
Ou si dedans son sang, son sang il a souillé,
Polu les saints autels, & que par penitence,
Il luy fust de besoin de punir cette offence.

 Il est pourtant tousiours incensé caqueteur,
De ses vers à chacun importun reciteur,
Comme l'Ours irrité, si de sa caue il ose
Deffaire les barreaus, rompre la porte close,
Loin il chasse tous ceux, qui marchent deuant luy :
L'ignorant & le docte ainsi craignants l'ennuy,
S'enfuiront autrepart : Si quelqu'vn il arreste,
De ses vers iargonnant il luy rompra la teste :
Car comme la Sangsue ayant trouué la chair
Il s'emplira de sang, auant que la lacher.

 La fureur de ses fols, l'erreur des Poëtastres
Suiuis malencontreux, de quintes, de desastres,
Se decouure bien tost : Et se decouure aussi
La passion de tous sous vn voile obscursi :
Car chacun va tousiours ou le plaisir le tire,
L'vn souhaite Bacchus, l'autre Venus desire :
Homere a tant souuent fait les Dieux banqueter,
Que d'aimer le bon vin des Grecs se fist noter :
Car comme on vit iadis que le peintre Arelie

Decouuroit par ses traits sa lasciue folie,
En pourtrayant au vif, sous chacun sien pourtrait
Celles dont il auoit desia senti le trait,
Aux Temples ayant paint les Romaines deesses,
Par leur face on connut, aisement ses maistresses :
Ainsi voit on souuent, que beaucoup d'escriueurs
Descouurent leurs desirs decouurant leurs labeurs :
Tant qu'il est bien aisé de cotter la pensee,
Qui leur ame retient aux vices enlassee.

  Or, Sire vous offrant souuent de mes escris,
Importun ie craindrois de pecher mal apris
Encontre le public : voyant que vos espaules
Seules portent le fais des affaires des Gaules:
Toutefois puis qu'il plaist à vostre Maiesté,
Que de moy fust escrit des vers quelque traité,
M'ayant tant honoré que daigné m'en escrire :
A vous, ô mon grand Rey, le Prince de bien dire,
Et de toute vertu, qui d'esprit excellent,
Retenez par douceur ce Siecle turbulent :
Ie presente cet Art de Regles recherchees,
Que sans art, la Nature aux hommes tient cachees :
Non pour vous enseigner (bien qu'en mesmes raisons
Horace ait autrefois enseigné les Pisons)
Mais afin que la Gaule, ainsi que vous sçauante,
De ses enseignemens, à l'auenir se vante :
Et que tous ces esprits, qui de mots entassez
D'vn ordre non suiui font des monceaus assez,
Se reglant ne soient plus à ces Singes semblables,
Qui regardans bastir des maisons habitables,
Tenterent plusieurs fois, marmots & babouins,
Le mesme, mais en vain : n'ayant pas les engins

Propres à cet effet : & leur menagerie
Ne fut rien à la fin que toute Singerie.

 Ie composoy cet Art pour donner aux François :
Quand vous Sire, quittant le parler Polonnois,
Voulutes reposant dessous le bel ombrage
De vos Lauriers gaignez, polir vostre langage,
Ouir parler des vers parmi le dous loisir
De ces Cloestres deuots ou vous prenez plaisir :
Ayant auprès de vous, comme Auguste, vn Mecæne
Ioyeuse, qui sçauant des Virgiles vous mene,
Des Horaces, vn Vare, vn Desportes qui fuit,
Composant nettement, cet Art quasi parfait.

 Depuis vn chant plus haut i'entrepri tout celeste :
Alors que Mars armé du dernier Manifeste,
Me rabaissa la voix. Ie demeuray soudain,
Comme dans la forest demeure vn petit Dain,
Qui voit vn Ours cruel au pied d'vne descente,
Ouurir les flans batans de sa mere innocente :
Il fuit par la brossaille, il fuit de bois en bois,
Timide & defiant il pense à chaque fois,
Reuoir l'Ours qui sa mere & la France deuore :
Depuis ce iour tout tel ie suis poureux encore.

 Ie viuoy cependant au riuage Olenois,
A Caen, ou l'Ocean vient tous les iours deux fois,
Là moy DeVauquelin content en ma Prouince
President ie rendoy la Iustice du Prince.

FIN.

SATYRES
FRANCOISES,

*AV ROY DE FRANCE
ET DE NAVARRE, HENRY IIII.*

Par le Sieur De la Fresnaie
Vauquelin.

LIVRE PREMIER.

A CAEN,
Par CHARLES MACE', Imprimeur
du Roy.

1605.

DISCOVRS
POVR SERVIR
DE PREFACE SVR
le sujet de la Satyre.

A Satyre estant vne sorte de Poësie qui n'est pas encores si commune en nostre France que les Tragedies & Comedies: i'ay bien voulu toucher quelque chose de l'antiquité de ce suiet, pour en donner plus claire & [amp]le intelligence: me persuadant que quand il [sera] connu, il se pourra trouuer autant vtile & [agre]able en nostre langue, que nul autre quel [qu'il] puisse estre. Pour donc sçauoir d'ou il a pris [son] origine & son commencement, il faut enten[dre] qu'aux premiers temps que le monde sortoit [de s]on enfance, & que les gents estoient encores

I

ignorants & grossiers, ayans plustost les mœurs simples & naturelles, que fines & artificieuses, ils auoient accoutumé, comme bons & deuotieux de sacrifier à leurs Dieux, & d'acomplir leurs vœux auec grande feste & solennité. Ce qu'ils faisoient en toutes saisons : mais beaucoup plus communement au temps de la moisson & des vendanges : dautant que s'assemblans chacun en leurs champs, par diuerses familles & compagnies, ils dressoient des autels de ramee, de branchages & de gazons, ausquels ils mettoient le feu en sacrifiant à Bacchus vn Bouc (qui s'apelle Tragos en Grec) & chantoient à qui mieux mieux vne maniere de vers tous rustiques & mal polis : & de leur chant & de ce Mot Tragos, (comme qui eust dit, chanson du Bouc,) eut son origine la Tragedie. Pour cette mesme cause on donnoit vn Bouc à celuy qui auoit le mieux chanté. Et la raison pourquoy ils immoloient plustost vn Bouc à Bacchus qu'vn autre animal, estoit que par son broust & viandis, il nuisoit plus aux vignes que les autres animaux. A l'heure donc la Tragedie n'estoit autre chose, qu'vn remerciment à Dieu de la bonne vendange, & vne louange de sa bonté, de sa largesse & de sa grandeur. Mais pour ce que les hommes Grands Tyrans & puissants, commencerent depuis à vsurper les louanges qui apartenoient aux Dieux, il se trouua des personnes de gentil entendement, qui commencerent aussi à montrer par leurs vers, combien la vie des hommes estoit fresle, debile, & infortunee, au respec de la bienheureuse felicité de Dieu. Ce que voulant faire voir par exemples, ils ramenteuoient les calamitez des Roys & des Princes, lesquels estoient tombez de leur grand & magnifique estat, en misere & poureté. Qui fait croire q̃ de là, la Tragedie, telle quelle est maintenant eut son commencement. Au moyen de quoy les Tragedies sont toutes fondees sur faits tous vertueux & pitoyables : & bien qu'elles soient à leurs entrees quelquefois pleines d'allegresse, toutefois à la fin elles sont toutes douloureuses : sinon celles d'Euripide, qui finissent en ioye & contentement, cõme l'Alceste, l'Isiginie, l'Ion, &c. Ce qui a fait inuenter aux modernes le mot de Tragicomedie, duquel les anciens Grecs & Latins n'vsoient point. La Comedie au contraire est fondee sur faits tous vitieux, mais non de telle sorte que le vice ne s'en puisse bien amender & reparer : Et tout ainsi qu'en l'vne ne sont introduits que Roys & Princes bien nourris & bien apris, aussi en l'autre ne se voyent que des personnes vulgaires & de moyenne condition, qui pour auoir debauché & suborné vne fille ne font cas de l'espouser pour couurir leur faute & euiter la punition du peché : & tousiours finit en nôces ou autre contentement cette Comedie : laquelle eut son origine en cette sorte: Deuant que les Atheniens eussent basti leur Cité

ils faisoient leur demeure en des tentes & pauillons, ils habitoient aux champs en des bordes &
cabanes, & deuant que sacrifier à leur Apolon
Nomien, Dieu des pasteurs & Bergers, ils s'as-
sembloient en grandes compagnies & grandes
assemblees, & buuant & mengeant tous ensemble, ils faisoient grand' chere, ils faisoient mile
ieux, passoient le temps à diuers plaisirs & chantoient vne infinité de vers, toutefois goffes &
mal faits : lesquels ils apeloient Comedie, de Comos, ou Comoï qui signifient en Grec, Asēblee
ou Mengerie publiq̄ : cōme qui diroit, Chanson
d'assemblee & de grand'chere. Et cette Comedie
ainsi faite ne contenoit autre chose, que des vers
& des chants, qui principalement reprenoient
les vices & les fautes d'autruy. D'ou sortirent
depuis les escriueurs de l'antique Comedie : qui
nottoient & découuroient, auec grande liberté,
non seulement les vices des absents, mais bien
souuent aussi ceux des personnes presentes. Laquelle liberté de reprendre seruit long temps
aux vertus & aux bonnes mœurs : pour ce que
plusieurs ayans crainte d'estre decouuers & dif-
famez pour leurs vicieuses actions & mauuais
deportements, s'abstenoient de choses infames
& deshonnestes, & se gardoient de se faire remarquer de faute & de peché, qui peust estre
manifesté au public. Mais afin que les Poëtes de
ce siecle là peussent taxer plus librement les vices & les defauts voluptueux & lascifs de ch cu

SVR LA SATYRE.

ils introduisoient deuant tous quelques Satyres, qui sont especes de Dieux habitans les forests, ayans des cornes au front & des pieds de Bouc, qui sont foletons ehontez & impudents, & qui sur tout se recreent de paillardises & choses lascives: & comme encore nos derniers maieurs, qui faisoient representer quelques ieux, Farces, ou Moralitez en public, mettoient quelquefois en auant vn fol, vn bouffon, vn badin, pour parler en plus grande liberté: ainsi en ce temps là, ceux qui n'auoient pas la hardiesse de dire les méchansetez & mauuaitiez d'alors, ils se couuroient de l'ombre & du nom de ces Satyres. En cette maniere fut introduite la Satyre antique & la Comedie: Lesquelles à peu pres estoient semblables au vers & au suiet: mais elles differoient en ce qu'en la Comedie on ne representoit point de Satyres côme en la Satyre. La Satyre donc & la Comedie sortirent incontinent apres l'antique Tragedie. Mais depuis que les Grecs eurent vsé par vn long temps de cette façon d'escrire, ils commencerent à deuenir vn peu trop licentieux par ce qu'estant gaignez par prieres, ou corrompus par presents, ils se mirent à diffamer & dire mal des plus gents de bien. Qui fut occasion de faire la Loy par laquelle il estoit deffendu de faire vers diffamatoires contre aucun homme viuant, ne qui fust taxé par son nom. Pour cette raison Menandre trouua l'inuention de la nouuelle Comedie, & fut reietee la liberté de dire

d'Aristophane. Finablement Lucilius à Rome
fut le premier inuenteur de la nouuelle Satyre,
Il estoit né de la ville d'Aronce, homme docte,
d'vn sçauoir vehement & d'vn courage franc &
libre: lequel retint & conserua la vieille vsance
de reprendre les vices: mais il changea la maniere & façon des vers, moderant quelque peu la
premiere liberté en consideration & consequen-
ce de la Loy. Mais pour ce que ses vers alloient
& sautoient d'vn vice à l'autre, suiuant la coutume des Satyres, le nom de Satyre demeura à ce
genre descrire. Or la Satyre doit estre d'vn stile
simple & bas, entre celuy du Tragic & du Comic, imitant & representant sur tout les choses
Naturelles, dautant qu'il doit suffire au Satyrique de reprendre ouuertement & sans artifice
les fautes & les vanitez d'autruy. C'est pourquoy ceux-là ne meritent de louange qui escriuant des Satyres vsent d'vn stile trop éleué: car
ce seroit faire des vers Heroïques, qui requie-
rent vn air haut & magnifique. Ce qui fait qu'au
commencement de ces graues Poësies on inuoque quelque Deité, quasi confessant que ce qu'õ
doit chanter surpasse les forces de l'entendement
humain, chose qui n'auient point en la Satyre: à
raison qu'elle traite de choses basses, humbles &
communes. Aussi les Satyriques ne commencẽt
leurs ouurages auec inuocation ou autre merueille: ains auec quelque dedain, quelque courroux ou autre telle façon de dire, comme s'ils e-

SVR LA SATYRE. 129

toient prouoquez & presque forcez par l'abondance & multitude des vices, à s'éleuer pour les reprendre, ne se pouuants taire estants piquez de l'eguillon d'vn si iuste depit. Dauantage on introduit seulement des gents de moyenne qualité à discourir & parler en la Satyre, comme flateurs, esclaues, seruiteurs & autres telles gents: & par occasion on y entremesle des contes & des fables de choses pareilles & basses. Au contraire aux Poësies Heroiques on ne met que des Princes, des Heros & des grands & genereux Capitaines: des gestes & exploits desquels le Poete chantant, embellit son œuure & ses discours, comme aussi de mile fictions, de beaucoup de figures, de harangues & descriptions : de phrases & paroles, esleues & choisies d'entre la naifueté du parler de sa nation. Mais la Satyre ne demande que la verité simple & nue, & des paroles du cru du pays de celuy qui escrit sans s'éleuer ni abaisser trop en son propos. Telle est la maniere d'escrire d'Horace entre les Satyriques, auec des vers si naifs & si bas, que bien souuent il n'y a point autre difference entre eux & la prose que la mesure & la quantité, desorte qu'à grand' peine ils semblent meriter le nom de Poësie. Aussi a compris ses Satyres sous le nom de Sermons, pris du mot Latin *Sermo*, qui n'est autre chose que le deuis familier & commun d'entre vn ou deux deuisants ensemble. Et pour cette raison & que pareillement Horace reprend les vices

en ses Sermons) il est vray semblable que l'vsage
a fait appeler de ce nom les predications de no[s]
prescheurs. Donc il ne faut douter que la Satyr[e]
ne soit vne espece de Poesie, qui sera merueilleu[se-]
sement plaisante & profitable en nostre Françoi[s]
pourueu qu'on s'abstienne de diffamer personn[e]
en particulier, & qu'on ne se licentie par vengeance ou autrement à faire des vers pleins d[e]
medisance, d'iniure & de menterie, tels que son[t]
les Coqs à l'Asne : lesquels prindrent pied & succederent aux Syluantez de nos Poetes Vualon[s]
& Prouençauls, qui auoient imité propremen[t]
en nostre langage les Satyriques Latins. Enquo[y]
Marot (lequel regla le premier cette façon d[e]
Cocqs à l'Asne) se contint assez modestemen[t]
retenant la douceur & naifueté de nostre François (auquel il excelloit sur tous ceux de son âg[e])
il adoucissoit ses sornettes & brocards de tel iu[-]
gement, que ceux à qui il importoit de s'en re[-]
sentir les comporterent doucement. Mais vn[e]
infinité de Rimeurs qui sont venus apres, & q[ui]
chaque iour, comme Singes, pensent contrefai[re]
leur premier autheur, ont fait & font des Coc[qs]
à l'Asne, & des Asnes au Cocq, qui sont vers i[n-]
iurieux & diffamatoires, plustost dignes d'est[re]
bruslez auec leurs peres, que d'estre veus d'a[u-]
cun homme d'honneur. Il faut donc fuir cett[e]
façon d'escrire : & retenir par ce que nous auo[ns]
dit (& plus au long en nostre Art Poetique[)]
qu'au suiet de la Satyre ne sont requis l'orneme[nt]

l'embellissement ni la douceur de dire que requiert la matiere Epique & Heroique : mais y est requise vne aigreur meslee de quelque sel poignant en general, adoucie de quelque trait ioyeux & sentencieux. Les ignorants tachez des vices communs aux vulgaires, se facheront de se voir depeints & remarquez en la Satyre, comme si le Poete auoit pensé à dechiffrer leurs mœurs & à les reprendre : Mais les sages & auisez se plairont de la lire, encores que leur naturel & leurs fautes y soient descrites & touchees : mesme par tel aduertissement se corrigeront, & noteront les defauts que beaucoup n'aperçoiuent point en eux. Que le suiet de la Satyre soit donc pris d'vne chose commune : enquoy faisant il ne faut que l'autheur luy mesme se pardonne, ains qu'il depaigne le premier ses imperfections. Quelques anciens ont remarqué, que Lucilius estoit trop aspre & seuere, mais Horace estoit plus doux & moderé en ses dedains, lesquels il lachoit dauantage au commencemens de ses Satyres : Iuuenal d'vn stile entre les deux les déouuroit plus fort, chacun auoit son stile particulier, comme Perse l'a different de tous les aures. C'est vne chose aussi que i'ay notee, qu'il n'y a pas grande difference entre les Epistres & es Satyres d'Horace, fors que volontiers il escrit es Epistres à gents absents & à personnes élonnees : & qu'il semble qu'en ses Satyres son inention ait esté d'arracher le vice du cœur des hommes, d'en defricher & deraciner les mauuaises herbes: pour en ses Epiſtres y planter au lieu les vertus, & y enter & greffer des fruits d'vn bon ordre. Ie di ceci d'autant qu'ayant en diuers lieux imité Horace, tant en ses Epiſtres qu'en ses Satyres, i'ay diuerſement entremeſlé les miennes ſoubs meſmes tiltres: comme a fait l'Arioſte: lequel i'ay pareillement ſuiui en quelques vnes. Ie ne diray rien de ma façon d'eſcrire, ſinon que quelque imitation que i'aye faite, & quelque liberté d'eſcrire que ie me ſois permiſe, i'ay tâché à ne ſortir hors des limites qui doiuent borner les affections d'vn homme de bien & Chreſtien, ſans toutefois m'entremettre de parler des queſtions de la ſainte Theologie, dont ie ne ſay profeſsion. Ie confeſſeray en paſſant qu'encor que la ſimplicité requiſe en la Satyre & la franchiſe de parler qu'on trouuera dans mes vers, me deuſſent excuſer en mon ſtile: que toutefois i'euſſe bien deſiré pouuoir contenter les hommes de cét âge auec vn langage plus net & poli que le mien: & tel que ie le voy aux ouurages de beaucoup, qui l'ont non ſeulement adouci ſur le meilleur Idiome François, mais ont tellement naturaliſé les manieres de parler Grecques, Romaines, Italiennes & Eſpagnoles, qu'elles ſemblent auoir crû en noſtre propre terroir. Ce que ie n'enten pas du parler d'auiourdhuy, quand eſt tout confit en antitheſes & contrarietez, & dont vſerent quelques Latins ſoubs l'Empire de

Neron : Parler di-je, que quelques Italiens font tenir aux Pedants & aux Docteurs introduits en leurs Comedies : & duquel iamais le graue Virgile, Ciceron & autres Peres de la langue Romaine, n'vferent en leurs vers ni en leurs efcrits. Ie ne le di pas pour blamer du tout ces figures pointues, ni moins pour m'en formalifer autrement, i'en parle fans querelle. Mais pour les prier de m'excufer en ma franchife & en ma façon d'efcrire (que ie reconnoy vraiment bien maigre & fterile) & confiderer qu'ayant fait voir de mes vers à la France il y a prés de cinquante ans, il feroit trop tard de me deguifer deformais, & bien dificile de changer mon ftile & ma main. Toutefois ie me rauife, les vers maintenant font en peu d'eftime, Lecteur, n'achette point les miens : au moins ie n'auray que faire par ce moyen, que tu m'excufes, & toy, tu n'auras moindre contentement.

SATYRES
FRANCOISES,
AV ROY.

Par le Sieur De La Fresnaie
Vavquelin.

RAND ROY, dont la valeur à
reconquis sa France.
Et dont le braue esprit a vaincu l'ignorance,
que i'ay de regret en ma premiere ardeur,
e n'auoir, mon grand Roy, chanté vostre grandeur!
lebré vostre nom en vers autant durables,
ue vos belles vertus sont à tous admirables!
Cigne transformé, d'vn vol audacieux,
uroy bien tost passé les nouueaux & les vieux:
peut estre passé le mieux volant qui passe
qu'au plus haut sommet du montueux Parnasse.
ais à mes derniers ans, à moy qui suis grison,
e charger de ce fais il est hors de saison :

L'âge n'est plus semblable, & n'est plus ma pensee,
D'vn furieux Phœbus, comme alors, incensee.
    Nos anciens François retournants las & vieux,
Apres auoir vaillants deffendu les saints lieux
De la cité diuine : & fait rougir la terre
Du sang des Mescreans, qui leur faisoient la guerre,
Mettoient les armes ius : Et les preux Banerets
Depouilloient leurs haubers, greues & solerets:
Et l'Ecu qui pendoit à la large couroye
Richement estoffé de grand' boucle & de soye:
Et la cotte de Maille & l'Armet menaçant,
Timbré d'vn beau signal de la crête naissant
En figures d'oiseaux ou d'animaux, issantes
De diuerses couleurs les seruiettes bouffantes:
(Les moindres Cheualiers aportoient leurs Pennons,
En leurs Lances ayans des vermeils Gouffanons)
Auec leurs coutelas, leurs Banieres ployees,
Et leurs Cottes par tout de Blasons armoyees.
Cet amas ils mettoient aux Eglises voué,
Comme vn noble trophé de chacun auoué :
Et vieux se retiroient dans les champs soliteres,
Ou bien Religieux aux deuots monasteres :
Depeur qu'estants recrus d'âge vieil & flouet,
Ils ne seruissent plus à Mars que de iouet,
S'ils estoient employez : Ainsi ie suis en crainte,
Voyant mes Lauriers secs & mon ardeur esteinte,
De demeurer foiblet accablé sous le fais,
Mon Roy, si i'entrepren de chanter vos grands fais.
    Mon bon Ange souuent en l'oreille me sonne,
Comme sage ie doy gouuerner ma personne :

                                                    Et

Et me dit, defai-toy du vieil cheual, afin
Que boiteux ne deuienne & pouſſif à la fin :
Et depeur qu'au beſoin au combat ne te faille,
Et te face moquer le iour d'vne bataille.
C'eſt pourquoy maintenant ie quitte le Laurier,
Les vers & paſſetemps de ce plaiſant metier :
Ie ne ſuis plus poli, ie ne ſçay plus les modes,
De faire des Sonnets, des Stances ni des Odes,
Ni des Airs amoureux qu'on chante en voſtre Court:
Mon ſtile n'eſt plus fait à la mode qui court.
  Ie cherche ſeulement parmi la vray-ſemblance,
Ou giſt le veritable, ou giſt la bienſeance,
Qui conuient à chacun : meſme à bien demeſler
Le Mal qui bien ſouuent ſe fait Bien appeller.
Ie compoſe, i'eſcri, ie cotte maint paſſage,
Pour en mettre le fruit tout ſoudain en vſage :
Et ſans m'aſſuiettir à nul autheur certain,
Ie pren tantoſt du Grec & tantoſt du Romain
Ce qui me ſemble bon : eſſayant de confire
Auec leur ſucre dous, ſoit Epiſtre ou Satire :
Et quelquefois ie pren des vulgaires voiſins,
Pour mettre en mon iardin, des fleurs de leurs iardins.
  Ie vay, ie vien, ie cours, quelque part que l'orage
Me vueille tranſporter, i'aborde le riuage.
Tantoſt legerement diſpos ie vay nageant
Dans les ruiſſeaux des mœurs : & tantoſt me plongeant
Dans la mer des raiſons, graue prendre i'eſſaye,
Celle qui me ſemble eſtre entre elles la plus vraye :
Et ſouuent me rendant populaire, pourtant
De la vertu ie ſuis vn aſpre combatant,

K

(Et touſiours mon Abeille en ſon miel Satyrique,
Reſerue vn eguillon, dont le vice elle pique)
Tantoſt ie me derobe & me laiſſe emporter,
Pour des autheurs plaiſans quelquefois regouſter:
Et tâche d'aſſeruir les choſes à ma vie,
Sans toutefois la rendre aux choſes aſſeruie.

Comme longue la nuit ſemble eſtre au ieune amant,
A qui Liſe a promis & toutefois luy ment :
Et comme long le iour aux ieunes fiancees,
Quand on fait retarder leurs noces commencees:
Et comme pareſſeux ſemble l'an aux mineurs,
A qui la mere eſt rude & durs les gouuerneurs :
A mon regret ainſi le temps ingrat ſe paſſe,
Qui tarde mon eſpoir, que ſoigneux ie ne face
Quelque ouurage qui puiſſe en bon enſeignement,
Profiter, comme au riche, au poure egalement :
Et dont ieunes & vieux auſsi puiſſent aprendre,
Comme par la vertu meilleurs on ſe peut rendre.

Mais n'y pouuant vaquer pour mes empeſchemens,
Seulement ie m'arreſte à ces commencemens.
Qui n'egale en valeur Roland ou Charlemagne,
Ne laiſſe caualier de marcher en campagne :
Qui n'eſt vn Fierabras, vn Oger le Danois,
Ne doit laiſſer pourtant d'endoſſer le harnois.
C'eſt quelque choſe encor de montrer ſon courage,
Quand on ne peut attaindre à faire dauantage.
Ainſi ne pouuant pas autre argument choiſir,
Ie fay ce que ie puis en mon peu de loiſir.

En liberté i'eſcri des Moraux en ce liure,
Qui rendront meilleurs ceux qui les voudront enſuiure.

Ont ils d'vn trait d'amour l'eſtomac entamé?
Ont ils le cœur bruſlant, d'auarice enflamé?
Ils trouueront ici des charmes, des paroles,
Pour atiedir l'ardeur de leurs paſſions foles.
Craignent ils l'Ocean du monde haſardeux?
Ont ils le cœur enflé de quelque fard venteux
De l'amour de leur los, & de la vaine fumee
Dont l'ame ambicieuſe eſt touſiours animee?
S'ils veulent par trois fois deuots lire mes vers,
Ils ſeront nettoyez de ces fatgeats diuers.
Sont ils ſans loyauté paillardmnt adulteres?
Les remedes ici ſont vrais & ſalutaires :
Ont ils aux Cours des Grands perdu leurs libertez,
De beaus cordages d'or liéz & garrottez?
Mes vers rompront les nœuds: les faiſant en grand' ioye
La Fortune domter, dont ils eſtoient la proye.

L'homme ne tient ſi fort aux beaus liens d'Amour,
Que l'on ne puiſſe bien l'en deſlier vn iour.
Homme n'eſt ſi farouche enfin qu'on n'apriuoiſe,
Quand il oit patient la repriſe courtoiſe.
La vertu c'eſt fuir le vice & le peché.
La premiere ſageſſe eſt de n'eſtre entaché
D'aucun trait de folie. Or le Peuple eſtre eſtimé
D'infortuné ou le peu, vne eſpece de crime:
C'eſt pourquoy pour auoir, fuyant la pourete,
Il vient, il court, il va iuſqu'à l'extremité
Des Indes d'Orient : il cherche nouueaux mondes
Par les rocs, par les bois, par les feux, par les ondes :
Cependant il n'a ſoin de ſçauoir ni d'ouïr
D'vn prudent comme il faut des richeſſes iouïr:

k ij

N'admirer folement leur aparence vaine,
Conuoiteux les cherchant auecques tant de peine :
Toutefois on ne voit villageois si lourdaut,
Qui ne tâche à gaigner ou la course ou le saut :
Qui refuse le prix de la palme emportee,
Ni dedans les Carfours sa louange chantee.

L'argent vaut moins que l'or, l'or moins que la vertu,
Mais le peuple & beaucoup des grands ont debatu,
Que l'or marche devant & la vertu derriere :
Tous en veulent auoir. Car qui sçait la maniere
D'acquerir, d'amasser des monceaux somptueux,
Puisqu'il a, c'est assez, il est tout vertueux :
En vain on est vaillant & loyal & preudhomme :
Sire, qui n'a dequoy malheureux on le nomme.

Moy ie di tout contraire aussi d'vne autre part,
Qu'il faut que l'homme face vn asseuré rampart,
Vn mur d'erain de n'estre aucunement coupable
En son cœur de peché : d'estre tout veritable,
Et de ne pallir point pour vn meschant forfait :
Que ie trouue vn tel homme estre le plus parfait.
Souuent de telles gents l'antique gent Romaine,
A choisi maint grand chef & maint grand capitaine.

Le vulgaire de moy bien tost se moquera
Quand à luy tout contraire il me remarquera.
Tu es, peuple, tu es la plus grande des bestes,
Vne muable Empuse, vn Monstre à plusieurs testes,
Vn vray Cameleon, changeant à tous propos
De formes & d'auis sans prendre aucun repos :
Tantost heureux il tient le ioug de mariage,
Et tantost malheureux vn si rude seruage :

Bref il ne peut dormir long temps sur vn costé :
Tousiours au premier vent son cœur est emporté.
　De quel neu pourroit on retenir ce Protee ?
Qui de face changeant n'a de forme arrestee ?
Quelle chaine de fer, quels liens & quels clous
Pourroient bien arrester ce vertumne entre nous ?
Il destruit, il bastit & de façon diuerse,
Ce qu'il fait auiourdhuy, demain il le renuerse.
　Ce Monstre ne faudra de vouloir s'empescher
De mes libres escrits d'en rire & s'en fâcher.
Mais quand a moy ie veux que tout le monde entende,
Que ie me veux tirer de cette obscure bende
Qui n'aime point le iour : & n'auoir plus souci,
Que des vers, des vertus & des Muses aussi.
　Ie sçay ia de long temps les ennuieuses peines,
Qu'a l'auaricieux en ses richesses vaines :
Ie sçay comme à la fin miserables sont pris
Ceux qui des lacs des grands enlassent leurs espris.
Et ie sçay d'autrepart, comme auec humble audace,
On grimpe courageux au saint mont de la Grace.
Et comme on peut son chef brauement couronner
Du laurier verdoyant que Phœbus sçait donner.
Ie sçay combien il faut de liqueur en mon vase :
Et de quelle grandeur est ma petite case.
Ie sçay qu'il faut encor de gentillesse & d'art,
Dequoy la bien meubler emprunter autrepart.
Ie sçais où doit germer la semence secrete,
Qu'au centre de mon cœur ie tien comme en cachete.
Ie sçay ce que le monde espere, doute & craint ;
Ie sçay ce qu'on dit vray, ie sçay ce qu'on dit faint.

k iij

Puisqu'au plus pres ie sçay ce qu'au monde il faut faire,
Tay toy, Peuple ignorant, tay tay grossier vulgaire,
Et plein d'ombre & de songe aueugle ne te mets,
A iuger du Soleil, que tu ne vis iamais.

 Mais vostre Maiesté d'vn iugement plus sage,
Iugera plus mes vers au bon sens qu'au langage:
Et vrayment Magnanime & d'vn genereux cœur,
Des vulgaires mortels vous serez tout vainqueur.
Or ie n'apelle, Sire, vn homme Magnanime,
Qui souuent sans raison indignement s'anime
Contre les gens d'honneur, qui ne peut resister,
Aux promtes passions, & qui ne peut domter
Cet aueugle fureur, ou la haine, l'enuie,
Et le profit tyran fait broncher nostre vie :
Ains cestuy-la ie di magnanime vrayment
Qui se iuge soymesme & qui va tellement
Cherissant la vertu, qu'il reçoit pour hostesse,
Que tousiours la raison demeure en luy maistresse
Et qui porte au courage, en esprit arresté,
Aussi bien le malheur, que la felicité.

 Sire, enfin le seul sage en sa prudence excelle
Par dessus les façons de la race mortelle :
Il est moindre qu'vn dieu seulement d'vn seul point,
C'est qu'en son corps mortel immortel il n'est point.
Mais luy qui vit tousiours hors de son corps tout libre,
Tout immortel il est, fait d'vn autre calibre
Que les hommes communs : il est la loy des lois,
En son obeissance estant par sus les Rois.
Il adore tousiours le Soleil de son ame,
Il auiue les feux dont Nature l'enflame,

Il rebouche prudent ces poignants eguillons,
Que la Passion rend contre l'ame felons :
Il est constant & ferme, il est icune en vieillesse,
Il iouit en son cœur de certaine liesse,
Il est heureux & riche, il est plein de santé,
Si quelquefois son corps de mal n'est tourmenté.

A MONSEIGNEVR DE Chiuerny Chancelier de France.

GRAND Chiuerny qui fais par ton adresse,
Que des autels & des vœux on te dresse :
Et qui connois les races & le rang
Des grands maisons & des Princes du sang :
Et toutefois tu veux sous ta conduite,
Qu'à rechercher ma plume soit instruite,
Des Cheualiers les antiques façons,
Blasons, Tournois, Ordres, Cris, Ecussons,
Ce qui seroit au Roy tresagreable :
Mais diferant ce labeur honorable,
Ie vien peut estre ici te presenter
Vn mets duquel tu ne voudras gouster.

Ce sont des vers, qui remarquants le vice,
Se font aussi remarquer de malice :
Et toutefois ils sont de bonne foy,
Et sont blasmez à tort comme ie croy.
    C'est vn malheur que des Satyres faire :
Car on ne peut à toutes gents complaire.
On dit de moy que ie suis trop aigret :
Qu'outre la loy ie touche maint segret,
Qui se deust taire, & n'est chose permise
Parler de Dieu, des Grands, ni de l'Eglise.
On dit encor que les vers que ie fais
N'ont point de nerfs & sont laschement fais :
Et qu'on pourroit d'vn air du tout semblable,
En faire mile au sortir de la table :
Et qu'on compose auiourdhuy grauement
Des vers nerueux qui coulent doucement :
A dire vray ie fais vn fagotage
De mes discours sans farder mon langage.
    Que doy-ie faire auisé di le moy,
Grand Chancelier, oste moy cet émoy,
Et ce desir contraire à ma fortune,
Dont iour & nuit la Muse m'importune ?
    Tu me responds : N'escri plus & te mets
A viure à toy pour les tiens desormais.
Et si tu sens ton ame tant ardante
Apres les vers, d'vne plume sçauante
Ose vn ouurage admirable tenter :
Ou les exploits de nostre Roy chanter :
Comme iadis Virgile prenoit peine
De celebrer Octaue & son Mecœne.

FRANÇOISES.

[qui]tte les vers & repren curieux
[d]es vieux herauts le faix laborieux,
[e]t tu feras œuure digne & Royale,
[d]e poursuiuir l'histoire Armoriale
[e]t si plairas non seulement aux Rois,
[m]ais aux plus grands de nos Princes François :
[e]t tu auras, au moins comme ie pense,
[d]e tes labeurs quelque iour recompense.
  Ie te redis ô mon grand Chiuerny,
[q]ue si i'auoy Phœbus de moy banny,
[c]e seroit bien pour moy le plus vtile,
[e]t le meilleur pour viure en homme habile :
[m]ais ie ne puis dormir ni sommeiller,
[n]i passer temps à la Prime à vueiller,
[q]u'à tous propos la Muse mal contente,
[d]e son caquet importun ne me tente.
[E]t pour mon Roy la force me defaut :
[c]ar tout chacun n'a pas le cœur si haut,
[q]ue de chanter d'vn tel preux les vaillances :
[n]i de son Camp tout herissé de lances
[l]es grands efforts, dont furent assaillis
[l]es ennemis : ni les grands chamaillis
[d]es combatans, ni les cris effroyables
[d]es Alemans & Reïtres redoutables,
[t]ombants au choc de nos braues lanciers,
[e]t sous le hurt de nos rudes piquiers,
[e]ncouragez par la haute presence
[d]e nostre Roy quasi des son enfance :
[t]ant qu'à la fin reuenu de l'Etour
[F]rance il rendit paisible à Moncontour.

Mais ayant fait l'Armoriale histoire,
Ie la veux bien sacrer à la memoire
D'vn si grand Roy, par grande affection,
Quand i'en verray s'offrir l'occasion.
Car ie ne veux que mon Roy s'emerueille,
D'ouir ma verue estourdir son oreille,
Et que ie sois comme importun noté,
Pour m'auoir pris son oportunité :
Ou que sa gloire en mes vers recitee
Mal à propos, ne soit point ecoutee.
Ie ne veux point en Paradis entrer
Malgré les Saints, & ne veux point montrer
Mon œuure au Roy par indiscrete audace,
Si ie n'y suis appelé de sa grace.

    Mais tu me dis combien mieux ferois-tu
De nostre Roy d'escrire la vertu,
Que d'attacher par sornettes piquantes
D'vn courtisan les rencontres plaisantes,
Ou d'vn Chiquot, naturel plaisanteur ?
Ou l'art meschant de quelque fin flateur ?
Et puis d'ailleurs tu mets chacun en crainte,
De receuoir par tes vers quelque attainte :
Et qui se sent de vices entaché,
Te hait encor qu'il n'y soit attaché.

    Et ie redis, Adrian danse & saute,
Quand le vin monte en sa ceruelle haute,
Qui luy fait voir à la fois deux flambeaux.
Castor tousiours s'esiouit des cheuaux :
Et d'vn mesme œuf sorti son autre frere
Aux luttes veut & aux combats se plaire.

Autant qu'on voit ici d'hommes viuans,
Autant vont ils d'exercices suiuans.
   Moy ie me plais comme Horace Lyrique
Chanter des vers gosseur & Satyrique :
Non pas qu'ils soient d'vn tel Art que les siens :
Trop elongné ie suis des anciens :
Leur beau Soleil ne luit en nos ombrages.
Parmi nos rocs & nos deserts sauuages
Phœbus n'habite : aussi ne voit on pas
De cent mile vn qui remarque ses pas,
Sans appeler à son aide Mercure :
Ici des vers sans profit on a cure.
   Mais tout ainsi qu'Horace se plaisoit
Suiure Lucile aux vers qu'il composoit,
I'en fay de mesme : aux neuf chastes Pucelles,
Comme il eust fait à compaignons fidelles,
A ses beaux vers à ses liures aussi,
Il racontoit son heur & son souci :
Et de sa vie on voit comme en Histoire,
Dans ses escrits vne belle memoire,
Depeinte ainsi, qu'à la posterité,
Vn beau tableau voué d'antiquité.
   Passant ma vie en ma chere contree
En l'imitant, plaisant ie me recree :
Du vieux gaigné ie façonne mes vers
Entremeslez d'vn iugement diuers.
(Beau iugement, que Dieu sur tout nous donne,
Comme l'honneur de toute la personne)
Sans fueilleter les liures ennuyeux,
I'escri des vers toussours d'vn front ioyeux.

Et ne faut point qu'vn vertueux ait crainte
De receuoir en mes vers quelque attainte.
Mon vers piquant aucun ne piquera,
Qui trop hardi ne me prouoquera.
Il sera tel qu'vne trenchante espee
Dans son fourreau : dont ne sera frapee
Nulle personne : & ne la saqueray,
Sinon alors qu'assailli ie seray.
  Aussi pourquoy voudroy-ie sans colere
La degainer, n'ayant point d'aduersaire ?
Tousiours estant sans peur comme ie suis,
De voir fraper les voleurs à mon huis ?
Bon Dieu permets qu'en sa gaine enrouillee
Elle demeure ? & iamais embrouillee
Ne soit ma vie au repos ou ie veux
Viure paisible entre les querelleux !
  Mais si quelqu'vn mon innocence irrite,
Il sentira ma colere depite :
Et ie veux bien qu'il entende ce point,
Qu'il vaudroit mieux qu'il ne me fachast point.
Car quelquepart de la France qu'il voise,
Il trouuera tousiours vn peu de noise :
Tous le verront en vain se lamenter
D'ouir son nom en diffame chanter.
  Ou si quelqu'vn vouloit plein d'arrogance,
Noircir ton nom & ta blanche innocence,
Autre Archiloc, en mes vers vn cordeau
Ie luy tordrois pour son digne tombeau.
Varlon fuitif epouuante ses maistres,
De les brusler en leurs maisons champestres.

Ses ennemis le plaideur Tamberlois
Va menaçant de Procez & de Lois:
Des fauſſetez Rauin aux ſiens machine:
Et de poiſon menace Valentine:
Et Rudemont de ſon auctorité
Ceux contre qui iuge il s'eſt irrité.
Ce qui fait voir que la Nature forte
A nous vanger nous enſeigne & nous porte,
Et que chacun de ce qu'il peut de luy,
Pour offencer, va menaçant autruy.
Poëte ainſi de mes vers ie menace
Des enuieux la mediſante race.

 Le Loup des dents aſſaudra le trouppeau,
Que deffendra des cornes le Toreau:
Qui leur apprend cette façon de faire,
Sinon Nature à tous commune mere?
Sans eſtre apris le Toreau mugiſſant
A la deffence elle va conduiſant,
Qui de ſoymeſme au fier Lion s'opoſe
Quand rugiſſant bien affronter il oſe
Vn grand trouppeau d'Aumailles epeuré,
Que le Toreau lors defend aſſeuré!

 Il ne faut point perſonne à nous inſtruire
Contre tous ceux qui tachent de nous nuire.
Baille à garder à ſon fils heritier
La vieille mere: il n'en ſera meurtrier
S'il croit Nature aux Parens debonnaire:
Non plus qu'vn Loup ne s'efforce de faire
Mal du talon, vn Toreau de la dent:
Mais Sabournet faignit qu'vn accident

Surprit sa mere en vne Apoplexie,
Quand on trouua colé dans sa vessie
Vn clair sablon d'vn mineral broyé,
Qu'elle auoit beu dans du vin poudroyé.
　　Pour dire en bref, ou soit que la vieillesse
De m'en aller de long temps ne me presse,
Soit que la mort aux noires ailles vint,
Soit qu'en prison, soit qu'ailleurs on me tint,
Soit poure ou riche, ou soit que hors de France
Bani ie viue en extreme souffrance
(Que Dieu ne vueille) à iamais i'escriray
Comme faillir le monde ie verray.
　　Ho, mon ami, respons-tu, la chandelle,
Qui luit en toy ne t'est pas immortelle :
Craindre tu dois qu'vn mignon deloyal
Ne l'esteingnist en faisant du royal ;
Et t'accusant que ta Muse gosseuse
Piquast des grands la façon cauteleuse :
Que tu escris au mespris de la Court,
Ou l'on doit estre aueugle, mut & sourt.
Contre-responce, au Poëte Lucile
Il n'auint mal pour escrire en sa ville
Des vers mordants, apres & repreneurs,
Dont il taxoit les Consuls & Seigneurs.
Non plus qu'il fist au Calabrois qui grate
De ses amis la façon delicate,
N'espargnant point de Rome les premiers,
Presteurs, Questeurs, Senateurs, Cheualiers.
Mais seulement il estoit fauorable
A la vertu : qui le rendoit aimable

FRANÇOISES.

Aux ennemis du vice & de l'erreur :
Et pour ce il eut d'Auguste la faueur
Et de Mecœne : & d'ame non seruile
Se trouuoit auec Vare & Virgile,
Et Pollion, au cabinet caché,
De l'Empereur, tant fust il empesché :
Quand attendant le souper ordinaire,
Libres, secrets, elongnez du vulgaire,
Auec luy seuls ils goustoient à loisir
Ce qu'apporte vn vertueux plaisir.
Tel que ie suis, bien que ie ne sois homme
De Satyrique à l'Empire de Rome,
Ni familier d'vn Mecœne courtois,
Ni des Seigneurs estant pres de nos Rois,
N'ayant tel l'esprit ni la doctrine,
Pourtant sans blasme en tel rang ie chemine,
Et auec les grands l'enuieux ehonté
Reconnoistra que i'ay tousiours hanté.
Qui plus est maint vertueux encore,
Durant la Cour me connoist & m'honore.
Tant que venant l'Enuie à me pincer
D'vn foible doy, d'vn plus fort renuerser
La feray, si prudent tu l'approuues
Si mauuais, Huram, tu ne le trouues.
Auecques toy, ce fait i'approuueray :
Mais toutefois, Ami, ie te diray,
Que preuoyant tu te dois donner garde
(Toy que chacun comme sage regarde)
D'offencer des lois la saincteté :
Qu'on punit sous leur autorité,

Comme tu sçais celuy qui par vn blame,
Leger vn autre en libelles diffame.
 Le Médit doit, respon-je, estre puni?
Mais si quelqu'vn de prudence garni
Escriuoit bien, sans faire vn sot libelle,
Dont il peust estre en Procez ou querelle
Contre quelqu'vn : tellement retenu,
Que pour montrer d'autruy le vice à nu,
Il ne touchast le nom ni les personnes.
 On trouueroit ces Satyres là bonnes :
Et quand le Roy iuge mesme en seroit,
Par son arrest telles les iugeroit :
Et si quelqu'vn par sa malice fainte,
Rendoit à tort à Iustice vne plainte
Contre tels vers, on le condamneroit
Aux interests, & si l'amenderoit,
Moqué, siflé, d'vne longue risee,
Telle Satyre estant de tous prisee.
 Mon Chiuerny, si tu as le loisir
De voir mes vers, quand tu prens ton plaisir
A ta Roquete, apres que les affaires
Ont agité de tempestes contraires
Ton grand cerueau, peut estre tu diras,
Ces vers ici si poignants ne sont pas,
Que leur dedain entremeslé de rire,
De toutes gents ne je puisse bien lire.
Lors ton auis m'en estant raporté,
Ie marcheray de plus grand'seureté
Par les sentiers de ces routes, qu'en France
A iusque ici detraqué l'ignorance.
       Et

FRANÇOISES.

Et d'autrepart en vers vn peu plus hauts,
Ie chanteray l'honneur des grands Hurauts,
Qui d'vn beau sang, genereux & antique,
Sont descendus de la terre Armorique
Nostre Bretaigne, ou leurs nobles Ayeux
Preux Cheualiers, viuoient aux siecles vieux,
Quand de leurs Ducs la puissance honoree,
Sur les vertus estoit ferme asseuree :
Que la Bonté, la Iustice & valeur
N'estoient encor suiettes au malheur
De nostre temps, ou l'on voit en leur place
La Mauuaitié, l'Iniustice & l'Audace :
Temps ou les Bons n'ont maintenant pouuoir
De faire ainsi, qu'ils en ont le vouloir.

A monsieur de Tiron.

ESPORTES, dont la discrette pru-
dence,
Des plus prudens la prudence deuance,
Vous m'écriuez qu'auiourdhuy ie deuroy
Trouuer moyen de presenter au Roy
Tant de beaus vers & tant de belles choses,
Qu'à vostre auis au coffre ie tien closes :
Que si ie veux vous ferez tellement,
Que ie seray mandé tost promptement
Vn bon Seigneur, qui sous le beau pretexte
Du bien public, sçaura faire le reste :

L

Eclarciſſant au long ſa Maieſté
Et quel ie ſuis & quel i'auois eſté
Au Roy ſon frere : ayant en mainte affaire,
Montré ſçauoir plus d'vn bon œuure faire :
Et que laiſſant la Iuſtice en repos,
I'auoy marché les armes ſur le dos
Suiuant le Camp de Charles debonnaire,
Duquel i'eſtoy des viures commiſſaire
Auec Mommort, quand ce Seigneur vaillant
De Matignon, fut Damfront aſſaillant
Et puis Saint Lo : quand Carentem renduë
Fut par Quitry, quand la paix entenduë
Aux bords huittreux de Gran-Cam & de Port,
Qui toſt apres du Roy pleura la mort :
Et qu'à propos vous ſçaurez bien luy dire,
Qu'auſſi ie ſçay bien iouer de la Lyre :
Car, dites vous, qui ſeulement ſe dit
Eſtre Poëte, il pert tout ſon credit,
Eſtant tenu comme vne girouette :
En Cour n'eſt qu'vn, eſtre fol ou Poëte.
Mais feindre faut qu'on n'y prend point plaiſir,
Si le Public n'en donne le loiſir.

Vous m'auifez encores dauantage,
Que ie connoy maints Seigneurs de cet âge,
Qui tous en Cour mon heur auanceront,
Et vers le Roy me fauoriſeront :
Qu'ils m'aiment tous & que leur connoiſſance
Me fera viure en toute eiouiſſance.
Et ſi ie veux auoir Commiſſions,
Qu'on trouue là dix mile inuentions

FRANÇOISES.

Pour en dresser : qu'on estime folie,
De blamer tant pour cela l'Italie :
Et qu'aussi bien maints bons Parisiens
Vont tous les iours recherchant tels moyens,
Soit en vendant nos Communes & Landes,
Soit menageant en nos Forests Normandes,
Soit en fieffant de nos bois abroutis :
Deniers d'entrée à prendre estants subtils :
Soit pour vouloir regaler nos subsides :
Que tout cela remplit les bourses vuides :
Et que d'autant que ie suis sur les lieux,
Que ie sçauroy m'en cheuir beaucoup mieux :
Et qu'il vaut mieux estre marteau qu'enclume,
Quand à mal faire vn chacun s'accoustume :
Et que combien qu'exerçant mon estat,
Ie puisse encor toucher quelque ducat
Auec honneur : pourtant c'est peu de chose
Au prix du bien qu'en la Cour on propose :
Et qu'en peschant dedans vne grand' eau,
On prendra plus qu'en vn petit ruisseau.
  Or ma responce il vous plaise d'entendre :
Premierement graces vous veux-ie rendre
De voir en vous ce continu desir
De m'agrandir & me faire plaisir
En me louant trop à mon auantage :
Puis ie vous di que plein d'vn grand courage,
Non seulement en Cour ie m'en courroy,
Pour faire prompt vn seruice à mon Roy :
Mais que i'irois en Itale en Espagne,
En Portugal en la basse Alemagne,

L ij

S'il luy plaisoit : voire en tout l'vniuers,
Deusse-ie aller de la flame au trauers :
Et d'autrepart luy presenter les choses,
Que vous pensez qu'au coffre ie tien closes.
 Mais pour me dire & que les grands honneurs,
Et les grands biens viennent des grands Seigneurs,
Ie ne pourrois. ce Leurre me rendre :
Cette ré faut à dautres oiseaux tendre.
Puis ie ne veux, par tant d'inuentions,
M'entremesler de ces Commissions :
Ha que ie hay toutes choses nouuelles !
Les vieilles mœurs me semblent les plus belles !
Tout remument me vient à desplaisir,
Et ce que font les hommes de loisir.
Il faut chercher inuention plus forte
Pour prendre au glus mon esperance morte.
 Quand à l'honneur i'en ay ce qu'il n'en faut :
Ie ne veux point iamais monter plus haut :
Il me suffit que i'en voy plus de mille
Se decouurir, quand ie vay par la ville :
Qu'assis ie suis dessus les fleur-delis
Pour maintenir les ordres establis
Par nos grands Rois : ou ie puis fauorable
Faire plaisir quelquefois agreable.
Et si i'auoy des moyens tout autant
Comme d'honneur ie me trouue content,
Ie feroy part par honneste largesse,
Aux vertueux de mon ample richesse ;
Et n'en irois rechercher à la Court,
Ou pour aucuns le bien aueugle sourt :

Mais ou Promesse, à la grande escarcelle,
Bons & mauuais deçoit par sa cautelle,
Faisant sur tous, a dit Ronsard, plouuoir
Pour vn accueil, vne Manne d'espoir.

Ie ne veux plus que la fausse trompeuse,
Qui à sortir fut la plus paresseuse,
Du beau vaisseau d'Epimethé peu fin,
Me vienne encor retromper à la fin,
Ni par le nez comme vn bufle me tire :
I'ay trop vescu chetif en ce martire.
Puis de tout temps cette Roüe ou l'on paint
Vn Asne au haut pour eux i'ay tousiours craint :
Car là se voit que chacun comme il monte,
Asne deuient par la teste, à sa honte
Sans aucun Sphinx, chacun l'A Enigme entend :
Qui monte là pareil salaire attend.

Cette Esperance en fleurs me vint surprendre
Au mois d'Auril : mais auant que d'attendre
Les fruits d'Automne, elle s'enfuit de moy :
I'eprouué lors par vn facheux emoy,
Qu'autant en bas elle estoit descendue,
Comme en la Roüe en haut ie l'auoy veue.

Il fut iadis vne Courge estendant
Ses bras si haut, qu'ombre soudain rendant,
Elle couurit de ses fueilles ombrees,
D'vn grand Poirier les branches encombrees :
Ce beau Poirier au temps de son destin,
Ouurant les yeux par vn serein matin,
Vit qu'il auoit dormi par trop long somme,
Dont paresseux en soymesme il se nomme :

L iij

Et lors voyant sur son chef estendu
Ce grand feuillage en rondeur epandu,
Il luy disoit : qui es tu ? quelle graine
T'a faite à naistre & montér si soudaine ?
Et comme as tu grimpé si haut ainsi ?
Ou estois tu l'autre iour quand ici
l'abandonné mes yeux au triste somme ?
Elle respond : à l'heure elle se nomme :
Et montre en bas ou c'est qu'on la planta,
Et qu'en trois mois croissant ainsi monta.
Et moy grand' plante auant trente ans plantee,
Dist le Poirier : à peine suis montee :
Ayant souffert par le froid & le chaut,
Mile tourmens, premier qu'estre si haut.
Mais toy qui es en vn clin d'œil venue,
Asseure toy, qu'à peine estant connue,
Tu t'en iras aussi soudainement,
Que bien tost vint ton prompt accroissement.
 Mon esperance aussi tost eleuee,
Pour ne durer debile i'ay trouuee :
Comme elle vint aussi tost s'en alla :
Et le Prelat, qui en Cour m'appella,
Aussi sentit, estant puni de méme,
Qu'en vn moment vn Prince hait & aime :
Et lors voyant son espoir rebuté,
Ailleurs alla passer l'auersité.
 Il ne faut pas, que Rauin trouue rude,
Que pour luy soit cette similitude,
Comme pour moy : car pique-par chemin,
Beau potiron né dans vn grand chemin,

Il a ietté sus autruy son ombrage,
Et pond au nic d'vn oiseau de passage.
 Elle est aussi pour ces hommes derniers,
Qui du Public menagent les deniers,
Auec tel soin, que l'estroite finance
Du Roy, leur fait vne large abondance :
Et bien souuent, par quelque desarroy,
N'ont à la fin heritiers que le Roy.
Mignons du temps, accreus auec ioye,
Croyez pour vray, qui du Roy menge l'oye,
En rend la plume à bien cent ans de la,
Se repentant qu'oncqu'il en aualla.
 Vous qui auez le Maistre fauorable,
Souuenez vous de ce grand Connêtable
De Richemont, qui dur reformateur
A de Giac fauori prometteur,
Retrencha l'heur par vne mort hideuse :
De telles gents la vie est hasardeuse.
Bien proprement cette comparaison
Se fait pour vous : car c'est iuste raison
Que vostre ioye estant si tost venue
Qu'aussi bien tost elle vous diminue.
 Pour dire en brief ayant perdu l'Espoir,
Quand ce Prelat à la Cour ie fu voir,
Tousiours depuis mon Esperance gloute
Demeura sobre : & plus rien ie n'ecoute
Qui puisse plus à tels chants m'appiper :
D'vn autre appast, cet hain, pour m'attraper
Faudroit cacher, d'vne finesse telle,
Que ie n'en peusse auiser la cautelle.

L iiij

Or toutefois s'il vous plaist m'appeller
Pour à la Cour iusqu'a Paris aller,
Ie suis tout prest : non pas que ie pretende
Aucuns honneurs, ni biens ou ie m'attende :
Simple ie suis ici content du mien,
De cette part ie n'espere plus rien.
Mais dites moy, que laissant la rudesse
De mon païs, l'honneur de gentillesse
Ie reprendray, qu'vn si beau changement
En moy seroit vn renouuellement
De ma nature & de la vertu rare,
Qui point n'habite en vne gent auare :
Ou bien souuent par outrage & rançon
Le plus puissant met le foible à rançon :
Et dites moy que ie pourrois encore
Voir de Phœbus la bande que i'honore :
Reprendre mesme aux heures de loisir,
Auec les Sœurs & les Graces plaisir,
Et m'en aller par les ondes sacrees,
Poëtiser auec elles aux Prees :
Et dites moy, que lors que ie voudroy,
Ronsard, Baïf, gouuerner ie pourroy,
Et mon d'Auy, du Perron la belle ame,
Qui de son feu la glace mesme enflame :
Et là trouuer, par heureux accident,
Mon le Iumel le digne President :
Et Verigny, qui le vice deffie
En escriuant sa Scotinographie :
Et les Griffins, qui le vice domtant,
Va Rabelais à gosser surmontant :

FRANÇOISES.

Saintemarthe ayant chanté d'AEnee
Aux vers nouueaux, l'amour infortunee,
Qui delaissant le bel air de Poitiers,
Viendroit reuoir les Muses volontiers :
Que ie pourroy reuoir aux iours de festes,
Mon Chanteclair, le maistre des Requestes :
Et par hasard rencontrer mon Moré,
Qui dans le cœur m'est tousiours demeuré,
Depuis le iour que sur la douce Aurete,
Bourges ioignit nostre amitié parfaite :
Et que du Val, de tout sçauoir recent,
Ie reuerrois auecques son Quercent.
Et que i'orrois les vois harmonieuses
Des Demurats & leurs chansons ioyeuses :
Et du Plessis, au mouuoir de ses dois
De son mignon guider la belle vois.
Et dites moy que i'auroy connoissance
De tant d'espris, qu'en heureuse accroissance
Les doctes Sœurs aux vers eleuent or,
Qui n'estoient point de nostre temps encor :
Bien que leurs vers connoistre me les face,
I'ars toutefois de les voir face à face.
Et dites moy qu'encor ie reuerray
Sur le vieux temps discourir Pontcarray :
Qui sage & bon & de nature ouuerte,
De ses amis inconstant ne fait perte :
Bien qu'il ait fait des Nobles ici bas
Tous à la Rose au bon coin ne sont pas.
Et dites moy que le bon l'Abbaissee,
(Ayant nostre Orne en tristesse laissee

Pour son absence j'encor l'embrasseray,
Et maint debats ie luy raconteray,
Qui sont venus entre la Seigneurie
Du bon Francisque & la Rembarrerie
Au ieu de Prime, à faute qu'vn bon tiers
Plus comme luy n'auons en nos cartiers,
Et dites moy, qu'aimant la solitude,
I'auray tousiours des compagnons d'estude,
Qui de nos ans les discours repetant,
Mile gaitez nous iront recitant :
Et que i'auray tousiours conseil fidelle,
Quand ie voudray parfaire vne œuure belle,
Soit du Tuscan, des Romains ou des Grecs,
Qu'empruntez soient les passages secrets.
Proposez moy, que les Bibliotecques
De tout Paris, ie pourray voir auecques.

 Si tout cela vous m'allez proposant,
Et que ie sois de partir refusant,
Dire pourrez, qu'vne humeur mal plaisante
M'aura troublé la raison discourante.
Mais, comme Æmile, alors ie vous iray,
Montrant mon pied, puis ainsi vous diray,
Vous ne sçauez en quel endroit me presse
Ce mien soulier, cause de ma detresse :
Hors de moy-mesme on me met sans raison,
Quand on me veut tirer de ma maison
En terre estrange : & hors de ma patrie
Ne me plaist point des hommes l'industrie :
Et ne viurois iamais content de rien
Fusse-ie au sein du grand Saturnien.

FRANÇOISES.

Ie ne pourroy iamais estre à mon aise,
Bien souuent trauersant par Falaise,
Ie quittoy de Caen le beau seiour
Pour mieux ouïr des Rossignols l'amour
Dans nos bois, visiter nos ombrages,
Et les detours de nos sentiers sauuages:
Y remarquer des Peres anciens
L'innocent âge en nos Parroissiens.
Ie ne suis pas Baron, Marquis ne Conte,
Si des miens ie fais autant de conte
Comme vn plus grand: & me sont mes Curez
Autant qu'aux grands leurs Prelats, asseurez.
Ie prens plaisir, suiui d'vne grand' suite
De mes vassaux, comme d'vn exercite,
Nous pourmenants & contants à qui mieux,
Du bon vieux temps quelque conte ioyeux.
Et qui voudroit que ces lieux ie quittasse,
Et qu'en la Cour captif ie m'en allasse
Pipé d'espoir, qui rendit endormi
Mon iugement, qui n'est plus que demi,
Me mettroit en plus grande colere,
Que les forçats battus en la Galere.
Si vous voulez encores m'informer,
Ie diray ce qui me fait aimer
De viure ici, non plus que par finesse,
Vn fau-garçon ses fautes ne confesse:
Car ie sçay bien que dire on vous orroit:
Mon Dieu quel homme ! & qui iamais croirroit
Ayant desia quarante cinq annees,
En tant d'endroits tant d'affaires menees,

Deuenu iuge & nous representant
Le graue port d'vn homme tout constant,
Se deust ainsi rechatouiller du vice
De liberté, maniant la Iustice.

 O bon pour moy! qu'asseuré me voici,
Que dans nos bois seul ie me cache ici,
Et que vostre œil, bien que perçant, encore
Ne pourroit voir quel teint mon front colore!
Si ie ri point ainsi que variant
Dessous le masque Helene à l'œil friant,
Ni s'escriuant me rougit point la ioue
Quand de beaucoup à la paume ie ioue :
Car ie connoy, contre moy pour tesmoin,
Que mon visage aparoistroit de loin,
Plus rouge encor qu'vn pepin de grenade,
Qu'vn vermeillon d'Espaigne & de pomade,
Bien emplastré, bien coloré bien peint,
Bien imitant vn frais & ieune teint,
Mis sur la face à Madame d'Alonne,
Qui d'amour est vne ferme colonne :
Et rouge autant, qu'est de rubis orné
Le nez perleux d'vn Chanouene enuiné :
Ou d'vn Abbé buuant auec les freres,
Lors qu'ils estoient Maistres aux Monasteres,
Et que l'Abbé l'on n'appeloit encor
Monsieur, Madame, ainsi que l'on fait or :
Qu'on ne disoit, par moqueuse cautelle,
Reuerend Pere en Dieu, Madamoiselle.

 Si maintenant i'estoy vostre voisin,
Prendriez vous pas vn gros bâton afin

De me fraper, Desportes pour ma peine
De prendre ainsi la raison peu certaine,
Pour ne vouloir viure en Cour auec vous,
Entre les Grands vrlant comme les Lous.

SONNET.

Comme le Villageois a les yeux eblouis,
Rencontrant le Soleil quand il sort de l'ombrage:
Ainsi suis-ie resté comme vn aueugle image,
Mon Desportes ayant vos vers diuins ouis.
Et bien que i'ay senti tous mes sens reiouis
De connoistre Apollon en vostre bel ouurage :
Ie sse que tout froid & failly de courage,
Ainsi qu'au parauant de moy ie ne iouis.
Mais comme on voit que l'eau dans vn Cristal enclose,
Quand aux iours du Lion au Soleil on l'oppose,
Iette vn autre beau feu par secrette raison :
Moy, qui n'espere rien des vers que ie compose,
En ma froideur ainsi bien promettre ie m'ose,
Que vous r'allumerez de vos rais mon tison.

A MESSIRE CLAVDE

d'Angennes lors Euesque de
Noyon & Pair de France,
depuis Euesque du Mans.

'ANGENNES qui doüé de diuine
excellence,
Estes choisi de Dieu sous sa grand' prouidence,
Afin de retrencher, par le glaiue trenchant
Du parler eternel, les vices du méchant :
Et qui pratic du bien & du mal de ce monde,
Faites voir maintenant qu'en vous sa grace abonde :
Ie plain qu'en mon Printemps tant de bon heur i'auoy,
Tant d'aise, tant d'honneur, qu'auec vous ie viuoy,
Et qu'ore en mon Yuer, ie n'oy de vostre bouche
Dieu, qui le cœur de tous par vostre exemple touche.
Car par vous on verra, que le vice & l'erreur
Seront vn iour en France à chacun en horreur :
Au lieu qu'ore par tout l'ombre malencontreuse
Des vices, rend du Ciel la clarté tenebreuse,
Et la vertu cachee & les crimes méchans
Iusqu'au comble remplir les villes & les chams.
La Foy, la Charité, se cache sous la nue,
L'amour est entre nous maintenant inconnue :

FRANÇOISES.

Et rien plus que vergongne, haine, dommage, ennuy,
N'apporte la façon de viure d'auiourdhuy.
Car on voit maints Verrés, qui la France despouillent,
Et qui les biens sacrez de leurs ordes mains souillent,
Tenir les premiers lieux : le peuple à l'enuiron
Miserable souhaite encore vn Ciceron.
Les Macrons, les Secans aupres de leurs Tiberes,
Vont en se destruisant accroissant nos miseres.
Et les peres cruels ensanglantent leurs mains
Au sang de leurs enfants : les enfants inhumains
Osent bien attenter sur les ans de leurs peres :
Sans pitié d'autrepart sont les barbares meres :
Infidelles aussi les femmes aux maris :
Et la Court ordinaire augmente dans Paris
Le malheur tellement, que par accoutumance,
Beaucoup ont fait vertu de cette sotte vsance.
Les freres entre soy vont traistres conspirants,
A la succession l'vn de l'autre aspirants.
Les amis ne sont plus l'vn a l'autre fidelles.
Maintenant d'amitié sont rompus les modelles.
D'ailleurs, qui le croirroit ? beaucoup de gents d'esprit
Ne reuerent assez le Sauueur IESVS-CHRIST :
Et chacun aueuglé, d'vne gloire petite,
De son sang respandu cache ore le merite.
Vn Simon derechef d'habits nouueaux veslu,
Nous vend le Paradis, que la haute vertu
De ce grand fils de Dieu par sa grace nous ouure,
Et d'vn ombre enfumé le beau Soleil nous couure.
Les boucs ords & paillards & les fangeux pourceaux
Ont gasté de leurs pieds nos sources & ruisseaux :

Et devenus marchands ont fait vne foire ample
De l'Eglise de Dieu, trafiquants en son temple.

O cruelle Auarice, as tu pas tellement
Nauré le cœur des grands, que plusieurs vainement
S'efforcent de garir par sainte medecine,
Le mal qui trop auant aux ames s'enracine ?
Tant que par toy seroit ce beau Temple destruit
Si de la main diuine il n'eust esté construit ?
Voyant d'autre costé des hommes fanatiques,
Qui blamants nostre mal, font cent mile pratiques,
Pour renuerser de Dieu ce grand Temple Immortel,
Voulants sur l'autel vray dresser maint faux autel.

O France corrompue ! ô miserable terre,
Qui desia dans la paix, va recherchant la guerre !
Voy-tu point que les Rois sont gardez du Destin,
Qui dedans son malheur fait perir le mutin !
Ah, qui se pourroit taire en voyant l'arrogance
Des ieunes indiscrets gourmander nostre France !
Et voir vn temeraire, vn fat, vn effronté,
De bas & vil estat aux hauts estats monté ?
Et voir l'homme d'honneur (dont la belle ame ornee
De cent mile vertus deust estre guerdonnee
Selon son grand merite) estre au loin deieté,
Pource que iuste il a conseillé verité ?

Quelle honte de voir des arts plus mecaniques,
Les artisans monter aux grands charges publiques ?
Et voir les fauoris des fauoris, prisez,
Et les plus gents de bien des mechants maistrisez :
Voir le maistre trompé ? voir par ruse & cautelle
Faire pour le proffit, d'inuention nouuelle,

Mile

FRANÇOISES.

Mile nouueaux partis? & par arts tous nouueaus,
Faire que l'Ecarlatte est moins que les Bureaus?
   Et qui ne rougiroit d'ouir que les grands dames,
Pour auoir embrasé d'artifice & de flames,
Comme Venus, des Mars, reçoiuent tel loyer,
Que chacune à l'enui, vueille ore s'employer
A tromper son vulcan? Et bien que cette honte
Le Soleil face voir, pourtant on n'en tient conte?
   Faustine experte aux ieux de l'aueugle enfançon,
Se ioüe en mainte sorte auecques maint garçon,
Et de son escrimeur elle a tousiours memoire,
Bien que de son pur sang son Marc luy face boire.
Et Messaline veut eprouuer ce plaisir,
Iusqu'à tant qu'ell' en ait assouui son desir:
Mais sortant de l'ordure, apres mainte embrassee,
Lice chaude elle estoit moins soule que lassee.
   Puis les dames on voit changer en toutes parts,
Leur face en autre face & leur teint par les fards.
Chetifues qui voulez en depit de Nature,
Et de Dieu qui vous fist, prendre vne autre figure!
   Lucelle laisse entrer le Prelat, le Seigneur,
Secret en sa maison, sous pretexte d'honneur:
Le Mari n'en voit rien, qui tout expres s'absente,
Pour ce qu'à son retour le profit le contente.
   Argine en son Yuer comme en son bel Eté,
Veut demener l'amour sous nom de chasteté:
Subtile elle choisit vne sotte ieunesse,
Ne voulant qu'vn rusé remarque sa finesse:
Cependant elle tend ses paneaux aux plus fins,
Chez elle apriuoisant les femmes des voisins:

M

Et puis ces belles b... & ses filles discretes,
Qui sont, comme l'on di., au badinage faites,
Aperceu... le... au festin apresté,
Où se ....u... les Grands en toute priuauté :
Qui prodigues payant cette fine despence
Laissent le deshonneur auec la recompence :
Outre les diamants, les perles, les rubis,
Serre-testes, carcans, ensileures, habis,
On baille de l'argent, qui maintient l'equipage,
La maison & le train d'Argine en son veuuage.
  Le seiour de la Court & des grands ont rendus
Les bordeaus en maints lieux de la France epandus :
Et maint Pollux on voit & mainte Helene née
Sous le large manteau du nocier Hymenee.
  Il est donc bien besoin d'employer cette fois
De vostre grand sçauoir l'artifice & la vois,
Pour amollir l'acier de l'humaine malice,
Qui par accoutumance a fait de vertu vice.
Et sur tous nostre Roy bon & deuotieux,
De bon oreille orra vos propos gracieux,
Prenant en bonne part la parole seuere,
Que iette quelquefois vostre sainte colere,
Quand on luy recommande, en toute humilité,
D'ouïr des bons Docteurs la nette verité,
Laisser des Penitens, des Cloistres la conduite
Au deuot Feuillantin ou bien au Iesuite :
D'autrepart droiturier son peuple gouuerner,
Comme vn Pere l'enfant que Dieu luy veut donner,
Tenant d'vn poids egal la balance si forte,
Qu'vn Grand sur le petit d'auantage n'emporte.

Mais pour tourner au port ou du commencement
Ie detachay l'esquif de mon entendement,
Quand i'entray dans la mer de vos vertus si rares,
Ie diray que ie plain les coutumes barbares
De ce Siecle, ô Prelat! & ie chante en mes vers,
Que, comme vn beau Soleil eclaire l'vniuers,
Echauffant de ses rais sous les ombres touffues
Des couuertes forests, les herbes plus menues,
Qu'ainsi de vos vertus la luisante clarté,
Des vices plus couuerts perce l'obscurité,
Nous reiouit l'esprit, nous poind d'vne esperance,
De reuoir quelquefois reuerdir par la France
Les lauriers desechez, & de voir quelquefois
Le mensonge chassé de la maison des Rois.

Epitaphe de luy mesme.

PASSANT, si tu voulois trouuer
  cette doctrine,
Qui d'vn rayon diuin les ames illumine,
D'antique preudhomie vn exemple nou-
  ueau,
Pour monter au Ciel vne echelle, vn flambeau,
Qui dans l'obscure nue eclairoit tout le monde,
La blanche Verité, la Conscience ronde,
L'humble Religion, la simple Pieté,
L'Esperance, la Foy, la viue Charité

M ij

Pleine de beaus effets à tous humains parlante,
Las! tu la trouuerois sous ce Tombeau gisante:
Auec vn noble corps de noble sang extrait,
Qui de toutes vertus estoit vn beau pourtrait:
Car Dieu ne voulut point enter en plante basse,
Vn sion eleué, qui les autres surpasse:
Et toutefois iamais pour son antique sang,
On ne vit ce Prelat orgueilleux en nul rang:
Ou fust au Parlement exerçant la droiture,
Ou bien fust en sa charge enseignant l'Escriture:
Fust parlant pour l'Eglise au Conseil de nos Rois,
Fust preschant en la chaire aux grands Estats de Blois:
Il estoit des Prelats la parfaite excellence,
Ou fust en bonnes mœurs ou fust en eloquence,
Ou fust pour soustenir ferme la verité
Aux Princes estrangers deuant sa Sainteté,
Et montrer Catholique en franchise Françoise,
Que peut la liberté de l'Eglise Gauloise:
Ou fust pour se roidir à vouloir confuter
L'Erreur, & l'ignorant qu'il faisoit rebuter.
Helas! il gist ici des vertus l'exemplaire,
D'Angennes qui tenoit le chemin salutaire,
Qu'vn Prelat doit tenir, qui n'espargnoit son bien
Pour remettre l'Eglise en l'honneur ancien:
Maintenant son trespas fait las! que ie deuine
Que ce Siecle peruers à son malheur decline,
Et qu'on ne verra plus qu'aucun Euesque encor
Ait la Crosse de bois & la doctrine d'or.

A Monsieur de Saintemarthe Tresorier General de France en la Generalité de Poitou.

CAEVOLE, mon mesme âge au sortir de l'enfance,
Ou bien peu s'en falloit, nous eusmes connoissance
Sur le Clain l'vn de l'autre, & de pas innocents
La Muse nous guidant sous les plaisants accents
De ses douces chansons, aux Bois nous fismes dire,
Qu'en nos chants reuiuoient Palemon & Tytire :
Et le haut mont Ioubert lors respondit cent fois
Aux retentissements de nos gentilles vois.
Depuis Dieu le voulant, par chemins tous contraires,
Nous auons manié du monde les affaires :
Car vous en court habit de France Tresorier,
Vous auez en Poitou couronné de laurier,
Tousiours sçauant rendu d'vn art emerueillable,
Par le docte Apollon, le Dieu Mercure aimable :
Mais moy d'vne autre part le long habit trainant,
Tant de bruits importuns me vont enuironnant,
Qu'à grand' peine ie puis maintenant reconnoistre
Estre ce Vauquelin qu'alors ie soulois estre :
A raison que la Muse & le gaillard Phœbus
N'aprochent plus de moy parmi tant de tabus.

M iij

Et ce qui plus me fache est de voir, ô Sceuole,
Nos Cours & nos Palais n'estre plus qu'vne Ecole
D'vsage, de rotine & de formalitez,
Qui couuent là dessous mile mechansetez.
Et si ie ne croyoy qu'on me tint pour volage,
Ou bien, qui vaut autant, pour vn homme trop sage,
Ie ferois vn beau coup ! tous mes liures de Lois,
D'Ordonnances, d'Edits, tant Latins que François,
Ie mettroy dans le feu : ie prendroy pour deuise,
Le bonnet & la vigne en signe de franchise :
Et comme le serpent laissant sa vieille peau,
Raieunit, se refait au plaisant renouueau :
Ainsi raieunissant, recommençant mon âge,
Ie laisseroy ma rasle en quelque beau solage,
Et fondant les Edits grauez dedans mon cœur
Par le burin de Dieu, ie me rendroy vainqueur
De tant d'opinions, dont nostre ame est souillee,
Et dont nostre raison est par tout embrouillee.
 Ie voudroy raieunir, ainsi que fist AEson,
Garçon redeuenir capable de raison,
Sachant ce que ie sçay : croyez mon Saintemarthe,
Qu'encor ie reuerroy le beau Loire & la Sarte,
Et qu'aux riues du Clain viuant à l'abandon,
Ie feroy voir encor Damete & Corydon
Rechanter derechef : & leurs chansons ouies,
Rendre plus que iamais les forests reiouies.
 Mais ne pouuant tant faire ore pour m'asseurer
Le reste de mes ans, ie me veux retirer
De tant de mauuaitiez, de tant de brigandages,
Ou nous ont asseruis mile tyrans vsages,

Qui geſnent la Raiſon, belle ame de la Loy,
Et baillent, comme on dit, le Droit à liche doy.
  Ie me veux d'autrepart ſeparer & diſtraire
De ceux qui diſent bien & qui font le contraire.
Ie deſire, ie veux m'en aller, m'en fuir
Pluſtoſt en Canadas, mile fois que d'ouir
Raconter pour vertus les cautes iniuſtices
Des Tiberes trompeurs emmantelants leurs vices
De l'habit de Numa, qui pour couurir le mal,
Font Careſme le iour & la nuit Carneual.
Tous vont en empirant: auiourdhuy noſtre Empire
Eſt pire qu'hier n'eſtoit, & demain ſera pire.
  Ie m'en veux donc aller, retirer ie me veux,
Pour viure en l'innocence ou nous viuions tous deux
En noſtre premier âge: & ſur tout ie deſire
Qu'à faire comme moy mes compagnons i'attire.
Ie veux iouir de moy, ie veux en triompher,
Et libre entre les maux ioyeux philoſopher:
Non pas contemplatif ni ſolitaire encore,
Comme cet admirable & diuin Pithagore,
Ni du tout populaire ainſi qu'en Xenophon
Philoſophe vn Socrate, ains ainſi qu'en Platon:
Accort entremeſlant parmi la vie Actiue,
Les celeſtes effets de la Contemplatiue.
  Auſſi ie veux Chreſtien viure à Dieu viure à moy,
Et viure à mes amis d'vne conſtante foy,
Me reiouir ſouuent: car ie le pourray faire,
Auec le grand Virgile, auec le bon Homere
Le reſte de mes ans: & d'honneſte loiſir,
Aux lettres & aux Arts prendre touſiours plaiſir.

O que i'ay de regret qu'à vostre Poiteuine,
Cette terre de Nort ne peut estre voisine !
Nous nous assemblerions, nous ferions assembler
Les compagnons à qui nous voulons resembler.
Nos doctes compagnons, qui de mœurs toutes bonnes,
Par l'aspect seulement vont gaignant les personnes :
Qui iouiaux, bien nez, bien nourris, bien apris,
Gaillards vont reueillant les plus mornes espris :
Sans souffrir pres de nous ces ames soupçonneuses,
Qui font du vray le faux par haines dedaigneuses :
Et n'aurions lors sinon que des hommes prudents,
Qui sçauroient supporter tous humains accidents :
Peser de leurs amis les raisons, les excuses,
Mesme prendre en payment quelques petites ruses,
Qu'apporte le mesnage : & qui tousiours prendroient
Leurs amis comme amis estre pris ils voudroient :
Sans se montrer quinteux, defians ni sauuages,
Changeants à tous propos de cœurs & de visages.
 Comme nous craignons moins les Lions & les Lou
Que nous ne faisons pas les Puces & les Pous,
La morsure & l'odeur des puantes Punaises,
Quand ils viennent la nuict entrerompre nos aises :
Ainsi nous deuons moins craindre les Assasins,
Les voleurs les brigans, les guetteurs de chemins,
Que les hommes facheux, malnez, opiniastres,
Pleins de mauuaises mœurs, depits, accariastres,
Que tousiours nous pouuons trouuer à tous propos
Venir mal enseignez troubler nostre repos.
 Car nous ne pouuons pas peut estre à mainte annee,
Rencontrer de brigands vne troupe damnee,

FRANÇOISES.

Si nous pouuons trouuer à toute heure en tout temps
Des hommes mal apris, chagrins & mal contents.
 C'est pourquoy ie me veux retirer, mon Scæuole,
Sur le mien, à l'ecart, de cette bande fole:
Me parer de prudence & m'armer de raison
Contre ceux qui voudroient assaillir ma maison:
Sans plus rien acquerir, plein de secrette ioye,
Ie me veux retirer auec ma douce proye:
Ie veux garder mon bien, i'y veux viure & mourir:
Ce n'est moindre vertu de garder qu'acquerir.
 I'espere mettre à chef bien tost mon entreprise,
Et si vostre raison vostre desir maistrise,
Vous en ferez autant : & si trop obstiné
Vous ne le voulez faire, enfin mal guerdonné,
Vous en serez marri : car libre & d'ame heureuse,
Quand i'auray delaissé la passion fâcheuse,
Si bon si vertueux ie viuray retiré,
Et si bien arriué dans vn Port desiré,
Et que vous & plusieurs m'aimants aurez enuie,
Alors que serez souls de cette poure vie
(Ce qui sera bien tost) sur mon contentement:
Si, qu'alors vous direz par vn bon iugement,
Peut estre que ie suis, sinon du tout bien sage,
A tout le moins prudent & plein d'vn grand courage.
 Les sages & les bons tousiours rares seront :
Et croy qu'en plus grand nombre ils ne se trouueront,
Que les portes de Thebes, & que du Nil fertile,
Les huis, qui limonneux enfertilent la ville
De Memphis la superbe : & la France en ce point
La Grece de iadis ne surpassera point.

Et croy que des moins fouls on me pourra bien dire,
Si durant vn tel temps libre ie me retire.
    Croyez que par raison ie m'y suis resolu,
Sans qu'vne opinion soudaine l'ait voulu :
Car vous pouuez penser, que ce n'est par defaute,
De pouuoir ma nature, orgueilleuse ni haute,
Courtois accommoder auecques vn chacun :
Car faire ie le sçay, cela m'est tout commun :
Ni moins pour ne vouloir m'addonner à la peine :
Car i'aime le trauail de l'action humaine :
Ni pour ce que trop i'aime encor la liberté :
Car ie suis desia tant à seruir arresté,
Et tellement i'ay pris ainsi mon habitude,
Que ce m'est liberté, que telle seruitude.
Mais ie le fais guidé d'vn iugement certain,
Qui me force à quitter ce grand Allant mondain,
Qui nous prend en ces rets : ces Circes, ces Alcines,
Ces Syrenes, qui sont du monde les ruines :
De sorte que voulant le public manier,
Ie ne m'oserois plus à rien qui soit fier
Pour vouloir faire bien : car si grande est l'ordure,
Qu'incontinent le sain se change en pourriture,
Le chancre prend par tout, tout est empoisonné,
Le membre plus entier est ore estiomené,
De tant d'inuentions, de façons rechangées,
D'offices, de Partis, de rentes engagees,
Qu'heureux trois fois heureux i'estime estre celuy,
Qui chez luy retiré peut viure sans ennuy,
Et sans que du public en rien il s'entremette !
Qui peut faire à propos vne belle retraitte,

FRANÇOISES.

Ainsi comme ie fais! & sous l'autorité
Des grands charges d'honneur ou digne reputé,
Au public il viuoit par les saisons passees,
Qui peut viure en grandeur les grandeurs delaissees.
  Or voyant loin de moy l'infame poureté,
Soit qu'en nauire grand ie sois ore porté,
Soit en petite nau, i'auray mesme visage,
Au mondain Ocean ne craignant plus l'orage ;
Et bien qu'en pleine voile vn vent second souflant,
Vueille ma grand' Olonne en eau tranquille enflant,
Est-ce toutefois qu'vne orageuse Bise
Contraire à ma nauire à fonds ne la pas mise.
Et bien que des plus grands en force ie ne sois,
En moyens, en honneurs des premiers, toutefois
Ie ne suis des derniers en moyenne richesse,
En esprit, en vertus, en parens, en Noblesse.
Tellement que m'estant retiré priuément,
Ie puis en plus d'vn lieu m'ebatre honnestement :
Ou soit en la campagne ouuerte & plantureuse,
Que Ceres nourriciere a rendu fourmenteuse,
Ou soit dans le Bocage, ou les bois epineux,
Ou les ruisseaux bruyants, les etangs poissonneux,
Les taillis cheuelus, les montaignes ombrees,
Les vallons fleurissants, les verdoyantes prees,
Donnent tout le plaisir, tout le contentement,
Que pourroit souhaiter vn bel entendement.
  Adieu vous dis espoir, adieu vous dis fortune,
Ie ne veux plus auoir de vous faueur aucune,
Des autres iouez vous ; fortune n'est ici
Aueugle seulement : mais elle aueugle aussi

Les hommes de ce temps, qui tous bandez la suiuent,
Et se deconnoissants masquez sous elle viuent.
 Si la Fortune veut, d'vn auocat plaidant
Elle vous pourra faire vn premier presidant :
Si la Fortune veut, elle peut au contraire
D'vn premier presidant vn auocat vous faire.
Mais elle ne pourroit renuerser les vertus,
Dont les sages esprits fermes sont reuestus.
 Scæuole, c'est l'habit que ie veux ore prendre,
Et de luy reuestu m'aller hermite rendre
En mon sauuage Ereme, & dispos & plaisant,
Me reiouir souuent tousiours en bien faisant.
Car pour montrer que Dieu veut qu'on se reiouisse,
Il veut qu'auecques chants on confesse son vice :
Autant luy vient à gré d'vn cœur deuotieux
Vne saintē chanson, vn son harmonieux,
Que les gemissements d'vne ame desolee :
Et Dieu l'ame ioyeuse a tousiours consolee :
Et ioyeux & content vit vn homme de bien :
Car en sa conscience il ne craint iamais rien.
 A ce sage vieillart ie veux estre semblable,
Qui trouuant vn tresor ne leut point agreable :
Et son œil seulement pour le voir n'abbaissa,
Ains passant par dessus à terre le laissa :
A raison, disoit il, qu'au bout de sa vieillesse
Il n'auoit plus besoin d'vne telle richesse.
 Sçauez vous point qu'elle est la soif d'vn langoureux
La soif telle n'est pas des sains & vigoureux.
Des que les sains ont beu, leur soif toute etanchee
Donne vne nourriture en leurs corps epanchee,

FRANÇOISES.

[T]esmoin est que le vin de tristesse vainqueur,
[Se] viante alegresse a reioui leur cœur :
[M]ais la soif du malade est bien tout au contraire :
[E]n buuant elle semble vn peu de temps luy plaire,
[T]outefois elle prend vn soudain changement,
[O]re en forte colere ore en vomissement :
[E]t luy causant vn flus dans l'estomac batante,
[P]lus que deuant elle est facheuse & vehemente.
  Il en prend tout ainsi à ceux qui trop ardants
[E]n conuoitise vont de grands biens demandants,
[A]uares desireux, plus ils ont plus desirent,
[E]t tousiours alterez à reboire ils aspirent.
[C]'est vn cas tout pareil qu'auides commander,
[E]t sans fin conuoiteux grands terres posseder.
[C]ar cette soif vn peu demeurant comme eteinte,
[T]ousiours d'alte raison aura la gorge atteinte.
  Aussi de mesme en prend aux amants malheureux,
[Q]ui vont brulant d'amour malades amoureux.
[O]nt ils d'vne Laïs iouy parauenture ?
[P]lus que deuant apres ardante est leur pointure.
[B]ref qui n'a l'esprit sain, bien fait bien composé,
[I]amais il n'est content : ains d'vn ombre abusé,
[P]lustost que du vray bien, en la fosse il deualle
[A]uecques l'appetit & la soif de Tantalle.
  Ou me suis-ie égaré par ce discours verueux ?
[S]eulement ie vouloy vous dire que ie veux
[M]e retirer, Scæuole, & viure pacifique
[S]ans plus m'entremesler de la chose publique.
[M]ais vous m'excuserez si la grand' puanteur
[D]es vices de ce temps m'a fait trop caqueteur :

Et la crainte que i'ay que vostre ame si nette :
Aupres d'vn tel fangeas ne soit de fange infette,
Si, comme moy, chez vous retiré priuement,
Le reste de vos ans ne passez doucement :
Imitant le Soleil, qui pour toucher l'ordure
Ne reçoit pas pourtant de puante souïllure :
Et qui pour les pechez des hommes d'ici bas
D'estendre ses rayons sur eux ne laisse pas.

A son Liure.

ON Liure, ie voy bien que quelque vain espoir
T'eleue maintenant & te veut deceuoir :
Et ie m'appercoy bien, qu'ennuyé tu te fasches
Entre tant de papiers, & qu'echapper tu tasches
Pour aller à Paris, pour te faire Imprimer,
Eccarrir & lauer, pensant te faire aimer
Estant ainsi vendu par la main d'vn Libraire,
Qui tiendra sa boutique au Palais ordinaire.
Ie voy que curieux tu veux or demander
Aux doctes de leurs vers pour te recommander,
Comme si d'vn Dorat le Latin, ou la Rime
D'vn Ronsard, te deuoit mettre en plus grand' estime
Car vn Liure n'est pas de bonne mere né,
S'il n'est des vers d'autruy par tout enuironné :

FRANÇOISES.

ais si ta Muse n'est digne d'estre vantee,
e quête point le los d'vne gloire empruntee.
Regarde que tu fais, tu veux doncques partir?
me veux donc laisser? Ie veux bien t'auertir,
ue tu te hâtes trop? quelle mouche te pique
e te vouloir soumettre à l'iniure publique?
veux estre imprimé? Tu pleures & gemis,
lors que ie te montre à quelques miens amis?
e voulant estre veu que de peu qui te plaisent,
si tu veux encor que sages ils s'en taisent.
urquoy donc changes-tu si tost d'opinion?
urquoy veux-tu sortir de ma suietion?
rs de mon cabinet, hors de ma chere Estude?
'ay nourri tousiours en douce solitude,
pour vn autre effet que publier tes vers
ce temps ou les yeux de chacun sont ouuers
medire & reprendre (il n'est besoin qu'on sache,
on Liure, que tu sois, recache toy, recache:
e monte point si haut:) celuy qui n'est sauteur
e craint point de tomber: & qui de sa hauteur
e qui gueres n'auient) tombe en l'herbeuse pleine,
uec peu de secours se releue sans peine.
n toy doncques secret, & demeure à requoy,
estant veu que de peu qui t'aiment comme moy.
Tu ne veux donc, Mon Liure, ouir ma remontrance?
ne m'ecoutes pas? Or va t'en par la France
insi qu'il te plaira. Mais pense aussi depuis
e tu seras sorti, qu'on te fermera l'huis.
ne pourras ici reuenir solitaire:
diras en toymesme, He qu'ay-ie voulu faire!

Ah, qu'ay-ie miserable indiscret desiré !
Lors que tu te verras d'vn moqueur dechiré,
Qui te fera douloir par vne aspre pointure,
Dont tu ne pourras pas guarir parauenture.

Celuy, que tu croiras estre encor ton ami,
Ne voudra seulement te lire qu'à demi :
Vn autre dedaigneux, te iettant par la place,
D'auoir blamé ses mœurs blamera ton audace :
Vn malin enuieux tes vers detournera,
Et d'auoir trop parlé remarquer te fera.

Si la haine que i'ay pour ta faute conçeue,
Ne rend ma preuoyance à deuiner deceue,
Ie deuine & preuoy, que pour la nouueauté,
Tu seras à Paris bien venu, bien traité
Pour vn commencement : & que tu pourras plaire
A quelques beaus esprits : mais du vil populaire
Tu seras par mespris deça dela ietté,
Sans qu'aucun plus te lise en ta calamité :
Ou bien tu seras leu iusqu'à tant qu'vne plume
Mieux disante que toy, de parler s'accoutume
En propos familiers ainsi comme tu fais :
S'efforçant de montrer, que masles sont les faits
Et femine la parole : & qu'en ce mechant âge,
On voit bien peu d'effet qui soit masle au courage.
Alors tu cederas à ces bons escriuants,
Et les reconnoistras plus que tu n'es sçauants :
Ou bien tu te verras tout mengé de vermine,
De tignes ou de rats pres de quelque ruine,
Et sentant tout le rance & le moisi relent,
Decousu tu seras en quelque coin, dolent

De

De n'auoir creu ton pere : enfin aux merceries,
Aux pignes, aux miroirs, aux bains, aux drogueries,
Aux couteaux, aux daguets, à cent petits fatras
Qu'on transporte au Bresil, chetif tu seruiras
D'enu'lope ou de cornets à mettre de bepice,
Du clou, de la muguette ou bien de la rigliſſe
Chez vn apoticaire : ou dedans vn priué
Tu seras le secours du premier arriué.

 Alors moy qui te fus vn conseiller fidelle,
Ie me riray de voir ta misere estre telle,
Me tenant contre toy iustement depité,
Comme celuy qui fut de son Asne irrité,
Quand il ne peut iamais, pour luy batre la teste,
Retirer du peril l'opiniastre beste.
Si bien que son cheueſtre il fut contraint lacher,
Et le faire en aual tomber d'vn haut rocher.

 Va donc, va mon enfant, va t'en à l'auenture,
Puisque de mon conseil, obstiné tu n'as cure :
Toutefois si tu as quelquefois ce bon heur,
De voir au tour de toy quelques hommes d'honneur,
Qui te prestent l'oreille : & qu'vn Soleil aimable
De ses rais eschauffants te rende fauorable :
Et que le bon Genie & la forte vertu
Ait le vice enuieux à tes pieds abatu :
Si l'on s'enquiert à toy, Quel homme ie puis estre,
Et dont ie fus extrait & quand ie vins à naistre :
Di, Que peut estre vint mon nom du Val d'Eclin,
Qu'au langage du temps on nommoit Vauc-Elin,
Dont, Vauquelin se fiſt en la belle contree,
Que Cerés & Pomone entre toutes recree.

Dés ce temps mes Maieurs desia nobles viuoient,
Et nos Ducs genereux en leurs guerres suiuoient :
Mais Vauquelin du Pont, Vauquelin de Ferieres,
Capitaines portoient gouffanons & banieres,
En passant l'Occean, quand leur grand duc Normant
Alla contre l'Anglois tous ses suiets armant :
Et planterent leur nom en Glocestre & Clarence,
Dont il reste aux vieux lieux mainte vaine aparence:
Là sont peints & bossez nos Ecus & Blasons,
Tels que nous les portons encor en nos maisons.
L'an neuf cents au deuant les surnoms commencerent,
Et du nom de leurs fiefs beaucoup lors s'appelerent.
  Les Fiefs que du nom d'homme alors on surnomma
Firent que pour surnoms ces noms on retenoit;
Comme plusieurs aussi prenoient des Seigneuries,
Et de nouueaux surnoms nouuelles armoiries:
Et Capet, & Martel, des soubriquets estoient,
Qui des hommes du temps les effets raportoient.
Le Dé, le Du, n'estoient point encor en vsage.
Le grand Robert Bertran, si vaillant & si sage,
Baron de Briquebec qui conquist l'Arragon,
De Dé ne mist iamais à Bertran son surnom.
Les Roturiers aussi nez de familles basses,
Le Dé, comme le Noble vsurpent en leurs races.
Mais ce Dé sans propos ne doit estre adiouté
Afin que nouueau noble on ne soit point noté.
  Di, que de temps en temps par mariages dignes,
Les miens furent conioints tousiours en nobles lignes,
Auec ceux de la Heuse & ceux du Boishubout,
Du Mesle dit Melo, de Breouse & Tibout :

Auec ceux de Sacy, de la Pallu de Clere,
Et ceux de Versainuille & ceux de Sainthilaire,
Ceux du Pontbellenger & ceux-la de Sarceaus,
Et ceux de la Varende & ceux des Iueteaus,
Et ceux de Boislichaussé : encor mon nom s'allie,
En la Bretaigne enté sur le nom de Tallie.
Et toy, mon cher germain, aux armes appelé,
Iauquelin, tu es ioint au bon sang Du Bellai :
Et le temps me faudroit de conter les familles,
En toutes noblement furent mises nos filles.
   Di, que mon Pere ieune apeine ayant trente ans,
Orphelin me laissa seulet pour tous enfans,
Louet son heritier d'vne terre endettee,
Que chacun estimoit bien tost voir decretree,
Par tant de Creanciers à qui pour suiure Mars,
S'estoit engagé quasi de toutes pars,
Gendarme ayant esté, d'Ordonnance ancienne,
Du Sire d'Anebaut du Conte de Brienne.
   Di, Que contre l'espoir de plusieurs toutefois
Gardez premierement entiers furent nos bois,
Quand par vn heureux soin ma mere gouuernante,
Ayant ma Garde-noble en fut la conseruante,
Et maniant du mien l'annuel reuenu,
Les debtes aquitta depuis par le menu.
   Di, Qu'en cette âge foible, ayant vne ame encline,
Et prompte à receuoir toute belle doctrine,
Chés Buquet à Paris enfant ie fu mené,
Aux lettres courageux alors ie m'addonné :
Aux Colleges i'apris comme c'est qu'on imite
Du Grec & du Latin, vne chose bien dite :

N ij

Puis deuenu plus grand, sous le grand Tournebu
Aux ruisseaux d'Helicon tout alteré ie bu :
Et sous Muret encor, qui des Odes d'Horace,
En nos beaux vers François nous rapportoit la grace.
Ie connossoy Baïf & Ronsard i'adoroy,
Du Bellay, qui m'estoit plus connu i'honoroy,
Et sans le pratiquer ie portoy toute viue,
Telle qu'en ses Sonnets au cœur sa rude Oliue.

Di, Que ne passant point encor dix & huict ans,
Grimoult, Toutain & moy, poussez d'vn beau Printa
Nous quittames Paris, & les riues de Seine,
Vinmes dessus le Loir, sur la Sarte & sur Maine :
Lors Angers nous fist voir Tahureau, qui mignart,
Nous affrianda tous au sucre de cet art.
De là nous vinmes voir les Nimphes Poiteuines,
Qui suiuoient par les Prez, Françoises & Latines,
Le ieune Saintemarthe, & ses vers enchanteurs
Apres eux attiroient les filles & pasteurs.

Et di, Qu'ayant encor sans cotton le visage,
Ie mis au iour les vers de mon apprentissage.
Au lieu de demesler les epineuses lois,
Les Nimphes les Syluains nous suiuions par les bois.

Mais di, Qu'ayant souffert vne dure reprise,
Qu'en Berry ie pris cœur à plus haute entreprise ;
Et du grand Duarin à l'estude animé,
Nos lois plus que deuant & plus soigneux i'aimé.

Puis di, Qu'estant sorti de mon orphelinage,
Il me vint des honneurs & des biens dauantage,
Que ie n'en esperoy, comme ainé de maison,
A quelques nobles fiefs succedant par raison.

Di, Qu'en mon cœur estoit de Dieu la iuste crainte,
D'vn caractere saint tousiours diuine emprainte :
Et comme en iugement, là ie faisoy venir,
A part mon noir peché, pour le faire punir.
 Di, Que ie fus couplé, sous le ioug d'Hymenee
Auec vne ieunesse à toute vertu nee :
Et malgré le souci, le chagrin, le couroux,
Nous trouuasmes le faix de ce fardeau plus doux,
Que ie n'eusse pensé : m'estant apris de faire
Vne heureuse vertu de ce mal necessaire.
Puis Dieu qui nostre plant de ses greffes enta,
Ainsi qu'il augmentoit nos moyens augmenta.
 Di, Que le court habit ieusse pris de Nature :
Mais que le long me vint par ma bonne auenture,
Ains par la main de Dieu, qui m'y voulut guider,
Me faisant d'vn beaupere à l'estat succeder.
 Di, Que ie fus suiet à la haine, à l'enuie
De plusieurs qui depres eplucherent ma vie :
Et ne m'ayant haineux par medits pardonné,
Secret sur leurs medits mes mœurs ie façonné.
 Di, que ie fus d'ailleurs aimé de tout le monde,
D'vn cœur ouuert & franc, de conscience ronde,
Et que i'aimé chacun : mais sur tous ces espris,
Que la douceur d'Amour & des Muses tient pris.
 Di, Qu'aux Grãds, aux Seigneurs representãs le Prince
Au beau Gouuernement de nostre grand Prouince,
Que ie fus agreable : & que durant l'effroy
Des troubles, ils se sont tousiours seruis de moy.
Le grand de Matignon, si sage en nos affaires,
Si vaillant si prudent aux exploits militaires,

N iij

Le premier loin de moy, chassa par ses beaus rais,
Du sçauoir sans vsage vn grand nuage epais,
Qui m'ombrageoit l'esprit. Et mesme l'Excellence
De ce grand Duc qui n'a de pareil en vaillance,
Beaufrere de mon Roy, nostre grand Gouuerneur
En terre comme il est de nostre mer Seigneur,
Sous vn front de Bellonne ayant de la science,
Et des armes conioint en vn l'experience)
M'a donné l'Intendance & toute autorité,
En nos côtes de Mer de son Amirauté.
   Mais di, Que sa faueur vint de la bienueillance
Que Desportes portoit aux bons des sa naissance :
I'aimeroy beaucoup mieux pouuoir m'en reuancher
Par quelques bons effets, que ses vertus prescher.
   Di, que ma taille fut moyenne & non grossiere :
Et que ma grace fut plustost humble que fiere :
Que l'air de mon visage à tous tesmoignoit bien,
Que j'estoy Iouial & non Saturnien :
Qu'estant chauue ie fus vn peu prompt à colere :
Mais soudain reuenu, cruel ni trop seuere :
Que quand ie t'enfanté i'auoy par les maisons
Du Ciel ia veu passer quarante cinq saisons :
Et iustement en l'an, naissance pris i'auoye,
Que le grand Roy François conquesta la Sauoye :
Sur les fons me leua lors Iean de Fontené,
Qui repassa les monts ainsi que ie fus né :
Capitaine vaillant & duquel la memoire
Au nom de Bertheuille, enrichit mainte histoire.
Comme i'ay cheminé par chemins tant diuers,
On le peut remarquer lisant mes autres vers.

SATYRES FRANCOISES,

LIVRE II.

Par le SIEVR DE LA FRESNAIE VAVQVELIN.

Mesire Claude Groulart, Cheualier, Premier President au Parlement de Normandie.

SCAVANT GROVLART qui peux
    par maint genre d'escrire,
Faire les faits d'autruy, comme vn Soleil
    reluire :
qui de tes vertus aux sçauants mésmement,
onnes aussi d'escrire vn luisant argument :
me fache d'escrire à toutes gents d'office :
leur faut du respect, il leur faut du seruice :
qu'on n'oublie à mettre en rang leurs qualitez,
leurs tiltres qu'ils ont cherement achetez :

Quand on m'en fait de mesme aussi tost ie m'en moque,
Et tousiours à regret ie rends le reciproque :
Mais à toy qui n'es point de ce vice entaché,
Qui tout franc, qui tout bon, prudent te tiens caché
Dessous cette écarlatte, ou beaucoup par la mine
Trompent en aparence vne ame la plus fine :
A toy, di-ie, qui sçais quelle est la vanité :
De l'amitié i'escris en franche liberté :
Pour sçauoir ou peut estre vne amitié sincere ?
Ie la cherche par tout comme vn Zenon seuere :
Encore ay-ie grand peur de ne la trouuer pas,
Combien que chacun croit l'auoir entre ses bras.

   O diuine amitié que tu es chose rare !
Ton beau nom attendrit le cœur du plus barbare,
Et rabaisse souuent le cœur au plus hautain,
En la chose incertaine estant tousiours certain !
Mais tu es maintenant pour de l'argent prisee,
Comme vne Courtisane est par l'or courtisee :
Le vulgaire à l'ami ne rend plus de deuoir,
S'il ne pense plaisir ou proffit en auoir.

   Toutefois, ô Groulart, comme vn clair voyant iuge
Tu remarques bien ceux ausquels elle a refuge :
Comme on voit que les lous & les regnards, au chien
Ressemblent à peu pres, qui n'y regarde bien,
Ainsi le Charlatan, le flateur, l'adultere,
Semblent à des amis qui ne les considere.
Donc nous faut regarder au lieu d'auoir des chiens,
Qui soient de nos maisons fidelles gardiens,
Que nous ne receuions par nostre negligence,
De tels feints animaux la dommageable engence,

FRANÇOISES.

r ſi toſt que le temps ou que le Sort vainqueur,
pporte ou Mort ou perte, ils demaſquent leur cœur,
 courent tous au bois (comme on dit en prouerbe)
 l'arbre que le vent a couché deſſus l'herbe.
 Or on voit que chacun d'egale volonté,
ime ce qui luy plaiſt, ſoit Richeſſe ou Beauté :
eſt donc vn fait commun, Que de voir tout le monde
mer ainſi la choſe ou ſon Deſir il fonde.
ais ſçauoir ſeparer les Biens d'entre les Maux,
nnoiſtre vn Amour vray d'auec vn Amour faux,
eſt, ô grand Preſident, choſe trop mal aiſee !
i toutefois du Sage eſt bien toſt auiſee,
uand il veut obſeruer, Qu'vn homme prend plaiſir
aimer ſur tout la choſe ou il met ſon Deſir.
 Mais celuy qui ne ſçait diſcerner toutes choſes,
mme les noirs pauots d'entre les blanches roſes,
s vices des vertus, & comme differents,
nt du bien & du mal, mile biens aparents,
e connoiſt l'Amitié. C'eſt pourquoy le ſeul Sage
u vray de l'Amitié peut connoiſtre l'vſage.
r il ſceut faire choix des hommes arreſtez,
entre les inconſtants volants de tous coſtez,
i comme Papillons, pleins d'opinions vaines,
uolent ſans arreſt à choſes incertaines.
ls hommes ore on voit, courtois & gracieux,
 puis tout auſſi toſt chagrins & furieux.
 bref, quand tel ſeroit, ou ton oncle ou ton frere,
rfait en amitié tu ne le pourrois faire :
r iamais l'Inconſtance Amitié ne receut :
la blanche amitié iamais de tache n'eut :

Telle des vertueux n'est l'Amour volontaire :
Mais telle est des parents souuent la necessaire.
Plustost il faut aimer vne simple vertu,
Qu'vn vice qui seroit de tiltres reuêtu,
Et qui s'enfle, sorti d'vne race ancienne,
En la valeur d'vn autre & non pas en la sienne.
Or l'Amour des Parents cornoistre tu pourras,
Et toute autre Amitié, si tost que tu verras
Deux petits chiens nourris d'vne mesme littee,
Ou bien deux petits chats, d'vne patte affettee
Se flater doucement, se iouer, s'embrasser,
Folâtrer ioints ensemble, & s'entrecaresser :
Il n'est rien si gentil, il n'est rien plus aimable,
Il n'est rien plus conforme, il n'est rien plus semblable
A deux amis, que voir ce spectacle plaisant :
Toy, qui vas sans raison vne Amitié prisant,
Si tu veux l'eprouuer iette vn peu de viande,
Quelque osset moëlleux, quelque chose friande,
Entre ces petits chiens, entre ces petits chats,
Et tu l'eprouueras par leurs soudains debats.
Qu'il y ait entre toy, ton enfant ou ton frere,
Quelq fief, quelqu'hôneur, quelqu' Amour, quelqu'affai
A debatre, & vuider, tu verras tout soudain,
Que ton fils te voudroit voir mort le lendemain :
Et toy pareillement tu voudrois voir auecques,
Comme il feroit de toy, de ton fils les obseques.
Auienne qu'vn veuf pere agé soit amoureux,
Que son fils par hasard, en ses ans vigoureux,
Aime en ce mesme endroit, & que tous deux aspirent
D'epouser poursuiuants la femme qu'ils desirent.

FRANÇOISES.

s tu verras bien tost, que leur belle Amitié
ournera cruelle en rage & mauuaitié.
desires iouir, dira l'amoureux Pere,
la beauté du iour, de sa lumiere claire,
veux seul contempler la lueur du Soleil ?
dois penser qu'au tien mon desir est pareil:
mne toy ie fuy l'obscurité mauuaise,
veux de la clarté iouir tout à mon aise :
me veux depouiller & du lict m'approcher,
e n'ay point encor desir de me coucher :
uis encor bien sain & des ans la foiblesse,
n corps de son fardeau n'appesantit ni blesse.
s ces propos disoit le pere depité
tre Admette son fils, qui l'auoit irrité.
Roy de nostre temps ainsi ne fist de grace
son fils eleué contre luy par audace.
le Comte de Foix iadis de la façon,
regret vit mourir son fils ieune garçon.
Les enfans tout ainsi vont afligeant leurs Peres,
nd il y va dequoy, de cent mile miseres.
Loys debonnaire, afin de le chasser,
il pas ses enfants contre luy se hausser ?
mines, (qui descrit aussi bien son histoire,
mme il fait de son Roy les gestes & la gloire.)
ntre bien que celuy qui fut enfant mauuais,
Dauphin successeur ne s'asseura iamais.
is combien se voit il d'histoires veritables,
ceux qui ont meurtri leurs Peres venerables ?
Les freres ne sont pas l'vn à l'autre meilleurs :
aque iour il se voit aux maisons des Seigneurs.

Le vaillant Eteocle & le preux Polinice
(Comme dit le Tragic) n'eurent qu'vne nourrice,
De mesme pere & mere engendrez ils estoient :
Tous deux viuants ensemble, ensemble ils s'ebatoient
En leur âge petit couchant en mesme couche,
Ils n'auoient qu'vn desir, ils n'auoient qu'vne bouche,
Et ce que l'vn vouloit, l'autre le desiroit,
Et chacun à l'egal son frere reueroit,
S'entrebaisants sans cesse & s'entre aimants de sorte
Qu'immortelle on eust dit vne Amitié si forte :
Qui les eust veus se fust des Philosophes ris,
Qui l'Amitié vulgaire ont en si grand mespris.

    Aussi tost qu'entre eux deux va tomber en partage
Du Royaume Thebain le superbe heritage
(Comme vn morceau de chair entre deux petits chiens)
Ils ont mile debats pleins de cruels soustiens :
Le sang ne les retient ; quand d'ires enflammees
Deuant Thebes ils ont deux puissantes armees,
Se defiants l'vn l'autre : Ou te trouueras tu,
Disoit l'vn, pour sentir l'effort de ma vertu ?
Ie t'appelle au combat ? maintenant ie desire,
En m'opposant à toy cruellement t'occire ?
Eteocle respond, j'ay ce desir aussi,
Seul à seul te combatre & te creuer ici.

    Tous deux par ces deffis à la mort se vouerent,
Et freres inhumains tous deux s'entretuerent.
Tant de freres ainsi l'on a veu massacrez
Pour l'Empire prophane & pour les biens Sacrez :
Pourueu que seul Romule en l'Empire commande,
Faire mourir Remus est vne gloire grande.

FRANÇOISES.

Afin donc qu'on ne soit surpris aucunement,
faut en general croire certainement,
que tout homme à cela par instinc de Nature,
(voire tout animal & toute creature)
aimer, comme obligé des sa natiuité,
plus que chose qui soit, sa propre vtilité.
Quand il est question de faire ses affaires,
& faire son profit, on n'epargne ses freres,
ses parents, ses cousins, soient ieunes ou soient vieux,
& mesme on ne pardone aux beaux temples des Dieux :
ains en les blasphemant on brise leurs images,
& pour vn petit gain on fait de grands dommages.
Et quand l'Affection en quelque chose on met,
contre Dieu, contre tout, tout mal on se permet.
Et cette Affection, qui tient comme la place
de quelque vtilité, toute autre amour efface.
En quelque part que soit Mien & Tien, tout soudain
chacun bouillant y va de pied comme de main :
Et ce qui rend ici les hommes plus agrestes,
honnestes, patients, courtois, souffrants, modestes;
c'est l'espoir d'emporter quelque bien attendu,
ou bien de paruenir à leur but pretendu,
soit d'vn bel estat, ou soit d'vn mariage,
qui leur qualité basse eleue dauantage.
Chacun met son profit ou il met son desir :
& pour donner au blanc il prend à tout plaisir :
si c'est son profit que se montrer affable,
tout humble & vergongneux, fidelle & secourable,
autant il le sera qu'vn Amy bien certain,
pensant ne faire point aucun seruice en vain.

Au monde du Defir font les guerres venues :
De la Troyenne encor font les caufes connues :
Car Paris Alexandre vne fleur de beauté,
Eftant chez Menelas par hofpitalité
(Chacun fçait que la foy hofpitaliere & fainte,
Eftoit au cœur de tous par Iupiter empraint͜e)
Logé, receu, cheri, comme vn Prince Troyen :
Auec la bienueillance & le riche moyen
D'vne telle maifon : Qui lors euft veu la ioye,
Qu'enfemble demenoient, ce beau Prince de Troye,
Et ce bon Roy de Sparte, & comme ils fe donnoient
Mile contentements aux plaifirs qu'ils prenoient,
Il n'euft iamais penfé qu'vn Amour aparente
Euft produit vne haine apres fi violente,
Ni qu'vn feu de couroux entre eux deux allumé,
Euft vn cœur ennemi fi foudain animé.

Mais au milieu des deux, d'vne faueur friande,
Se prefentant alors vn morceau de viande,
L'excellente beauté d'Helene qui paffoit
Vn beau ieune Printemps qui chacun rauiffoit,
Ce bel obiet emeut entre eux vne querelle,
Qui caufa dudepuis vne guerre mortelle.

Bref, qui voudra connoiftre ou font les vrais amis
Qu'il remarque prudent ceux qui leur cœur ont mis
Aux chofes d'ici bas, qui d'eux point ne dependent :
Si des poffeffions efclaues ils fe rendent,
De leurs corps, de leur gloire, & des Principautez,
Et des Rayons qu'on voit reluire aux Royautez,
Qui ne font de leur œuure : & n'eft en leur puiffance
De leur prolonger l'eftre ou leur donner naiffance.

FRANÇOISES.

mme ils se trouueront & loyaux & constans
l'amour de cela qui ne dure qu'vn tans,
inst tu les verras à t'aimer veritables.
us sont en Amitié fermes ou variables,
lon que les souhaits, ou leurs cœurs sont sichez,
s tiennent aux liens des desirs attachez.
Si leur affection, & si leur saint courage,
ont mis au beau choix, en ce bel arbitrage,
e la Nature donne (& que Dieu fermement
aue de son burin en leur entendement)
i leur fait remarquer vne sente vn passage,
ur suiure la Raison au cœur d'vn ami sage,
ouuant de tels Amis, tous bons & tous humains,
ne regarde point s'ils sont cousins germains,
res ou Compagnons, ains ayant cognoissance
leurs belles vertus, mets y ton asseurance.
Comme les hommes sont iustes, bons & prudens,
insi sont ils amis dehors comme dedans.
Amitié là se trouue ou se trouue la honte,
onneur, la volonté qui l'affection domte,
n'auoir rien d'autruy, de iamais ne vouloir
sirer ce qui n'est mis en nostre pouuoir.
Mais tu me pourras dire, elle m'a diligente,
rdé par si long temps, aimé d'amour constante,
pporté ma colere! & bien qu'ainsi constant,
mme elle me faisoit, ie ne l'aimasse autant,
amour toutefois tousiours estoit egalle :
rien si ferme n'est qu'vne Epouse loyalle!
e sçais-tu si d'vn œil doux & respectueux,
e t'aimoit ainsi qu'vn habit somptueux ?

Qu'vn manchon, qu'vn surcot qu'elle garde & nettie
Ou que son petit chien que tant elle festoye?
Et d'ailleurs que sçais-tu, s'elle prendra tel soin
De toy, n'en ayant plus, comme elle en a besoin?
Te méprisant ainsi qu'vne glace cassee,
Ou comme d'vn tableau la painture effacee?

Toutefois c'est ma femme! & puis si longuement
Nous auons sans ennuy vescu si doucement!
Hé combien a vescu plus long temps Eriphile
Auec Amphiaras? Tant qu'il luy fut vtile
D'aimer ce cher Mary. Car luy prophete (en vain
Ayant preueu deuoir mourir en l'Ost Thebain)
Cependant qu'à forcer le destin il trauaille,
Secret s'estoit caché, pour n'estre à la bataille,
Quand sa femme sachant la cache & le cauein,
Ou le chetif pensoit fuir le mal prochain,
D'elle (par des presents & des ioyaux gaignee)
A Polinice fut cette cache enseignee.
De sorte qu'en son Char combatant, ce dit on,
Son mary fut sous terre englouti par Pluton.

Mais comme pourroit il arriuer quelque noise
Par vne femme belle, humble, douce & courtoise?
Il en peut arriuer pour des petits ioyaux,
Pour vne bague, vn chiffre, ou des habits nouueaux
Que veut dire cela? rien autre chose à dire,
Sinon qu'vne femme est bien tost surprise d'ire,
Pour vne opinion prise d'vn afiquet,
D'vn carcan, d'vn bouton ou d'vn plaisant bouquet
Ou de chose pareille : entrant en fantasie
Par soupçon dedaigneux, par fausse ialousie:
  De sorte

De sorte qu'elle veut seule à part demeurer,
Soit à droit, soit à tort, du Mary separer.
Souuent pour vn Landry, comme vne Fredegonde,
Elle veut enuoyer son Espoux hors du monde.
Et n'a serui de rien au malheureux amant,
D'auoir vne Galsonde etranglee en dormant.
   Les Maris font de mesme, Ariadne & Medee
Virent la foy des leurs à d'autres accordee :
Desirants de brûler sous d'autres nouueaux feux,
A nouuelles amours se ioignirent tous deux.
   Mais quiquonque voudra d'vn esprit tout aimable,
En constante Amitié viure à tous agreable,
Mesme auoir de sa part des amis tous certains,
Qu'il oste hors de soy tous soupçons, tous dedains,
Et les opinions de toutes choses vaines,
Qui troublent vn esprit de chagrins & de peines
Tousiours semblable à luy, ce faisant, il sera :
Jamais auec luy mesme il ne decordera :
Et sans se repentir en sa triste pensee,
Ne s'offencera, pour auoir offencee
La personne qu'il aime : & l'aprehension
Ne l'afligera point de sotte opinion.
Auecques ses egaux sa façon sera telle
Qu'vn en tous il sera d'vne amitié fidelle :
Outre ceux qui seront ennemis de raison,
Par leur biserre humeur changeants toute saison,
Sera patient, de nature gentile,
Et pour en supporter, dous, courtois, & facile,
Comme ayant ignoré du fait la verité
Quand leur cœur sur le mont de l'orgueil est monté.

O

Iamais finablement, comme vn ardant Cerbere,
Contre celuy qui faut il ne sera colere:
Ains plustost en son cœur prudent il pensera,
Que tout homme à regret à l'autre malfera:
Car tousiours l'outrageux se repent au courage,
S'il a mal à propos aux autres fait outrage.
   Mortels, si par ces vers vos mœurs vous ne reglez
Pour domter par raison vos Desirs aueuglez,
Pour cherir les vertus, pour faire que hâtiue
La sotte opinion tous d'amis ne vous priue,
Viuez, viuez ensemble, ensemble demeurez,
Couchez en mesme lict, tout ainsi vous ferez,
Que les communs amis qui mangent & qui boiuent,
En vne mesme table, & qui gages reçoiuent
D'vn mesme capitaine : & qui freres seront
Sortis d'vn mesme ventre : & qui nauigeront
Dans vn mesme bateau : Toutefois la pecune,
Les profits, les Desirs, les mettent en rancune :
C'est pourquoy cependant qu'estranges vous serez,
Et que le cœur aux biens sans raison vous aurez,
De ces opinions mechantes & rusees,
Ayant sans iugement les ames abusees,
Vous ne serez meilleurs que les malins serpents
Qui haineux, qui depits sur la terre rampants,
N'ont aucune amitié, demeurant vostre vie
A mile maux facheux miserable asseruie.
   Groulart, ces vers ne sont de la Muse Eraton,
Ils ne sont empruntez du Lisis de Platon,
Du Romain Crateur, des Amitiez des Scithes,
Qui sont au Toxaris de Lucian descrites :

FRANÇOISES. 203

ais ie les ay tirez du Puis de verité,
'vn Stoïque qui tout cherche en seuerité:
ur eprouuer s'ils sont de race legitime,
 ton clair iugement ie presente leur rime,
Pour voir s'ils pourront supporter tes rayons,
mme font le Soleil les vrais Aillerions.

A C. d'Auberuille, Cheualier, Bailly de Caen.

MON D'AVBERVILLE en qui
les bonnes mœurs,
Iointes au sang des antiques maieurs,
Font la vertu comme vn Astre luisante
ta maison de vieux biens abondante :
que n'aimant tu desires sçauoir
ton ami l'estat & le pouuoir :
son ame encore non contente,
me deuant facheuse se lamente,
ant changé d'vn heureux changement,
ourt habit au long accoutrement :
diray qu'ofice & charge aucune,
ne tient point rang de bonne fortune :
ne deuant aussi ie me desplais :
aintenant tout cela que tu sçais,
ma nature est vn peu depiteuse :
ouche n'est toutefois point menteuse.

O ij

Et si n'estoit que le faix trop pesant
Du ioug hargneux que ie vay conduisant,
Seul me contraint qu'Aristipe l'imite,
Vsant du temps sous vn front hypocrite,
Ie n'eusse pas quitté la liberté
D'estre à moymesme & Court & Royauté.
Mais puisqu'ami ne m'est assez Mercure,
Pour supporter vne charge si dure
Il faut plustost contraint viure en honneur,
Que sans moyen suiure ainsi son humeur.
  Ie sçay fort bien que maints en ce passage
N'estimeront mon auis estre sage :
Et que d'auoir honneurs & grands estats,
Aupres des grands ils estiment grand cas :
Et toutefois ie l'estime au contraire
N'estre que vent seruitude & misere :
Y serue donc qui seruir y voudra :
Mais Vauquelin se tirer ne faudra
(S'vn iour luy fait quelque bonne largesse
Le fils de Maie) hors d'vne telle presse.
  A tout cheual, toute selle & tout bas,
Tout fer, tout mords ne s'accommode pas :
A l'vn il faut vn pas d'asne à la bride,
Et d'vn canon l'autre aisement se guide :
Le Chardonnet fredonne sa chanson
Bien enfermé comme dans vn buisson :
Le Rossignol dure à peine en la cage :
Et l'Arondelle en vn iour meurt de rage.
  Ie suis content du tiltre d'Escuyer :
Ie suis content qu'on face Cheualier

FRANÇOISES.

luy qui veut acheter ce bel Ordre :
le petit comme le grand veut mordre.
qui voudra quelque Abbaye accrocher,
ille les grands Cardinaux rechercher :
Abbé, Prieur, ou de Protenotaire,
par argent Euesque on se peut faire :
luy qui peut par le bienfait des Rois,
bel office attraper quelquefois,
par achet : ainsi qu'au pont au change,
l'Euesché peut on en faire echange :
l poise moins il est permis encor,
contre pois y remettre de l'or.
comme on veut en France se manie,
quel mechef ! l'auare Simonie,
le Seigneur & la dame souuent,
u lieu d'Abbé commandent au couuent.
Suiue la Cour, croque le benefice,
vil se veut esclauer en seruice :
is i'aime mieux tresfidelle à recoy,
libre ici faire seruice au Roy,
esclaue là, d'vne face trompeuse,
mper le monde en ma grace pipeuse.
Si pres des Grands en Cour ie fusse allé,
and ie m'y vi quelquefois appellé,
a quelqu'vn, & si lors i'eusse prise
ccasion en si belle entreprise,
m'estant fait d'offices attrapeur,
eusse pris quelqu'vn au ré trompeur
s l'acheter, & si i'eusse peut estre,
int prieuré de quelque gentil maistre,

O iij

Que ieuſſe en garde au cuiſinier baillé,
Dont en ſecret ie me fuſſe raillé,
Voyant par là ma cuiſine eſchauffee :
Tout bien eſt bon, dont la table eſt coiffee.
Aiſé m'eſtoit : car alors ie ſçauoy
Beaucoup d'amis, que pratiquez i'auoy,
Qui faits Prelats, auiourdhuy par la France
M'euſſent fait part de leur riche abondance :
Et Saint François me iura qu'au beſoin,
Comme d'vn frere, il auroit de moy ſoin.

A cil qui croit que par cette eſperance,
Ie deuoy prendre vne ferme aſſeurance
De me voir riche, & d'auoir par dehors
La creſte noire & verte dans le cors,
Ie reſpondray par vn notable exemple :
Li là de grace : encor quelle ſoit ample,
Moins à la lire elle te peut couſter,
Qu'à l'eſcriuant ſi tu veux l'ecouter :

Il fut iadis vne ſaiſon ardante,
Si fort la terre & les herbes brulante,
Que derechef on euſt dit Phaëton
Du Soleil eſtre encores le charton :
Tout puis ſecha, toute fontaine viue,
Et tout mareſc, tout lac & toute riue,
Et qui plus eſt chacun paſſoit ſans pons,
Voire à pied ſec, les fleuues plus profons.

Or en ce temps vn paſteur bon & riche,
Par faute d'eau voyant ſes biens en friche :
Ses fiers haras, ſes gents & ſes troupeaux,
Ses bœufs membrus mourir par faute d'eaux

Ayant en vain cherché par toutes places,
[E]ut son recours au Seigneur plein de graces,
[Q]ui point ne laisse en souffretteux ennuy
[C]eux, qui leur foy du tout ont mise en luy :
[Q]ui l'inspira d'vne sainte pensee,
[V]oyant la terre en vn vallon creusee,
[N]on loin du lieu, que tost il trouueroit
[L]a claire humeur, que tant il desiroit :
[L]à donc il mene enfants bestes & femme,
[E]n sa maison ne laisse vne seule ame,
[T]ous vont à l'eau, commencent à bêcher,
[E]t tous ensemble au trauail s'empêcher :
[I]ls n'ont caué long temps à telle peine,
[Q]u'ils trouuent l'eau d'vne claire fontaine :
[N]'ayant lors pour attaindre à cette eau,
[L]ors seulement vn bien petit vaisseau :
[L]e Pasteur dist, amis ne vous ennuye,
[I]'auray pour moy le premier trait de buye :
[E]t le second pour ma femme sera :
[M]on fils aisné le tiers apres aura :
[L]e quart, le quint, comme iuste il me semble,
[A]uront apres mes autres fils ensemble,
[P]our appaiser leurs gosiers alterez,
[Q]ui sont à tous haletants demeurez :
[E]t puis apres vous autres tous de suite,
[B]irez chacun selon vostre merite,
[E]t comme auez plus ou moins trauaillé
[D]u Puis qui l'eau benin nous a baillé.
 Puis il regarde encore dauantage
[A]ux animaux de plus leger dommage,

Q iiij

Pour en bailler aux meilleurs les premiers,
Puis à leur rang aux moindres les derniers,
Lors qu'vne Pie, vne causeuse Agace
Qui peu deuant estoit bien en la grace
De son Seigneur, luy donnant mile ebas,
Se mist derriere à haut crier, helas !
Ie ne luy suis ni fille ni parente,
Ie n'ay serui pour trouuer l'eau presente !
Las ! ie voy bien que de soif ie mourrois
Si de moy mesme ailleurs ie n'en querois !
Ie suis ici de tous la moins vtile,
Ma iaserie aupres du gain est vile :
Hé quand boirai-ie ? ils vont tous vn à vn,
Ie demourray pour boire apres chacun.

Par cet exemple, ô Bailly, ie desire,
Respondre à ceux, qui veulent que i'aspire
La preference au deuant des amis,
De ces Prelats qu'en auant on m'a mis.

Tous leurs neueux & la longue sequelle
De leurs cousins & grande parentelle
Boiront premier, puis à leur tour boiront,
Ceux qui secrets leurs secrets maniront :
Apres ceux-ci, ceux qui par entremise,
Furent courtiers de telle marchandise.

D'ailleurs il faut faire des magasins
De prieurez, pour quelques assasins :
Et pratiquer de prebendes certaines
Des Conseillers de nos Cours souueraines,
Afin d'auoir des arrests de faueur :
Par ces moyens s'achete le bon heur.

D'vn benefice il faudra bien qu'on bouche
vn foul hagard la medisante bouche :
contenter des grands les fauoris :
largement des belles les maris.
Il faut aussi bailler au lieu de gages,
ux aumoniers, aux valets, voire aux pages
re ou Prebende, ou quelque personat
Saint Vigor ou bien de Saint Donat :
u cuisinier il faut vne Chapelle,
nt il fera pension annuelle
deux laquais : Mais au maistre d'hôtel
Prieuré pour viure de l'autel.
D'vne autrepart le sieur d'Aule demande
ur ses cheuaux la promise Prebande.
m dit, ie fus pour luy faire prester
che & harnois & des sois emprunter :
utre, ie fis des courses de pirate,
ur recouurir les deniers de l'annate :
luy presté, dit le sieur du varquier,
s mile escus auancez au banquier.
autre dit, i'ay conduit ses affaires,
par vn an nourri deux de ses freres.
Et si ie veux auoir ie ne sçay quoy
s bons Seigneurs qui sont aupres du Roy,
mbien de temps las, seray-ie sans boire,
uant qu'on ait de moy quelque memoire !
emier boiront & les freres germains,
eres & sœurs, & leurs parents prochains.
r bien que i'aye ore en vers ore en prose,
leur honneur escrit diuerse chose,

Qui leur plaisoit alors que familier
De leur maisons i'estoy comme premier,
L'auancement toutefois le cœur changé :
Et la grandeur des vieux amis s'estrange.
  Ce qui m'eust fait simple trop alterer,
Et puis sans boire à la fin demeurer.
Donc attendant de voir boire à la file
Les fauoris, i'en eusse veu dix mile
Les premiers boire, & tant i'eusse attendu,
Que le desir du vin i'eusse perdu :
I'eusse encor veu l'eau du Puis assechee
Premier que voir leur soif toute etanchee :
Et ie me fusse en ma soif consumé
Pour auoir trop le gosier enflammé.
  Il vaut bien mieux qu'en ce lieu ie demeure,
Que d'aller là m'afliger à toute heure :
Et si ie voy la saison à propos,
Ie ne faudray viure en plus de repos
Sans nul estat : & hors de tout seruice
A m'eiouir en tout libre exercice,
Et reprenant le court habillement,
Pour viure au moins à mon contentement.
Alors ie croy que quand de ma pensee
Tu auras bien la raison balancee,
Que tu diras, qu'heureux tu tiens celuy,
Qui libre vit sans estat auiourdhuy :
Et si tu peux vne fois ainsi viure,
Que tu seras bien aise de me suiure.

A Monsieur du Perron I. d'Auy, maintenant Euesque d'Eureux.

MIROIR d'honneur, du Perron la lumiere
De nostre siecle, ayant mis en arriere
Tout vain sçauoir, tu môtres bien faisât,
Que des beaux Arts tu ne vas abusant.
Di moy de grace ou les vertus fachees
Hors d'entre nous sont apresent cachees ?
Ie voudroy bien que l'on m'eust auerti
Du maintenant peut estre leur parti,
Car les voyant en quelque lieu paroistre,
Ie les ferois à mes fils reconnoistre.
Et pour autant que la meilleure part
De ces vertus, le bon Dieu te depart,
I'auroy besoin que tu me conseillasse,
Comme il faudroit qu'auec eux i'en vsasse :
Si tu sçais point quelqu'vn de bon esprit,
Qui docte & bon en ma maison les prit,
Pour leur montrer, à vne prudence accorte,
De la Vertu tant seulement la porte.
  Ie trouue bien vn ieune homme artien,
Qui Grec-Latin les enseignera bien :
Mais i'ay grand peur qu'ainsi qu'à la doctrine,
A la bonté, ne soit son ame encline :

Et la science on voit bien rarement
Et la bonté iointes enfemblement.
I'aimaſſe mieux qu'il euſt moins de ſcience,
Et qu'il fuſt bon & d'entiere fiance,
Ie ne fay cas d'vn ſçauoir abondant,
Si la bonté n'y va point reſpondant.

O que noſtre âge eſt plein de grand' fortune,
Ou des vertus ne s'en trouue pas vne
A qui ne ſoit vn mechant vice ioint!
Et d'Humaniſte on ne trouue ore point,
(Ou peu ſouuent) qui la Toute Puiſſance
Penſe s'eſtendre à foudroyer l'engeance
Des fouls mortels : & faire qu'vn mechef,
Vne Gomorrhe enflamme derechef.

Et la pluſpart, comme ceux d'Italie,
Deſia ce vice (à trop commun) pallie
De la grandeur, alleguant que les dieux
D'vn Ganymede ont embelli les cieux.
Et par ſur tous maint debordé Poëte
Vne vertu de cet horreur a faite.
Voire d'eſpagne a pris l'impieté,
Marran ſans croire à la Triple-vnité.
Non qu'il contemple en foy comme procede
Le Fils du Pere : & que ce fait excede
Le ſens humain, & que le Saint Eſprit
De tous les deux ſon origine prit :
Mais il luy ſemble en croyant d'autre ſorte,
Que l'on ne croit, qu'vn grand los il emporte :
Et tellement il preſume de ſoy,
Qu'il veut à part tenir vne autre loy.

Si Nicolet est Chrestien infidelle,
Et si Martin heretique on appelle,
Leur trop sçauoir s'en accuse soudain,
Et n'en prens point contre eux si grand desdain :
Pour ce qu'au sein de la grand' Sapience
Sautant en haut leur basse intelligence
(Pour mieux la voir) estrange estre ne doit,
Si lors confuse aueugle elle se voit.
 Mais cil de qui l'estude est toute humaine,
Qui pour suiet a les vaux & la plaine,
Qu'vn clair ruisseau, d'vn murmure plaisant,
Va doucement pres des bois arrousant,
Et le chanter des antiques faits d'armes,
Et le pouuoir d'adoucir par ses larmes
Les rudes cœurs, & souuent contenter
Princes & Rois pour leur faux los chanter,
Pourquoy si haut volle sa Calliope,
Qui son esprit en tant de rets enwlope,
Qu'il ne croit point en son cœur tout ainsi,
Que va croyant toute la gent d'ici ?
D'ou pense til tenir plus que les autres,
De mespriser les Saints & les Apostres,
Lors que voulant, nouuel Italian,
Changer le nom de Ian en Iouian ;
Et ioindre vn Iule, vn Marc à son nom, mesme
Ne l'ayant eu sur les fonds au Baptesme ?
Quasi pensant, par vn tel changement,
Des bons ceruaux tromper le iugement :
Et que cela Poëte mieux le face,
Qu'auoir dormi sur Pinde ou sur Parnasse,

Ou bien pris peine à l'estude dix ans ?
Tels deuoient estre en Grece les plaisans,
Que bannissoit par ordre politique,
Iadis Platon, de la Chose-publique.

 Mais tel Phœbus ni tel fut Amphion,
Ni ceux qui pleins de grand' perfection
Premierement les carmes inuenterent,
Et tel exemple en leurs mœurs raporterent,
Que leurs vertus plus encor que leurs vers
Tirerent hors les hommes des deserts,
Persuadez par raison plus humaine,
De quitter là, les bois, le glan, la faine,
Et se reduire ensemble sous les lois
Mises en vers en des tables de bois ;
Sans viure plus epars dans les bocages,
Effarouchez comme bestes sauuages :
Et puis encor ils firent que les fors,
Qui commandoient aux plus foibles alors,
Fussent couplez par vn diuin vsage,
Dessous le ioug d'vn loyal mariage.
Et les faisants de grands troupeaux seigneurs,
De viure bons les premiers enseigneurs,
Tous peu à peu sous les loix les rangerent,
Et les toreaux au labeur engagerent :
Et commençants par le soc eclarci,
Fendre en sillons le gueret endurci,
Ils racueilloient par les campagnes belles,
Le blond gerbage assemblé des iauelles :
Et des bons fruits accreus par leur labeur
Ils en faisoient vn bruuage meilleur.

FRANÇOISES.

de là vint que les Poëtes firent,
 ccroire apres aux peuples qui vesquirent,
 erueille d'eux ; que l'vn par le dous son
 u Lut, bastit sans aide de maçon,
 grande Troye, & l'autre de sa lyre
 s murs hautains de Thebes sceut construire,
 qu'ils faisoient descendre à grands monceaux
 es monts pendants les pierres & carreaux:
 'Orphee estoit, sans estre plus fellonnes,
 iui par tout des tigres & lionnes.
  Le grand sçauoir de ces Poëtes là,
 la vertu le vice ne mesla.
 ais auiourdhuy la science est confuse
 uec l'erreur compaigne de la Muse :
 Phœbus ore en la France est tenu,
 tre sans sens vn bouffon deuenu.
  Non seulement aux beaus vers la malice,
 ais en tous Arts elle mesle le vice.
 r ceux qui font des Arts profession
 nt tous suiets à la corruption :
 fueilletants, d'ame luxurieuse,
 e l'Aretin, l'estude vicieuse,
 i a descrit par ords enseignements,
 rt de Venus en ses Raisonnements,
 ous enuoyant du terroir Italique
 son langage & sa mode impudique)
 t apporté ces maux trop vsitez,
 maints Docteurs des Vniuersitez :
 tel semble estre Vlpian ou Sæuole,
 i vit en brute au retour de l'escole :

Tel nostre Maistre, estre Saint Augustin,
Qui Rabellais lira soir & matin.
Sous la couleur ou blanche ou noire ou grise,
Le vice court encore en mainte guise.
Les Medecins & les Phisiciens,
Sont la pluspart, de foy tous Galiens.
Encor dit on maintes Religieuses
Auoir d'Amour des figures ioyeuses :
Et si le temps le permet quant & quant,
Elles les vont folâtres pratiquant.
Si ie laschois la bride ore à ma plume
Elle escriroit, qu'vn tel chaste volume
Est conserué par la dame de Gré,
Comme vn present à Priape sacré.
 Bref ie ne sçais ou la vertu connue
Ie puisse voir sans masque toute nue :
Pour la montrer à mes enfants auant,
Qu'elle se masque en eux d'vn front sçauant.
A tout le moins simplement leur aprendre
De ne iamais vn faux visage prendre
Pour le leur vray : le pain, pain appeler,
Et le vin, vin : & iamais ne mesler
Au vray le faux : ni l'or au rude cuiure :
Et nue encor tousiours verité suiure.
 Vn iour ie leu dans vn liure estimé,
Qu'vn Asne fut autrefois diffamé,
Et d'vn bâton eut l'eschine batue,
Pour du Lion auoir la peau vêtue :
Et qu'vn oiseau, dont ie ne sçay le nom,
Perdit aussi son honneur son renom,
       Pour

FRANÇOISES.

Pour auoir pris des autres le plumage,
Qui se trouuant vestu de leur panage
En vn banquet de mile oiseaux diuers,
Le pelaudants à tort & à trauers,
Tous d'vn accort bien tost le deplumerent,
Et chacun d'eux leurs plumes remporterent :
Ce que pensant en moy i'ay fait serment,
De ne changer iamais mon vestement :
Et ie voudrois aussi que l'ame pure
De mes enfans se vist sans couuerture.

 Iusques ici soigneux i'ay tant esté,
Que bien auant ils ont le fruict gousté
De la Science : & ia des sa ieunesse
L'ainé peut bien boire seul en Permesse,
Et d'Apollon ouurir au Palatin
Tous les secrets d'vn Poëme Latin :
Ores encor en iargonnant l'Attique,
Il peut aller iusqu'au temple Delphique.
Quant au second plus grand en est l'espoir,
Que de nul autre on pourroit conceuoir
Ils ont esté comme des leur naissance
Plus auancez que tous ceux qu'on auance :
Sous Piel & sçauant & Chrestien,
Ils ont apris le sçauoir ancien.
 Mais or' ie crains que cette vertu feinte,
Qu'on voit sans plus au front des hommes peinte,
Ne les deçoiue, & qu'eux mesme trompeurs
N'aillent trompant par leurs yeux deceueurs.
Des qu'vn enfant est né mesme il desire
De paruenir au but ou il aspire,

P

Et de nature vn inſtinc ſingulier
Luy fait aimer ſon bien particulier,
En demandant ſimplement à ſa mere,
S'il aura pas les armes de ſon pere,
Apres ſa mort : & deſia fait vn chois
D'vne Ecurie à ſes cheuaux de bois.

Voila comment des l'enfance plus tendre,
Vn chacun tache à ſon affaire entendre.
Ainſi, ie croy, mes enfans en feront,
Et par mon mal leur bien deſireront.
Mais toutefois mon deuoir ie veux faire
De leur montrer la vertu la plus claire,
Dans l'epaiſſeur de cet air obſcurci,
Qui nous aueugle en tenebres ainſi.
Car ils croiroient que ſous l'ombre offuſquee
De l'apparat d'vne face maſquee,
Fuſt la vertu, d'ou ſouuent le peché
En ſeureté nous frappe eſtant caché.

Mais quelle part les feray-ie conduire ?
Qui les pourra tant ſeulement inſtruire
A la vertu, puis qu'on voit en tous lieux
Les plus ſçauants eſtre tous vicieux.
Et puis ie ſuis deſia plein de pareſſe,
Pour leur donner vers les Muſes addreſſe :
D'ailleurs ce temps tout mutin & felon
Or me deffend le temple d'Apolon.
Puis i'ay marché ſans guide ne lumiere,
Par vn tel ombre en ma ſaiſon premiere,
Qu'à tous propos aueugle & chancelant,
Ie trebuchois mile fois en allant,

FRANÇOISES.

que bien peu mes conioints de Nature,
...issent lors à si forte auenture.
...i peu sage orphelin depourueu,
...en & mal ie n'auois pas preueu :
...eusse sceu le bien preuoir, de sorte
...our sortir tard i'en trouué la porte.
...st voulant mon feu Pere imiter,
...mme luy les forests habiter,
...les miens, mes vassaux & mes hommes,
...t ioyeux plus qu'au temps ou nous sommes
...nt les chiens, la chasse, & les cheuaux
...stimens, & tous plaisants trauaux.
...refois, comme son second frere
...ueteaux, aux durs combats me plaire :
...que garçon desia ie m'epeurois
... parler de Liguys en Barrois
...mien oncle au plus chaud de l'alarme
...sonnier, braue & vaillant gendarme,
...lusieurs laissez à l'abandon :
...rtheuille alors il fut guidon,
...utenant du conte de Brienne,
...nces eut d'ordonnance ancienne.
... dire vray les coups ie n'aimoy pas
...re fois en voyant les ebas
...nds festins, & l'aparence honneste,
...oit en court en vn grand iour de feste,
...moissant le monde deguisé)
...ux honneur poussé, malauisé
...us, bruslant de mile flames,
...uice aux Princes & aux Dames.

P iij

Vne autre fois tout à Dieu retourné,
A le seruir n'estoy comme addonné.
Puis auerti d'vn ami debonnaire,
Ie reprenoy l'Institute en colere,
Le Codë gros, nos Pandectes nos Lois,
Estudiant pour deux iours plus que trois :
D'opinion estant vn vray Protee,
Et n'auois point la ceruelle arrestee.
 Mais cependant les Muses & Phœbus,
Me deceuoient tousiours par leurs abus.
Suiuant le temps i'auois en mile modes,
Fait des Sonnets, des Chansons & des Odes,
Qui mis au iour, peut estre, des premiers
Eussent coulé parmi d'autres pappiers.
 Enfin guidé d'vne chaude esperance,
De paruenir à la belle asseurance
De mon autre oncle (or graue en iugement
Chef du parquet de nostre Parlement,
Et que d'ailleurs i'estoy né pour apprendre)
Au long habit i'allay du tout me rendre.
Lors de Poitiers quitant le mont Ioubert,
Mon but ie mis aux Forenses d'Imbert :
Et dudepuis de libre fait esclaue,
Hardi suiuant le conseil sage & braue
De Duarin, à Bourges, d'vn grand cœur
Ie fis des vers Bartholle estre vainqueur.
 Or ayant eu tant d'estranges trauerses,
Qu'enseigneray-ie en ces façons diuerses,
A mes enfants ? toy, qui es demeuré,
Conduit de Dieu, comme vn guide asseuré,

FRANÇOISES. 221

ren le moy : par cette voye obscure
demourront pourets à l'auenture,
oy (qui sçais des confus elemens
grands brouillis, les entremeslemens
s maux cachez dans tant de labyrinthes,
oy qui sçais les auertins, les quintes,
 traistres cœurs, vengeances, passions,
on va couurant sous tant de fictions)
oy qui vois par ta grand' clair-voyance,
gist le but d'vne sainte croyance,
oy reduit sous les loix du grand Dieu,
i sçais comment on doit viure en tout lieu,
r la faueur de nostre amitié pure,
m'addresser tu ne prens quelque cure,
e me veux donner par ta bonté,
bon conseil en cette extremité.

A F. De Malherbe Sieur de Digny.

IEN que ie sois moins pratic mile fois,
Que vous, Malherbe, aux affaires des
  Rois,
Second Petrarque, ayant par la Pro-
  uence,
i Henry, le grand Prieur de France,

P iij

Dont vous auez des Muses guerdonné,
En ces cartiers vne Laure amené :
Si vous diray-ie, en si peu de hantise
Qu'en Cour i'ay fait, n'auoir veu que feintise.
Et comme ami, ie vous veux auertir
Que bien à peine on se peut garantir
Des mauuais tours qu'en Cour chacun se donne,
Ou pour tromper on n'espargne personne.
En ce faisant ie sçay bien que i'apprens
Vne Minerue, en quoy trop i'entreprens.
Mais comme on voit vn aueugle qui montre
Le grand chemin à tous ceux qu'il rencontre,
Ecoutez moy, pour voir si ie di rien,
Dont vous puissiez recueillir quelque bien.
   Si vous voulez reprendre l'exercice
De faire en Cour aux grands Seigneurs seruice,
Il faut laisser vostre ame en la maison :
Estre debout en chacune saison,
Voire emprunter de iambes vn grand nombre;
De la vertu ne prenant rien que l'ombre.
Car voulant viure en franche liberté,
Il faut choisir repos d'autre côté.
Dedans le Louure en ces chambres dorees,
Les doctes Sœurs fort peu sont honorees.
Mais l'ignorance y trouue grand credit :
Là seulement est vn Sçauoir maudit,
Qui cauteleux de façon deceuante,
Va d'vn espoir la personne abusante.
Là d'vn ré d'or chacun est enreté.
Heureux qui vit pres des siens arrêté,

FRANÇOISES.

ns chercher là de nouuelles conquestes!
 tout le mons qui n'y va qu'aux grands festes,
 Comme du feu des Grands approcher faut,
 de trop pres depeur d'vn apre chaut,
 de trop loin depeur de la froidure.
 grand' faueur des grands tousiours ne dure.
n y a point de chemins tant glissans,
 est la faueur des Mignons courtisans.
l auiourdhuy le plus aura de grace,
 des demain quitte à l'autre sa place.
 C'est donc pourquoy suiure il faut son bon heur,
ndis qu'on suit ceux qui sont en faueur.
 and vne fois la Fortune volage,
 ses mignons a tourné le visage,
 le n'a point apres accoutumé
e retourner vers eux son viaire aimé :
 tout d'vn coup la racine fauchee,
herbe demeure en vn clin d'œil sechee.
dis Fortune eleua tout soudain
 Iean Doiac, vn Oliuier le Dain :
 ais tost apres comme neige fondue,
 neant vint leur Fortune perdue.
 Or le malheur le plus grand, c'est de voir,
esme les Grands leurs amis deceuoir.
 tilité des Grands est estimee
us cher que n'est la bonne renommee :
 beaucoup plus glorieux ils seront,
 and leur courroux ils executeront,
 e s'ils suiuoient la raison droituriere.
 iours vn pied les grands ont en arriere.

P iiij

A ce propos (sans des Grands dire mal)
On dit qu'vn Grand ou bien vn Cardinal,
Lequel auoit de son Prince la grace,
Ie ne sçay pas ni son nom ni sa race,
Mais il viuoit au seruice des Rois,
Ou du premier ou du second François :
Auquel vn sien gentilhomme fidelle,
D'vn Prieur mort apporta la nouuelle :
Le suppliant demander pour guerdon
De son seruice, au Roy le petit don
Du Prieuré, qui toutes charges faites,
Ne valoit pas mile liures complettes :
Ce grand' y va : mais estant retourné,
Dist que le Roy l'auoit desia donné :
Dont il portoit vn regret plus extresme,
Que si le bien eust esté pour luy mesme :
Qu'vne autre fois il fust plus diligent,
Que pour venir il n'epargnast l'argent,
Et qu'il auroit la premiere vacante,
Quand mile escus elle vaudroit de rente.
Le Gentilhomme estimant qu'il disoit
La verité, plus fort se marrissoit
Voir ce Seigneur auoir pris tant de peine,
De demander cette chose incertaine,
Que de voir lors son placet refusé :
Mais le poure homme estoit bien abusé.
Car ce Seigneur auoit lors obtenue
Du Prieuré pour luy la retenue,
Et l'auoit mise en garde sur le dos
Du plus rusé de ses custodi-nos.

FRANÇOISES.

Le Conte dit, qu'apres vn long espace,
[Q]e l'abusé decouurit la falace :
[Pou]r s'en vanger, il feignit cautement
[est]re venu la poste vitement,
[Pou]r auertir ce Prelat que vacante,
[vne] Abbaye estoit des mile escus de rente,
[Et] qu'il luy pleust en demander soudain
[le] don au Roy, depeur de lendemain.
(Or cette Abbaye alors n'estoit mangee,
[Et] point n'estoit encore vendangee :
Car tout au tour les touffes des grands bois,
[n]ombrageoient les Parcs & les recois :
[Et] mesme aussi ses forests arpentees
[n'a]uoient encor point esté charpentees :
[Ce] que sçauoit le Cardinal voisin,
[Q]ui la veut mettre au nom d'vn sien cousin.)
[M]ais toutefois auec vn gay visage,
[D]eslors promist en faire le message,
[T]out promt au Roy : regrettant le malheur,
[Q]uelle n'estoit de plus grande valeur,
[E]t qu'aussi tost en feroit la demande :
[L]ors de dresser le Placet il commande,
[L]e porte au Roy, comme il auoit deuant :
[M]ais plus fâché cent fois qu'au parauant,
[S]'en reuient : il deteste, il depite,
[D]e l'accident la fortune maudite,
[D]isant qu'encore il estoit preuenu :
[Q]ue du deffunct vn frere estoit venu,
A qui le Prince auoit donné l'Abbaye :
[L]e Gentilhomme alors voyant non vraye

D'excuſe feinte : il diſt, voſtre grandeur
S'aſſeurera, que ie tiens à grand heur
De vous connoiſtre & l'vtile artifice
Dont vous payez ceux qui vous font ſeruice,
Et que l'Abbé de cette Abbaye ici
N'a point de frere & n'eſt point mort auſſi.
Mais cette feinte au vray m'a fait connoiſtre,
Du Prieuré ce qui lors en peut eſtre :
Et ie me tien pour bien recompenſé,
Par ce bon tour, du ſeruice paſſé.
Ce dit, s'en part : & n'a iamais des l'heure,
Auprés des Grands fait aucune demeure,
Touſiours craignant en eſtre encor trompé.
Bien aiſement le ſimple eſt attrapé
Sous la faueur d'vne grandeur heureuſe.
Suiure les Grands eſt choſe dangereuſe.
Et ie le croy : Si i'en veux approcher,
Touſiours craintif i'ay peur de les facher.
Et ſi ie di, quand de la Cour i'approche,
Ce que diſoit la Taillade & la Roche :
Ie ne veux point d'Ami neceſſiteux :
Encore moins vn Ami querelleux :
Car à tous deux il n'y a de reſource :
Pour l'vn touſiours la main eſt à la bourſe :
Touſiours pour l'autre il faudroit quereller :
Ie ne me veux de telles gents meſler.
 Et quand vn Grand auroit ma foy deceüe,
Ie luy dirois ſa fineſſe aperceüe,
Tout ce que diſt ce gentilhomme fin
Au Cardinal, qui le flatoit afin

De le tromper. heureux qui telle ruse
Trouue au besoin pour luy seruir d'excuse,
De ne seruir Prince ni Cardinal !
Ie suy les Grands depeur d'en auoir mal,
Et non pour bien, que iamais i'en espere :
Leur seruice est vne douce misere,

A P. De Verigny Sieur Des londes.

R V D E N T De Verigny, depuis mon partement,
Ie voudroy bien sçauoir, si tout est autrement
Au Chasteau maintenant : & si la face austere
De ce nouueau Monsieur, fume encor de colere :
Il oit trop les causeurs, il croit trop de leger,
Qui si soudain luy fait d'opinion changer :
Il remarque trop peu la vertu simple & douce,
Contre qui vainement son depit se courrouce.
Puis ces nouueaux venus, ces soldats affamez,
Blâment les gents d'honneur en les voyant blâmez,
Pour plaire à ce Seigneur, vn seul ne se presente,
Qui ferme ami defende vne personne absente :
Chacun comme il arriue, au maistre depité,
Approuue le mensonge & tait la verité :

Et malheureux celuy, qui le veut contredire,
Bien qu'il dist auoir veu le beau Soleil reluire
La nuict comme à midy, mesme auoir en plein iour
Veu le Ciel alumé d'estoiles tout au tour :
Qui par humilité lors n'a la hardiesse
De parler, d'asseurer ce mensonge, si est-ce
Qu'aplaudissant de l'œil, du geste, & du minois,
Il semble qu'il veut dire, il dit vray, i'y estois.

   Malheureux qui se fait esclaue du mensonge,
Qui l'esprit pour cõplaire aux grãds Seigneurs se ronge.
Qui ne veut comme moy valeureux emporter
Vn triomfe en son cœur pour ce malheur domter!
Pour n'auoir iamais soin, peine ni malaisance
De cela que les Dieux n'ont mis en sa puissance!

   Verray-ie point le temps qu'en franchise viuant,
I'aille encore aloisir mile vers escriuant,
Sans estre plus esclaue à nul Seigneur biserre,
Qui renuerse à tous coups ses bons amis par terre!
Mais pourquoy, Verigny, vouloient ils mon auis,
Pour m'en blamer apres en leurs secrets deuis?
Ie leur dis cent raisons, mais toutes veritables,
Qui furent à leur cœurs peut estre redoutables :
D'ouir que iamais Dieu, ni l'ordre des Destins
Ne permettoit regner longuement les Mutins.

   Las! nous estions du temps que la fureur Françoise
Commença nos malheurs au tumulte d'Amboise!
Nous en auons l'horreur encor painte en nos cœurs!
Malheureuse aux vaincus dõmageable aux vainqueurs!
Ces commencements sont de semblable apparence:
Ie ne trouue qu'aux noms seulement diference.

On ne me deuoit point la bride ainsi branler
Dessous la main du Roy, pour me faire parler :
Et si tout veritable & tout plein de franchise,
Mon auis & mon cœur point ie ne leur deguise,
Pourquoy disent ils mal de mon opinion ?
Ils souloient tant priser ma bonne affection ?
Ie voy que desormais c'est à moy de me taire :
Aussi seul ie m'en vay me rendre solitaire :
Il faut du Manifeste euiter le courroux :
Ces bons Monsieurs seront à mon retour plus doux :
Ie ne puis plus souffrir cette audace si fiere,
Qui dit, il ne faut plus tortiller du derriere.
Ie suis leur seruiteur, tout respec ie leur doy :
Mais premier ie le suis du public & du Roy.
Ie souhaite de voir nos Chateaux sans murailles :
Ou bien comme disoit le bon Sieur des Tourailles,
Qu'vn iour on puisse voir qu'aux villes les Chateaux,
Ou fussent des Etangs ou des Marets plains d'eaux.
Maudit soit l'Inuenteur de tant de Citadelles :
Sans elles les Citez en seroient plus fidelles.
Mais ie babille trop : mon babil tout d'vn saut,
Sera bien tost porté, mon Verigny, la haut.
Mais si i'ay merité du blâme en autre affaire,
Auouez que i'estois en ce fait necessaire,
Et qu'on me doit priser d'auoir si dextrement,
Retardé le malheur de ce promt remu'ment.
Tandis libre ie vay Philosophe me rendre,
Et que c'est qu'estre libre en ma franchise aprendre:
Libre est celuy, qui vit selon son bon vouloir,
Et qui sumet tousiours ce qu'il peut au deuoir.

Les hommes au rebours qui viuants sous le vice,
Font à leurs passions, miserables, seruice,
Plus esclaues on voit que l'esclaue soumis
A la chiorme attaché par les Turcs ennemis.
    Doncques la Seruitude estant vne orde vie,
Ou l'ame basse & vile est legere asseruie,
Qui voudroit soustenir ceux-la n'estre seruants,
Qui vengeurs, conuoiteux, rebelles, maluiuants,
Legers à tous propos inconstants s'effeminent
Apres les voluptez qui tousiours les dominent ?
    Si ces discours sont vrais les Seigneurs que tu sçais,
Ne sont libres vraiment ains serfs de mile excez !
Et qui plus est encor ayant dedans la teste,
L'ardante ambition qui les brule & tempeste.
Libre ie ne suis pas aussi de mon côté,
Tandis que tant de rets me tiendront envêté ;
Pour qui las ! i'ay quité la douce Poësie,
Que naturellement gaillard i'auoy choisie
Pour mon soulagement ! Car enchêné, cloüé
(Ainsi comme vn image en vn Temple voüé)
Ie suis dans vne chaire ! ô Mantouan Virgile,
Qui suis d'vn libre pas cette fureur gentile,
Ne rend ton bel esprit aux grandeurs asseruí,
Mais libre tout à toy, mais libre aux Muses vi !
Sans perdre ainsi que moy, comme en soudaine chance,
En vn coup à trois dez, ta meilleure cheuance !
Ta douce liberté, thresor qui valoit mieux,
Que mile diamants qui nous trompent les yeux.
    Heureux qui tout franc peut suiure d'vne ame pure,
Les sentiers que les Dieux montrent par la Nature.

FRANÇOISES.

Quand à moy i'aime mieux souffrir en poureté,
Qu'esclaue perdre ainsi ma chere liberté.
Mais quand ma liberté ie r'auroy toute entiere,
Pour viure tout à moy, ma Raison (chamberiere
Du vice maintenant) la Princesse fera,
Qui dans le cal? et du chef commandera.
Côme l'hôme est plus aise & plus heureux qui couche
Sain, dispos & ioyeux, dans vne estroite couche,
Que celuy qui mal sain, gouteux & languissant,
Dans vn lict magnifique ample & grand est gisant:
De mesme il est meilleur, en fortune petite,
Mener heureusement de son fait la conduite,
S'estraignant aussi, que viure malheureux
En condition haute en moyens plantureux.
Pour ce ie veux quitter toute charge publique,
Et deuenir chez moy Philosophe & rustique.
Le temps est si malin que quand on le voudroit,
En s'opposant au mal bien faire on ne pourroit.
C'est vertu que malfaire ; auiourdhuy la Iustice
Est comme vne franchise à sauuer la malice.
Seulement vn son de Iustice est resté
Au cœur des gents de bien à peine replanté,
Qui reuerdit vn peu : mais l'ombre de l'vsance
Empesche le Soleil de luy donner croissance.
D'autrepart tous les ans par milé estats nouueaux,
Et par l'inuention de maints pretextes beaux,
On tire de nos mains de l'argent dauantage,
Que le plus auisé n'en pratique en cet âge.
C'est pourquoy franchement le profit amassé,
Ie veux rendre du tout sans en estre forcé.

Il auint d'auenture vn iour qu'vne Belete,
De faim, de poureté, grelle, maigre & defaite,
Paſſa par vn pertuis dans vn grenier à blé,
Où fut vn grand Monceau de fourment aſſemblé,
Dont gloute elle mangea par ſi grande abondance,
Que comme vn gros tambour s'enfla ſa groſſe pance.
Mais voulant repaſſer par le pertuis eſtroit,
Trop pleine elle fut priſe en ce petit deſtroit.
Vn compere de Rat lors luy diſt, ô commere,
Si tu veux reſſortir vn long ieuſne il faut faire:
Que ton ventre appetiſſe, il faut auoir loiſir:
Ou bien en vomiſſant perdre le grand plaiſir,
Que tu pris en mangeant, tant que ton ventre auide,
Comme vuyde il entra, qu'il s'en retourne vuyde.
Autrement par le trou tu ne repaſſeras,
Puis au danger des coups tu nous demeureras.

 Concluant ie di donc, que ſi faiſant ſeruice,
Au Public, à mon Prince, en maint diuers ofice,
I'ay gaigné quelque peu, par ce moyen qui vient
De cette moiſſon d'or, qui tant d'eſclaues tient,
Qu'il me faut rendre gorge, afin que priſonniere,
Ne ſoit à l'auenir ma franchiſe premiere,
Et ſi ie ne veux point reſter ſous le danger
De ne voir ma priſon en liberté changer.

 Ainſi ne voulant plus prendre de malaiſance
De tout cela que Dieu n'a mis en ma puiſſance,
Ni plus me tourmenter pour les opinions,
Que prennent ces Monſieurs en leurs ſuſpicions,
Ains rendre à mon pouuoir la lumiere plaiſante
Que Dieu fait luire en moy beaucoup plus eclairante

Ie

Je me veux retirer: vendant mes vieux cheuaux
Pour crainte de la poussè, apres tant de trauaux.

Toy qui vis en repos, franc & libre en tes Londes,
Qui d'vn vray iugement tousiours la raison sondes,
Toy, Verigny, qui sçais, d'vn contrepois egal,
Et balancer le bien, & balancer le mal,
Et duquel ne se voit la prudence abusee
Par le discours rusé d'vne langue rusee:
Qui mesme aux vains honneurs, ton esprit n'asseruis:
Escri moy, ie te prie, si iamais ton auis
Seroit conforme au mien, afin qu'vn Diomede
Aporte à son Vlisse, en son mal vn remede.

A M. de Repichon Thresorier general de France, à Caen.

REPICHON qui plustost desires en ton cœur
Les fruits de l'Oliuier que du Laurier vainqueur,
Fuyant les passions tu montres pacifique,
Vn exemple nouueau de la prudence antique:
Toy si chacun voyoit des yeux de verité
Comme du monde est grande ici la vanité,
Nous n'auriōs tant de maux, tant d'ēnuis, tāt de peines,
Que nous prenons en vain pour les choses mondaines:

Car nous prendrions en ieu tout ce qui s'offre à nous,
Ni du peu ni du trop nous n'aurions de courrous,
Ains à nous reiouir, d'vne ferme visee,
Seroit tousiours nostre ame à tirer auisee.
Nous aimerions les champs & la simplicité,
Qui pleine de vertu n'habite en la Cité.

Bien heureux est celuy, qui bien loin du vulgaire,
Vit en quelque riuage elongné solitaire,
Hors des grandes citez, sans bruit & sans procez,
Et qui content du sien ne fait aucun excez :
Qui voit de son chasteau, de sa maison plaisante,
Vn haut bois, vne pree, vn Parc qui le contente :
Qui ioyeux fuit le chaut aux ombrages diuers,
Qui tempere le froid aux rigoureux hyuers
Par vn feu continu, qui tient bien ordonnee
En viures sa maison tout du long de l'annee.
Les pensers ennuyeux ne luy rident la peau,
Ne luy changent le poil ni troublent le cerueau,
Et n'esperant plus rien & craignant peu de chose,
Son seul contentement pour but il se propose.

Il rid de la fortune & de l'amas trompeur,
Qu'vn auare en hasart garde tousiours en peur.
Il prend son passetemps de voir dedans les villes,
Tant d'hommes conuoiteux, tant de troupes seruilles,
Courre aux biens, aux profits, aux estats, aux honneurs
Pour faire par apres des grands & des seigneurs.
Il n'est point aleché des trompeuses Syrenes,
Dont les cours de nos Rois & des Princes sont pleines
Et d'aucune Harpie il n'est epouuanté,
Qui de puante odeur ait son manger gâté.

FRANÇOISES.

Il ne voit pres de luy l'horreur des grand's armees,
Il n'oit point la rumeur des troupes affamees,
Qui mengent la sustance au poure villageois,
Qui rançonnent la ferme & les biens du bourgeois.
Le iour il ne craint point, & dans sa maison belle,
On ne pose la nuit garde ni sentinelle.
Il n'est point desireux de hausser son renom
Plus haut qu'entre les siens auoir tousiours bon nom :
Entre ses bas vallons, sa basse renommee,
Sans autre ambition se tient close & fermee.
Ni deuant ni derriere il n'a de gents au guet,
Il marche en tous endroits sans craindre aucun aguet,
Il est sobre & ioyeux sans prendre nourriture,
Que des biens qu'en ses champs apporte la Nature.
Il ne craint le venin ni le boucon mechant,
Que decouure souuent vn Escuyer trenchant
Deuant quelque grand Roy dont la chetiue vie,
Pour auoir le Royaume à toute heure on epie.
D'outrage il ne sent d'vn Prince depité
Qui le face estre tel qu'vn Bodille irrité.
Ores seulet il va de campagne en campagne,
Des de bois en bois, de vallon en montagne,
Prenant mile plaisirs iusqu'à tant que la nuit,
Et que le temps mauuais luy rompe son deduit :
Mile beaux pensers qui luy font compagnie,
Est cause qu'ainsi seul iamais il ne s'ennuye.
Puis se reposant dessous l'ombrage epais
D'vn grand hêtre feuillu, pour prendre vn peu le frais,
Oit dans les forests des vents vn doux murmure,
Qui semble caqueter aueque la verdure :

Q ij

Il oit le gasouillis de cent mile ruisseaux,
Dont les Naiades font parler les claires eaux :
Il oit mile oisillons qui sans cesse iargonnent,
Et les gais Rossignols qui par dessus fredonnent :
Il oit vn escadron, vn Essein bourdonnant
D'auettes, qui là vont vn grand bruit demenant.
Il oit sourdre à bouillons les sources fontainieres,
Il contemple le cours des bruyantes riuieres,
Ce qui luy fait alors vn tel desir venir
De sommeiller vn peu, qu'il ne s'en peut tenir.
 Vn autre iour apres il fait planter la vigne,
Vn autre, fossoyer les beaux parcs à la ligne,
Et suiuant la saison, comme le temps est beau,
Il fait planter le fresne, il fait planter l'ormeau,
Les pommiers, les poiriers par belles rengelees,
(Montrant de toutes parts distances egalees)
Le sapin, la pinace aux vergers ombrageux,
Les saules & l'osier aux lieux marescageux.
En Iuin il fait enter & greffer en aproche,
Et fait enchallasser l'arbre qui deuient croche.
 Puis lors que le Soleil allume les chaleurs,
Il fait cueillir les fruits apres les belles fleurs :
La prune de damas & noire & violette,
La bonne perdrigon, la cerise rougette,
Le bon mirecoton, l'abricot sauoureux,
Le Pompon, le melon, le sucrin amoureux :
Receuant le loyer de sa peine agreable,
Qui plus qu'vn grand thresor luy semble profitable.
 Apres lors que la Liure a fané la verdeur
Du feuillage & des prez par vne forte ardeur,

FRANÇOISES. 237

Aueque ses raisins il fait cueillir ses pommes,
Et poire que Pomone aussi depart aux hommes.
O qu'il est en son cœur content & satisfait,
Quand il tient vn beau fruit du fruitier qu'il a fait!
Quand il tient vne grape en sa vigne choisie,
Dont la couleur combat auec la cramoisie.
Iamais il ne se fasche, il est paisible & dous,
Si quelque mouton gras ne luy mangent les lous:
En depit il leur fait la chasse & la huee,
Vn grand peuple il assemble, vne louue est tuee,
On en porte la hure apres par les hameaux,
On reçoit des presens des riches pastoureaux.
Pour maintenir l'honneur de sa Cheualerie,
Aueque ses courtaux il tient en l'Ecurie
Vn coursier, qui sçait bien manier & balser:
Se plaist quelquefois à le duire & dresser.
D'autrefois il se plaist apres quelque edifice,
Le change, il escarrit, d'vn soigneux artifice,
Le plan de sa maison, auec tel ornement,
Qu'il semble à la moderne vn nouueau batiment.
Il ne craint iamais faire en la mer de naufrage:
Se rid de celuy qui risque à son dommage.
Cette infidelle roüe ou chacun a son tour,
Tantost haut, tantost bas va tournant à l'entour,
Ne le tourmente point : pour n'estre point haussee
Pourtant on ne voit point sa fortune abaissee.
Apres quand l'Hyuer vient il assaut les oiseaux,
Auec glus, auec rets, auec mile arts nouueaux :
Comme il a pris l'Esté, la caille à la tirace,
Il prend à la passee en Hyuer la becace.
Q iiij

Aux sources, aux étangs de tout son enuiron,
Il tire cheualant au canard au heron,
Au friand butoreau, qui surpris par sa ruse,
Ne se peut garantir de la promte arquebuse.
Et puis pour la perdris il prendra sur le poin
Le tiercelet de qui la cuisine a besoin,
Menant ses petits chiens qui vont à la remise,
Sans empescher l'oiseau, sont sages à la prise :
Son Iason suit apres, son leurier qui ne faut
De bourrasser le lieure & l'emporter d'assaut :
Si le pelaut se trouue alors quittant son gîte,
Rien ne sert de ruser ni de courre bien vite.

Il a ses chiens courants, qui bauz sont blancs & gris
De qui d'ailleurs le lieure à toute force est pris,
Et les cerfs degourdis viandantes gaignages,
Surpris, le plus souuent demeurent pour les gages.
Il fait la chasse aux dains, il la fait aux sangliers,
Qu'il enferre aculez par ses plus forts leuriers.

Vne autre fois il prend grand plaisir à la pesche :
Il cherche les refous toutes gents il empesche ;
Aueque le tramail, la nasse, le veruain,
La ligne l'hameçon & l'eperuier soudain,
Il prend le grand brochet, la truite Saumonniere,
La carpe, le saumon, l'alose mariniere.

Au soir à son retour il conte à la maison
Quelle peine il a pris apres sa venaison,
Qu'il met lors sur la table, & prend vne grand' gloire
De montrer le beau fruit de sa belle victoire.
Sa femme l'accolant l'admire & le cherit,
Tous les siens en ont ioye & le Ciel mesme en rit.

FRANÇOISES.

Mais qui pourroit penser, qu'vne infidelle flame
[e]ust embraser le cœur d'vne gentille Dame
[E]n ces champestres lieux ? quand sans aucun loisir,
[El]le prend seulement au menage plaisir ?
[A] nourrir ses enfants, de qui la petitesse,
[En] mile passetemps la tient en alegresse ?
[Ou] pour auoir le soin de toute sa maison,
[O]ù les biens abondants sont en toute saison ?
[Bi]en que peinte ne soit sa face naturelle
[D]e vermeillon d'Espagne, elle est pourtant tresbelle :
[Ca]r le ioyeux trauail, qu'au menage elle prend,
[T]ousiours belle vermeille & ioyeuse la rend.
[O] O Dame bienheureuse au menage empeschee,
[Qu]i d'vne amour de Court n'es iamais debauchee !
[D']autrepart qui croiroit que parmi tant d'ebas,
[Un] mari sans chagrin loyal ne seroit pas ?
[Mai]s la crainte de Dieu qui par tout l'accompagne,
[Le] fait estre fidelle à sa chere compagne :
[N']ayant iamais apris que Iupiter es cieux
[Ri]d des dous plaisirs des amants gracieux :
[Et] mile autres propos, dont le ribaut courtise
[La] Dame de la Court qu'il aime & fauorise.
[ ] Cet homme de sa femme est tousiours bien traité,
[Tr]ouuant fort à propos son menger aprêté
[Pa]r vn net cuisinier, qui hors de la cuisine,
[Au]ec le iardinier le plus souuent iardine.
[Il b]oit du meilleur vin, qui par le bon salé,
[A] reboire d'autant est souuent rapelé.
[Il] prend en son paillier les mets dont on le traite
[Il] prend de son gibbier, si que rien on n'achete.

Q iiij

Il a bonne garenne & fertile verger,
Il a bon colombier, bon iardin potager.
Hé qui viuroit ainsi voudroit il les viandes,
Des mets delicieux des tables plus friandes,
Pour estre fait esclaue aux superbes Palais
Des Rois, ou les Seigneurs ne sont que des valets?
 O qu'il a d'aise à voir reuenir pesle-mesle
Les vaches, les toreaux & le troupeau qui besle,
Les aumailles marcher lentement pas à pas,
Et puis d'autre costé galloper le haras,
Et voir les bœufs ayant acheué leur iournee,
Ramener la charue à l'enuers retournee,
Et dans sa basse court grand nombre de ses gents,
Chacun diuersement s'employer diligents,
D'ailleurs force artisans, qui rendent tesmoignage,
Qu'vne riche abondance abonde en ce menage.
 Quand ce Seigneur de Cour m'eut ce propos conté,
Ie pensoy que son Prince il eust du tout quité,
(Estant hors de faueur) pour viure & pour se plaire,
En ses maisons des champs, champestre & solitaire:
Car tout son train s'estoit à son vouloir rangé,
Et son viure ciuil en rustique changé:
Et ne blamoit rien tant que la court & le vice,
Les Imposts, les Partis, des Contans l'artifice.
Mais ayant regagné de son Roy la faueur,
Il estima plus grand le gain & le bon heur
De luy faire seruice & commander en France
A ceux qui manioient l'argent & la finance,
Et profits à monceaux sur profits amasser,
Que de viure au village & qu'aux forests chasser.

A Anne Nouince Thresorier general
de France à Caen.

NOVINCE, cher cousin, que des le
petit âge,
I'ay veu si cherement de sa mere nourrir
qu'elle eust aimé plustost cent mile fois
mourir,
que de voir quelque mal à toy son bel image :
Du sang de Bourgueuille elle prit origine,
Mesme nom & surnom que ma Nimphe elle auoit :
ens tu point en ton cœur l'amour, qui l'a mouuoit
l'aimer & d'honorer sur tout cette cousine ?
Que fais-tu maintenant en l'ouuerte campagne
de ton plaisant Esquay ? peut estre tu te més
à faire des escrits, qui ne mourront iamais,
aueque le plaisir qui tousiours t'accompagne :
Ou bien de bois en bois & d'ombrage en ombrage,
solitaire tu vas le Sçauoir recherchant,
qui fait par les forfaits detester le mechant,
& fait par les vertus admirer l'homme sage ?
Ou bien mignard tu prens de ta Catherinete
cent mile passetemps pleins d'amour & de ris,
comme au bocages d'Ide on vit iadis Paris
prendre mile plaisirs auec son OEnonete.

Ie te connois en tout plein de magnificence :
Et Dieu t'ayant doué d'vne exquise beauté,
Il t'a donné les biens & l'heur & la santé,
Et pour en bien vser l'esprit & la prudence.

Qu'eust peu mieux souhaiter ta mere tant aimable,
Quand elle te voyoit tendrelet enfançon
Assis en son giron, que te voir beau garçon,
Que te voir bien dispos, que te voir agreable ?

Que te voir bien disant, que te voir sage & riche,
Que te voir aux honneurs auec l'honneur monter,
Et tousiours tant d'argent que tu peux supporter
Vne belle depence & rien ne voir en friche ?

Mais aussi ie voudrois que parmi l'esperance,
Que parmi le chagrin la crainte & le courrous,
Qui dans ce monde ici bataillent entre nous,
Que tu fusses vn roc ferme en toute asseurance.

Ie voudroy que ton ame heureusement bien nee,
Tousiours belle se vist en ton beau corps humain,
Et sans aprehender vn fascheux lendemain,
Passast ainsi qu'il vient le temps & la iournee.

Pense que chaque iour qu'ici tu fais demeure,
Que c'est le dernier iour qu'au monde tu seras,
Et prudent & content, peut estre, tu diras,
Que quand point on y pense il vient vne bonne heure.

Craignant Dieu vi ioyeux : & croy que ie desire
De faire comme toy, retiré maintenant
En nostre beau Bocage, ou gay me pourmenant,
Ie ne fay que gosser, que gambader & rire.

R. Garnier Lieutenant general Criminel en la Senechauſſee du Maine.

GARNIER, dont le grenier eſt gar-
ni de ſemance,
Qui fera regermer le vers Tragic en
France,
Et dont le bõ terroir eſt tellemẽt fecond,
Qu'en mile fruits diuers il n'a point de ſecond :
Car ton bon iugement ſçait marier enſemble
La choſe qui le moins à la Muſe reſſemble.
Combien que le ſuiet des crimes outrageux
Se rapporte contraire à tes Tragiques ieux,
Que rien n'ait de commun noſtre chiquanerie,
Auec les dous apas de la Muſe cherie,
Toutefois par tes vers, toy iuge Criminel,
En depit du procez tu te fais eternel :
Ne penſes que ie puis en faire tout de même
Par le vers Satyric ou quelqu'autre Poëme.
Tu te trompes, Garnier, mes vers ne ſont plus tels,
Qu'vn iour ils puiſſent eſtre en la France immortels,
Ils ſentent la chiquane, ils ſentent le menage :
On ne compoſe ainſi maintenant en cet âge,
En quelque Art que ce ſoit il faut vn homme entier
Qui deux en entreprend ne fait bien vn metier.

Et quand selon leur temps, mes vers ie considere,
A peine ie connoy qu'on souloit ainsi faire.
Car depuis quarante ans desia quatre ou cinq fois,
La façon a changé de parler en François.
Ie suis plus vieil que toy de quelque dix annees,
Aussi tes phrases sont beaucoup mieux ordonnees
Que celles dont i'escri : la Langue se pollit
Entre les bien disants ainsi qu'elle vieillit :
Et si ie mets au iour, comme tu me conseilles,
Mes vers pleins de paresse & non de doctes veilles,
(Mes Vers qui ne sont point de ces pointes remplis,
Qui rendent auiourd'huy tant de vers accomplis)
Ie me feray moquer comme vn fils de Climene,
Qui pensa de Phœbus auoir la forte alene
Pour conduire son Char : mais il trebuchera,
Quand des cheuaux fumeux seul il aprochera.
 Toutefois l'Italie en sa langue sçauante,
Se moquant fait parler en pointes vn Pedante.
Aux espines du vice il opose les fleurs,
Qu'il cueille en des iardins aux beaus arbres des mœurs
Lors qu'à ses apprentifs il etale en boutique
Les fruits de son metier dont marchant il trafique :
Mes vers donc ne plairont en cet âge pointu,
Ou tant de pointes ont de force & de vertu.
 Puis, Garnier, croirois tu que la France feconde,
Ayant tant de beaus vers fait bruire en tout le monde,
Face estime des miens ? qui n'auront le pouuoir
Tenir place entre ceux que cet âge a fait voir ?
Penses-tu qu'en cet ombre ils se puissent conduire
Entre ceux que l'on voit comme vn Soleil reluire ?

Tu me respons, ie croy, que tes Vers planteront
La Vertu dans le cœur de ceux qui les liront :
Qu'ils seront le rasoir cruel & pitoyable,
De qui le medecin expert & secourable,
Fera couper le membre au malade gâté,
Afin que l'outreplus redeuienne en santé :
Que la Posterité des Muses iuste iuge,
A chacun du Laurier comme il merite adiuge,
Et si digne ie suis d'en donner iugement,
Tu auras bonne part en ce bel ornement.
 Mon Garnier, ie te di, parlant en conscience,
Comme ie fais à moy, que par experience,
Ie connoy que contraire à ma Muse sera
L'Impression, qui trop mes Vers communs fera.
 C'est le propre, croy moy, de ma façon d'escrire,
Que mes Vers soient cachez comme au bois le Satyre :
Ou comme la Nonnain recluse en son couuent,
Qui ne se laisse voir aux personnes souuent :
Ou bien comme la Dame honneste belle & sage,
Qui ne demasque point qu'à propos son visage.
 Certes l'Impression d'vn beau liure imprimé,
Est ainsi qu'vn rayon du Soleil enflammé,
Pres duquel on ne voit, d'vne foible chandelle
La lumiere eclairer, par sa clarté si belle :
Toutefois aussi-tost qu'on l'allume de nuit,
Comme vne belle estoile eclairante elle luit :
Mes Vers ainsi montrez feront luire vne flame
Agreable, peut estre, au fond d'vne belle ame :
Pour ce au iour ie ne veux ma chandelle allumer,
Depeur qu'on ne la voye en vain se consumer.

Mais seroit-ce prudence à la pudique vierge
D'alumer à midy sans raison vn beau cierge ?
Si n'estoit que par vœux ou pour l'amour de Dieu
Elle voussist le mettre en vn bon & saint lieu :
Enquoy des pelerins la deuote maniere
Se considere plus, que non pas leur lumiere ?
Pourtant i'aimeroy-mieux qu'on sceust que pour aimer
Mes amis, ie voudroy, mes Vers faire imprimer,
Et pour seruir aux miens d'vn peu de souuenance
De moy, qui dans mes vers laisseray ma semblance.
Car en-depit de moy voyant le iour brûler,
Ie verrois à regret mes Satyres aller
Dans vne obscure nuict couuerte de tenebres,
Entre les grands flambeaux des Poëtes celebres,
Pour vser ma bougie, helas ! qui bruleroit,
Et ne verroit on point comme elle flamberoit.

 Ie m'asseure, dis-tu, Que ta lampe endurcie,
Aux beaus rais de Phœbus tant de fois eclaircie,
Souffrira toute ardeur sans fondre peu à peu,
Comme neige au Soleil ou comme cire au feu :
Et qu'entre quelques vns de ton âge, ta rime,
En son genre pourra remporter de l'estime.

 Garnier, nostre amitié ton iugement deçoit,
Et ton œil eblouy mes defauts n'aperçoit.
Les beaus vers, d'vn esprit libre & serein prouienent,
Et nos Troubles le mien captiuent & detienent :
La Muse vn dous repos cherche en lieux ecartez,
Et ie suis agité, Garnier, de tous côtez.
Plusieurs craignent de moy receuoir de l'outrage,
En pensant que ie sois vn rimeur de village,

FRANÇOISES.   247

Un rymeur de Palais, qui par nom & surnom,
Difame en vers menteurs les hommes de renom,
Et les Dames d'honneur que medisant il pique,
D'eguillon aparent, voisin ou domestique.
  Les vices en commun la Satyre reprend,
Et iamais difamez les vertueux ne rend :
Mes ce genre d'escrire estant fort dificile,
Il rend aux ignorants suspect le plus habile :
Las ! ie n'y puis escrire ainsi que ie voudroy,
Comme ie voudroy bien aussi ie ne pourroy.
  Ariston disoit bien, que ceux qui mettoient peine,
D'apprendre les sept Arts de la science humaine,
Et l'amour des vertus en arriere mettoient,
Que pareils aux riuaux de Pénelope estoient,
Qui ne pouuants iouir de la belle maistresse,
Aux seruantes alloient amuser leur ieunesse :
Ainsi tant de beaus fils les beaus vers mesprisants,
Aux Coqs à l'Asne vont leurs esprits amusants.
C'est pourquoy, mon Garnier, ie ne veux plus escrire,
Ni montrer en plein iour ma depite Satyre :
Puis le papier seroit beaucoup de plus grand pris,
Que non le bas suiet de mes simples escris.

SATYRES
FRANCOISES,

LIVRE III.

Par le SIEVR DE LA FRESNAIE
VAVQVELIN.

A Monsieur le Conte de Tillieres Cheual
des deux Ordres du Roy, & l'vn de
ses Lieutenants en Normandie.

CONTE heureux, qui né de gr
  maison,
Qui grand en tout, embrasses la rai
Suis la vertu, recherches la science,
Qui ia te rend vieux en experience:
Heureux tu es de viure loin du bruit
Et du malheur, qui les grandes Cours suit :
Malheur qui tost conuertit en fumee
Vne faueur trop soudain alumee.

Car

Car plein d'honneur & de biens plantureux,
Content du tien, prudent & genereux,
Tu vois tomber ceux que Fortune iuche
Aux plus hauts lieux toustours en quelqu'embuche,
Tu vois sans crainte & sans aucune peur,
Le brisement d'vne telle grandeur,
Qui, girouete, en vn haut toit assise,
Tourne en mechef au premier vent de bise.
  Ce n'est pas tout, ainsi que de nuaux,
Là sont couuerts & les biens & les maux :
Tu qu'en croyant du bien faire poursuite,
Souuent au mal chacun se precipite :
Car l'vn trompé, par son affection,
Se chatouillant en son ambition,
Souuentefois son propre sang epie,
Pour en remplir son ventre de Harpie :
Et cestui-ci l'Exaction suiuant,
Qu'vn grand parti voudra mettre en auant,
Du bien public, auecques sa ruine,
Le plus souuent la grand' perte il machine.
  Ces autres vont droit se precipiter,
Pensant coucher au lit de Iupiter :
Mais à la fin trouuant que d'vn nuage,
Est seulement contrefaite l'image
De la Iunon, qu'ils suiuent ardemment,
Trompez, moquez, ils sont honteusement
Ambitieux, & de prudence aucune,
Ne peuuent pas garder cette fortune.
  Mais voit on pas ces beaux mignons tacher,
Sans iugement du beau lict aprocher

R

De Iupiter, lequel d'air & de nues,
Leur contrefait mile Images cornues ?

Or si luy plaist sa face serener,
Verra t'on pas ces nuages tourner
En vent & pluye ? alors sera connue
L'Ambition de ces gents aime-nue.
Fouls Ixions enchainez Promethez,
Dessus Caucasse aux poumons bequetez :
Et neaumoins cachez sous ces nuages,
Ils cuidoient là trouuer leurs auantages.
Ils ne voyent pas, qu'ils sont, comme iettons,
Quand haut ou bas au iet nous les mettons.

Si ie sçauoy pour l'Asne au Coq respondre,
Ie respondroy sans qu'on me vint semondre :
Montrant au doy comme vn grand Prince peut
En vn moment, faire d'eux ce qu'il veut :
Et si i'auois assez haut le courage,
Pour leur oster le masque du visage,
Ie le feroy sans qu'vn presomptueux
Eust desormais le nom de vertueux :
Mais qu'ay-ie dit ? maints souuent à leur perte,
La verité, mon Conte, ont decouuerte.

Si medisant vn Aretin t'estoy,
Vn Charlatan discourant auec toy,
Ou bien le Berne & les autres encore,
Qui vont ornant & Pasquil & Marphore,
De libres vers, qui sans obscurité
N'epargnent pas mesme sa Sainĉteté :
Ni de ces Dieux la grand' vermeille bande,
Qui dans le Ciel de la terre commande,

FRANÇOISES.

En conscience & saincte liberté
De nos Pasteurs ie diroy verité :
Sans toutefois pour les abus, peu sage
De nostre Eglise en rien toucher l'vsage :
Ou si i'auoy le dous-libre pinceau,
Dont Rabelais a peint comme en tableau,
De tous estats la debauche suiuie,
Ie depeindroy des Grippe-minaux la vie,
Sans m'epargner : ni ces hommes derniers,
Qui de marchants se sont faits officiers.
Si ie n'estoy prisonnier en la cage,
Oiseau contraire à ceux qu'on en langage,
Qui ne dit rien. le Merle beau chanteur,
Le Perroquet & le Gay caqueteur,
Pour autre fin cherement ne s'achetent,
Si non qu'en cage aprenants ils caquetent :
Le Perroquet qui mieux caquetera
Sera celuy que plus on prisera :
Mais s'il ne sçait en sa cage rien dire,
Bien tost de luy se defaire on desire.
Puis en causant s'il medit de chacun,
Si piquant il deplaist à quelcun :
Plein d'iniure à son Maistre il s'adresse,
Tu l'apelle, & putain sa Maistresse,
Pour ce qu'il dit, peut estre, verité,
En sera d'eux mesme mieux traité.
Moy, qui serois en disant vray, bien aise
De caqueter, il faut que ie me taise.
Ie me tais donc d'vn taire si prudent,
Qu'à tous ie rends mon penser euident :

R ij

A toy sur tous, mon Conte de Tillieres,
Qui vois bien clair en toutes ces matieres.

A Iean de Morel Cheualier &c. Viconte de Falaise.

E Mois qui porte encor iusqu'à cet
Du nom d'Auguste auguste tesmoign-
ge,
Est le septiéme à cet' heure depuis,
Que ie parti tout morne & plein d'ennuis,
D'aueque vous quitant de ma naissance
Les lieux si dous quant & la connoissance
Des vieux amis, pour viure en cete part
Ou le grand Duc Guillaume le batart,
Qui iadis eut naissance & nourriture
Entre nos rocs, éleut sa sepulture ;
Pour y tenir, puis qu'il plaist à mon Roy,
Le poix egal des vs & de la loy.
Mesme voici, depuis tant de detresses
Les premiers vers, que ie donne aux Maistresses
De ce beau Mont, où chacun veut monter,
Et qu'il me faut à cet' heure quiter.
Ce peuple au nostre estant si peu conforme,
Il m'a falu du tout changer de forme ;

Et demeurer long temps comme vn oiseau,
Que l'on a mis en prison de nouueau,
Qui sans repos sautelle, & tout sauuage,
Est quelque iours sans chanter en la cage.

Ne t'emerueille, ô cher Morel, pourquoy
Ie me suis teu : mais emerueille toy,
Que bien plustost d'vne ame depitee,
Ie n'ay l'Office & la Ville quitee,
Ayant si tost perdu ma liberté,
Comme vn Autour à la perche arreté :
Et me voyant loin des Muses fachees
De ne se voir de moy plus recherchees,
Hors de l'humeur & du premier loisir
De me donner apres elles plaisir :
Ne pouuant plus, suiuant vn libre estude,
Voir mes amis en douce solitude,
Ni quelquefois en garçon deuiser
Du feu, qu'on voit la ieunesse abuser.

Ne t'en ri point : car de raisons plus hautes,
A d'autres gents i'excuseroy mes fautes :
Mais auec toy, cher Cousin, librement
l'acuse ici mon peché franchement.
Si ie disois à quelqu'autre ce vice,
Incontinent d'vne sourde malice,
Hochant la teste, a part soy diroit-il,
Voici vrayment vn iuge bien gentil,
Digne d'auoir dedans telle Prouince,
Entre les mains la Iustice du Prince,
Qui s'asseruit, plein d'affaires & dans,
A des plaisirs qui luy sont mal-seans.

R iij

Il diroit vray, moymesme ie me blame,
Et mon erreur ie confesse en mon ame :
Et peu me sert encores de la voir.
Sans me ranger aux lois de mon deuoir :
Toy plus discret qui conduis & qui meines
Plus sagement les affections vaines ;
Affections qu'auec si fermes clous,
Des le berceau Nature attache en nous,
Corrige moy : docile ie sçay prendre
De bonne part ce qu'on me fait entendre.
Mais ie ne puis le prendre doucement
D'vn qui se deust changer premierement
Que son voisin. Car il fait en la sorte
Qu'vn que ie sçay qui longues cornes porte,
Et toutefois ne voyant ce mechef
Haut ombrager le sommet de son chef,
A tous propos à chacun fait iniure :
Dit, que cet homme à sa femme est pariure,
Et que cet autre est couppant deuenu,
Bien que de tous pour autre soit tenu.

 Ie ne bas point, personne ie ne tue,
De faire bien à tous ie m'euertue :
Qui me fait mal, est bien souuent tesmoin,
Que patient ie m'en retire au loin.
Et toutefois ie ne veux entreprendre
A vouloir dire ou bien vouloir defendre,
Que mon erreur ne soit erreur pourtant :
Mais ie diray que ie n'en ay pas tant,
Qu'à plus grand mal le peuple ne pardonne,
Quand de vertu le nom au vice il donne.

Tu es venu de mon sang mon germain,
De la mere est le costé plus certain :
A m'excuser ta belle ame est encline
Estant sorti de race Vauqueline.

Le sieur d'Ambrun plein d'vn cœur deuorant,
D'aller des biens en tous lieux acquerant,
N'aime son fils, son frere, ni soymesme,
Si fort il brusle en ce desir extreme :
Et neantmoins homme bien renommé
Homme d'esprit de tous il est nommé,
Homme d'honneur, de valeur, de science,
Et qui plus est de bonne conscience.

Le sieur d'Auly qui fut fait Cheualier
Auant que d'estre à grand peine Escuyer,
Enfle, se braue & ses parents dedaigne,
Et des Seigneurs seulement s'accompaigne :
Le souuenir de son nom luy deplaist :
Car son orgueil luy fait croire qu'il est
Ce qu'il n'est pas : & la marque auancee
Qu'il n'eust iamais en quatre sauts passee,
A mise au loin : il veut voluptueux
Passer les grands en habits somptueux.
Ne dit rien, qu'en mots de Seigneurie,
Et son estable il appelle Escurie :
Il veut auoir vn friand cuisinier,
Maistre d'hostel, depensier, aumonier,
Et quand on veut luy faire vn grand seruice,
Il faut nommer sa depance l'Office.
Quelquefois mesme il parle Gasconnas,
Et ses laquais il appelle Ragas :

R iiij

Veut de bouffons quelque dance nouuelle,
Vn foul plaisant ioueur de bagatelle.
Il veut auoir des chiens & des oiseaux,
Et veut bastir sur des desseins nouueaux.
Tous ses cheuaux ne sont que de manege :
Et tous les iours ses rentes il abrege :
Car sur le dos il porte son moulin
Teint d'ecarlate aux eaux de Gobelin.
Tantost il vent la grande metairie,
Et puis demain l'herbage ou la prairie,
Comme vn limas en la belle saison
Portant sur luy son fardeau sa maison.
De mises plus il a que de recettes,
Et ses habits lardez de vieilles dettes.
Ce qu'en long temps son pere & ses ayeux
Auoient acquis d'vn labeur soucieux,
A pleine mains à l'abandon il iette,
Non peu à peu : la vie estant suiette
A tant de maux, trop ieune il n'aperçoit
Qu'on vit souuent bien plus qu'on ne pensoit.
  Darsin d'ailleurs tant de charges a prises,
Et tous les iours mene tant d'entreprises,
Qu'vn grand mulet qu'vn sommier le plus fort,
Suiuant la Cour en seroit desia mort :
Or tu le vois à la Chancelerie,
Or pres d'vn grand en quelque galerie,
Aux Inteydants des Finances aller,
En vn clin d'œil dela les Ponts voller,
Et puis au Louure ou tousiours il trafique :
Et nuit & iour le ceruçau s'alambique

FRANÇOISES.

omme il pourra rechercher les moyens,
n surpaſſant tous les Italiens,
u d'augmenter le parti des Gabelles,
u de trouuer d'autres modes nouuelles
our refraichir de gains nouueaux & frais
eux-là qui ſont du Soleil le plus pres.
seiouit de conter de ſe plaindre,
e ceux qu'on voit en ces choſes ſe feindre :
t dit à tous que la neceſſité
orce les Loix de noſtre honneſteté.
u cabinet d'vn Prince il en deuiſe,
t des moyens d'autruy fait marchandiſe :
'auiſant pas que pour peu d'argent promt,
ordre ancien de la France il corromt.
eſt haÿ du peuple à bonne cauſe,
uis qu'vn tel mal en ce Royaume il cauſe.
t Magnifique on le tient toutefois,
tant cheri des Princes & des Rois.
e gentilhomme & le poure en leur perte,
e vont à luy qu'à teſte decouuerte.
   Le Sieur d'Armont au bon heur arriué,
u bien public a fait ſon bien priué :
egnard ſon fait pres des grands il commance,
t puis Lion à force ouuerte auance
es beaus deſſeins, touſiours montant plus haut
e trouue rien ne trop froid ne trop chaut.
l s'eſt acquis le nom de caut & ſage
our auoir fait aux gents de bien outrage :
t pour auoir les mechants eleuez,
n la boiſſon des vices abreuez,

Clos & couuert, il a ses creatures
Qui d'Anges ont par dehors les figures :
Mais faux demons ils cachent dans le cœur,
Contre les bons l'enuie & la rancœur :
Et par larcins sous la faueur du maistre
Aux grands estats sçauent leurs biens accroistre.
Du peuple bas l'aueugle iugement,
Ne pourroit pas bien auiser comment
Ce Seigneur faut : car pour sa trouble veüe
Du peuple n'est cette faute aperceüe.
Pour ce vn Corbeau Cygne il apellera,
Et le blanc Cygne vn Corbeau nommera.
Et s'il sçauoit que les vers tant i'aimasse,
Il en feroit vn heure la grimasse.

 Or que chacun iuge comme il entend,
Et die encor l'interest qu'il pretend,
O cher Cousin, en somme ie confesse,
Qu'ici ie pers le chant & la liesse,
Et que voici le premier vers chanté
Depuis que i'ay perdu la liberté.

 Ie pourroy bien alleguer dauantage
D'autres raisons qui m'ostent le courage,
De suiure plus du Chœur Aonien
La belle troupe au mont Parnassien :
Car de Cressy la douce onde bruyante,
Qui par canaux d'artifice coulante,
Passe en tes prez : & puis les monts rocheux,
Qui cachent Ante en ses vallons facheux :
Et d'autrepart la haute Roche aux Fees,
Que chaque iour visitent les Orphees,

FRANÇOISES.

uec leur chant tirant de bas en haut
e bon Bougren de son pré Brisegaut :
t la fontaine ou se rendit Arlete
iet le Duc dont elle estoit suiete,
inuitoient bien par mile autres façons,
m'eiouir aueque les garçons :
uis ma Fresnaie & mon connu Bocage,
u'en plus d'vn stile & qu'en plus d'vn langage,
y celebré, tant qu'il sera conté
ar nos neueux, en depit de Lethé.
estois alors en ma fleur Aurilliere,
u May plaisant de ma saison premiere,
t ie passe or' non seulement mon Iuin,
ins i'entre au mois ou l'on cueille le vin.
  Mais ni les eaux, ni la terre sacree
u de Libetre, ou Permesse, ou d'Ascree,
e peuuent pas me faire escrire mieux,
ue ie m'escri, sans vn cœur plus ioyeux.
suis contraint comme en prison obscure,
ortant vn faix d'vne pesanteur dure,
t n'ose plus m'apuyer fermement,
e trouuant point de ferme fondement.
  Ce m'est honneur en la balance egalle,
ire honorer la Maiesté Royalle,
e son effort le puissant reprenant,
t le plus foible en son repos tenant :
ais bien qu'il semble en aparence vaine,
ue cet honneur face belle ma peine,
n ne voit pas mile soucis mordans,
ui nuit & iour me rongent au dedans.

Au Menestrier ie suis presque semblable,
Lequel on trouue aux festins agreable,
Et qu'on estime autant se reiouir
A bien sonner, comme on fait à bouir :
L'vn veut vn bransle & l'autre vne gaillarde,
Le Violon de tous costez regarde
Aux plus pressez, autant se marrissant,
Que le danseur se plaist en bondissant.
Si ie prens l'air aux champs ou en la rue,
Ie suis suiui d'vne epaisse cohue
De gents grondants : si ie veux reposer
Soudain il faut procez-verbaliser.
Soit d'vne veüe ou soit sus vne enqueste,
Ou soit pour rendre vne depesche preste,
Importuné d'escrire au Parlement,
De confronter, faire vn recolement,
Puis aussi tost entendre à la police :
Penserois tu faisant cet exercice,
Que Delphe errante Apollon elongnast,
Et les beaux lieux de Cynthe abandonnast,
Pour venir voir des procez les tempestes,
Les procureurs, les sergents trouble-festes,
Qui de tabuts remplissent nos Palais ?
Luy qui sans plus ne cherche que la paix ?
   Tu pourras donc, Cousin Morel, me dire,
Pourquoy ce fut que ie voulois elire
Cette grand' charge & les Muses luisser,
Pour librement m'aller embarrasser
Au labyrint des affaires publiques,
Les preferant aux verues Poëtiques ?

Tu dois sçauoir que iay tousiours taché
A ne me voir d'auarice entaché,
Qu'à l'impourueu ie pris ainsi l'ofice
Comme Germot a pris son benefice,
Qu'il trouue vn fais maintenant trop pesant :
L'estat est beau, cet estat m'est duisant,
S'il estoit plus à mon esprit conforme :
A chaque pied n'est propre toute forme.
Mais à ce bruit chacun aspire encor :
Once d'estat vaut vne liure d'or.
Pair au baron l'oficier on dit estre :
Pour ce chacun y veut le sien accroistre,
Et detailler ce qu'il achete en gros,
Pensant ainsi posseder en repos
Ce qu'il aquiert. Puis apres à sa honte,
Aux successeurs son ignorance on conte.
Comme l'on fait d'vn Iuge Alençonnois,
Qui ne iugeoit les hommes qu'au minois :
Et qui n'ayant aucune experience,
Et moins encor de loix & de science,
Aupres de luy faisoit vn Ami seoir,
Praticien & homme de sçauoir,
Qui prononçeoit la sentence du Iuge,
Disant ainsi : Monsieur depens aiuge
Au demandeur : alors sans long sermon,
Il repondoit en trois mots, Ce fais mon.
Autant de fois qu'à l'heure en sa presence,
Ce sien Ami prononçoit la sentence,
Disant, Monsieur vous ordonne cela,
Il repondoit, ce fais-mon, & paix-là.

Beaucoup ainsi, moy le premier peut estre,
Pour n'auoir sceu soymesme bien connoistre,
Iuges se font : puis faut qu'auec ennuy,
Ils iugent tout par la bouche d'autruy :
N'auisant pas que d'argent la grand' somme,
Fait l'oficier & non pas l'habile homme :
Et toutefois souuent sans nul egard,
Les moins prudens se mettent au hasard.
   De moy ie suis à ce Coq tout semblable,
Qui rencontra la perle sous la table,
Et n'en tint conte : ou mauuais escuyer
Ie m'accompare à ce bon Cheualier
Venitien, auquel en Alemagne
Fut fait present d'vn beau Genet d'Espagne
Par Charles quint : & pour montrer l'honneur,
Qu'il receuoit d'vn si braue donneur,
Monta bien tost ce cheual d'excellence
(Ne iugeant pas qu'il y a diference
A se seruir de bride & d'esperon
Comme à s'ayder de rame & d'auiron)
Qui le sentant lors à balser commance :
Luy de sa part serre contre la pance
Les esperons : disant, ie ne veux pas
Que d'ici haut tu me iettes en bas :
   Le gay Genet sentant la main farouche
Du bon Nocher qui luy presse la bouche,
Les esperons qui luy serrent le flanc,
Tant que par tout en decoule le sang,
Ne sçait comment obeir ni que faire,
Estant poussé d'vne force contraire :

FRANÇOISES

u frein lequel le tire par deuant,
e l'esperon qui le chasse en auant :
uand par hasard le cheual se debride :
n peu de sauts la selle reste vuide,
ttant par terre estendu rudement
e Cheualier sans poux ni mouuement,
ui fut long temps sans r'auoir sa parole.
estimoit comme on fait la gondole,
oeil maniroit l'audacieux Genet.
nfin rompu tout poudreux & mal net,
se releue estant plein de furie,
'auoir receu si grande moquerie :
t se tenoit, quand il y eut pensé,
e l'Empereur fort mal recompensé :
ong temps apres il s'en plaignoit encore :
epuis prudent dauantage il honore
s belles naus qu'vn cheual furieus.
eust mieus fait : & moy i'eusse fait mieus :
uy du Genet, & moy, de la Prouince
e tresgrand bien au seruice du Prince,
sagement i'eusse lors répondu,
mon grand Roy, ce don ne m'est point du :
n autre aura cet Ofice agreable,
ui plus que moy, s'en connoistra capable :
e vendant point comme on vend au marché,
Estat, qui rend l'ignorant empesché.

SONNET.

Sur son trespas auenu long temps apres.

Les Muses, mon Morel, de toy furent aimees,
Et de l'eau d'Hipocrene encore enfantelet,
Elles te firent boire au lieu du premier lait,
Pour rendre de ton cœur les forces animees.
Les trois Graces rendoient tes graces estimees :
Apollon bien disant, te fist diseur parfait :
Mars belliqueux encor belliqueux t'auoit fait,
Et les Vertus auoient tes vertus renommees.
Mais les Muses helas! ni les trois Graces or,
Apollon biendisant, ni Mars guerrier encor,
Ni les Vertus n'ont pas la Parque surmontee :
La Mort surmonte tout. Tout domte le Destin :
Toutefois il n'a pas nostre amitié domtee,
Par qui, mon cher Morel, ton nom viura sans fin.

A Ph. de Nolent Cheualier sr. de Bombanuil
Capitaine de cinquante hommes d'armes
sous la charge de monsieur de Matignon.

ON de Nolent, qui vaillant com
vn Mars,
Aimez Phœbus, les Muses, & l
Ars,

FRANÇOISES.

[t]ant qu'en vos mœurs on voit faire hommage
D'vne Palas docte guerriere, & sage :
Vous me priez qu'allions au Renoueau
Pour voir la Cour iusqu'à Fontaine-bleau
Ou le Roy vient : & que ie laisse arriere
Pour quelque temps ma façon cazaniere :
Que nous verrons des grands Princes l'honneur,
Que nous sçaurons ceux qui sont en faueur,
Et pourrions bien auoir telle auenture,
Que de trouuer quelque bonne ouuerture
D'entrer en grace & d'auoir le credit
De quelque Grand si Fortune le dit :
Et qu'en faisant quelque peu de depence,
Nous en aurons peut estre recompence :
Car on n'epargne vn petit hameçon
Pour attraper souuent vn gros poisson.
  Vous dites vray : Mais vous vous pensez rire,
En m'escriuant ce que ie ne desire :
Car ne croyez que ie sois sans raison
D'aimer ainsi le feu de ma maison :
Ce que ie sois si fort opiniâtre
Que de vouloir tousiours croupir à l'âtre.
Mais vous sçaurez si vous voulez l'ouïr,
Pourquoy du mien i'aime tant à iouïr
En doux repos : & pourquoy le riuage
De Caen Normand, fertile en labourage,
M'est plus plaisant, plus cher & plus aimé,
Que de la Cour le seiour estimé :
Pourquoy plustost i'aime cette Prouince
Que de chercher la grace d'vn grand Prince.

S

Cela ne vient pour vouloir mespriser
Ceux que Dieu veut sur nous autoriser
Seigneurs & Grands : Non pourtant qu'à la guise
Du peuple bas ie les adore & prise,
Ni comme ceux qui ne vont regardans,
Qu'à l'aparence & non pas au dedans :
Et ne di pas que bien ie ne voulusse
Deuenir Grand si par bonheur ie pusse :
Non comme ceux qui blamants le renom
Cherchent ainsi d'eterniser leur nom.
Ie ne sçay point comme ie pourroy suiure
Ceux que le Monde heureux estime viure :
Ni de quel doy ie pourrois accrocher
Les echelons, pour des Grands aprocher.
Ie ne sçauroy d'vne cautelle exquise,
Laisser le vray pour cherir la feintise,
Ni loüer ceux, qui la Vertu laissants,
A nos depens se vont agrandissants.

 Ie ne sçauroy reuerer la grand' bande
De ceux à qui le bon Bacchus commande,
Et qui suiuants les attraits de Cypris,
Sont, comme Mars, en adultere pris.
Ie ne sçauroy corrompu taire encore
Ceux-la qu'à tort le foul vulgaire honore.
Ie ne sçauroy comme à Dieux immortels,
Aux plus mechants dresser vœux & autels.
Ie ne sçauroy d'vne parole fine,
De feintes fleurs embellir vne epine,
Ni l'œuure ayant du sucre à la tâter
Puis à la fin de l'absinte au goûter.

FRANÇOISES.

Ie ne sçauroy, quand ie sçay le contraire,
[s]uiure le mal & laisser à bien faire,
[à] l'honneur vray l'vtile preferant :
[I]e ne sçauroy trouuer au demeurant
[a]ussi es raisons pour rabatre à toute heure
[a]es gents d'honneur la fortune meilleure,
[e]n eleuant le ieune ambitieux,
[l']auare ingrat & le traitre enuieux.
Ie ne sçauroy iamais estre faussaire,
[n]i le grand sceau de France contrefaire :
[n]i pratiquer par vn soustrait patent,
[à] rendre vn grand contre vn petit content.
[Ie] ne sçauroy souffrir que ma pensee
[d']ambition soit si fort elancee,
[qu']vn vent soudain l'eleuant par trop haut,
[ho]nteusement luy fist faire le saut.
Ie ne sçaurois auoir la conscience
[d']offencer Dieu de certaine science,
[n]uisant à tel, qu'en mon cœur ie sçay bien
[est]re tenu pour vn homme de bien.
[Ie] ne sçauroy blamer du premier Brute
[con]tre Tarquin la vengeance tres-iuste :
[Ie] ne sçauroy loüer Cesar si fort
[qu]e d'auoüer que l'autre Brute eut tort.
[Ie] ne sçauroy suiure la torte sente
[de] la malice, alors que se presente
[le] sentier droit, qui nous donne la paix,
[&] aus defunts vn repos à iamais.
Ie ne sçauroy deguiser tant mon stile,
[qu]e de nommer vn Thersite vn Achile,

S iij

Ni pour le sang antique & genereux,
Comme vn Roland estimer vn poureux :
Ni faire encor, d'vne ame abandonnee,
D'vn cruel Prince vn debonnaire Ænee :
Ni moins donner le prix de chasteté,
Comme à Lucrece à l'amour ehonté.

 Ie ne sçauroy, d'vne bouche effrontee,
D'vn sot Marmot la Muse auoir vantee,
En asseurant que le Grec, le Romain,
Ni le François n'ont eu tel escriuain.
Ie ne sçauroy de façon coustumiere,
Loüer quelqu'vn deuant & en derriere
En dire mal, & me rendre si faint,
Qu'aux riants rire & plaindre si l'on plaint.

 Ie ne sçauroy bien faire le Polipe
Et me changer à tous coups pour la tripe ;
Representant maint personnage & puis
Me faire voir autre que ie ne suis.

 Ie ne sçauroy ma nature contraindre,
Sans passion à me rire ou me plaindre
Au gré d'autruy, montrant grande amitié,
Par vne ainsi contrefaite pitié.
Ie ne sçauroy penser ce qu'il faut dire
Pour plaire au Prince en tout ce qu'il desire.
Ie ne sçauroy la verité cacher
Depeur de voir vn autre s'en fascher.

 Ie ne sçauroy double & plein de falace,
Tromper l'ami sous vne aimable face.
Ie ne sçaurois apeler bon ami
Celuy qui parle en flatant à demi :

FRANÇOISES.

Ie ne sçauroy le felon & l'austere
flater du nom de sage & de seuere :
Ie ne sçauroy debonnaire apeller
Cil qui sans peine vn meschant laisse aller.
    Ie ne sçauroy louant le iuste Empire
De nostre Roy, taire ce qui l'empire :
Or ne me plaist l'empire souuerain
De l'empereur à la barbe d'erain,
Bouche de fer, cœur de plomb, qui tout lache,
Occit non loin de Spore son bredache.
    Ie ne sçauroy promettant faussement
Deceuoir Dieu par quelque faux serment,
Ni mes prochains : & ie ne m'aproprie
Ce qui n'est mien ni de mon industrie.
    Voila pourquoy d'honorer ne me chaut
Les Grands à qui la Fortune plus vaut,
Que le bon sens : & pourquoy tant m'agree
Aupres de Caen la Normande contree :
Cela fait que nos lieux me sont or,
Ma Court, mon Louure & mon Palais encor.
    Me pourmenant par la belle prairie,
Ie voy souuent cette gendarmerie,
Qui fait la garde en vostre beau Calis :
Et les Soldats ne sont point defaillis,
Depuis le temps que les Nolents donnerent
Charge à ceux là qui le guet ordonnerent.
    Ie ne trouue homme auquel s'il ne me plaist,
Sois contraint en passant faire arrest :
Ne se trouue aucun qui me demande,
Ie m'en vais & si ma traite est grande :

S iij

Et ne suis point comme esclaue forcé
A marcher tost par vn Hyuer glacé,
A pluye, à vent, accourcissant mon estre,
Pour obeir à quelque facheux maistre.
Quand le Ciel est serein & gracieux,
Quand le Ciel est obscur & pluuieux,
Quand le Printemps etalle sa verdure,
Lors que l'Esté l'Automne & l'Hyuer dure,
Tel que j'estoy, tel seray, tel ie suis,
Comblé de paix sans crainte & sans ennuis.
Comme le temps ma depence ie change :
A mon humeur ma famille ie range :
L'vne fois peu l'autre prou ie depens :
S'il vient du gain quelquefois ie le prens :
S'il n'en vient point ie ne m'en donne peine :
Tousiours en tout ma constance est certaine :
Ne refusant vn leuraut quelque fois,
Ni mesme encor les ordinaires drois,
La venaison, que tout soudain en hâte
Ie fay larder, epicer, mettre en pâte :
Car de nature aspirant à l'honneur,
Ie ne suis point vn hardi demandeur :
Si le ruisseau ne coule par la plaine,
Ie ne rauiue vne morte fontaine :
Aussi le mien ie depens comme il vient :
L'homme de bien tost riche ne deuient.
Et s'il me prend quelquefois vne enuie
De soulager les charges de ma vie,
N'ayant egard à profit ni demi,
Ie me retire auec vn mien ami

Dedans nos bois, ou bien en Cousinage
Chez mes amis ie traine mon menage.
Car mes cheuaux d'aparence guerriers,
Sont toutefois propres à deux metiers:
S'ils ont serui pour quelque long voyage,
Vne autre fois couplez sous l'attelage
Du chariot, ils menent tout mon train,
Marchants gaillards sous le fouet comme au frein.
  Mais il est vray qu'en toute compagnie
Ne m'agree aue que ma megnie:
Les vertueux, comme vous, mariez
En grands maison, qui me sont aliez,
Me plaisent bien, quand d'vne gentille ame,
Ils sont seigneurs sans l'estre de leur femme:
Et que leur femme ils gouuernent aussi
Auec l'honneur d'vn amour adouci:
Et toutefois que iamais la poulete
Deuant le coq ne chante ne caquete.
  Pour ne mentir, de Nolent, ie ne veux,
Voyant desia grisonner mes cheueux,
Aller en Court: il faut que l'on se dresse
A ce metier des la basse ieunesse:
Ie ne pourroy me duire si soudain
Pour à tous coups vser du baise-main.
  I'aime mieux estre en cette Normandie
Tout bouillieux: ou, quoy que l'on en die,
Me plaisent bien les filles de Paris,
Quand elles ont l'heur d'y trouuer Maris.
Mesmes ceux là qui sont nez sur la Seine,
Aupres du Loir, du Loire, Sarte & Meine,

S iiij

Ou de plus loin, aussi tost qu'ils seront
En ce païs, iamais n'en partirent.
Et les voit on eleuez aux ofices,
Et retenir nos riches benefices,
Ne regrettants iamais leurs premiers lieux,
Pour habiter les nostres bouillieux :
Et chacun d'eux incontinent s'addonne,
A caresser nostre douce Pomone :
Et comme aucuns la Prouince aiment bien,
D'autres aussi n'y font iamais de bien.
  Me flatant donc ici ie me contente,
Bien que n'y soit du tout la terre exemte
De mauuaitié : mais la douteuse peur
Fait au mauuais souuent perdre le cœur.
Voila pourquoy le soin ronge-pensee
D'auoir honneurs n'a mon ame incensee :
Et pourquoy mesme en paix ici ie vi,
Sans estre au mal de la Court asserui :
Et ne veux plus desormais qu'on m'y meine :
Craignant d'auoir enfin la iuste peine,
Que sur la roue eut le fol Ixion,
Estant puni de son ambition :
Ambition, qui par son propre vice,
De haut en bas trebuche au precipice.

A Monsieur de Choisy Seigneur de Balle-roy Receueur general des Finances à Caen.

CHOISY, dont l'ame a bien esté choisie
Dessus le chois d'vne grand' courtoisie,
Et qui non moins prudent que genereux,
As en ton corps vn esprit vigoureux :
Et qui souuent tout plein de gentillesse,
Vas recherchant les ondes de Pernesse
En quelque part qu'en coulent les ruisseaux,
Pour nettoyer dedans leurs nettes eaux
Tous les fangeats dont nostre chair souillee
A bien souuent nostre ame barbouillee :
Au Ciel ne plaise, estant comme ie suis
Mari d'honneur qui la vergongne fuis,
Qu'on me surprenne en amourete estrange,
Que desloyal ie chante la louange
Des dissolus, qui libres addonnez
A leurs plaisirs, se sont abandonnez
Apres les feux de Venus deprauee,
Blamant d'Hymen la loy tant aprouuee,

Comme ont pensé ceux qui ne iugent point,
Que des vertus on ne passe le point,
Quand on est pas si simple & si nouice,
Que de vertu, par le trop faire vice.
 Mon de Choisy plustost ie chanteroy
Comme Thalasse auec vn dous effroy,
Veut qu'on rauisse vn tendre pucelage
Sous le beau ioug du chaste mariage.
Saint Mariage auquel tout l'vniuers
Doit le maintien de ses membres diuers !
S'on ne lioit les garçons & les filles
Sous ce lien periroient les familles :
Comme vn desert les grand's villes seroient,
Et de tous lieux les ordres periroient.
Mais ie diray que Metel Numidique,
Dit bien ainsi pour la Chosepublique.
 Si nous pouuions sans femmes viure ici,
Nous n'aurions pas l'ennuy ni le souci,
Que nous auons : mais puisque la Nature
Nous asseruit sous l'ordonnance dure
De ne pouuoir estre auec elles bien,
Et ne pouuoir sans elles viure en rien :
Il vaut bien mieux auiser à la peine
De l'entretien de nostre espece humaine
Pour vn iamais, que pour vn court plaisir
Perdre contenus des femmes le desir.
Car c'est raison que l'on supporte d'elles,
Puis qu'elles font nos races eternelles.
 Toute femme est facheuse à supporter,
Quand elle veut par hauteur l'emporter,

Mais quand on veut homme se faire maistre,
On se fait bien à la femme connoistre.
　Vn homme doit obeir aux Edits
De la Prouince : & la femme aus beaus dits
De son Mari : car Nature la duite
A suiure ainsi de ses pas la conduite.
Ie n'aime pas ceux qui trop dedaigneux,
Ce Sexe dous vont gourmandant chez eux :
Ains i'aime ceux qui l'aimeront de sorte,
Que cet amour la maistrise en emporte.
Car Iupiter de Iunon autrement
N'a pas aus Cieus vn meilleur traitement :
Et pour vn rien nous voyons dans Homere,
Cette Deesse entrer en sa colere.
Hé voudroit on qu'vn mari vicieux
Receust plus d'heur que le pere des Dieux ?
　Tousiours la femme est ainsi qu'en enfance,
Il nous conuient l'auoir par deceuance
De passetemps plein d'amour enfantin :
L'homme fera tousiours vn grand butin,
Qui sans courrous en obtient la victoire :
Vaincre ce Sexe est vne grande gloire.
Partant qui veut s'en seruir, s'en aiser,
Par vn grand soin la doit apriuoiser,
Sans s'ennuyer de tailler par adresse
Ce qui bourgeonne & qui recroist sans cesse
Dans son taillis : car qui s'en lassera,
Ne soit faché quand ombragé sera.
　La femme veut retenir la maistrise :
C'est vn grand mal si l'homme n'y auise :

L'heur de la femme est l'amour du mari ;
Et pour ce d'elle il doit estre cheri :
Ne deuant pas permettre s'il est sage,
Que librement elle seule au menage
Commande en tout : il faut que par sa main,
De son menage vn mari soit certain.
Il sufit bien qu'elle soit la maitresse
Aux dous ebats de la belle deesse,
Et qu'on luy garde en amour loyauté,
Sans ruffian trauailler à côté :
Afin qu'estant de ce forfait marrie,
Elle ne face vne autre moquerie.

 Heureux celuy qui passe ses beaus ans
Dessous ce ioug à faire des enfans !
Et qui l'amour de mainte belle amie,
En vne rend loyaument endormie,
Sans se souiller en la fange d'autruy,
Ni varier comme on fait auiourd'huy,
Ni sans sçauoir que vaut la foy promise,
Mon de Choisy ne suiuons cette guise.
Tu es heureux en ton menage dous,
De belle Epouse estant vn bel Epous :
Et la vertu qui reluit en sa vie
Plus que iamais à l'aimer te conuie.

 De vostre part asseruez vos desirs,
Dames d'honneur, à prendre vos plaisirs
D'vn seul Epous, & n'ouurez la boutique
Legerement à l'amour impudique.
 Vos bons maris qui en portent la clef
La fermeroient : mais, ô triste meschef !

Des clefs d'autruy la serrure s'en ouure.
Puis le manteau de Mariage couure
Mile faux hoirs, qui delà vont issants :
Les courageux vont souuent punissants
Celle, qui s'est folement hasardee,
Et dans son lit s'en trouue poignardee :
Dieu mesmement au profond de l'enfer
La fait tomber es mains de Lucifer.
Puis l'homme en vain à vous garder regarde,
Si vous n'estiez vous mesmes vostre garde.

   Il fut iadis vn paintre en Auignon,
Qui se doutant, que quelque fin mignon
Ne fist l'amour à sa femme gentille,
Pour nul profit ne partoit de la Ville,
Et la tenoit tousiours aupres de luy :
Il arriua viuant en cet ennuy,
Qu'il fut contraint d'aller iusqu'à Cabriere
Pour racoutrer vne antique verriere,
Mais luy craignant pour deux iours seulement
D'estre cocu par cet empeschement,
Faire hausser à sa femme il auise,
Le deuanteau, ses habits, sa chemise,
Puis la couchant il a son poil tondu,
En huile paint dessus son mont fendu
Vn Asne gris : afin qu'au retour voye
S'autre que luy dessus sa femme froye.

   Il n'estoit point encor hors d'Auignon,
Que vers sa femme arriue vn compagnon,
Qui paintre ayant autrefois de Nature
Auecques elle exercé la painture,

La pri^e qu'ayant cette commodité,
Que ce plaisir entre eux soit repeté.
Elle respond la breche est empeschee,
Et luy montra comme elle estoit bouchee.
Le Garçon dist, qu'vne autre Asne il peindra,
Qui mieux cent fois que le premier tiendra :
Et sus sa main il fait de sa science
D'vn Asne peint la promte experience :
Alors sans crainte auec le vif pinceau
De la Nature ils peignent au tableau :
Et tant de fois ce plaisir exercerent,
Que du Mari l'ouurage ils effacerent.

 Le temps venu qu'il falloit separer,
Au mesme endroit vn Asne il va tirer
Pareil à l'autre : & n'y eut diference,
Fors seulement qu'en trop grand' diligence
L'ayant repeint, il ne s'auisa pas
Que le premier n'auoit selle ni bas :
Et ce dernier il bâta, de maniere
Que le Mari retournant de Cabriere,
Haut s'écria, le voyant en l'estat,
Au diable l'Ase & qui me l'a bastut :
Et court de là ce prouerbe en Proüance,
Comme depuis il a fait par la France.

 Voila comment on ne vous peut garder,
S'il ne vous plaist, Mesdames, regarder
A vostre garde : auisez donc vous mesmes
A vous conduire en ces perils extresmes.
Les yeux d'Argus, verroux ni cadenas,
S'il ne vous plaist, ne vous garderont pas.

En vous gardant vous rendez le courage
A ceux qui vont craignant le cocuage.
   Mais on m'a dit, qu'aussi de vostre part,
Vous vous plaignez, que chacun sans egard,
Le Mariage à tous propos deprise :
(Ce qu'en ses vers Desportes authorise)
Tant qu'on voit or' les filles rarement
Trouuer Maris de grand entendement :
Qui me feroit prendre vostre defence,
Pour reuenger du saint Hymen l'offence,
En confutant les Stances & l'escrit,
Qu'a contre luy ce grand Poëte escrit,
L'ayant promis à mainte honneste dame :
Pour luy montrer qu'on ne doit de la femme
Se desvnir. Mais on dit qu'irrité
Il composa ce qu'il en a traité.
Ce grand Docteur instruisant vne Dame,
Dist que l'Amour est l'ame de nostre ame,
Ayant erré pour des affections,
Il reuoqua beaucoup d'opinions :
Ainsi pressé de vostre vray merite,
Il fera voir la louange descrite
Du Mariage, & ses vers dedira,
A tout le moins il les dementira.
   Pour cela donc ne le dites, Mesdames,
Estre ennemi trop rigoureux des femmes :
Ses vers coulants, amoureux, brise-cœurs,
Adouciroient aussi bien vos rigueurs.
   Ie donneroy cent mile canonnades,
A qui voudroit vous faire des brauades.

Montrant que fut Eue faite en Edem
De chose pure & de limon Adam.
I'opposeroy le Fort inexpugnable,
Que presentoit au dernier Connetable
Vn Secretaire au surnom de Boullon,
Et le sçauoir de maistre Iean Villon :
De Hugolin les passages notables,
Que nous trouuons en nos decrets cotables
Des escoliers, qui d'vn encre sçauant,
Vont plaisamment vostre los escriuant.
Et cet Autheur, qui d'vn encre plus sage
Loüe à propos le chaste Mariage,
I'alleguerois : mais certes vous aurez
Maris loyaux, quand loyales serez.

  Et vous Maris, gardez vos brebietes,
Leurs conducteurs par nature vous estes :
C'est au berger à mener aux herbis,
Ses gras moutons, ses camuses brebis :
Non au troupeau porte-laine à conduire
Le franc pasteur qui fait sa Loure bruire.
Car bien souuent le troupeau mal conduit,
S'effarouchant se peut perdre la nuit :
Aussi la femme estant mal gouuernée,
Peut s'egarer des sentiers d'Hymenée.

  Qui leger suit l'inconstant Cupidon,
Met sur le chef de sa femme vn brandon,
Vn beau bouquet, qui les marchands apelle
A reuencher la poure Damoiselle.

  Qui voudroit dire en oyant mes discours,
Que ie voulusse aprouuer les amours

Des

FRANÇOISES.

Des desloyaux, qui pleins d'affeterie,
N'ont rien au cœur que toute puterie ?
Que ie voulusse encor blamer en rien
L'Hymen sacré du monde l'entretien ?
   Mon de Choisy, i'en parle en cette sorte,
Et non ainsi qu'vn medisant raporte,
Qui ne sçait pas de quelle Liberté,
Le docte peut dire la verité.

A Monsieur de la Serre Seigneur des Costs du Pontif, &c.

MON de la Serre ayant la connoissance
De ce qui nuit ou qui donne accroissance,
Vous pensez donc que pour m'auantager
Ie m'en vay droit au grand Palais loger
De l'heur de France, & que c'est à cette heure,
Qu'au poil i'ay pris la Fortune meilleure ?
Que Monseigneur de Ioyeuse m'aimant
Me pourra faire heureux en vn moment !
   Ha ie sçay bien que plusieurs en la sorte,
S'enchaineroient d'vne chaine bien forte !
Mais croyez moy, que courtisan mauuais
A m'enrichir ie n'esperé iamais.
Ie sçay comment cette Fortune roule,
Ayant le pied tousiours sus vne boule :

T

Et qu'il vaut mieux en son repos aimé,
Iouir du sien comme à l'accoûtumé,
Que d'éprouuer la Fortune diuerse :
Qui, comme on dit, incontinent renuerse
Ceux qu'elle eleue au sommet du bon heur,
Puis les rabaisse & laisse sans honneur.
Et quand i'escri qu'inconstante elle ioue
Les plus mignons qu'elle tient en sa roue,
Ie sçay fort bien que i'escri verité :
Car autrefois l'ay-ie experimenté.
Ie fus en Cour ou i'eu mainte caresse
De maint grand Prince & d'vne grand' Princesse,
Et d'vn Prelat d'vn Prince Chancelier :
Lors qu'à des miens fut donné le colier
En ma faueur : & que plein d'esperance,
Ie m'en reuins le plus content de France.
Mais ie n'eu pas le dos si tost tourné,
Qu'à de Moncalm fut vn Estat donné
De President, à mon grand preiudice,
Qui chef estois à Caen de la Iustice :
Et fut pourueu de l'Estat du Fossé,
Que par apres bien tost ie remboursé
Sans receuoir iamais faueur aucune
De ces Seigneurs, tous amis de Fortune.
 Mais qu'il soit vray que pour quelque bon bruit
Dit à mon Roy, ie racueille le fruit
Et la moisson de mes peines semées,
Et que ie visse en mes mains affamées
Vn riche Estat, qui rien ne me coutast,
Qui grand profit & credit m'aportast :

FRANÇOISES

Que i'aye encor vne Abbaye emboisee,
Pour rendre aussi ma maison plus aisee :
Et qu'il soit vray que i'aye autant d'amas,
D'argent & d'or, qu'eut Cresus & Midas :
Et qu'on me donne Etats & nouueaux titres,
Et les butins des Crosses & des Mitres,
Que l'on pratique aux grand's Cours de ce temps :
Que tant de fleurs n'enfante le Printemps,
Que de ducats sans cesse l'on me donne :
Que l'or par tout en ma maison foisonne :
Soit encor vray, si ceci ne sufit,
Que l'estomac on m'emple de profit,
Le ventre d'or, les boyaux & la gorge,
Et que sans fin argent pour moy se forge,
Sera pourtant iusqu'au comble assouui
Ce chaut desir d'auoir auquel ie vi ?
Sera pourtant ma Ceraste contente,
Bruslant tousiours d'vne soefueuse attente ?
   Depuis Maroc iusqu'à Catay d'ici,
Depuis le Nil iusqu'en Dacie aussi,
Ie m'en iroy, si ie sçauoy tant faire,
Que d'etancher cette soif qui m'altere :
Non seulement en Cour ie m'en iroy,
Ains l'vniuers entier ie tourniroy.
   Mais quand i'auroy d'vn vsurier la bourse,
Des Partisans la nompuisable source,
Que fin encor trouué ie n'auroy point,
A ce desir auare qui me point,
Que seruiroit à ma grand' conuoitise,
De tant de biens & l'amas & la prise !

T ij

Et de monter aux Estats pres du Roy,
Si ie n'aucy contentement de moy ?
Que me pourroit le grand Duc de Ioyeuse,
Ayant tousiours l'ame auaricieuse ?

  Au temps qu'estoit freschement enfanté
Le Monde encor non experimenté,
Et que la gent pleine de grand' simplesse,
Comme apresent, n'vsoit point de finesse,
Au pied d'vn Mont dont le chef s'eleuoit
Bien haut en l'air, vn bon peuple viuoit
(Ie ne sçay quel pour la longue ignorance,
Mais dans vn val il faisoit demourance)
Qui lors ayant par grand nombre de iours
Bien obserué la Lune en tout son cours,
S'ebahissoit de l'auoir reconnue,
Vne fois ronde, vne aurrefois cornue,
Puis toute pleine, en decours en croissant,
Puis d'autre sorte obscure aparoissant,
Puis demener, argentine & fort belle,
Au tour du Ciel sa course naturelle :
Ce peuple lors aussi tost se promet,
Ayant gaigné du mont le haut sommet,
Qu'il peut la Lune atteindre dans la nue,
Et voir comme elle or' croist or' diminue :
Alors chacun va quittant le vallon,
Qui prend vn sac qui prend vn corbillon,
Qui son panier : tous à qui mieux commencent
Grimper à mont la montagne ou ils pensent
Voir cette Lune : & brusloit cette gent
De voir de pres son visage d'argent.

Mais las! voyant qu'apres auoir grimpee
Cette Montagne estoit la gent trompee :
Estant d'en haut aussi loin que d'en bas,
Chacun tomboit contre terre tout las :
Et desiroit, mais en vain, encor estre
Au pied du Mont en sa case champestre.
Ceux qui si haut de bas les regardoient
Croyant qu'ainsi la Lune ils abordoient,
Venoient derriere à course fort hatiue :
Mais chacun est trompé comme il arriue.

Cette Montagne est le Roüet du Sort,
Au haut duquel le peuple estime à tort,
Que soit la paix & la bonne Fortune :
Car il n'y a repos ni paix aucune.

Si des honneurs qu'aux estats on attent,
Si des grands biens on se trouuoit content,
Ha ie voudroy que tousiours la pensee
De ne penser ailleurs fust dispensee!
Mais si l'on voit trauailler aux grandeurs
Papes & Rois, Monarques, Empereurs,
Que nous pensons estre Dieux en la terre,
Les dirons nous contents en telle guerre?

Si les thresors i'auoy des Othomans,
Les dignitez des Princes Allemans,
Ie ne me puis preualoir de cet aise,
Si pour cela mon desir ne s'apaise.
C'est bien raison que i'auise si bien
Que ie ne puisse auoir faute de rien :
Que i'aime aussi ce qui m'est necessaire,
Comme ie hay cela qui m'est contraire :

T iiij

Mais l'homme ayant du bien sufisamment,
Se doit forger vn seur contentement,
D'vn contrepoix, qui suiuant la Nature,
Batre toufiours le face à la mesure :
Qui biens sur biens desire conuoiteux,
Tant plus il a plus il est souffreteux.

 Quand i'ay moyen en maison bien garnie,
De receuoir honneste compagnie,
Et par païs mener vn moyen train,
Ne doy-ie pas au reste mettre vn frain,
Sans rendre l'ame aux desirs asseruie,
Et bien viuant mener ioyeuse vie ?

 Et c'est raison qu'encor soigneux ie sois
De mon honneur : tellement toutefois,
Qu'ambitieux iamais ie ne deuienne :
L'honneur certain est que chacun te tienne
Homme de bien, que tu le sois aussi :
Car ne l'estant, incontinent ici
Seroit la bourde à chacun decouuerte :
Iamais le noir ne prend la couleur verte.

 Que Cheualier, que Conte ou Gouuerneur,
T'aille apelant le peuple par honneur,
Ou grand Prelat : pourtant ie ne t'honore
Si mieux en toy que ces titres encore
Ie n'aperçoy : si tu m'es vertueux
Comme requiert ton estat somptueux.
Hé quel honneur te voyant par la place
Tout couuert d'or, ouïr la populace
Dire en derriere, Aga, voila celuy,
Duquel la France a tant receu d'ennuy :

FRANÇOISES.

Premierement ayant charge du Prince,
Aux ennemis il liura sa Prouince,
Et maintenant par autre lascheté
D'vn bas Etat il est plus haut monté.
Ha i'aime mieux en petit equipage,
Sous moindre habit conduire mon bernage,
Plein de bonté, que d'auoir grand tinel,
Et dans le cœur vn remors eternel.
 Mais voy Rauin qui ne trouue pas bonne,
L'opinion & l'auis que ie donne :
Ains tout contraire, il dit, i'ay plusieurs biens,
Terres, maisons, états & grands moyens,
Et bien qu'ils soient acquis par tromperie,
Par faussetez, larcins & piperie,
I'ay veu tousjours qu'en plus d'honneur ont eu,
Petits & Grands, l'honneur que la vertu :
Et qui medit de moy ne me chaut mesme :
Car Christ encor on renie & blapheme.
Tout beau Rauin ne parlez pas si haut :
Iesus Christ fut blasphemé d'vn ribaut
Et des mechants qui derechef le vendent,
Et comme Iuifs dessus la Croix l'étendent :
Mais, Rauin, ceux qu'on tient pour gents de bien,
Disent de toy, qu'en tout tu ne vaux rien :
Et disent vray : car de fins brigandages,
De faux contrats viennent tes heritages,
Et si tu es seul la cause pourquoy
Ils vont disant, Rauin, cela de toy :
Pour ce qu'à tous les flambeaux tu allumes,
Pour faire voir tes peruerses coutumes.

T iiij

De t'enrichir, au lieu de les cacher :
Car on te voit chaque iour t'empécher
A rebâtir maisons & galeries,
Aux prompts aquets de tant de Seigneuries.

    D'vn autrepart Hernon ne se chaut pas,
Si murmurant derriere il oit tout bas,
Qu'il a tué de nuit, sœur, oncle & tante,
Pour paruenir meurtrier à son attente
Et s'il en fut captif emprisonné,
Depuis bon temps de leurs biens s'est donné.

    Cet autre va pompeux en rang de Comte,
De Duc, de Prince, à tous montrant sa honte,
Ayant ce titre en grand' vergongne acquis :
D'en dire plus ie ne suis pas requis :
Fors que l'on tient que par beaucoup de vice
Plusieurs ce titre ont eu par faux seruices.
A ce prix là ie ne veux m'enrichir,
Ie ne veux point sous le vice flechir :
Ie n'attens point aussi d'autre salaire,
Qu'en bien faisant à ce grand Duc complaire.

A I. A. De Baif.

I pour auoir tu suis la Poësie,
Et si tu l'as pour le profit choisie,
Docte Baif, à viure tu m'entens :
Et si ferois iuger auec le tems,
L'opinion dont la Muse te lie,
N'estre à la fin qu'vne pure folie.

Car qui seroit de sotise si plain,
Qui ne sçauroit qu'on a besoin de pain ?
A la putain le Poëte est semblable :
Bien qu'elle soit pour vn temps agreable,
Sa fin derniere est d'aller au bourdeau :
Puis en laideur changeant son visaire beau,
Toute chancreuse, & peut estre mezelle,
Elle deuient bien souuent maquerelle.

Il fait beau voir vn taint damoiseler,
Frais coloré de roses & de lait,
Et la ieunesse ou la beauté repose,
Comme au rosier la vermeillette rose,
A qui l'humeur au Printemps ne defaut :
Mais quand sa fleur vient à sentir le chaut
Et puis le froid qui flestrit sa verdure,
Sans que l'humeur luy baille nourriture,
Elle deuient seche & treslaide à voir,
Sans plus d'honneur des hommes receuoir :
La Poësie estant necessiteuse
(Belle deuant) ainsi deuient hideuse.

L'homme se fait pourement immortel,
Quand il n'a point de pain à son hôtel :
Il ne vit point de Luths & d'Epinetes,
D'Odes, Sonnets, d'Amours, de Chansonnetes,
Car entre nous ne vaut pas vn liard
Le bon Virgile, aupres d'estre gaillard
Comme Vaumord, dont la fine ignorance,
A vint pour cent double son abondance.
Phœbus au pres ne seroit qu'vn coquin,
Qu'vn cagnardier n'ayant ne pain ne vin.

Bion difoit, comme vne gibeciere,
Vieille, greffeuſe & plate en fauconniere,
Bourſeuſe n'eſt en prix vers nulle gent,
Sinon d'autant qu'elle eſt pleine d'argent :
Que l'homme ainſi de nature idiote,
Gros ignorant, plein d'orgueil & riote,
Eſt ſeulement entre nous eſtimé
Pour l'or qu'il a dans ſon coffre enfermé,
Et comme ſont ſes richeſſes puiſſantes,
En prez, en bleds, en herbages en rentes.
  I'ay bien des biens diſoit le vieux Certout :
Auec ce mot ſoudain il couuroit tout
Ce qu'il auoit en luy de vilennie :
Quand on dit, i'ay : toute la compagnie
S'en eiouit : Mais quand on dit, ie ſçay,
Ie ſuis ſçauant & i'en ay fait l'eſſay,
Cela ne plaiſt : reua t'en à l'ecole,
De rien ne ſert ta ſçauante parole,
Luy repond-on : retourne eſtudier,
Ce que tu ſçais ne vaut pas vn denier.
  C'eſt pour neant que l'enſeignant Horace
Dit, que le vers tient la premiere place,
Quand il enſeigne & qu'il donne plaiſir,
Si l'on n'a point, lors qu'il en vient deſir,
Dequoy manger, ni de robe qui vaille
Pour ſe couurir, couchant deſſus la paille.
  Ie t'oublirois Lyrique Venuſin,
Et bien pluſtoſt me rendroy Capucin
De Paradis ſuiuant la ſente droite,
Sous la rigueur d'vne obſeruance eſtroite,

Que suiure plus tes preceptes iamais,
Si ie n'auoy de bon pain desormais.
Sans pain encor ne me plairoit Catulle,
Ni Callimach, Properce ni Tibulle.
Terence aussi iamais ne me plairoit,
Quand du pain cuit au logis on n'airoit :
Ni moins encor du beau Lorier la plante,
Si ie n'auois vn peu de chair cuisante
A mon fouyer, à tout le moins vn os
Que ie rongeasse en disnant à repos.
  Nous aprenons, comme vn point necessaire,
A demander nostre pain ordinaire
Des la mammelle à Dieu qui regne aux Cieux :
Car plus que tout le pain molet vaut mieux.
Et le pain fait l'Agasse iaseresse,
En moins de rien deuenir Poëtresse :
Aprent aussi le mignon perroquet,
A iargonner son babillard caquet.
Les Muses sont filles de la Disete,
Les vers leurs fils, vrais peres de souffrete :
Et les chantant on periroit de faim,
Qui ne voudroit leur apporter du pain.
  Tout son cœur met en ses vers le Poëte :
Mais le Milourd son ame plus parfaite
Met en son or : aupres duquel combien
Pourroit valoir des Muses tout le bien ?
Ie di ceci : mais ceux encor le disent,
Qui de ce tems tout corrompu deuisent.
Puis que l'on voit seruir le verd lorier,
Sans autre honneur d'Enseigne à l'hotelier ?

Qu'aux carrefours les Muses deprisees
Ne seruent plus que de foles risees :
Que mesme c'est vn crime à l'opulent,
Que d'estre docte & Poëte excellent.
Puis que les grands au iambon de Maience,
Au ceruelat, donnent la preference
Sus mile vers qui leur sont presentez
Ne rendans pas leurs esprits contentez :
Qu'ils prisent plus la poire bergamote,
La parpudelle & la bonne ricote,
Le marzepain & le biscuit bien fait,
Que de Ronsard le carme plus parfait :
O que lourdauts & que bestes nous sommes,
De tant louer indignement les hommes !
I'entens les Grands, qui pensent qu'on leur doit,
Tous les beaus vers, qu'vn bel esprit conçoit.

   Quiconque escrit sert de fable & de conte,
A cette gent qui d'escrits ne tient conte :
L'vn vous dira, ie n'entens ce parler,
L'autre dira, qu'on voudra cheualer
Quelque bienfait & que c'est vne embuche,
Qu'on dresse afin qu'vn present y trebuche.
Tandis se perd la peine du donneur :
Or cestui-la dont on chante l'honneur,
Pour ne bailler à la peine salaire,
D'ami se fait vn ennemi contraire.
Quand ton Phœbus quelqu'vn estimera,
L'autre aussi tost d'ailleurs le blamera :
Tu t'eiouis les en oyant bien dire,
Tu es marri quand quelqu'autre en veut rire.

Si que tu sens, entre le bien & mal,
Vn deplaisir au court plaisir egal :
Puis tu verras (si depres tu regardes)
Que ton honneur bien souuent tu hasardes
En vn Sonnet, en quelque bref discours,
Que tu remplis de fadesse & d'amours :
Mesme en quelqu'Air plein d'indiscretes flames,
Qu'on va chantant à l'oreille des Dames.
Et si tu vas louant quelque Seigneur,
Tu es du faux aux autres enseigneur,
Et n'en es point dans toy-mesme à ton aise,
Sentant au cœur du vray la synderese.

Ha i'ay pitié de l'homme trauaillé,
Ayant long temps à ses Muses veillé,
Lors que son œuure aux Princes il presente,
Et qu'on le paist seulement d'vne attente !
Et luy qui n'est à la fraude nourri,
En se voyant d'vn grand Prince cheri,
Se part delà bouffi d'outrecuidance,
D'auoir chez luy la Corne d'abondance :
Et par sur tous pense auoir le credit,
Ne sachant pas ce qu'en derriere on dit.
Mais rien n'emporte, en son ame abreuee
D'vn vain espoir, qu'vne crete eleuee
D'estre en son art en tout sçauoir profond,
Comme vn Phœnix qui n'a point de second.
Et si tu veux luy dire, Considere,
S'il n'y a rien en tes vers de contraire :
Ceci n'est pas, ce me semble, assez bien :
Incontinent sans te dire plus rien,

Encontre toy, tournant sa folle plume,
Comme Archilloc, sa fureur il allume,
Ou t'estimant estre son enuieux,
Couuert t'assaut de vers iniurieux.

 Toute bonté qui n'a l'experience,
Volontiers tombe en triste defiance :
Et s'ebloüit d'imagination
Le iugement, par la suspicion.

 Mais il n'est point aucun dessous la Lune,
Encor qu'il n'ait chetif science aucune,
Qui son esprit echangeast à Platon :
Et le plus foul pense estre vn Salomon.
Le Poëte est suiet à ce desastre,
Quand il se plaist gaillard en son bon Astre,
Et faut long tems pour bien gaigner le point
De se iuger & ne se croire point.

 O poure Homere, ô malheureux Ouide !
Dont l'vn mourut sur le riuage humide
De l'Isle Yos, & l'autre tristement
Eut en Pologne vn glacé monument !
On ne voit plus d'hommes bons en ce monde,
Qui vertueux & de nature ronde,
Auec l'effect, arrachent la vertu
Des vieux haillons, dont le docté est vestu.

 C'est auiourdhuy que du bon temps se donnent,
Ceux qui mechants aux vices s'abandonnent :
Les rufians, les bouffons les flateurs,
Durant ce temps des Grands sont conducteurs :
Les damerets aux moustaches Turquesques,
Nourris en l'art des façons putanesques,

FRANÇOISES.

Fardez, frisez, comme femmes coiffez,
Emmanchonnez, empesez, attiffez,
Goderonnez d'vne fraise poupine,
Musquez, lauez sous grace femenine,
Aux dames font, dit on, de mauuais tours,
Les surpassants en leurs mignards atours :
Les inuenteurs des braues mascarades,
Et les iureurs en leurs Rodomontades,
Qui dedaigneux gardent le pas du pont,
Ou trebucha l'orgueilleux Rodomont :
Qui vont cherchant des paroles enflees,
Des mots venteux, des ampoulles souflees,
Qui vont mutins les esprits etouffants
Des villageois, des femmes, des enfants :
Les piaffeurs, les vendeurs de fumee,
Sont de la bande auiourdhuy plus aimee :
Et les ioueurs de cartes & de dez
Sont en ce temps beaucoup recommandez :
Et ceux encor qui gosseurs en derriere,
Deuant les Grands contrefont la maniere
De tout le monde, & sans oublier rien
Vont depeschant le plus homme de bien.
Et puis heureux sont les Commendataires,
Qui n'ont souci de leurs beaux monasteres,
Sinon entant que profit il en vient :
Mais entre tous les plus heureux on tient
Du grand Thresor les riches commissaires,
Qui cotisans ou maniants affaires,
Poussent hardis sous grande auctorité,
Ce que permet tant de necessité.

Malheureux siecle, où l'on croit necessaires
Par le Royaume estre les Commissaires :
Qui vont marchant comme en procession,
Tousiours la croix deuant leur action :
Des accusez leur passion sentie
Les fait iuger estre de la partie.
Ils sont heureux & viuent grassement :
Et le sçauant se repaist maigrement.
  De peu de cas les Poëtes se paissent.
Mais les larrons abondamment s'engraissent
De bons Chapons, de Perdris, de Faisans,
Et sur leur table ayant tous mets plaisans :
Ils ont encor souuent chez eux plantee
Comme en trophé la corne d'Amaltee :
Vautours goulus non iamais assouuis
De tant de biens qu'au peuple ils ont rauis !
Et va pressant leur griffe deloyale
Le suc coulant de l'eponge Royale.
  Les doctes sont tenus comme pedants,
Les grands vanteurs auisez & prudants,
Accorts & fins : comme à poure canaille
Du pain au docte à grande peine on baille.
  Mais les plaisants, corrompus, affaitez,
Entre les grands sont tousiours bien traitez,
Pour ce qu'à tout leur façon s'accommode,
Et le sçauant ne sçait point cette mode.
A dire vray, que sert, disent ils, l'art
Que des premiers a ramené Ronsart,
Et toy, Baïf, & la belle cohorte
Ayant depuis escrit en mainte sorte ?
          Et

FRANÇOISES.

Et que sert il qu'ore nostre François
Egalé soit au Romain & Gregeois ?
Qu'importe encor que ta belle Francine
Ait emporté la couronne Myrtine
Par dessus Laure ? & qu'on voit tous les iours
Estre imprimez nouueaux Sonnets d'amours ?
Puis qu'il n'est point si petit secretaire,
Qui des Sonnets ne se mesle de faire ?
Clercs de Palais en leur bancs retirez,
Clercs de Finance en leurs contoirs dorez ?
Ie ne croy point qu'on trouue de boutique
Dedans Paris sans iargon Poëtique :
Et chaque Dame a selon son humeur,
Ou son bouffon ou son petit rymeur :
Qui du François le doux commun vsage
Ont corrompu de barragouïnnage.
Mais tout cela n'aporte point de pain
A ceux qui sont poursuiuis de la faim.
On n'vse point pour son menger & boire,
De tous les chants des filles de Memoire,
Ni d'Apollon lequel le plus souuent
Ayant disné ne soupe que de vent.
Puis en ce fait ni d'odes ni de rymie,
Tant bonnes soient, on ne fait point d'estime :
Chacun s'en moque, & le riche vsurier,
Ne bailleroit là dessus vn denier :
Il faut porter vne autre chose en gage :
Car on ne vit de vers ni de langage :
Et qui n'a point d'argent eprouué bien,
Trop à son dam, que les vers ne sont rien

V

Qu'vne pasture & qu'vn manger de liures,
Dont on ne peut acheter aucuns viures :
Mais l'or est bon quand on le peut auoir :
Car il reduit tout en nostre pouuoir.

 S'il se trouuoit en France des Mecenes,
Qui des sçauants guerdonnassent les penes,
On pourroit bien faire vn docte etalon,
D'vn que l'on voit porter mule au talon :
Mais tant s'en faut qu'on recherche le docte,
Que Francion, auec toute sa flote,
A ia long temps en Crête demeuré,
Pour n'estre point de moyens asseuré.
Et de tes vers l'entreprise gentile
Poure demeure à la France inutile.
Filleul en vain, fuyant la poureté,
Cette Nef d'or a ia long temps porté
Comme Aumonier : mais rien on ne luy donne
Dont il peust faire vne aumone à personne.
Mesme à Dorat ses vers qui sont dorez,
Ne donnent point de viures asseurez.
Et (ce qu'on dit à nos Rois vne honte)
Du docte Feure on fait trop peu de conte :
Et l'Espagnol, iusqu'en nos lieux ombreux,
(Pour eclarcir les beaux secrets Hebreux)
Le vint querir, quand plein d'vn saint courage,
En Flandre il fist des grands Bibles l'ouurage.

 Qui de Maron l'auberge chercheroit,
Logé chez toy, Baïf, le trouueroit.
Et toutefois n'ayant dequoy paroistre,
Il n'ose pas se donner à connoistre :

Et n'ose pas les Muses employer,
Pour n'auoir pas dequoy les festoyer.
　Or si Phœbus, à la Lyre etoffee
De bel argent ou quelque belle Fee,
Vint aporter dequoy sans dire mot,
Couurist la table & fist bouillir le pot,
Lors que raui le Poëte compose :
Ha, ie voudroy qu'on ne fist autre chose !
Mais si Phœbus en Thessale Pasteur,
N'eut rien du Roy dont il fut seruiteur,
Quand languissant en Prouince etrangere,
Il le suiuoit conduit d'amour legere :
Qu'esperez vous des Princes d'auiourdhuy,
Qui n'estes point Dieux ainsi comme luy?
Puis on ne voit plus de courtoises Fees,
(Comme es Romans) de Merlins ni d'Orphees,
Qui des beaus vers nous facent souuenir.
Et les suiuant il faut gueux deuenir.
　Pourtant, Baïf, il faut que tu sois homme :
Car maintenant, ou iamais, ie te somme
D'abandonner les Muses & Phœbus,
Qui ne sont rien que souffretteux abus :
Et plus priser (si tu me voulois croire)
L'or & l'argent que d'auoir la victoire,
En ce bel Art, dessus le beau Romain,
Ou sur le Grec te trauailler en vain :
Et t'addonner à tout ce qui profite,
Sans mettre en ieu tes vers ni leur merite.
Ains pense à toy : du tien sois defendeur ;
Et de l'autruy prodigue dependeur.

T ij

Ie veux encor que tu sois promt à prendre,
Et bien tardif quand il te faudra rendre :
Grand prometteur & bailleur de beaus iours,
Aux longs delais ayant ton seul recours.
L'homme s'abuse aux promesses vanteuses,
Comme l'enfant aux paroles menteuses.
Et fais sur tout en Cour de l'empesché :
Tantost du gay, puis tantost du faché
De ne pouuoir parfaire vn grand negoce,
Pour vn seigneur d'Angleterre ou d'Ecosse.

   Et si tu veux quelque Grand aborder,
Di que tu veux le faire accommoder
Ou d'vn beau Fief ou d'vne Baronnie,
Dont par tes mains tout le fait se manie :
Et que s'il veut entendre à ce fait là,
Il peut gagner tant de mile en cela :
Et là dessus, d'vne fine aparance,
Tire de luy cinq cens escus d'auance :
Afin qu'on puisse au Baron en prester
Pour l'amener à Paris contracter :
Apres le tout faut en longueur conduire,
En beau papier des bourdes en escrire :
Et le tout est, s'addresser en ceci
Aux vieilles gents, qui n'ont autre souci
Que d'aquerir : & non à la brauade
D'vn qui pourroit reuencher ta cassade.

   Les grands Prelats, il te faut pratiquer :
Tu gagneras vn monde à trafiquer
Des biens de Dieu : l'on en fait marchandise,
Non seulement entre les gents d'Eglise,

Mais le Seigneur, le braue Cheualier
Pour maintenir l'honneur de son colier,
Ou pour gagner (le marchant en trafique,
Comme il feroit du drap de sa boutique.
Pour en auoir tu dois mettre en auant
Tout ton esprit, si tu veux que sçauant
Chacun te tienne : & n'estre comme vn ombre
Qui ne sert plus au monde que de nombre.
Et si tu veux de l'argent emprunter,
Courtoisement aprens à bonneter :
Et s'il te faut euiter vn dommage,
Ou bien vn coup faire à ton auantage,
Fais pour vn cinq vn sept à ton besoin :
Mais s'il te faut reculer au plus loin
Ton creancier, fais par dol qu'il attende
Trente ans & plus la dette qu'il demande.
S'il faut payer, inuentif & malin,
Malade & foul, contrefais Patelin,
Et fains mourir plustost que rien tu payes,
Comme affronteur & grand bailleur de bayes.
  Parle tousiours de ce que moins tu sçais :
Fais semblant d'estre vn Barthole en procez :
Et fais aussi profession de riche,
De grand, de noble & non d'auare & chiche:
Mets en auant des antiques parents,
(N'estant connu) qui sont des aparents
De nostre France : apres de la richesse
Discours subtil auec telle finesse,
Que riche & noble enfin tu sois tenu,
Encor que soit petit ton reuenu.

V iij

Et bien que peu de depence tu faces,
Et que du soir le reste tu gardasses
Pour le matin ; Pourtant feindre il te faut,
Que tu mengeas & perdris & leuraut,
Et que souuent tu changes de viande,
Estant vn peu de nature friande.
L'Italien & l'Espagnol sendant
Souuent à iun s'en va curant sa dant :
Auoir tu dois vn ventre de burelle,
Et de velours, à la mode nouuelle,
Vn beau cappot : mais fais du cuir d'autruy
Large courroy, comme on fait auiourdhuy,
Quand tu seras à vne estrange table,
Goulu mengeant du mets plus delectable.
   Montre vouloir ton propre cœur donner
A ceux à qui tu te veux addonner :
Et ce pendant que ton offre on accepte,
Auise toy de faire quelque emplaite
De leurs deniers : il te sera permis
De t'enrichir aueque tes amis.
   Il n'est sçauoir que Poureté ne gâte :
Mais cil demeure aussi qui trop se hâte,
Le corps en l'air & l'ame par les champs :
Par art se faut garder des arts mechants :
Pour ce ne suy lourdaut & mal adêtre,
Ces metiers là, qui font pendre leur maître :
Ains Charlatan, cauteleux & mattois,
Change souuent de langage & de vois,
Et tu viuras comme on vit à cette heure :
Sinon tousiours poure & sçauant demeure.

FRANÇOISES.

La poure vie a cela de piteux,
De rendre aux Grands moquable vn souffreteux.
  Ie veux encor qu'austere tu ne blames
Ceux-là qui sont vn peu suiets aux femmes,
Ains que plustost tu y tiennes la main,
Comme n'ayant rien en toy d'inhumain.
Cette façon de beaucoup est prisée,
Et des plus grands la plus autorisée.
Il faudra donc par tous moyens tâcher,
De prester aide au peché de la chair,
Et s'efforcer en toutes sortes plaire,
De tels secrets estant fait secretaire.
  Recherche enfin d'auoir par tous moyens
Que tu pourras, richesses & moyens :
Puis que tu vois que l'or & la richesse
Tient nostre cœur tousiours en alegresse,
Qu'elle fait taire vn malin enuieux,
Et qu'vn sçauant sans biens est odieux :
Lors tu auras vne Muse parfaite,
Qui te fera Philosophe & Poëte,
Et t'aquerront soudain plus de sçauoir,
Que toy sçauant n'en sceus iamais auoir.

SATYRES
FRANCOISES,

LIVRE IIII.

Par le SIEVR DE LA FRESNAIE VAVQVELIN.

A Monsieur Vauquelin Seigneur de Sassy, &c. Conseiller du Roy & son premier Auocat au Parlement de Normandie.

AVQVELIN, qui tout plein, de bonté, de rondeur,
N'aspires vainement à la sotte gran-
deur :
Mais ferme t'apuyant sur les vertus
antiques,
Qui reluis en honneur en nos choses publiques :
D'vne part ie sçay bien que tu me reprendras,
(En ayant le pouuoir) lors que tu entendras,

FRANÇOISES.

Que trop libre ie suis, trop franc, trop temeraire,
De me vouloir montrer aux vices si contraire,
Et qu'vn sage conduit ses mœurs selon le tems :
Iamais d'estre repris les Grands ne sont contens :
D'ailleurs ie me promets que tout plein de franchise,
Tout plein de verité des la naissance aprise,
Bontif tu me loueras de montrer, comme au doy,
A chacun ce qu'il voit tout ainsi comme moy :
Et pesant à la fin, suiuant ta grand' prudence,
Les deux opinions, peut estre la balance,
De ton pur iugement, penchera du côté
Ou te pousse en ton cœur la nette verité :
Et que tu me diras, cher Neueu, ie te loue
De ton gentil courage : & franchement i'auoue
Qu'en tes vers tu dis vray : si chacun librement
Parloit comme tu fais, tout iroit autrement.
Comme les medecins feroient de la vipere,
Feroient du Crocodille vn vnguent salutere
Contre vn autre venin : les malins reprenant
Ainsi tu vas les bons aux vertus retenant.

 Cher Oncle, ie repons, qu'heureux sont les Poëtes,
Qui sont leus, qui sont veus, pour leurs Muses parfaites.
Mais à grand' peine vn seul voudra lire mes vers :
Puis ie crains les montrant à tant de gents diuers,
Que quelque vicieux dedaigné ne se fache
D'ouïr que hardiment aux vices ie m'attache :
D'autant que la pluspart, dignes d'estre repris,
Pluſtost qu'estre louez, voyant que ie descris
Leurs fautes, leurs pechez, auront horreur de lire
Les discours repreneurs de ma libre Satyre.

Et qu'il ne soit ainsi, Qu'on choisisse d'entre eux,
Le meilleur, le plus saint, le plus vaillant & preux,
Aussi tost on verra dans leur vulgaire bande,
Que l'Auarice à l'vn vsuriere commande,
Et que l'Ambition vn autre esclaue tient,
Que l'autre epris d'Amour de Dieu ne se souuient,
Ains, comme vn moucheron, se brule à la chandelle:
Que l'autre en sa grandeur se maintient par cautelle:
Fait le grand, & tenant vn Soldat menasseur,
Du poure villageois est iniuste opresseur.
Ils craignent en cela que d'vne dent mordante,
Ne les pique en leur cœur ma Satyre piquante.
Craignants ainsi mes vers, des vers ils parlent mal:
Ils haïssent Horace, & Perse, & Iuuenal :
Et disent, Gardez vous, car ce toreau-la porte
Du foin dessus la corne, il frape en mainte sorte :
Fuyez le de bien loin, quand à hurter s'est mis,
Il ne pardonne pas à ses meilleurs amis :
Il porte sur la croupe vne claire sonnette,
Qui dit aux approchans, il frape, qu'on s'en guette:
Personne il ne respecte, vn Prince il fraperoit,
Et les plus grands Seigneurs iamais n'epargneroit,
Pourueu que tout le monde à son plaisir il tire ;
Et qu'il face en riant aussi les autres rire :
Et cela qu'vne fois il graue en ses escris :
Il veut qu'il soit par cœur de toutes gents apris :
Il veut que les laquais, les vieilles qui à peine
Reuiennent du moulin, du four, de la fonteine,
Le content à chacun : & que les carrefours
Par vn Echo public resonnent ses discours.

Or oyez ie vous pri', ma responce au contraire :
Premierement ie di, Que ie ne veux pas faire
Du Poëte & ne l'estre : & mesme que ie veux
M'oster d'auec ceux la, qui sont grands & fameux :
Car pour sçauoir des vers ietter à l'auenture,
Et sylabe à sylabe accoupler leur mesure,
Cela n'est pas assez : ni d'aller tout courant,
D'vne prose rymee en ses vers discourant :
Ni dire des propos qui d'vn iargon vulgaire
Se parlent tous les iours entre le populaire,
Ne fait pas le Poëte : & de ce braue nom
Sont dignes seulement les hommes de renom,
Ces Homeres brulans d'vne ardeur dedans l'ame,
Dont Phœbus amoureux leurs beaux esprits enflame:
Desorte que leurs vers sur hauts suiets conceus,
Sont tous à l'enfanter des neuf Muses receus.

C'est pourquoy ie ne mets qu'à peine la Satyre,
Entre ceux du iourdhuy qu'on voit le mieux escrire.
Mais i'asseureray bien qu'elle est comme vn miroir,
Ou l'homme ses vertus & ses vices peut voir :
Car l'homme s'y mirant, son admirable glace,
Ne montre seulement quel il est en sa face :
Mais iusqu'au fond de l'ame il s'y voit tellement,
Que vices & vertus il voit ouuertement :
Et celuy qui s'y voit apres aux flateries
De soymesme il ne croit : blames & menteries
Ne luy donnent d'ennuy : soymesme il se reprend,
Et soymesme il connoit ce qui sage le rend.
Et parmi le dous ris du gosseur Satyrique,
Tousiours quelque eguillon de la vertu nous pique.

Auisons donc comment peut ainsi l'enuieux
Prendre de la Satyre vn soupçon odieux?
   Iamais premierement elle n'occit personne:
Des articles secrets à Iustice ne donne
Contre les malfaiteurs : & iamais l'innocent
Par elle de dommage en son cœur ne ressent :
Et celuy qui vit bien (ayant la main pucelle,
Et l'ame sainte & vierge) a plaisir auec elle.
D'elle l'homme d'esprit ne se tient point piqué,
Ni d'elle le prudent ne s'estime moqué.
Pourquoy donc, Enuieux, prenant mine de sage,
Ignorant & craintif, veux tu luy faire outrage?
Tu fais mal, ie veux bien que telle basse gent
Comme toy, pour mes vers ne mette point d'argent.
Ie suis content encor que iamais aux boutiques
On ne trouue mon liure aux grand's Foires publiques:
Ni qu'il soit recherché par tous ces hommes vains,
Qui n'ont que de la glus pour gluer en leurs mains.
   A personne mes vers iamais ie ne recite,
Sinon à mes amis, ausquels il m'est licite
De decouurir secret mon imperfection,
Ayant aueque moy d'humeur quelqu'vnion :
Encore bien souuent à ce faire est forcee
La volonté du cœur parlante en ma pensee :
De tout temps i'ay hay de Poëte le nom,
N'estant assez sçauant pour auoir ce renom :
I'ay tousiours volontiers fait honneur au passage,
A ceux qui pretendoient par là quelque auantage.
I'endurois vn chacun sçauant estre loüé :
Et pour tel l'ignorant i'ay souuent auoüé :

Ie faisoy mesme honneur aux dames qui galantes,
En cet Art pensoient estre habiles & sçauantes.
Ie cedois aux sçauants : & de long temps ouurier,
Courtois ie leur donnoy la palme & le laurier :
Ie ne vouloy mon nom à leur dommage estendre :
Ni sur mes compagnons auantage pretendre.
 Mais lors que ie voyoy, d'vn vol audacieux,
Ces beaux ieunes rymeurs s'en voler iusqu'aux cieux,
Ie craignoy qu'aprochant de ces lumieres belles,
Le Soleil ne fondist la cire de mes ailles.
Tousiours, viendras-tu dire, à poindre tu te plais,
Et faux garçon encor à propos tu le fais :
Car furetant par tout les secrets de Nature,
Tu donnes à chacun doucement sa pointure.
Qui t'a baillé ce dard que l'on voit elancé
Contre ces ieunes gents qui ne t'ont offencé ?
 Celuy qui son ami poind & pince en absence,
Qui ne le defend point quand vn autre l'offence,
Et qui gossant desire en faire rire autruy,
Et de remporter gloire en se moquant de luy,
Qui de luy plaisantant conte quelque nouuelle,
Qui le secret receu mal à propos decelle :
Cher oncle, ie te prie, fuy cet ami moqueur :
Car il a l'ame noire & venimeux le cœur.
Il est du tout mechant : & sa langue menteuse
A ceux qu'il va flatant par apres est trompeuse.
 Mes vers ne sont pas tels ils disent verité :
Si ie di quelque chose en plus grand' liberté,
Que ie ne deueroy, cette audace ainsi prise,
Par ta permission me doit estre permise :

A tels enseignemens dés que i'estoy petit,
Mon pere en me flatant graue m'assuietit.
Mon fils, me disoit il, voy la depence folle
D'Arnaut, qui plus du sien ne possede vne dolle :
Tout l'amas que son pere auoit sage amassé
Est auiourdhuy mangé, decretté, fricassé.
Bel exemple à seruir de bride à ta ieunesse,
Pour conduire ton bien d'vne meilleure addresse,
Et ne suiure le trac de tous ces debauchez,
Qui de leur courte ioye enfin seront fachez.
Te contentant du tien n'augmente ta depence :
Pour viure sans emprunt, tousiours pense & repense.
Et ne suy point les ieux, les masques ni putains :
Marche aux chemins d'hōneur, ils sont les plus certain
Quand tu seras plus grand quelque sçauante bouche
T'instruira mieux que moy des raisons que ie touche,
De tant d'exemples vieux & des belles vertus
Dont nos bons deuanciers estoient iadis vestus.

Comme vn pale fieureux qui rioteux desire
Quelque chose contraire au mal qui le martire,
Quand il voit qu'on luy dit que son voisin est mort
Pour estre opiniatre, il oit pour reconfort
L'auis du medecin : & d'vn poureux courage,
Quelque facheux qu'il soit auale tout bruuage.
Ainsi le des-honneur, la reproche d'autruy,
Fait que des tendres cœurs est le vice fuy.
Souuent par ces moyens i'ay corrigé ma faute,
Et gaigne dessus moy cette victoire haute,
De n'apporter dommage à personne qui soit.
(Vn vice i'ay d'ailleurs que chacun sçait & voit,

Qui digne est de pardon : le long âge, peut estre,
Ou mon propre conseil m'en pourront faire maistre.)
Car quand seul ie m'en vay dans nos bois pourmenant,
Ie ne manque à moymesme : & souuent raisonnant,
Ie dy, ie feroy mieux de viure en cette mode :
Il faut qu'à la raison prudent ie m'accommode,
I'en seray beaucoup plus agreable à chacun.
Mais si ie fais cela, c'est contre le commun,
Il m'en faut engarder : tousiours faut mettre peine,
Que le salut public soit la loy souueraine :
A mes amis ainsi mes faits ne deplairont,
Et les bons par renom sans me voir m'aimeront.
L'autr'hier ie fis cela d'vne ame trop legere :
Auiourdhuy ie me suis transporté de colere,
mais ie ne seray si prompt vne autre fois,
Ie veux sans violence à tous estre courtois.
  Voila comme à part moy, de mes leures serrees,
Cher Oncle, ie discours les matins & serees :
Et le temps qui me reste en mon peu de loisir,
Aux lettres ie le donne aux vers ie prens plaisir :
I'imite, ie traduits, i'inuente, ie compose,
Apres les anciens, ore en vers, ore en prose :
Et ce vice est celuy dont ie suis accusé,
Comme estant du plaisir des Muses abusé.
Auquel si tu ne veux, d'vne prudente ruse,
Toy mesmes aporter vne courtoise excuse,
Les Poëtes François au secours me viendront,
Qui d'estre de leur bande encor te contraindront,
Et faudra que marqué d'vn laurier sur la teste,
Auec eux d'Apollon tu celebres la feste.

SVR LE TOMBEAV DE
luy-mesme long temps apres decedé.

 Honneur de nostre siecle, Esprit de vertu plein,
Qui dans la terre ayant acheué ton voyage :
Aux Cieux es retourné iouir de l'heritage,
Qu'Abraham te gardoit au milieu de son sein :
 Or' que du Tout puissant tu contemples à plain
Les rayons eclairants de son diuin image,
Les beaux lambris dorez & maint diuers etage
De son Palais celeste ouurage de sa main.
 Falaise, que tu as en regrets delaissee,
Vne tombe t'auroit bien plus grande dressee,
Que du grand Mausolé le somptueux monceau :
 Mais elle ne pourroit egaller ton merite :
Car quand toute voudroit te seruir de tombeau,
Pour couurir si grand' perte elle est par trop petite.

A Hierôme Vauquelin Sieur de Meheudin lors Conseiller du Roy au Parlement de Rouen & depuis Aduocat general.

Ie iure que le Roy Henry second, iamais
Ne se reiouit tant de la prise de Mets,
De Tionuille & Calais, que i'eu d'eiou-
    issance,
D'entendre qu'en bon lieu tu prenois aliance :
Et me fut ce plaisir mile fois redoublé,
Quand ie sceu qu'au Senat pour ton fait assemblé,
Tu auois remporté par ton docte merite,
A ta reception loüange non petite.
Que puisses tu long temps, exerçant grands Etats,
Viure heureux & content, sans quitter les ebats
Que la vertu permet ; las ! Dieu n'a fait la grace
De viure longuement à ceux de nostre race !
Pour ce, enseignant Minerue, à toy mon cher frercux,
De t'eiouir souuent conseiller ie te veux :
Car quand on entreprend la charge d'vn nauire,
On mesnage vne femme à vouloir bien conduire,
On n'est point sans affaire : & pour se soulager,
Il faut d'vn cœur ioyeux son labeur aleger.
Alors que nostre vie est iointe à la Fortune,
Aux Etats aux grandeurs aux richesses commune,
Elle est du tout semblable au rauage soudain,
D'vn ru bourbeux qui vient du iour au l'endemain :

X

Car elle est toute trouble, elle est toute fangeuse,
Rauineuse, bruyante, à son abord facheuse,
Et dure peu de temps: ce torrent à pied sec
Vont les femmes passant, & les enfants auec,
Apres qu'à moins d'vn rien sa fureur est passee,
En vn moment se perd la fortune amassee.

Nostre vie au contraire estante constamment
Conioincte à la Vertu son ferme fondement,
Elle est toute pareille à la fontaine nette
Dont l'onde est immortelle argentine & clairette,
Boüable, non troublee, abondante en son cours,
Des pasteurs alterez la ioye & le secours,
Elle inuite en passant à boire la personne:
A qui de sa belle eau liberalle elle donne.
Il faut donc, cher cousin, suiuant nos bons ayeux,
Conioindre à la Vertu, nostre heur & nostre mieux,
Et non à la fortune: & d'vn gaillard visage,
Entre tant de brouillis ne perdre le courage.

Quand ie pense comment les ans des ailes ont
Pour s'enuoller de nous: & qu'enuieux ils sont
De nos iours accourcis, ie deplore sans cesse
De cet Estre mortel la facheuse detresse:
Et ie di, bien heureux ceux la qui sans tourment
Peuuent passer leur vie en tout ebatement!
Autrement la vie est vne prison amere,
Vn profont Ocean de tristesse & misere,
Vn magasin d'ennuis, d'aguets, de faussetez,
Qui sont, comme espions, tousiours à nos côtez,
Si l'homme prudemment sage ne s'en depestre,
S'il ne passe ses iours de ses passions maistre,

FRANÇOISES.

Aux doux plaisir qu'apporte vn peu d'oisiueté :
Et s'il n'est craignant Dieu, soigneux de sa santé,
Dependant tout autant, que si la destinee
Deuoit en ce iour la terminer sa iournee,
Et repargne de mesme auec vn tel moyen,
Que s'il viuoit tousiours du monde citoyen :
Tandis faisons tousiours vn peu de bonne chere :
Car on ne sçait s'on peut le lendemain la faire :
D'autant qu'en moins d'vn rien cent mile estranges cas
Nous peuuent auenir : & tel tire au tresp̃as
Le soir, qui le matin au leuer de l'aurore
Dispost, sain & gaillard se gambadoit encore.

  L'homme est bien oublié, qui se flatte & deçoit
Pour estre ieune & fort, & tandis n'aperçoit
La mort à son talon : l'ay veu porter en biere
La fille pensant estre à sa mere heritiere :
Le ieune aller deuant son grand pere chenu,
Dont en herbe il tondoit desia le reuenu.
La Mort commune à tous, sans fard ni tromperie,
Vient ainsi comme aux Rois au peuple hostelerie :
Chacun comme il arriue est assis en honneur,
Et le moindre souuent prefere le Seigneur.

  Mais en ce siecle dur la sagesse est si rare,
Et la gent d'auiourd'huy tant aueugle & barbare,
Que bien qu'elle ne soit immortelle ici bas,
D'vne souddaine mort aucune peur n'a pas :
Elle met seulement & son cœur & sa cure,
A la richesse vaine, à l'amas à l'vsure :
Tant plus elle a de bien en foison abondant,
Et tant moins elle va de ce bien dependant.

X ij

Et si fort croist aussi le desir tyrannique
De l'or cruel bourreau du possesseur inique,
Qu'il ne permet iamais viure ioyeusement
Celuy qui se soufmet à luy villainement :
Bien qu'vn grād Prince enfin plusieurs duchez assemble
Il ne seroit content quand il auroit ensemble
Et l'Europe & l'Afrique : il mourra conuoiteux,
Chetif entre ses biens estant necessiteux.

 Cependant moquons nous de tant d'amas ensemble
Ce peu que nous auons que beaucoup il nous semble :
N'ayons plus desormais de desir sans raison :
Et si pleine d'argent n'est point nostre maison,
Et si nous n'auons point vn grand nombre d'herbages
De prez, de bois, forests, campaignes, pasturages,
Et là mile harats, mile troupeaux bellants,
Toreaux & bœufs membrus, & genissons beulants,
Des châteaux, des contez, des bourgs, des baronnies
Des fiefs, des marquisats, duchez, chatelenies :
Si nous sommes contents de ce que nous auons,
Plus heureux mile fois que les Rois nous viuons.

 Toutes les cours des Rois d'ennuis sont toutes pleines
De traisons, de soucis & d'ambitions vaines,
N'aimant point le repos des Muses souhaité,
Ni d'vn esprit gentil la douce liberté.
Comme fait ton Brethel, qui doué de belle ame,
Tousiours brulant au cœur d'vne sincere flame
De rendre au grand Conseil à tous iuste equité,
Recherche neaumoins la Muse & la gaité.
Que diray-ie des Roux tes vertueux beaufreres ?
Qui sortis du Palais hors du bruit des affaires,

D'vne douce musique ou d'vn plaisant discours,
Reueillent plaisamment quelquefois les amours ?
Ou bien au Bourthouroude aux ombres ecartees,
Au chant des Rossignols vont passant les nuitees ?
Saintebeaue tenant alors entre ses bras
Vne Venus conioincte à la chaste Pallas,
Fait que mon Saint Aubin tout plein de gentillesse,
Desire estre embrassé d'vne telle maistresse.
 Ah, seul i'aymeroy mieux librement viuoter,
Que les grandes maisons en bombance habiter.
I'ay tousiours du pain en repos & en ioye,
Sans qu'en necessité trop dure ie me voye,
Pour n'estre point vestu d'vn or estrangement,
Ne laisse pourtant d'estre bien proprement,
Sans estre bigarré, sans que ie me parfume,
Et sans qu'à me farder femme ie m'accoutume ;
Ie n'ay force gents estaffiers & valets,
Ie ne suis logé dedans vn grand Palais,
Aussi dans ma maison aucun ne m'empoisonne,
Le poignant penser nuit & iour point n'y donne,
Ni la peur qui souuent accompagne les Rois
Sur la Principauté dessous les riches toits,
De sorte que l'argent ni leurs aises friandes
Ne leur peuuent oster ces aflictions grandes :
Ie suis plus content d'vn appareil petit,
Et d'vn soupper d'amis bien saulcé d'appetit,
Que parmi les faisans, friandises, delices,
Qu'ont les Princes tousiours en leurs mets & seruices.
Et qui voudroit, bon Dieu ! nauigeant sur la mer
Dans quelque belle Nau pleine d'or abismer ?

T iij

Et qui voudroit aussi dans maison somptueuse,
En pauillons, en tours, en donions orgueilleuse,
Desirer de passer ses cours ans en souci,
Des orages des vents estant à la merci ?
O qu'il vaudroit bien mieux auec sa pastourelle,
Dans vn buron couuert de bardeaux & d'aisselle,
Pasteur aupres des bois ne viure que de fruits,
Qu'estre en grande maison accompaigné d'ennuis ?
Et se voir appipé d'vne langue flateuse,
Qui double nous deçoit par sa voix cauteleuse ?
Tousiours au tour des grands bouffons & flagorneurs
Couurent leurs cœurs masquez de mile faux honneurs
Adorant seulement l'homme à l'heure presente,
Le quittant si de luy la fortune s'absente.
    Viuons doncques ioyeux sans enfermer le pain,
Comme fait Tarentel, qui n'est qu'vn ord vilain,
Bien que Noble il se die & qu'en tapisseries
Il montre glorieux des siens les armoiries,
Qui de fables souuent sa famille repaist,
Et qui de vieux habits refaçonnez se vest.
    Il ne faut toutefois si fort prodigues estre,
Qu'ainsi ne vous auint qu'au bon Seigneur du Hestr
Quand il eut tout mengé vescut plus longuement
Qu'il n'auoit estimé des son commencement :
De sorte que cherchant d'huis en huis sa pitance,
De sa prodigue vie il fist la penitance.
Mais tu sçais, cher cousin, qu'entre l'extremité
D'auare & prodigue est la liberalité :
Vertu que nous suiurons, d'autant qu'elle outrepasse
De toutes les vertus, les beautez & la grace,

Toussours vivant ioyeux : ioyeux doncques vivons,
Et par fois les ebats des doctes sœurs suivons :
Et cete breue vie en prudence paisible,
Plaisamment en repos passons s'il est possible.
Las ! comme on ne voit pas, apres un rude Hyuer,
Mais presente on la voit, l'Irondelle arriuer,
On ne voit point venir la vieillesse chenue,
Mais on est ebahi qu'on la trouue venue :
Et que sans y penser on voit d'un œil marri,
Desia de tous côtez, son chef estre fleury.
Ha, que i'ay de regret qu'en ma ieunesse pleine
Ie ne sauouroy pas la liesse soudaine,
Que l'âge m'aportoit : sans preuoir que les ans,
Qui viennent par apres ne sont pas si plaisans,
Et que sur nostre chef la neige respandue
Rend la vigueur du val ia toute morfondue.
Ce qui m'en reste aussi ie le veux menager,
Afin que s'il me faut du monde deloger,
Ie ne parte à regret pour n'auoir pas suiuie
La volonté de Dieu menant ioyeuse vie,
Sans chagrin, sans ennuy, sans depit, sans courrous,
Ie le veux reconnoistre ici pere de tous :
Roy des rois, mais si grand, si prudent & si sage,
Que sans autre conseil il conduit son ouurage
Ainsi comme il luy plaist : sans force ie suiuray
Le temps & la saison du siecle ou ie viuray,
Comme il ordonnera : laissant en terre estrange,
Les auares voguer des Gaddes iusqu'au Gange :
Et bien que chez eux soient les biens à grand' foison,
A l'abandon des flots, delaissant leur maison,

X iiij

SATYRES

Ils vont cherchant ailleurs la corne d'Amaltee,
Qu'en leur front suls vouloient ils trouueroient plantee
Et souuent rencontrant vn naufrageux ecueil
Du ventre des poissons batissent leur cercueil.
Pyrrhes en conuoitise, & qui iamais ne mettent
De borne à leurs desirs : ains plus ont plus souhaitent.
Conuoitise affamee as tu iamais pensé
Que bien tost l'vsufruit de la vie est passé ?
Quel forfait ne commet vne ame conuoiteuse ?
Cheflet ensanglanta sa dextre maupiteuse
Au sang d'oncle & de tante, & n'epargna sa sœur
Pour estre de leurs biens iniuste possesseur ?
Et par vn dous arrest il souffrit la torture
Aueque moindre mal, que celuy qu'il endure
Dedans sa conscience en son cœur bourrelé,
Pour n'auoir ce messait aux tourments reuelé.

Fuyons, Cousin, fuyons la conuoitise auare,
Et tousiours la vertu suiuons comme vn clair phare,
Qui rapelle les naux en vn tranquille port :
Et ioyeux cependant sans redouter la mort,
Ni sans la desirer, ebatons nous à l'aise,
Quelquefois es coutaux des roches de Falaise,
Quelquefois à chasser le lieure ou le connin,
Quelquefois à pescher en ton beau Mebeudin,
Quelquefois à passer sous le frais des ombrages,
Auec plaisans discours le temps en nos bocages,
Ou soit de ton Perron, soit de nos Iueteaux,
Soit de nostre Boissay, la maison des oiseaux.
Et toy brulant encor de l'amoureuse flame
De ta belle gentille & vertueuse femme,

FRANÇOISES.

tu te deroberas auec elle à bec art
seulet pour la baiser en quelque coin à part,
Et dans le plus touffu d'vne ombre reculee
Attiedirez l'ardeur que vous tiendrez celee :
Alors, peut estre oyant les ramiers amoureux
Roucouler, se baiser bec à bec deux à deux :
Et d'vn autre côté les chastes tourterelles
Rendre leur doux plaisir en tremoussant des ailles,
Vous recommencerez en si plaisant seiour
Vnis & vigoureux les ebats de l'amour.
Moy de l'autre part feingnant vne autre affaire,
Seulets ie vous lairray dans ce lieu solitaire,
Pour haster le souper : ie diray ce discours
A ma chere Philis, & lors de nos amours
Nedirons quelque chose & du temps qu'en liesse
En nos bois nous passions nostre tendre ieunesse.
Iamais sur le mont d'Ide abondant en ruisseaux,
Paris & son Oenone en gardant leurs troupeaux
Sous les cedres ombreux, sur la belle verdure,
Oyant des ruisselets le delicat murmure,
Eeurent tant de plaisir en leur printemps nouueau,
Quand ils grauoient à force aueques vn couteau,
Leurs noms entrelassez sur l'ecorce des hestres,
Que nous en eusmes lors en nos beaux lieux champestres
Regrettant n'auoir pas, bien que sans grand renom,
Vescu seulets ainsi que Bauce & Philemon.
Or donc, cher Vauquelin, tousiours il nous faut suiure
En repos la vertu : s'esiouir & bien viure :
Se contenter du sien, porter d'vn cœur ioyeux
Et le bien & le mal de ce monde ennuieux.

Celuy qui vit ainsi, fait que de sa memoire
Cent ans encor apres se raconte l'histoire.

Sur le trespas de luy mesme estant lors Aduocat general du Roy au mesme Parlement.

Helas! quand ie croyoy, ton sçauoir rare & sain
Pour le Roy du public la haute charge prendre,
Et qu'on voyoit chacun la main humble te tendre,
Comme aux plus vertueux que la fortune craint,
Helas! le Ciel t'a pris & le monde te plaint!
Rouen te regrettant, de pleurs mouille ta cendre!
D'ailleurs ta ieune Epouse à tous fait le cœur fendre
Rompant sa cheuelure & plombant son beau teint!
Argenten & Falaise à toute heure en lamente!
Mais sur tous, Vauquelin, Apollon s'en tourmente
Autant comme il faisoit des plus prudents iadis.
Mais quand du monde entier tu aurois eu les palmes
Tu n'aurois iamais eu de iours si doux & calmes,
Que ceux que Dieu te donne en son beau Paradis.

A François Vauquelin Cheualier, Baron de Bazoches &c.

OVVERT de belles fleurs
en l'Auril de ton âge,
Ayant de la valeur les beaux
fruits au courage,
Capitaine tu as entre mille
guerriers,
Mené des gents de pied, con-
duit des caualiers :
Sçais-tu point, cher Cousin, d'ou vient que l'arrogance
De ces Soldats s'egalle aux Nobles de la France ?
Est ce point que le Noble ennemi de vertu,
Auiourdhuy sous le vice a le cœur abatu ?
Que les Nobles sans plus d'ombres, de reuerences,
Montrent de leur vieil tronc les vaines aparences ?
Et qu'vn petit Soldat, vn gendarme tout gueux,
Aussi mechant qu'ils sont, se tient aussi grand qu'eux ?
Car si leurs deuanciers ils suiuoient à la trace,
Recherchoient leurs vertus, ne diffamoient leur race,
Ie croy que ces galants ne s'enhardiroient pas
De vouloir imiter tant seulement leurs pas ?
  Mais bien faire le grand est chose aussi commune,
Ordinaire & facile aux mignons de fortune,
Qu'aux Nobles anciens. Car ceux qui sont menez
Par argent ou hasard (encor qu'ils n'y soient nez)

Aux honneurs, aux Estats, incontinent ils sçauent
Tout ce qu'il y faut faire & la Noblesse brauent :
De sorte qu'entendus, tous nouueaux apprentifs,
Ils deuiennent soudain tresgrands de trespetits.
La Vertu n'est plus rien que vent & que parolle :
Chacun fait bonne mine & sçait iouer son rolle.
Voy tu point, comme moy, que tous ces mal apris,
Autre qu'ils ne deuroient vne grandeur ont pris ?
 Chacun d'eux fait le grand, fait le Roy, fait le Prince,
Chacun veut sa maison gouuerner en Prouince,
Chacun se decounoist & veut son nom changer,
Chacun sous d'autres mœurs veut les siens engager.
La damoiselle veut que Madame on l'appelle,
La dame en son ouuroir veut estre damoiselle :
Chacun veut estre Noble & faire le Seigneur,
Prendre les mœurs des Rois & des Princes d'honneur,
Imiter leur marcher, saluer de la nuque,
Retrousser la moustache & hausser la perruque :
Et depuis que d'Espagne & d'Itale est venu
Le flateur Baise-main au deuant inconnu,
Que les Princes, les Ducs, ont pris ce mot d'Altesse,
L'ombre pour le Soleil fut pris de la Noblesse.
Ie veux conclure enfin, qu'on ne trouue coquin,
Maraut ni sergeanteau, ni bouffon ni faquin,
Ni clergeon de finance & petit secretaire,
Qui ne vueille estre grand & les grands contrefaire.
Le bas vulgaire croit, que le vin que le pain
Des grands, est d'autre goust, & fait d'autre leuain,
Que celuy dont il vit : ne s'auisant mal sage
Qu'il entre de science en vn apprentissage.

Las! Peuple, vois tu point, que le contentement
Ne gist qu'à se sufire en son entendement?
　Or si tu fusses né dans le fonds d'Arabie,
Ou sur les sables cuits de la chaude Libie
(Tant est grand du pays le gracieux amour)
Tu ne desirerois echanger ton seiour,
Pour viure plus heureux en nostre Europe grasse:
Pourquoy doncques ainsi né d'vne poure race,
Sans vouloir t'enrichir plein d'apre passion,
Ne taches tu pluſtoſt en la condition,
Ou premier tu fus né, viure en paix & liesse
Que courre miserable apres cette grandesse?
Qu'inuenter les moyens, au dommage de tous,
De te faire montrer au nombre de nos lous?
Auec l'œil eblouy, non de l'œil de prudence,
Tu vois ce qu'on dit grand, deceu par l'aparence.
　Ce Peuple ne croit pas, que les plus haut montez,
Sont le plus fort des vents de misere agitez:
Et ne voit que le riche a tousiours la tempeſte,
Et l'orage & les flots grondants deſſus ſa teſte:
Et d'vn cœur conuoiteux ne deſire irrité,
Que des montagnes d'or & de l'auctorité:
Et ne voit que le monde heureux tel homme appelle;
Que qui verroit depres l'ennuy qui le martelle,
Il ne voudroit changer cette felicité
Auec l'eſpoir chetif de ſa calamité.
　Ah ce ſont de beaux mots ſans effect que de dire,
Vn tel eſt bien heureux, il a ce qu'il deſire!
Mais pour les faire vrais, il faudroit plus grand heur,
Qu'eſtre d'vn peuple bas honoré par grandeur:

Tel semblera d'vn Dieu, qui viura miserable,
Aux chams, en la maison, en son lict, en sa table.

Qui tient le premier ranc auprés de nos grands Rois,
Qui dans nos Parlements a la premiere vois,
Et qui peut le mieux faire au Peuple remontrance,
N'est souuent le plus sage au bien de nostre France :
Mais seul sage est celuy, seul prudent & sçauant,
Qui de ce monde voit le Vray, qui bien souuent
A face de mensonge : & qui dans le nuage
Connoist la Verité qu'ennubloit vn ombrage.
Mettez-le dans vn four, tousiours vn sage voit
Vn rayon par lequel ce beau Vray s'aperçoit.

Heureux aussi n'est pas celuy qu'on voit reluire
Par Estats, par Thresors ou par grandeur d'Empire :
Mais celuy qui sçait bien commander à propos
Aux apres passions qui troublent le repos :
Et qui ne laisse point, d'vn cœur pusilanime,
Emporter aux fureurs la raison magnanime :
Qui prudent se deffend du conuoiteux desir,
Qui vient vn homme auare en ses liens saisir :
Qui sçait mettre le frein, qui sçait tenir la bride
A tous les appetits que la luxure guide :
Qui se range au deuoir quand Nature l'epoind,
Et non pas au vouloir qui de raison n'a point :
Qui s'efforce constant viure dous & paisible,
Et qui se réiouit autant qu'il est possible:
Ie croy que cestui-la se peut heureux iuger,
Pouuant sous la raison ses passions ranger :
Et croy qu'il est tout franc des bestiaux caprices,
Des quintes, des humeurs, ou bien souuent les vices

embarrassent vn homme, & des soupçons soudains,
Où l'on se trouue pris par haine & par dedains :
Volontiers le secours ie prendroy d'vn tel homme,
Et volontiers pour luy ie m'en irois à Rome.
  Mais en vain on voudroit que pour me maintenir
Contre les durs malheurs qui peuuent auenir,
Ou que pour me vanger d'vn ennemi contraire,
Ie deusse vers les Grands de ce temps me retraire.
Car il me souuient trop du cheual genereux,
Qui libre, qui gaillard, errant auentureux,
Mendia le secours de l'homme pour apprendre
Comme il pourroit vainqueur à la course se rendre
Du Cerf aux vite-pieds : l'homme alors l'aprochant,
Le bride & l'enharnache, & dessus assourchant,
A force d'esperons & ruses adioutées
Luy fist vaincre le Cerf aux forests ecartees.
Mais l'homme du cheual s'aquist la liberté
Pour son loyer d'auoir le Cerf par luy domté.
Ainsi ie crains les Grands. Mais ie hay l'arrogance
D'vn qui les contrefait par sotte outrecuidance :
Et ie t'ayme sur tous, ô sage Vauquelin,
Qui fuis le vain conseil, & le discours malin
Du soldat malapris, qui te suit à la table :
Et qui cheris l'auis, le propos veritable
Du gentilhomme docte, & ceux dont les neuf Sœurs
Ont ensucré l'esprit d'agreables douceurs.
L'Esprit des Du bellay, maison de ta compagne,
Ni celuy de Clairmont, ces Muses ne dedagne.
  Bref ie t'aime, ô Cousin, qui né d'vn tige vieux,
Et prens vn plus grand rang que faisoient nos ayeux.

Beaucoup de nos majeurs ont esté capitaines,
Et si n'eurent jamais les ames tant hautaines,
Que masquer d'ombres faux leur nom & qualité.
La pompe d'ici bas m'est rien que vanité.
Et qui veut vivre bien, il ne doit meconnoistre
Son pere ni les siens, ni l'endroit de son Estre :
Ni taire le surnom qu'il a dés le berceau :
Ni se dire Angevin quand il est né Manceau.

Au Sieur des Yueteaus Nicolas Vauquelin lors âgé de 14 à 15 ans.

Tv portes, mon cher fils, le nom assez fameux
De ton grand Bisayeul : c'est pourquoy si tu veux
Ensuivre ses vertus, tu as un exemplaire,
Sans le chercher plus loin, pour t'aprendre à bien faire
Si nous sommes soigneux des tableaux, des pourtraits,
Que les peintres nous ont de nos grands peres faits,
A plus forte raison le devons nous pas estre
De leurs belles vertus, que l'on deust voir renaistre
Peintes au vif tableau de nos comportements?
Davantage tu as cent mile enseignements
                                    Qu'apris

FRANÇOISES.

Qu'apris tu as de moy, soit ou de Phocilide,
D'Isocrate Hesiode, ou Theognis, qui de guide
Tousiours te seruiront, si tu remarques bien
Que le Sçauoir qui n'est pratiqué ne vaut rien.
  Tu es ieune, estudie en ta belle ieunesse :
Et tandis que tu l'as employe en alegresse
Le temps & la saison : car, mon fils, desmeshuy
Pour le tien tu n'auras iamais le temps d'autruy.
Ce n'est pas qu'il te faille alambiquer ton ame,
Pour bruslant nuit & iour la distiller en flame,
Car il est plus de temps que d'œuure, toutefois
Une saison se change en l'autre tous les mois :
Et des l'âge premier on prend vne habitude
D'aimer ou de haïr les Muses & l'estude.
  De nature tu n'es robuste ni puissant,
Pour des armes porter le fais rude & pesant,
Mais tu as vn esprit qui tenant de Mercure
Et du chantre Apollon, des lettres aura cure.
Peut estre ton puisné plus fort & vigoureux
Aura de nos ayeux ce mestier rigoureux.
L'estude ne t'est plus vne dure contrainte,
Et t'est vne coutume, ainsi que t'est la crainte
De Dieu, vers qui tousiours tu dois auoir recours :
Car vain sera d'ailleurs en tout temps le secours.
  Mais par sur tout, mon fils, ie te prie estudie
D'apprendre la sagesse & de former ta vie
A l'exemple des bons : & n'appren le sçauoir
Pour richesse ou profit quelque iour en auoir.
Tu seras assez riche ayant en ta ieunesse
Apris par les vertus à gagner la Sagesse.

Y

A n'estre point mechant, à n'auoir dans le cœur
Vn bourreau qui cruel te traite à la rigueur :
Car tousiours la Nature à mal faire est forcee,
Et qui faut connoist bien la faute en sa pensee.
 Si tost que le malin a commis vn forfait,
Il se fasche aussi tost au cœur de l'auoir fait :
La premiere vengeance & la plus admirable,
C'est que de son peché n'est iamais le coupable
Absous dedans son ame : estant iuge de soy
Tousiours il se condamne en miserable emoy,
Bien qu'il ait obtenu par faueur amiable
Vne absolution d'vn Parlement ployable.
 Fautif ne te pren pas, mon fils, a l'Eternel,
Comme s'il t'auoit fait pour estre criminel.
Bref il te faut garder, de sotte vehemence,
Accuser du haut Dieu la haute prouidence :
(Car rien n'est fait sans cause) ains prendre en bone part
Et les biens & les maux, ainsi qu'il les depart :
Vouloir tout ce qu'il veut : aussi iamais ne dire,
Que le mauuais est riche ayant ce qu'il desire :
Et que le vertueux est poure & souffreteux :
Le Sage n'est iamais de rien necessiteux.
En quoy penserois-tu que le peruers abonde
Plus que celuy qui bon sur la vertu se fonde ?
En meubles, en argent, en grand's possessions ?
Aussi penses-tu point à mile passions,
Dont iour & nuit son ame en songes agitee,
En transe derueillante est tousiours tempestee ?
Il n'en faut faire estat : mais plustost regarder,
S'il sçait auec ses biens, mieux que toy commander

A ses affections : & s'il a plus de bonté
Et plus de foy que toy : s'il fait autant de conte
De l'honneur, que tu fais : alors tu trouueras
Que beaucoup plus qu'il n'est, abondant tu seras
Possedant la vertu : cil plus riche demeure
Qui des richesses a la plus belle & meilleure.
  Ne sois donc point oiseux, & ferme te resous
A suiure en long habit la vertu comme nous :
Tu en auras plus d'heur qu'à suiure la maniere
Du gentilhomme ayant vne gentilhommiere
Vne grand'sale antique, ou pend es soliueaux
Vne corne de Cerf pour pendre les chapeaux,
Et les trompes de chasse, ou l'on voit vn menage
De gents, de chiens, d'oiseaux ainsi qu'au premier âge:
Nous en auons de mesme, en nos lieux tu pourras
Prendre pareil plaisir alors que tu voudras :
Puis vn valet de chiens vn maquignon en somme
Au monde fait autant que fait vn gentilhomme,
Qui ne fait que chasser & piquer ses cheuaux.
  Or ieune embrasse donc par courageux trauaux
L'estude & la science : apres auec ioye
Tu iouiras content d'vne si belle proye.
Aux honneurs paruenu, craignant Dieu puisses-tu
Le reste de tes ans t'eiouir en vertu.
(Comme Mimnerme a dit) si nostre vie humaine,
De labeurs, de tourments, d'ennuis est toute pleine,
Sans le plaisir des Arts & d'vn loyal amour,
Ie souhaite qu'alors il ne se passe vn iour,
Qu'en ieux & qu'en plaisirs, qu'en vers entre les Muses
La pluspart de tes ans ioyeusement tu n'vses :

y ij

Ayant vn naturel tellement adouci,
Que soucieux estant tu sembles sans souci:
Et gracieux faisant d'vne addresse prudente,
Qu'en public & priué de toy l'on se contente.

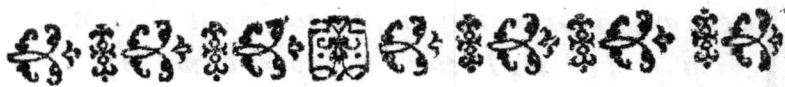

A Charles Vauquelin Abbé commandataire de S. Pierre sur dyue en Normandie.

AVQVELIN, que ie croy par la
diuine grace,
Estre choisi de Dieu pour tenir vne place
Sainte & belle en ce monde, ainsi qu'il n'y a brin
D'herbette, qui sa place ici ne tienne enfin:
Pourueu que la Raison en ton ame plantee
Soit maistresse du tronc ou c'est qu'elle est entee:
Et si tu veux par elle enfin tu trouueras
Comme parfait au monde & diuin tu seras.
  Car, ô mon fils, ie croy la grandeur infinie,
La grand' bonté de Dieu, par celeste harmonie,
Auoir formé tout l'homme à son diuin semblant,
A son diuin image, en luy seul assemblant
Tant de perfection, tant de rare excellence,
Et des ordres si beaux, qu'vne telle semblance
A bon droit fut iadis des plus sçauants nommé
(Ne pouuant luy donner de nom plus estimé)

Vn petit vniuers, vn abregé du monde,
Vn racourcissement de la machine ronde.
Car, bref en l'homme sont tous les dons precieux,
Dont sont ornez la terre & les ordres des cieux.
  Et si chacun goustoit que par don de Nature
Tresexcellent & digne, il est la creature
De ce grand Dieu puissant, qui mesme de chacun,
Ainsi qu'il est des Dieux, est le pere commun,
Iamais ne penseroit en son ame supresme,
Rien de bas, rien de vil, rien d'abiet de luymesme.
  Or si quelque grand Prince, ou si quelqu'Emperour,
Ou quelque Duc fameux ou quelque autre Seigneur,
T'auoit donné sa fille vnique en mariage,
Te faisant heritier du superbe heritage
D'vne grand'Royauté : peu d'humbles se verroient,
Qui de ton front hautain l'audace porteroient.
Si doncques, ô mon fils, tu te reconnois estre
Vn enfant fils de Dieu, qui des Rois est le maistre,
T'en priseras-tu point dauantage, di moy ?
T'en veux-tu point secret glorifier en toy ?
Vn fils est de plus pres ce me semble qu'vn gendre :
L'heritage des cieux possession à prendre
Plus digne qu'vn duché. Di moy doncques pourquoy
N'es tu point glorieux d'estre fils d'vn tel Roy ?
Et d'estre l'heritier d'vne Royauté telle.
Qu'aux cieux la iouissance en demeure eternelle ?
  Mais pourquoy fils de Dieu, cela ne faisons nous,
Pour auoir des cette heure vn Royaume si doux ?
Ah, cela ne se peut si promtement connoistre :
Car le corps prend de terre, & l'ame prend son Estre

y iij

Des cieux maison diuine : estants ensemblement
La raison & le corps meslez confusement
Deslors que nous naissons : puis on voit peu de Sages,
Qui sachent de ces deux distinguer les vsages :
Par le Corps la Nature en commun nous depart,
Auec tous animaux, vne aliance à part :
Par l'esprit nous auons commune la Prudence,
La Raison, le Discours, la haute intelligence
Aueques l'Eternel : mais ces naturels maux,
Que nous auons communs auec les animaux,
Nous rendent la pluspart enclins à vouloir suiure
La nature mortelle en sa façon de viure.
 Mais peu, qui sont bien peu, suiuent l'affinité
De la Nature iointe à la diuinité.
Ce petit nombre suit, cet' heureuse partie,
Que Dieu diuinement en nous a departie :
Puis tous ayants besoin vser de tout ainsi,
Que le cœur dit qu'on doit en bien vser aussi :
Ce peu, ce petit nombre ayant la connoissance
(S'y sentant obligé comme dés sa naissance)
Qu'il faut garder sa foy, que honte il faut auoir
De ne se ranger pas à faire son deuoir,
A bien la preuoyance en son ame excellente,
D'vser à tous propos de ce qui se presente,
Selon l'occasion : & si ne pense pas
En son cœur rien d'abiet, rien de vil, ni de bas :
Ains tousiours peu à peu d'eleuer il essaye,
L'essence de son corps par l'essence plus vraye.
 Mais le grand nombre fait au contraire autrement,
Quel, dit il, me voy-ie estre ? homme plein de tourment

Vne chair miserable, vn iouet de fortune,
Que la calamité nuit & iour importune :
Les animaux, qui sont les hostes des forests,
Ceux qui pendent en l'air, ceux qui vaguent apres
En l'Ocean, ne sont suiets aux loix seueres
Où l'homme est empestré par cent mile miseres.

 Mais on luy peut respondre : as-tu rien de meilleur
Que ta flouette chair ? que ton corps, que la peur
De te voir afligé ? tu as bien dauantage,
Puis que tu es de Dieu la semblance & l'image.
Pourquoy, chetif, as-tu chose de si grand pris,
Par vn contemnement à dedain & mepris ?
Que plustost n'oublies-tu cette chair, qui trop fiere,
Tient en captiuité ton ame prisonniere ?
Eleue ton esprit, voy des cieux la hauteur,
Aux cieux tu trouueras où gist ton Createur.
Et sorti d'vn bon lieu, voudrois-tu doncques faire,
Quelque chose qui fust indigne de ton pere ?

 Or pour prendre legers les choses du dehors,
Et priser moins les biens de l'esprit que du corps,
Nous delaissons à part nostre nature bonne,
Et changeons autrement souuent nostre personne.
Tantost nous deuenons comme lous rauissants,
Quãd traitres nous guettons nos voisins moins puissants:
Tantost lions aussi, quand pleins de mile rages,
Nous sommes rapineux, barbares & sauuages :
Nous sommes la pluspart tantost comme regnarts,
Qui nous entr'abusons par mile sortes d'arts :
Tantost nous sommes Ours, lors que par violence,
Des poures souffreteux nous humons la sustance :

y iiij

Tantost Cameleons flateurs sous faux semblant,
Toutes autres couleurs nous prenons fors le blanc :
Tantost aigles goulus, & tantost des Harpies
Par qui seroient des Rois les viandes honnies.
Tantost nous sommes faits comme infames corbeaux,
Qui vont sur la charongne & les puants tombeaux,
Quand sur les vices seuls des hommes par enuie,
Nous nous iettons goulus, taisant leur bonne vie.
Ce qu'ont les animaux en eux de monstrueux,
Et ce qu'ont de venin les serpents tortueux
D'Afrique & de Lybie, en l'homme il est des lheure
Que la part de son corps la plus forte demeure.

   Il faut donc auoir soin de n'estre enuelopé
En ces calamitez ou l'homme est attrapé.
Car qui regarde à soy, qui l'ame raisonnable
Separe des façons du corps tousiours mourable,
Et qui pense l'homme estre vn petit vniuers,
(Ou sont autant de biens que sont de maux diuers)
Par la part de l'esprit, la part la plus parfaite,
Il rendra l'autre part du corps à luy suiette.
Et comme le mechant deuient vn animal,
Il deuient bon aussi comme vn Ange sans mal.

   Garde donc que ton Monde à la fin ne ruine,
Puisque tu es eleu par la Grace diuine
A le rendre parfait : aisement tu le peux,
Si l'esprit de ton corps faire maistre tu veux.
Et s'il te souuient bien, que iamais ne faut faire
Rien qui ne soit en soy digne de Dieu ton pere.
Autrement trebuchant au gouffre des desirs,
Entre les vanitez, entre les vains plaisirs,

FRANÇOISES.

Comme on voit auiourdhuy beaucoup de personnages,
Qui bestes vont de Dieu paissant les pasturages)
Vn monstre tu seras, desloyal, imparfait,
Fils ingrat oubliant le bien que Dieu t'a fait.

A Guillaume Vauquelin sieur de la Fresnaye,
apresent Lieutenant general au Bailliage
& Presidial de Caen.

ON fils, plus ie ne chante ainsi comme
autrefois :
Ie suis plein de chagrin, ie ne suis plus
courtois :
Seulement tout hargneux ie vay suiuant la trace,
De Iuuenal, de Perse, & par sur tous d'Horace,
Et si r'estens ma faux en la moisson d'autruy,
I'y suis comme forcé pour les mœurs d'auiourdhuy :
Les Muses ne sont plus en cet âge ecoutees,
Et les vertus au loin de tous sont reiectees.
Les ieunes de ce temps sont tous achalandez
Aux boutiques des ieux de cartes & de dez,
Beaux danseurs escrimeurs, qui mignons comme femmes,
Couurent sous leurs habits les amoureuses flammes :
La pluspart tous frisez, d'vn visage poupin,
Suiuent des le berceau les Dames & le vin,
Et vont par les maisons muguettants aux familles,
Au hasard de l'honneur des femmes & des filles.

Te voila de retour : fous le Ciel de Poitiers,
Tu n'as pas cheminé par de plus beaux sentiers :
Car à iuger ton port, à regarder ta face,
Tu as de ces mignons la façon & la grace.
Mais tout mis sous le pied, il est temps de penser,
En quel rang tu te veux maintenant auancer,
Le temps à tous moments nostre âge nous derobe :
Ie te iuge aussi propre aux armes qu'à la robe.
La malice du siecle & Mars tout debauché,
T'a comme l'vn des siens, en son Estat couché.
Mais ce seroit ton heur si d'vne ame prudante
Tu suiuois la Deesse & guerriere & sçauante.
C'est le meilleur d'auoir, en la ieune saison,
Des armes pour les champs de l'art pour la maison.
   Aime Dieu cependant & marchant en sa crainte,
Garde que sa lumiere en toy ne soit eteinte :
Elle te conduira par les obscurs detours,
Ou tu chemineras desormais tous les iours.
Car toûsiours la ieunesse est la plus agreable,
Qui porte sur le front vne douceur aimable,
Montrant par ses discours à chacun en tout lieu,
Qu'en son ame est empreinte vne image de Dieu,
Et qui par des effets pleins d'vn gentil courage,
Fait goûter de bon fruict, des son apprentissage.
Comme on connoist au geste, au port, au mouuement,
Quelquefois des Mortels le bon entendement :
Ainsi par les façons, la grace & la posture,
On remarque souuent vne sote Nature.
C'est pourquoy cette grace il faut bien asseurer,
Et toûsiours aux vertus constamment aspirer.

Mais sur tout du Deuoir il faut sçauoir l'vsage,
Si tu veux bien iouer ici ton personnage
Porter à toutes gents selon leur qualité,
L'honneur & le respect qu'ils auront merité :
Aimer ceux de ton âge & que tes mœurs aisees,
Pour leurs facilitez des hommes soient prisees :
Et modeste & secret ne parler sans propos,
Et par tout sans medire apporter du repos.

Apres à tes parents montre toy debonnaire :
C'est vn mepris de Dieu qu'orgueilleux leur deplaire.
Quand il est commandé de son pere honorer,
Et d'aimer ses prochains sa mere reuerer,
Dieu ne nous a promis, que bons seront nos peres,
Nostre mere bien sage & vertueux nos freres :
S'ils sont bons, ce nous est vn auantage heureux :
Les chastiments des bons ne sont point rigoureux.
Ne fais pas comme Argon, qui cruel & seuere,
Se rid des maudissons & de pere & de mere,
Et dit qu'il ne s'en chaut ne l'ayant merité,
Et que leur maudisson part d'vn cœur irrité,
Qu'ils ont long temps vescu que trop les peres viuent,
Quand les enfans âgez en misere les suiuent,
A leur trepas aussi les fils ne sont marris :
Le pleur de l'heritier sous le masque est vn ris.
Ha, tels qu'ils sont Argon il faut qu'on les comporte,
Qui veut de la raison tenir la regle forte.
S'ils ne font leur deuoir ils ne t'excusent pas
De ne faire le tien. S. Arlemont ne fait cas
Du deuoir honorable ou Nature l'oblige,
Veux tu donc, comme luy, coupper vn si beau tige,

Et te ietter au fond d'vn gouffre deuorant ?
Le forfait du mauuais du nostre n'est garant.
Si de mechansseté contre toy Berland vse,
Cela pour en vser ne te sert point d'excuse.

Si tu as par hasard, auec gents de raison
Des biens à debrouiller, c'est heur en ta maison
D'en rencontrer de tels : s'ils sont deraisonnables
Tu ne feras pourtant des actes miserables.
Puis qu'il te faut auoir vn chesne, vn if, vn pin,
Vn noyer, vn erable, vn hestre pour voisin,
Il te faut supporter d'vn patient courage,
(Sans point les saccager) leur pente & leur ombrage.
Vray que quand tu aurois, au lieu de piquants houx,
Des lauriers pour voisins, l'ombre en seroit plus doux
Et ton bon heur plus grand. Mais ces poignants bordag
Feront sembler plus beaux ceux de tes iardinages.
D'autrepart ne sois point, d'vn cœur malicieux,
Dessus le bien des tiens miserable enuieux.
Si tu trouuois vn roc à tes pieds de rencontre,
Tu t'en detournerois pour ne hurter au contre :
Tout ainsi de l'enuie ecarte toy, depeur
Qu'elle ne fasse point à bas broncher ton cœur.
Quand le vice t'assaut resiste à sa poursuite :
Des armes de vertu sa force on suppedite.
Il ne faut chercher loin que c'est que le peché,
Nous auons dans le cœur ce secret attaché.
Ce que le cœur nous dit estre faute c'est faute :
Nous l'y portons graué par la Maiesté haute.

Qui sçait bien à part soy dans son cœur consulter
Tousiours vn saint conseil Dieu luy vient apporter.

Sur tout ne sois ingrat, c'est vne tache infette,
Qui noircit la blancheur de l'ame la plus nette.
Garde toy d'auarice, elle perd quelquefois,
Comme celle du peuple aussi l'ame des Rois.
Que sert à Vallandry d'auoir de viues sources,
D'or, d'argent & de biens pour emplir mile bources
S'il meurt de faim aupres, s'il n'en prend du plaisir
Et s'il n'en peut iamais contenter son desir?
Si tu as donc vn iour des biens en abondance,
Sois en courtois aux tiens, sans vser d'arrogance:
Mais tout humble en faisant liberal ton deuoir,
Montre auec tes amis vn bien commun auoir.
Connoy de ces amis les façons ordinaires,
Et des plus depiteux supporte les coleres.
Attendant la saison vn arbre en l'an suiuant,
Rapportera son fruict ainsi qu'au parauant.
Endure du malade, il a desia, peut estre
Bien enduré de toy : son frere il faut connoistre.
Cheri les amitiez, qui longues dureront
Et les inimitiez qui bien tost finiront.
Mais on hait bien souuent les hommes qu'on offense:
Et souuent le bienfait de mal se recompense.
Mais qui ferme se tient au Roc de la vertu,
Du courrous orageux n'est iamais abatu.
Tu es vn peu colere, euite les orages,
Qui d'vn courrous trop promt agitent les courages.
Emprisonne chez toy pour vn iour ton courroux,
Au matin il sera plus traitable & plus doux.

Tandis ieune trauaille, & par la vigilance,
Croy qu'aux biens, aux honneurs à la fin on s'auance,

Trauaille en tes beaux ans, en tes ans plus parfaits,
Pour porter plus content de tes vieux ans le fais :
Trauaille à t'eleuer aux vertus excellentes :
Les ans coulent toufiours comme les eaux coulantes.
Comme apres la faifon tant de fruits plantureux
Perdent en pourriffant tous leurs gouts fauoureux ;
L'âge premier fe paffe : & la vieilleffe blanche,
Long temps apres les fruicts ne demeure en la branche.
Le Soleil retiré dans fa couche du foir,
La nuict ne tarde guere à fe faire apparoir :
La vie eft comparable au vin, quand il n'en refte
Qu'vn petit, il s'aigrit : Le friant le detefte :
Ieune mets peine donc te voyant appellé
Aux armes & aux loix d'eftre à tous deux meflé.
Et toufiours la vertu prens pour ta feure guide,
Sans lafcher aux defirs de ieuneffe la bride.
Capable te rendant des armes & des loix,
Des exemples tu as de tous deux à ton choix
Entre ceux de ton fang : Mais fans grande prudence,
L'vn confomme bien toft vne grande cheuance,
Et l'autre s'il recoit de Dieu la beniffon,
Conferue plus long temps les fruicts de fa moiffon.

A Iean Iacques Vauquelin Seigneur de Sacy.

ON fils, fi tu voulois faire de grands
voyages,
Tu t'enquerrois fouuent des lieux & des
paffages,

où tu deurois passer, des chemins qu'ont tenus
des braues voyageurs qui seroient reuenus :
Or tu t'en vas au monde, enquiers toy quelle etoile
conduira ta nauire auant que faire voile :
En reuiens, si tu veux le Typhis ie seray
Qui les routes des Mers le premier te diray.
  Mon fils, qui veut entrer en la forest mondaine,
D'epines, d'eglantiers, de haliers toute plaine,
Pour estre bien conduit il faut inuoquer Dieu,
Qui bon guide t'addresse à la voye, au milieu
Des chemins, des detours, des sentes ecartees,
Qui sont des gents d'honneur seulement frequentees.
  Celuy qui s'entremet à faire le Seigneur
En la maison d'autruy, d'en estre gouuerneur
En l'absence du maistre, à la fin on le chasse,
Ou bien on le punit de son aueugle audace.
  Tout ce grand Vniuers n'est qu'vne grand' Cité,
Où l'on ne doit rien faire auec temerité.
Vn grand Prince y commande, il veut que toute chose
S'establisse & s'y face ainsi comme il propose :
Comme tu te verras estre enclin montre toy
Prompt à te conformer au vouloir de ce Roy :
Au vouloir du grand Dieu, qui te fera connoistre
En quel rang tu pourras en la Cité paroistre.
Il a mis dans ton cœur vne belle clarté,
Pour t'eclairer par tout suiuant sa volonté :
Suy doncques sa conduite & ne debas au contre,
Toute clarté s'enfuit quand le Soleil se montre.
  Si tu estois poullain dispost & hennissant,
Assailly dans vn Pré d'vn lion rugissant,

Ce qui seroit en toy soudain il faudroit faire,
Ou tu serois meurtri d'vn si fort aduersaire :
Mais estant vn Toreau defendre il te faudroit:
La Nature à combatre aussi tost t'aprendroit.

Quand le destin nous pousse & que le Ciel octroye
A quelqu'vn d'assieger vne ville de Troye,
Qu'il se montre vaillant vn autre Agamemnon,
Par prudence & valeur estendant son renom:
Et qui peut vaincre Hector, qu'il se montre vn Achil
Combatre Rodomont à Roger fut facile.
Recherche ta Nature en toy mesme & ton heur:
Si timide tu es ou si plein de valeur.

Qui veut comme vn indigne, vn causeur, vn Thersi
Entreprendre à monter en haut lieu sans merite,
Il n'y paruiendra point, ou bien s'il y paruient,
Comme homme tel qu'il est, Fay-neant on le tient.

Mon fils, pense tousiours estre homme & considere
Ce qu'vn de ton calibre entreprendroit de faire.
Suy tousiours la raison, sans lacher le cordeau
A viure sans courage aussi doux qu'vn agneau,
Et sans trop le roidir, à viure aussi farouche,
Qu'vn tigre qu'vn Lion qu'on surprend en sa couche.
Examine depres ton inclination,
Et forme là dessus vne perfection :
Et de bonne heure prens vn doux port, vne grace,
Qui ne soit par trop humble & qui soit sans audace,
Portant tousiours respec conuenable à chacun,
Tant au grand au moyen qu'au vulgaire commun :
Mais aime par sur tous, ceux là qui sont aimables
Par la seule vertu, qui les rend desirables.

Car

FRANÇOISES.

Car tant plus vertueux & prudents ils seront,
Autant meilleurs & bons, plus fort ils t'aimeront.
Et comme un amoureux qui sera bien fidelle,
Ne laissera d'aimer sa maistresse rebelle,
Pour luy voir quelque trait de facheux au sourci:
Qu'ami de la Vertu, tu ne laisses aussi
De l'aimer & cherir pour la trouuer facheuse:
La dificulté rend l'ame plus courageuse.
Si les hommes muets ne t'ont assez apris,
Et si tu ne te plais à lire tant d'escris,
Les hommes bien parlants te pourront mieux aprendre:
Un parler vif pourra beaucoup sçauant te rendre.
Homere descriuant d'Vlisse la vertu,
De sciences & d'arts ne la pas reuestu:
Mais il luy fait sçauoir les mœurs & les coutumes
De cent peuples diuers, sans voir tant de volumes.
En voyageant de mesme aprens pour tes leçons
De ceux que tu verras les mœurs & les façons.
Tu as desia conu quelque part de la France,
As veu le Languedoc & la belle Prouence.
Des ieune tu peux ailleurs bien voyager,
Et te faire abile homme auant que te ranger
A l'ordre qui t'est deu. Tandis fais qu'à ton âge
Commande le Deuoir plustost que le courage,
Aimant & reuerant ceux que tu dois aimer,
Sans te faire hagart des tiens mal estimer.
Sur tout sois patient, d'vne ame moderee,
Qui la grace rendra de ton port asseuree.
Chasse au loin le chagrin, le depit outrageux:
Et sois point defiant, ne sois point ombrageux:

Z

Comba d'vn cœur ioyeux toute melancholie :
Jamais aux songes vains prisonnier ne te lie :
Exerce toy le corps à tous plaisans trauaux,
A sauter, à danser, à dresser des cheuaux :
Si ton esprit s'addonne à la Menagerie,
De peu tu pourras faire vne grand' Seigneurie.
Et si tu veux attaindre aux honneurs pres du Roy,
Beaucoup y sont montez qui sont moindres que toy:
Mais attents que ton âge encor verd se meurisse,
Et que de tes beaux ans le beau cours s'accomplisse.
 Si pendant que la glace en son morne cristal,
Empesche les ruisseaux de rouller en aual,
Et que les arbres veufs de leur perruque verte,
De neige & de frimats ont la terre couuerte,
Tu demandois des fruits qu'assaisonne l'Esté,
Qu'assaisonne l'Automne en sa grand' meureté,
Comme des abricots, des griotes, des guignes,
Cerises, bigarreaux, & des raisins aux vignes,
Tu n'en trouuerois pas : mais le temps attendant,
Tu auras tous ces fruicts que tu vas demandant.
Le temps aporte tout : la patience aporte
Ce qu'il faut à chacun en diferente sorte.
Et mesme tes amis te quittant sans raison,
Reuiendront si tu veux attendre la saison.
Sois doncques patient : & soit ton ame duite
A prendre tousiours Dieu pour ta seure conduite.
Tout honneur te suiura, si tu suis, Vauquelin,
Le bien ou tu seras par ta nature enclin.

A Monsieur le Blais Conseiller du Roy au Parlement de Rouen.

MON cher le Blais dont le beau iugement
Comme vn Soleil reluit au Parlement,
Dont l'amitié coniointe à l'alliance,
A ta vertu me fait auoir fiance :
[...] que de toy, de tous autres i'entens,
[...]e prendre femme ainsi tu pretens,
[...] resolu par vn conseil bien sage,
[...]e veux mettre aux loix du mariage :
[...]me le cele & si ne sçay pourquoy :
[...] nul ce fait n'approuue tant que moy.
Si quelquefois par maniere de rire,
[...]m'as ouy quelques sornettes dire
[...] ieunes gents, qui tout d'vn coup s'en vont
[...]nic de pie, alors que femme ils ont,
[...]'y comprens neaumoins tout le monde.
[...]'autrefois qu'en raison ie me fonde,
[...]blame ceux, qui d'vn peril sortis,
[...] leur danger ne sont point auertis
[...]ne tenter derechef le naufrage :
[...]ns tout soudain rentrent parmi l'orage :
[...]urtant celuy qui n'y fut iamais ioint,
[...]mariant ie ne meprise point :
[...]dauantage encore ie t'auoue,
[...]e les garçons perpetuels ie loue :

Z ij

Mais ie ne blâme Anthoine ni Gautier,
Qui sous le ioug d'Himen se vont lier.
Malaisé ie montreroy ma vie
Estre au mechef des autres asseruie,
Puis son malheur il faut tousiours cacher.
Non, cher ami, ie ne veux t'empescher
De prendre femme, & plein de courtoisies,
De te soumettre aux loix que i'ay choisies.
Aussi i'ay dit plusieurs fois, qu'en bonté
Nul n'est parfait sans femme à son côté :
Et qu'on ne peut iamais viure sans blame
Ni sans peché, quand on viura sans femme :
Car qui de soy n'en a point, il faut bien
Qu'il en emprunte à quelques gents de bien.
Qui s'accoutume à goûter la viande
De ses voisins, d'vne bouche friande
Deuient glouton de cette chair d'autruy :
Et s'il vouloit d'vne tourtre auiourd'huy,
Demain il veut d'vne grassette caille :
Puis d'vn faisan il voudra qu'on luy baille.
Qui fait ainsi ne sçait en verité,
Que peut iamais valoir la charité.
Et de là vient que tant de bons chanoines
Sont si friands, & si goulus les moines :
Que ces Prelats au rouge accoutrement,
Que ces Abbez vestus pompeusement,
Estants nourris de cette chair paillarde,
Sans femmes ont la façon si gaillarde :
Car ils sont tous ces Asnes indiscrets :
Vous pourriez bien parler de ses secrets

FRANÇOISES.

O bons Romains, si la poureuse crainte
Ne tenoit point vostre langue contrainte :
Mais ie le voy sans vous l'ouïr conter :
Et rien de moy ie n'en veux reciter :
Ceux la qu'on voit brûler en ce martire,
Plus qu'ils n'en ont meritent encor pire.
Ie ne veux point parler des autres lieux,
Où les Ribauts se trouuent encor mieux.
   Or, cousin, prens femme si la dois prendre :
S'il se doit faire, hé fay-le sans attendre,
Que la vieillesse ait tes sens eblouys ?
Ainsi que fist le Sire dom Louys,
Qui vieillard prist vn Palfroy d'Angleterre,
Pour le porter en Paradis grand' erre :
Et comme a fait ton voisin glorieux,
Qui vieil a pris vn hobin furieux :
Car le vieil âge est trop plus conuenable
A bien seruir Bacchus en vne table,
Qu'au lict Venus : & puis on ne peint point
Hymen vieillard : mais ieune frais & coint.
Quand le desir le chaud vieillard allume,
De luy beaucoup il espere & presume :
Puis il se trompe & tout soudainement
Au rencontrer il iouste foiblement.
Et ce pendant des ieunes epousees,
Restant les fleurs du iardin arrousees,
Et ne voulant les laisser deseicher,
Elles s'en vont ailleurs de l'eau chercher
Pour leur secours, pouretes langoureuses !
Il n'est ainsi les langues dangereuses

Z iij

Aumoins à tous en secret le diront :
La Renommee euiter ne pourront,
Plustost le faux que non le vray semante :
Ce qui fait mal à la personne aimante
Son cher honneur : Mais tout cela n'est pas
Vn tel ennuy qu'on doiue en faire cas,
Pres de celuy que le Sire Guillaume
Dit arriuer souuent en ce Royaume :
C'est quand on voit au bers vn enfançon,
Puis deux petits aprenant leur leçon,
Et peu deuant vne fillette nee
Et le vieux pere aupres la cheminee,
Qui maladif n'a force ni moyen
De leur montrer le chemin du vray bien,
Pour esquiuer mile estranges trauerses
Pleines de fraude en leurs sentes diuerses.

    Prens doncques femme & ne fay pas ainsi
Comme ont ia fait plusieurs nobles ici,
Qui trespassez gisent en nos Eglises :
Leur dessein fut pour belles entreprises,
De non iamais libres se marier,
Depeur de voir trop d'enfants au fouyer :
Mais ne voulants poures en heritage
Se marier en l'Auril de leur âge,
En leur Decembre auecque blâme ils font
Pire cent fois : car au village ils ont,
Ou bien au bourg, trouué quelque voisine,
Et bien souuent vn souillon de cuisine,
Auec lequel ils se sont assortis,
Delà voyants quelques enfants sortis,

Menteurs enfin, d'vn cœur pufilanime,
Laches ont fait Noces de peu d'eftime
Pour ne laiffer leurs enfants nez batards :
On voit qu'ainfi tout le beau fang de Mars,
Bien allié par là fe defalie :
De tels vaillants eft pleine l'Italie.

Voila pourquoy tu vois en tant de parts,
Que la Ieuneffe aime peu les beaux Arts
Et les vertus, & que la pluspart d'elle,
Suit feulement la trace maternelle.

Te mariant, tu feras bien vrayment :
Mais au deuant penfes y fagement :
Car on ne peut par apres fe defdire,
Depuis qu'on a le traitté fait efcrire.
Or ie te veux confeiller en cecy :
Et te montrer ce que tu dois auffi
Suiure ou fuir : on doit en la fcience
Croire celuy, qui a l'experience.
Si tu vois donc, que ie touche le point
Par mon confeil ; ne le refufe point :
Et s'il n'eft bon reiette là ma rime :
Iamais l'or pur ne fera fans eftime.
Mais ie te veux dire premierement,
Que l'appetit tu fuiuras feulement,
Si l'ardant feu d'vne amoureufe flame
Te fait brulant pourchaffer vne femme :
Toute vertu tout honneur en elle eft,
Si preuenu d'amour elle te plaift :
Et n'y a Grec ni Latin qui te puiffe
Diffuader de luy faire feruice.

y iiij

Ie ne suis point pour montrer le sentier
A quelque aueugle au loin de son cartier :
Mais si tu sçais le blanc du noir connoistre,
Tu pourras voir quel mon conseil peut estre.

  Doncques voulant prendre femme, tu dois
Bien regarder à sa nature, ainçois
Quelle on tenoit auparauant sa vie,
Et quelle dame elle a depuis suiuie,
Et quelles sont & sa mere & ses sœurs,
Quel leur honneur & quelles sont leurs mœurs.

  Si pour le choix des bestes naturelles,
Nous regardons aux races & femelles,
Pourquoy depres aussi ne prendrons nous
Aux femmes garde ? animaux plus que tous
Fallacieux ? Tu ne vois de la vache
Naistre la biche : & la colombe lâche
Foible ne naist de l'aigle genereux,
Ni le milan du sacre auentureux :
Ni fille aussi d'honnestes mœurs pudique
Ne naistra point d'vne mere publique :
Outre qu'au trenc ressemble le rameau,
Elle a succé les mœurs dés le berceau,
Suiuant tousiours l'exemple domestique,
Sans en laisser vne seule relique :
Si que sa mere elle imitera tant,
Que bien souuent ira la surmontant :
Et si la mere en auoit trois ou quatre,
Auecques cinq elle voudra s'ebatre,
Et quelquefois auecques six ou sept
Puis tous venants enrêter elle sçait :

FRANÇOISES.

tout cela pour faire entendre qu'elle
n'est en rien moins plaisante, aimable & belle,
qu'estoit sa mere, & que la Deité
le luy depart vne moindre beauté.
  Il sera bon de sçauoir sa nourrice,
En quel endroit elle fait exercice :
Quelle compagne elle veut bien choisir,
Si pres des siens elle prend son plaisir
Ou bien en Court : s'elle est triste ou ioyeuse,
De douce humeur superbe ou glorieuse.
  Ne cherche point celle qui a pouuoir
De t'apporter plus de biens & d'auoir
Plus de noblesse & de vieille antiquaille,
Ayant grand suite & longue valetaille :
Mais qui le mieux à ta sorte conuient :
Tu porteras vn grand faix s'il auient
Qu'elle ait derriere estafiers, damoiselles,
Pages, laquais, & manieres nouuelles,
Vn foul, vn nain, auecques tout ceci,
De table & ieu des compagnons aussi ;
Qui te rongeant par gourmande alegresse,
T'aporteront misere en sa liesse :
Elle pompeuse & braue en tant de cas,
Sans chariot ne voudra faire vn pas :
(Bien que i'estime estre cette depence
Des moindres frais que pour elle on depence)
Or ainsi ne fais, qui seras des premiers
De la contree, à peine les derniers
Le voudront faire, & lors qu'vn homme est riche
Il ne doit point à sa femme estre chiche.

Si chaque iour Ardemire tu vois
Auoir vn coche & cheuaux & harnois,
Pour mieux paroistre à Paris souffreteuse,
Que deura faire vne riche & pompeuse ?
Si celle encor viuant moyennement,
Desire auoir du train honnestement,
Pourquoy n'aura de la suite & bombance,
Celle qui a des biens en abondance ?

 S'il te plaist donc l'extraite de haut lieu,
Ami, prens-là, te commandant à Dieu :
Et comme Vlisse aux beaux chants des Syreines,
Bouche l'oreille aux plaints aux cris aux peines,
A la vergongne, aux noises & tansons,
Dont on orra le bruit en tes maisons :
Mais garde bien quelque iniure luy dire,
Si tu ne veux mile fois ouir pire,
Et mile mots, qui plus fort piqueront,
Que les frelons & guespes ne feront.

 Plustost prudent, selon ton ranc, prens celle,
Qui ne mettra nulle vsance nouuelle
En ta maison, qui mesme ne voudra
Auoir du train plus qu'il ne luy faudra.

 Ie ne la veux de beauté qui soit telle,
Qu'à tous conuis sur toutes on l'apelle,
Ni que tousiours on vist conduit au bal
Des plus mignards ce gentil animal,
Chef de brigade & de bande plaisante,
Nouuelle dance à tous coups auisante.
Mais ie la veux de moyenne grandeur,
Sans grand' beauté, ni sans grande laideur :

FRANÇOISES.

Quand on prend garde, il y a, ce me semble,
Vn beau chemin entre les deux ensemble,
Ou beaucoup vont, qui marchantes ainsi,
N'ont la beauté ni la laideur aussi :
Et qui du tout s'elles ne sont plaisantes,
Elles ne sont aussi desauenantes.
A dextre donc prens que les belles soient,
A gauche ainsi que les laides se voient :
Que plus on va vers la dextre plus belles
Se trouuent là dames & damoiselles :
Que plus on tire à gauche on trouuera,
Qu'vn nombre grand de plus laides sera :
Qu'entre les deux il se trouue vne sente,
Ou la beauté moyenne se presente :
Si ou tu dois prendre femme, tu veux
Que ie te die, au milieu de ces deux
Ie te diray : n'allant à la main dextre,
Ni mesme aussi tirant à la senestre.

Si tu veux prendre vne grande beauté,
Demeure aupres, ou bien sa priuauté
Te fera voir en l'amoureux empire
Pour l'amour d'elle vn chacun en martire.
Et lors voyant maints amants la tenter,
Puis elle à deux voire à trois resister,
Ne prens pourtant sur l'espoir tant de gloire,
Qu'vn autre encor n'en eust pas la victoire.

Tu ne la dois prendre si laide aussi
Pour prendre ensemble vn ennuyeux souci :
Et ne la prens ni louche ni boiteuse,
Ni monstre dont Nature soit honteuse.

Louant du beau la mediocrité,
Ie blame aussi la grand' deformité.

 Ta femme soit debonnaire & gentile,
Douce faisante & propre & bien habile,
Qu'elle ne dorme auec les yeux ouuers,
Et que iamais ne guigne de trauers :
Car estre sotte & laide sans remede,
Est la laideur des laideurs la plus laide.
Lors que la sotte en quelque bronchement
Scandaleux tombe, il se va tellement
A tout chacun decouurant par les rues,
Que ses façons en tous lieux sont connues.
L'autre plus sage à l'œuure se conduit
Secrettement : & d'vn esprit plus duit,
Comme le chat, couure son immondice :
Vice caché bien souuent n'est pas vice.

 Or soit ta femme agreable de l'œil,
Humble, courtoise, & du hautain orgueil
Toute ennemie, & iamais ne rechine :
Qu'elle ne soit facheuse ni chagrine :
Et n'ayant point renfrongné le sourci,
Ne soit honteuse : & qu'ecoutant aussi,
En ta presence hardiment ne responde
Promte pour toy : mesme qu'elle ne gronde
S'on l'auertit, n'aimant à receuoir
L'oisiueté contraire à son deuoir.
Qu'elle soit nette & mignonne & iolie,
Et sans grands frais en ses habits polie.

 Si tu me crois d'Himen suiuant la loy,
Dix ou douze ans elle aura moins que toy,

Plus que toy vieille ou bien de pareil âge,
Ne la fais point commander ton menage :
Car puis qu'on voit le bon temps & les ans,
Plustost qu'en nous aux femmes se passans,
Elle pourroit te sembler en vieillesse,
Que tu serois en ta pleine jeunesse.
Et d'autrepart il faut que le mari
Ait ses trente ans : afin d'estre cheri
Pour sa prudence ; à cause qu'en cet âge
A la raison obeit le courage,
Et la fureur au voulloir, lors on sçait,
Sans puis apres se repentir qu'on fait.

Qu'elle aime Dieu Catholique & devote,
Et toutefois qu'elle ne soit bigote,
Voulant ouir plusieurs messes le iour,
Et visiter le paruis & contour,
Et de l'Eglise & des chapelles saintes,
Importunant les Saincts de leures feintes :
Qui veille encor les Beaux peres souuent,
Pour les pechez consulter au couuent :
Il sufira chaque iour d'vne Messe,
Et qu'elle en l'an vne fois se confesse.

Ie ne veux point qu'auec les Asnes vains,
Qui n'ont iamais de bats dessus les reins,
Elle pratique, & que chaque iournee,
Au confesseur soit pitance donnee
De la part d'elle ; on doit chasser au loin,
Ceux qui pourroient de femme auoir besoin.

Qu'elle aime aussi le naturel visage
Que Dieu luy donne, & ne mette en vsage

Ni le vermeil, ni le blanc, ce soucy
Soit laissé d'elle à celle de Moussy :
Bien qu'auiourdhuy chacune dame encore,
D'ornement faux son teint farde & colore,
Ie ne veux point qu'elle vse de cet art :
Ie croy qu'aussi tu ne veux point de fard.

 Si Villeblond sçauoit bien ce qu'il touche,
Quand Canarithe il baise dans sa couche,
Il seroit moins ce croy-ie depité,
Baisant vn cul de rongnes tout gâté.
Il ne sçait pas qu'on aporte d'Itale
Ce fard brassé de matiere fecale :
Car bien qu'il soit auec musc detrempé,
Le nez encor n'en peut estre trompé :
Il est vendu dans Rome par les Iuifues,
Qui l'excrement (auecques les saliues)
De leurs enfans circoncis detrempant
Meslant parmi de la chair de serpant,
Qu'à cette fin en reserue elles gardent :
O que de peine ont celles qui se fardent !
Combien encor d'ordes choses se font,
Qu'ores ie tais, quand seules elles vont
S'oignant par tout, lors que sous la paupiere
Le somne enfermé au soir nostre lumiere !
Si que ceux là qui les iront baisant
Ressentiront vn mal plus deplaisant,
Que s'ils baisoient à la Lune nouuelle,
Par chaque mois leur fente naturelle.

 Le sublimé, ceruses, vermeillons,
Poudres, biaque, eaux fortes & bouillons,

FRANÇOISES.

Dont tout est plein, font que si tost s'efface
Le beau vermeil de leur vermeille face,
Et que leur teint s'affadit sans couleur,
Et que leurs dents se perdent en douleur.
Ces belles dents qui leur furent si cheres,
Qu'elles tenoient si nettes & si claires,
Noires de rouille & de chancre se font,
Leur bouche encor puante se corromt,
Et d'orient l'enfileure ebrechee,
Leur langue plus ne tient clóse & cachee.
 La tienne donc ne se connoisse en l'art
De bien s'aider du vermeil & blanc fard:
Mais qu'elle soit aux ouurages sçauante,
Bien de la gaze & du filet s'aydante.
 Si tu la peux trouuer telle, vrayment
Tu pourras bien la prendre asseurement
Par mon conseil : apres s'elle se change
Ou que son cœur autrepart elle range,
Ou qu'au seruice elle ait vn familier,
Qui sur le front te plante vn andouillier,
Ou s'elle fait quelqu'autre œuure blamable,
Ou que son fruict ne se monstre semblable,
En le cueillant, à l'Auril qui paroit
Son beau Printemps dont tant on esperoit,
Tant seulement accuse la Fortune,
Qui t'est encor auec plusieurs commune :
Car tu n'auois negligent meprisé
Tout ce que peut faire vn homme auisé,
Pour empescher que d'apetit seduite,
Elle ne fust d'vn mesme esprit conduite.

Mais cestuy-la qui comme à l'estourdi,
Va se ietter d'vn courage hardi
Au fort de l'eau, prenant à l'auenture
Sans la choisir la premiere monture
Qui s'offre en place ; ou qui bien pis faisant,
Non chaste & bonne encor la connoissant,
La veut auoir, chargé de marchandise,
Qu'il voit & sçait n'estre de bonne mise ;
S'il sent apres trop hatif son ennuy,
Il ne s'en doit prendre sinon qu'à luy,
S'estant donné tout contraire à soy mesme,
De son malheur la peine plus extresme.

T'ayant donc mis à cheual assez bien,
Ie veux encor t'enseigner le moyen,
Comme tu dois le piquer & conduire,
Et de pied coy l'arrester & le duire.

Si tu te veux marier auiourdhuy,
Il faut du tout laisser le nic d'autruy,
Pour estre au tien, depeur qu'estant volage,
N'y vint nicher quelqu'oiseau de passage ;
Ta femme apres aime d'vn cœur constant,
Puisque tu veux qu'elle t'en face autant ;
Prenant plaisir à ce qu'elle veut faire
Puisque tu vois que c'est pour te complaire.
Si quelquefois elle fault, d'vn œil doux
Auerti-la sans entrer en courroux ;
Elle est punie assez quand la reprise
La fait rougir sans fard de honte eprise.
Mieux le cheual s'adoucit à la main,
Qu'auec la force à luy tirer le frein,

Et

FRANÇOISES.

t mieux le chien, par blandices courtoises,
Qu'estant couplé, te suit ou que tu vnises :
es animaux, qui sont bien plus humains,
Ne doiuent pas tousiours auec dedains
e corriger : ni moins, comme il me semble,
Auec le batre & la rudesse ensemble.
   Estime en toy, que compagne elle t'est,
Que d'estre esclaue à la femme il deplaist :
Que ce seroit, peut estre, la premiere,
ui se voudroit appeler chamberiere :
t n'estant serue on ne doit point auoir
us elle tant d'empire & de pouuoir.
   Tache tousiours d'accomplir ses demandes,
elles ne sont iniustes ou trop grandes,
t ton pouuoir luy complaisant ioyeux,
onserue la d'vn amour gracieux.
ne di pas que tu la laisses faire,
ans ton auis & ton sceu, son affaire
out à sa posté : & ne veux quand à moy
u'elle te voye en doute de sa foy.
   Ie ne deffens, quand l'honneste licence
e permettra qu'elle n'aille à la dance,
it en public ou bien soit en priué,
rs que le iour du bal est arriué :
i moins d'aller gaillarde endimenchee
u beau festin d'vne ieune accouchee :
ux grands banquets, aux Eglises ou c'est
ue la Noblesse & s'assemble & se plaist :
ans le palais, en la place publique,
e sage amant indiscret ne pratique,

Aa

Mais es maisons des comperes voisins
Ses rets subtils il tend aux larrecins,
Chez telles gents, comme chez la commere,
Qui peut seruir à couurir telle affaire.
 Beaucoup ont eu iadis opinion,
Pour du medire oster l'occasion,
Qu'on ne doit perdre vne Helene de veue :
Car aisement chose belle est perdue :
Et quand les bleds sans garde on laisse aux champs,
L'occasion fait les hommes mechants.
 Mets peine donc qu'elle n'ait compagnie
Mechante, en qui par trop elle se fie :
Regarde bien qui hante en ta maison,
Et si quelqu'vn y va point sans raison.
Mais il y faut pouruoir de telle addresse,
Qu'elle n'auise en cela ta finesse ;
Car te voyant defier de sa foy,
C'est vn suiet de se plaindre de toy.
 Bref oste luy de toute ta puissance,
Cause de faire au chaste honneur offence :
Afin qu'apres s'elle enfraignoit les lois
Du saint Hymen, coupable tu n'en sois.
Ie ne sçay point d'autre meilleure voye
Pour empescher que ne se donne en proye
La ieune dame à d'autre qu'à l'espous,
Si les moyens que i'ay dits tu fais tous.
Mais vne fois s'il luy prend fantaisie
De s'y donner estant en frenesie,
N'espere point de iamais l'en garder,
Et si sçaura tellement commander

FRANÇOISES.

ton conseil, que ta sagesse caute
uira mesme à luy couurir sa faute.
Il fut iadis vn peintre de renom
De qui ie n'ay souuenance du nom)
ui souloit peindre auec face agreable,
uec beaux yeux & beaux cheueux le Diable:
e luy faisant, ni les ongles griffus,
front cornu ni les cheueux touffus:
ins plaisamment vne chere eueillee,
mme au bel Ange allant en Galilee,
 le grand Dieu renuoya messager:
le peignoit, dispos, gaillard, leger,
nt que le Diable estima deuoir estre
grat tenu, sans ce bien reconnoistre,
que par luy vaincu d'honnesteté,
grand honneur luy pourroit estre osté:
u peintre en songe, en vne matinee
n peu deuant que l'aube ensafrannee
urist le iour) il s'aparut, disant
bref propos, qu'il allast auisant
qu'il voudroit, qu'il estoit ce beau diable,
il auoit peint en port tant agreable,
pres venu pour luy rendre merci,
e l'auoir peint si beau iusques ici:
que pourtant sans crainte il luy demande
qu'il desire: & que tost sa demande
obtiendra, voire peut estre mieux,
nt soit le don demandé precieux.
Le poure peintre ayant lors vne femme,
xcellemment belle sur toute dame,

A a ij

Dont toutefois il estoit fort ialoux,
Viuant tousiours en defiant courroux,
L'alla prier (puis qu'il luy permet dire
Cela que plus en ce monde il desire)
De luy montrer au certain la façon
Comme vn mari viura sans marrisson,
Bien asseuré que sa femme tresbelle,
Ne luy sera nullement infidelle.
Lors luy sembla que le diable vn anneau
Luy mist au doigt, luy disant, bonhommeau,
Tandis qu'au doigt tu auras cette bague,
Ne crains iamais que ta femme diuague.
Le peintre lors asseuré par ceci,
Qu'il pourroit bien sans vn ialoux souci,
Garder sa femme, en cœur ioyeux s'eueille,
L'esprit raui de si grande merueille :
Mais lors trouuant son doigt dans le fendu
De son espouse il fut tout eperdu.
 Or en son doigt cet anneau fermé tienne
Sans point l'oster, qui voudra de la sienne
Iamais vergongne ou cornes receuoir :
Et toutefois il aura beau l'auoir
S'elle ne veut, ou s'elle est disposee
De voir sa bague en autre doigt posee.

Epigramme du grec d'Apollodore à ce propos.

On ferme bien la maison forte,
On barre & verrouille la porte,
Bon portier aura beau faire,
Le chat & si l'adultere,
Entrent dedans en quelque sorte.

Du Naturel des femmes traduit de Naumache Poete Grec.

P. de Marchanuille Sieur du Rosel Thresorier general de France à Caen.

CHER du Rosel, ton bien qui n'est aquis,
Ta maison belle & tes meubles exquis,
Ton bel esprit & ta sage conduite,
Qui des meilleurs deuance le merite,

Font à beaucoup desirer de te voir,
Le ioug seruil de mari receuoir.
Or moy qui t'ayme à l'egal de moymesme,
Ie veux t'aider en ce hasard extresme,
En te donnant les vers d'vn bon Gregeois,
Que i'ay traduits estant ieune autrefois :
Ou tu verras que des femmes sans feinte,
Comme au plus pres la nature est depeinte.
Au moins voulant vne femme choisir,
Tu la pourras ici voir à loisir.
Ou si tu veux demeurer a ton aise,
(Depeur d'auoir vne femme mauuaise)
Tu te plairas à voir dedans ces vers,
Descrit au vray ce naturel peruers.

 Aux grand's maisons pour estre bien pourueues,
Il y faut voir des choses superflues :
Entre ce meuble, vne femme sera
Celuy qui plus superflu se fera.
Tu n'en as point. regarde en Simonide
Celle qui mieux de Nature se guide.
Comme on ne voit entre oiseaux tant diuers,
Qu'vn seul Phenis en ce grand vniuers,
On dit aussi qu'on n'en voit qu'vne au monde,
Ou la bonté parfaitement abonde.
Et toutefois tant d'hommes infinis
Pensent chacun posseder ce Phœnis.
Ie ne sçay pas, qui ce Phœnis possede :
Ie suis d'auis qu'en cet heur on luy cede :
Mais ie sçay bien que plusieurs ne l'ont pas,
Bien que leur femme ils estiment grand cas,

que souuent comme vn Ange honoree,
leur maison elle soit adoree.
Si tu estois marié comme nous,
te verrois encor meilleur que tous,
confesser que les maisons sans femmes,
nt comme corps priuez de belles ames.

Simonide.

Quand Dieu forma l'homme sa creature,
fist à part des femmes la nature.
Il en produit vne premierement
vne orde Truye, enfante salement.
sa maison sans ordre est son menage,
ns ornement à terre son bagage :
le n'est nette, & son meuble brouillé,
mme de boue est par tout barbouillé :
uec habits ords & pleins de souillure,
le s'engraisse assise en son ordure.
D'vne Regnarde vne autre il fist apres,
la malice en elle il mist expres :
it bien, soit mal, elle sçait toute chose :
mme elle veut sa face elle compose.
r elle est bonne & puis le plus souuent
lle est mauuaise ainsi comme deuant.
lon les gents elle prend mœurs diuerses :
t tousiours baille vn monde de trauerses.
Puis d'vne Chienne vne autre il fist aussi
t medisante il la fist tout ainsi

Aa iiij

Comme sa mere : en parole piquante,
Chacun allant importune abboyante.
Voulant tout voir, en tout elle osera :
Allant venant tousiours elle abboira :
Or' ci, or' la, regardant par la voye,
Iappe tousiours sans qu'aucun elle voye :
Tout veut sçauoir à tout veut regarder,
Et cependant ne cesse de gronder.
Ni son Mari ne pourroit par menace,
De son iapper faire abaisser l'audace,
Quand courroucé les dens luy casseroit,
Son importun abboy ne cesseroit :
Et bien qu'il vint d'vne bouche benine
Pour empescher cette façon chiennine,
Si se aupres l'hoste en douceur la prier,
Opiniâtre on la verroit crier.

 Vne autre il fist d'vne terre argileuse,
Pour estre à l'homme en tout temps dommageuse,
Soit bien, soit mal, autrement ne le sent :
Mais à manger tousiours elle consent,
Aprochant bien alors que l'hyuer dure,
Sa chaire au feu depeur de la froidure.

 L'autre que Dieu composa de la Mer,
Contemple la premier que de l'aimer :
Par fois si gaye à tous elle se monstre,
Que l'Estranger voyant cete rencontre
A la maison, telle l'estimeroit,
Qu'vne meilleure aimer on ne pourroit,
Ne trouuant femme en cette terre basse,
Qui parmi nous ait si courtoise grace.

FRANÇOISES.

Comme au contraire insuportable elle est,
Quand quelquefois à tous elle deplaist,
Soit du regard, soit de la rude aproche,
Ne permettant en courroux qu'on aproche
D'elle non plus, qu'une chienne allaitante
D'elle aprocher ne va point permettant.
Tout elle fache, & de pareille audace,
Ses ennemis & ses amis menace.
Comme parfois qu'un pilote en Esté
Voit l'Ocean sans estre tempesté,
Il s'esiouit. Mais par fois qu'irritee
Il voit la Mer de tourmente agitee,
Il fremit tout. De cette femme ici
De la Mer nee, il en prent tout ainsi.
Et puis la Mer a l'onde variable,
Se montre mieux à la femme semblable.

  Vne autre il fist de cendre qu'allier
Il sceut au sang d'vn Asne fardelier :
Qui par menace à grand' peine domtee,
Et du besoin peu à peu surmontee,
A la fin fait ce qu'il plaist à l'espoux :
Mange tandis au feu sur ses genoux :
Et nuit & iour derobe quelque chose,
Qu'elle engloutit seulette à porte close.
Mais au labeur que Venus entretient,
Souuent chacun elle prend comme il vient.

  Vne autre il fist du corps d'vne Fouine :
Espece en tout miserable & maline :
Elle n'a rien de beau ni de ioyeux,
Rien desirable ou d'aimable en ses yeux :

SATYRES

Ains de Venus les ieux elle deprise,
Et son Mari present elle maitrise:
Et derobant elle fait aux voisins
Maint detriment: mesmes en ses lareins
Point ne pardonne à la chose sacree,
Qui bien souuent par elle est deuoree.
   D'vne Caualle il fist vn autre cors,
Belle sur tout à voir par le dehors:
Qui hait de soy tout œuure mecanique:
Nette au trauail menager ne s'aplique,
Elle ne sçait l'ordure hors ietter,
Elle ne veut ni sasser ni bluter:
Car de lhonneur à ses habits veut faire
Sans les gâter. D'vn amour necessaire
Son homme elle aime, & mile fois le iour
Se nettoyant elle se fait l'amour,
S'oint & parfume, & soigneuse à grand' cure
De bien peigner toussiours sa cheuelure,
Que bien souuent elle ombrage de fleurs,
Faisant vn Ciel de diuerses couleurs.
C'est vn obiect à tous bien agreable
De regarder vne femme semblable,
Fors au Mari, qui dommage en reçoit:
S'il n'estoit Prince ou bien Roy qui conçoit
Vn grand soulas de voir chose pareille
Quand ses plaisirs dormants elle reueille.
   Mais Iupiter au monde parmi nous,
Enuoya bien le plus grand mal de tous,
Quand vne il fist de forme comparable
Au Singe laid contrefaiseur moquable.

Car telle femme ayant d'un vray marmot
Le sot visage, elle sans dire mot
Allant en ville est de tous deprisée,
En tous endroits seruant d'une risée.
Elle a le coul si court qu'elle ne peut
Le bien tourner ainsi comme elle veut,
Fesse petite & cuisse heromiere,
Belle deuant comme elle est par derriere.
O chetif l'homme vn tel monstre baisant!
Ou l'heur consiste elle va deuisant,
Elle sçait tout, en conseil elle est fine,
Comme le Singe elle fait bonne mine,
Et ne rit point. Et par bien fait iamais
Elle n'aquiert d'autruy la grace, mais
Elle regarde, au lieu d'estre courtoise,
Comme elle peut aporter quelque noise:
Et chaque iour à part soy pensera
Comme vn grand mal elle machinera.

 Mais celle la qui d'une Abeille est née,
Rend l'homme heureux auquel elle est donnee
Comme ayant seule entre toutes le pris,
Et n'ayant rien digne d'estre repris.
Car son labeur fleurit en son menage,
Son bien augmente & reluit son ouurage:
Tousiours aimante auec l'espoux aimé
Elle vieillit au lict accoutumé:
Pour l'eiouir elle enfante feconde
De beaux enfans pour tenir rang au monde:
Et cette femme entre toutes reluit:
Car la faueur diuine la conduit

Et ne se plaist entre femmes assise,
Quand des propos amoureux on deuise.

 Mais Iupiter aux hommes donne ici
Celles qui sont vertueuses ainsi
Comme il luy plaist : & des autres la sorte
Il veut aussi que l'homme la supporte.

 Or Iupiter creant ces animaux,
Le plus grand mal il fist des autres maux,
Bien que peut estre en aparences belles,
Quelque profit il semble venir d'elles :
Mais si l'on croit les femmes profiter
Pourtant grands maux on les voit aporter
A leurs Maris : Car vn homme ne passe
Vn iour entier, ioyeusement en grace
Auec sa femme : entre eux par elle vn bruit,
Fait chaque iour quelque debat sans fruit :
Et disnant tard il souffre miserable
D'elle souuent la riotte en la table :
Et la famille ieunee en medit,
Et dans son cœur cette femme maudit.
De l'homme elle est la compagne contraire,
Et mesme aux Dieux elle est comme aduersaire.

 Quand le Mari pour le chagrin fuit
En la maison se voudra reiouir,
Soit que du Ciel son ame en soit emeue,
Soit pour auoir d'vn ami la venue,
Lors cette femme au combat s'armera
Sur quelque fait qu'elle controuuera.
Car ou se trouue vne femme à grand' peine
Sera la paix en la maison certaine,

FRANÇOISES.

Quand mesme encor viendroit vn estanger,
Et celle enfin qu'on croit mieux se ranger
A la raison, au Mari le plus sage,
Le plus souuent aporte grand dommage.
Mais les voisins sont bien aises de voir
Faillir cet homme oubliant son deuoir :
Alors chacun ioyeux estime à l'heure,
Estre sa femme encores la meilleure,
Et blament l'autre, & par ce souuenir
De se louer ne se peuuent tenir :
Ne connoissant que chacun sa chacune,
Va possedant de semblable fortune.
Car Iupiter a fait que ce grand mal
Est tout d'vn Sort aux hommes comme egal :
Et la lié d'vn neu non denouable :
Pour ce beaucoup ont eu bien agreable,
(En combatant pour leurs femmes) la mort,
Tant ils craignoient qu'on leur deust faire tort.

Enseignements pour les filles à marier traduits de Naumache Poete Grec.

FILLE, c'est belle chose auoir vne ame pure
Dans vn corps chaste & net : & franche demeurer
Pucelle & toute vierge en sa prime nature,
Et des beautez de l'ame & d'orner & parer !

Sans porter le fardeau dans ses flancs souspirante,
D'vn gros ventre importun, & trembler de la peur
Du trauail de gesine : en quoy la plus constante,
Par ses cris angoisseux tesmoigne sa douleur !

Mais estre comme Roine entre les femmes grosses,
Eleuant l'ame au Ciel sus vn viure tout pur?
Au Ciel ou se parfont les plus parfaites noces,
Dont le beau ioug n'est point pesant facheux ni dur:

Ou des esprits conioints par paroles diuines,
Naissent au lieu d'enfants, mile diuins discours,
Et mile beaux pensers, mile belles doctrines,
Qui mile beaux effects enfantent tous les iours !

Or si du plus commun tu veux suiure l'vsage,
Expert le connoissant bien ie t'auertiray :
Afin que d'vn cœur ferme en ce facheux passage,
Tu puisses trauerser comme ie te diray.

Soit ton mari celuy, que ton Pere & ta Mere
Entre eux te choisiront : S'il est bon & prudent,
Heureuse tu seras : Si mauuais au contraire,
Il te le faut souffrir comme vn dur accident.

L'ayant & sage & bon, il faut en toute chose
Faire ce qu'il voudra : n'estriuer contre luy :
Mais gracieuse estant il faut qu'on se propose
De l'estre encore plus s'il luy vient quelqu'ennuy:

Femme douce vn epoux ennuyé reconforte,
L'affaire du dehors qu'il entend par raison,
Laisse luy gouuerner : Et toy la charge porte
Du dedans du menage, & garde la maison.

Ne luy demande point chose qui n'apartienne
Aux femmes de sçauoir : mais s'il veut ton auis

FRANÇOISE.

Se'en conseille à toy, fay que sage il te tienne,
Approuuant ses propos par tes sages deuis.
 Ne permets ni ne fay chose qu'il ne l'ait sceue,
Afin n'en seroit bonne : Au reste le Mari
A la femme sufit : & iamais toute nue
Autre ne la doit voir dedans le lict cheri.
 Or si tu as vn foul, bien que tu sois forcee
L'en faut endurer, & quoy qu'il face il faut
Supporter sa folie : & ta douleur pressee
Cacher en l'estomac d'vn courage humble & haut.
 A tous de ce qu'il fait des raports ne dois faire,
Ni mesme à tes parents tu ne le conteras :
Mais quand il fera faute à part & sans colere,
Comme la raison veut tu l'amonnesteras.
 Comme vn mot piquant peut transporter le plus sage,
Vn dous parler peut bien l'indiscret ramener :
Et si les debauchez luy causent du dommage,
Il faut de leur hantise enfin le detourner :
 Ma fille il ne faut lors, contre luy depiteuse,
L'assaillir en querelle, ains mouuoir vn debat
Entre ces fouls & luy : leur amitié douteuse,
Incontinent ainsi se dissoult & s'abat.
 Ma fille, tu duiras par ce moyen son ame
A suiure les prudents, amis les choisissant :
Qui penseroit aussi faire amitié sans blame
Auecques les mauuais, mauuais les connoissant?
 Ce fait ton cher Epoux aime d'amour constante,
Aime bien ses enfants adouci leurs humeurs :
Car tel estre ne peut ton mari qu'il ne sente
Et ne remarque bien ton amour & tes mœurs.

Mais ecoute, ô pucelle, il faut douce & benine
Faire encor ce qui suit : ioyeusement rager
Ne faut à tous propos : aussi n'estre chagrine :
N'estre point ocieuse, ains tousiours menager :

Et n'estre à ses seruans ni rude ni trop douce :
Car les Maistres trop doux perdent communement.
Des seruiteurs craintifs la cautelle on repousse,
Rengeant l'obeissance au bon commandement.

Ne t'acointe aisement de femmes estrangeres,
Si tu n'as reconneu leurs mœurs & leurs façons :
Chasse de ta maison les vieilles langageres,
Les vieilles ont gâté maintes bonnes maisons.

Mais ne t'accoste aussi d'vne femme causeuse
Indiscrette à parler : le parler vicieux
Corrompt les bonnes mœurs de la plus vertueuse :
Rien tant que le medit ne peut estre odieux.

Apres l'or & l'argent ne brule point auare :
Ni de Iacinte fauue ou bien de iaspe vert,
Ni de gemmeux colier ta gorge point ne pare,
Ains simplette plustost tien toy le sein couuert

L'or & l'argent n'est rien qu'vne poudre cendreuse
Les ioyaux precieux que pierres & cailloux.
Au riuage amassez de la mer sablonneuse,
Ou pres des bords d'vn fleuue à l'abandon de tous.

Le sang vermeil encor d'vne conque marine
A fait cette ecarlatte en quoy tant on se plaist ;
Mais ô gente Pucelle, on aime sa ruine
Aimant la vanité de tant d'habits qu'on vest!

Aussi te regardant dans vn miroir ne farde
De blanc ni de vermeil cette ieune beauté :

Curi-

FRANÇOISES.

Curieuse agençant en sa façon mignarde,
Le beau poil ratissé d'vn & d'autre costé.
Ni mesme de tes yeux ne nourci la paupiere,
Ni ton poil naturel, ni ton vouté sourci :
Quand Dieu forma la femme il la fist toute entiere,
Ne faut rien par art luy adiouter ici.
Mais, ô vierge, comment l'homme accort & bien sage
Te regardera t'il ? chaque iour par le fart,
Ores changeant de poil, or' changeant de visage,
Qui se passe & repeint tousiours d'vn nouuel art.
L'vne fois tu seras à toy du tout semblable,
Vne autre fois vne autre, & puis tout autrement,
Tousiours estant toy mesme en faces variable,
Qui te dois faire voir à tous diuersement.

Bb

SATYRES
FRANCOISES,

LIVRE V.

Par le SIEVR DE LA FRESNAIE
VAVQVELIN.

A P. le Iumel Seigneur de Lisores President
Parlement de Normandie.

ON Lisores, d'ou vient ie te prí di
Moy,
Qu'vn courtaut courageux, qu'vn
blanc Palefroy,
Pour estre enharnaché d'vne façon galante,
Ou pour estre couuert d'vne housse pendante,
N'en est plus glorieux? se vantant seulement,
Ou bien d'estre dispos, ou d'ambler doucement?
Et que l'homme au contraire à tous propos se vante
De son or amassé, de sa terre opulante,

SAT. FRANÇOISES.

De sa belle maison, de ses meubles dorez,
Et de ses beaus lambris d'ouurage elabourez?
Ne met en auant la vertu precieuse,
Dont son ame sur tout deust estre ambitieuse?
  Ah, si le beau coursier se vantoit, en disant,
Ie suis braue & guerrier, maniable & puissant,
Il seroit excusable en sa lourde vantance,
Car il se vanteroit de sa propre puissance:
Mais l'homme qui superbe, & glorieux & fier,
D'auoir en sa maison ce genereux Coursier,
S'orgueillit seulement d'vn cheual, que peut estre
Il perdra par fortune, ou changera de maistre,
Il se trompe luy mesme, & par opinion
Iette hors de soy sa sote affection:
Car si selon Nature, il prenoit quelque gloire,
De sa propre excellence il feroit sa victoire:
Sans s'apuyer ainsi, comme les femmes font
Sur les biens d'ici bas, qui viennent & reuont:
Et sans mesme admirer tant de richesses vaines
Dont les maisons des grands iusqu'au coble sont plaines.
  De rien de ce qu'on voit ne prendre estonnement,
Est vn point qui fait viure vn homme heureusement.
Les Sages sans merueille, & le Soleil regardent
Et les rais eclairants que les Planettes dardent,
Et les Signes qui vont remarquant les saisons
Quand Titan entre ou sort de leurs belles maisons,
Ne s'ebahissant pas des estoiles tombantes,
Des grands cheurons de feu, des flames eclatantes,
Des astres cheuelus signes presagieux,
Par lesquels bien souuent nous menacent les Dieux,

Bb ij

Ains fermes & constans en leur ame innocente,
Leur plaist comme elle vient toute chose presente,
Libres ioyeux n'ayans iamais rien souhaité,
Que ce que veut de Dieu la sainte volonté.
　　Mon Lisores, ainsi celuy qui rien n'admire,
Penses-tu que les dons de la terre il desire?
Qu'il y mette son cœur? qu'il s'estonne en voyant
D'or, d'argent, de ioyaux, vn amas flamboyant,
Dont le Portugais riche & l'Espagnol abonde,
Glorieux retournant de l'autre nouueau monde?
Qu'il prise les thresors, ni des Arabiens,
Ni de la riche mer des derniers indiens?
Ni que des vains honneurs la pompe deceuante,
Eniure de grandeurs sa ceruelle sçauante?
Ni que les sots desirs il loge dans son cœur?
Ni qu'il veille seruir de iouet au moqueur?
Il n'est point conuoiteux, il ne veut ni souhaite,
Que la chose non sienne en sa puissance on mette:
Iamais pour ses meffaits il n'aquiert de faux bruits:
Des arbres des voisins il n'abat point les fruits:
Mais si dans son chemin il trouue d'auenture
Quelque chose laisser, il la prend par droiture:
Et les biens qui sont siens il garde tellement,
Que quand il les perdroit il seroit sans tourment:
Et si n'aparoist point par son visage blesme,
Qu'il suiue la vertu d'vne façon extresme.
En la suiuant il a le visage ioyeux:
Et s'il se faut montrer humble & deuotieux
Il le fait de façon, que sa ceremonie
Ni petite ni grande, aucun ne calomnie.

FRANÇOISES.

Car ſi pas qu'il ne faut on ſe montre deuot,
On acquiert bien ſouuent le ſurnom de bigot :
Et meſme vn Feuillantin, qui fait trop de l'hermite,
Outrepaſſant ſa regle on apelle hypocrite :
Et d'ailleurs qui delaiſſe à l'Egliſe d'aller,
Se fait bien toſt du peuple heretique apeller.
Il faut d'vn droit moyen maintenir la balance
Afin qu'elle ſe tienne en egale diſtance :
Le plus ſage autrement nom de fou acquerroit,
Et ce qui ſeroit bon mauuais on trouueroit.
   Si la vertu deplaiſt quand quelqu'vn en abuſe,
Jamais les hommes fouls ne trouueront d'excuſe
Adorant la richeſſe ? O Courtiſan ardant,
Admire tous les biens, qui te vont commandant,
Les meubles precieux, les couleurs Tyriennes,
Les perles, les ioyaux, les gemmes Indiennes,
Les threſors, les amas, dont la prodigue main
D'vne grande Maieſté, n'aſſouuit point ta faim :
Et marche outrecuidé par les ſalles du Louure,
De voir que la lumiere en l'ombre ne decouure
Tes rauiſſantes mains, quand tu brules en toy
De n'auoir pas encor des biens comme le Roy :
Toutefois tes moyens periront en peu d'heure :
Ce qui va, ce qui vient, conſtamment ne demeure.
   Comme par trait de temps, le temps reuelera
Les threſors que dans ſoy la terre celera,
Elle engloutit ainſi les choſes les plus belles :
Et donne à gents nouueaux auſſi choſes nouuelles.
   Bien que dans les Palais, les Chateaux & les Bois,
De Saint mor, Saingermain, Chambourg, Amboiſe, Blois,

Bb iij

Et bien qu'au plaisant lieu, qui Paris auoisine,
Ou batit tous les jours la Roine Catherine,
Tu te montres superbe & des plus honorez,
Qui soient par la Fortune à la Court bien heurez,
Si faudra til quitter ces Royales delices,
Et rendre conte à Dieu de tes vains exercices,
Et t'en aller la part, ou depuis Pharamond,
Tant de braues Loys & tant de Charles vont.

 Si quelque mal de reins, si quelque maladie,
Te pressoit, te tenoit en la teste etourdie,
Soudain tu chercherois remede à ce grand mal,
Qui s'en retourne à pied, mais qui vient à cheual :
A plus forte raison veux tu point que ta vie
De debile en santé, soit de repos suiure ?
Qui seroit-ce, dis-tu, qui ne le voudroit point ?
Recherche la vertu pour attaindre à ce point,
Le vice delaissant, qui d'alechante amorce,
Tire aux plaisirs nos sens, nos cœurs & nostre force,
Et garde prudemment les saints enseignements,
Que Dieu de son doy graue en nos entendements.
 Peut estre penses-tu, Que ce sont des paroles,
Que ce sont contes faux que ce sont mots friuoles
Que les noms des vertus, que ce sont des discours,
Qui ne peuuent donner à nos defauts, secours :
Et tu ne faits point cas des Religions Saintes,
Qui sont dés la naissance en nos ames empraintes,
Et ne vois point que Dieu vit & parle par tout,
Depuis vn bout du monde allant à l'autre bout.
Mais lors tu le verras quand la saison changee,
Montrera ta maison toute demenagee.

FRANÇOISES.

Et toy, Marchand, pratique au beau haure d'Enuers,
A Calais, à Bourdeaux auecques gents diuers,
Trafique à Florence, à Gennes & à Luques,
En Afrique au Perou, voire iusqu'aux Moluques :
Que nul premier que toy n'arriue en tous ces Ports,
Pour ne perdre ta peine en perdant les thresors
De ces estranges pays : & iusqu'au comble amasse,
D'or, de perles, d'argent vne excessiue masse :
Puisque bOr ce grand Roy te peut donner faueur,
Femme riche & parents, amis, credit, bon heur,
Grace, beauté, sçauoir, noblesse & biendisance,
Car te rendre agreable à tous il a puissance ;
Et qui se trouue riche à tous semble courtois,
Et peut mesme attirer à son desir les Rois.
Trafique donc de tout : car bordure puante
Qui raporte profit, mesme a l'odeur plaisante.
Puis donc que la Richesse & les biens planturcux
Ont moyen d'agrandir & rendre vn homme heureux,
Que ce soit ton premier & ton dernier ouurage,
Que de faire vn amas de meuble & d'heritage.
Tu auras des honneurs, des grandeurs, des estats,
Si tu veux employer ce corrompeur amas.
Par argent tout se vend : rien ne s'en peut defendre :
Et la France auiourdhuy mesme seroit à vendre,
S'il se trouuoit quelqu'vn qui la peust acheter :
Et chacun à son dam veut du profit gouter :
Les mains, les bras, les pieds, se veulent entrenuire,
Et le chef veut le corps sans vnion destruire
Les loix aux autres lieux, les Edits menaceurs,
Vont bridant la fureur des hommes opresseurs,

Aa iiij

SATYRES

Mais des Edits ici les nouuelles entrées
S'en vont de toutes parts rebrouillant nos contrées,
Et cet Or gate-tout, fait que tous les mechans
Gourmandent les bourgeois & les pieds gris des champs
Et ne se trouue point de si petit village,
Qui ne sente l'effect de quelque brigandage.
Des anciennes loix les establissements,
Sont or' foulez aux pieds par des contemnements.
Tous peschent en eau trouble, & le meilleur trafique
En ces troubles peruers, de la chose publique :
La pierre ores il iette et puis cache la main :
Ayant l'vne en la bouche & l'autre dans le sein.
Les troupeaux deuestus aux lous on baille en garde,
Et sous habits de paix chacun goulu regarde
D'engloutir du meilleur : apres succederont
Des Onces, des Lions, qui les deuereront.
Gardons d'estre mangez nous autres qui on remarque
Peut estre de porter de ces grands lous la marque.

Retirons nous d'ici, desormais n'admirons
Que les faits du grand Dieu par qui nous respirons,
Fuyons ce bord auare : allons à ton Pompierre,
Qui nous fera passer en quelque estrange terre
Bien loin de ces malheurs : mettons la voile au vent,
Et dessus l'Ocean tourmenté s'eleuant,
Lisores, tu seras la claire Cynosure,
Qui nous guidera droit en si belle auenture :
Et comme vn Magelan, Pompierre trouuera
Vne route qui droit en des Isles ira :
Plus heureuses cent fois que les Canariennes,
Ni les Moluques or' sous l'Espagnol Chrestiennes

FRANÇOISES.

[...] nous planterons des saintes loix encor,
[...] mesme regiront la Chersonese d'or.
[...]ey, le Lemel, qui sçais comme iuste en balance,
[...]e droit & le tort, tout rempli d'eloquence
[...]me vn second Orphé, tu desauageras
[...] peuples, dont les mœurs tu ciuiliseras.
[...]y, comme vn Amphion, au dous son de la Lyre,
[...] bastir des citez, ie les sçauray conduire.
[...]us ne mettrons point là, ni les loix de Dracon,
[...] celles de Solon, ni celles de Platon :
[...]is celles des François, du temps que la malice
[...]s grands n'auoit encor corrompu la Iustice.
    Nous fermerons aussi les beaux ordres Chrestiens
[...] la Religion, dessus nos anciens :
[...]s Euesques viuront saintement à leur aise,
[...]ec crosse de bois, en chacun diocese.
[...]us ferons des Couuents & des Religions,
[...] seront purs & nets, sans superstitions.
[...]s, Lisores, di moy, faisans de Sainte Clere,
[...] de la Trinité quelque Saint Monastere,
[...]s filles qui seront parfaites en beauté,
[...]ont elles d'vn mur closes sans liberté ?
[...]m'est auis à moy, Que les choses hideuses,
[...]s Monstres malplaisans, les bestes dangereuses,
[...] doiuent enfermer, non les Printemps plaisans,
[...]s fleurs & les beautez des filles de quinze ans ?
[...]t qu'il faudroit plustost, que les faire hypocrites,
[...]rendre de Rabelais l'ordre des Thelemites.
    Nous fonderons nos loix sur le beau fondement,
[...]e Dieu mist par Nature en nous premierement,

Et couplerons au ioug du chaste Mariage,
Les filles & garçons, qui seront d'vn mesme âge.
Nous les verrons danser sous les ombres flairans
Du flair voluptueux des muscads odorans,
Et sur le moite frais des humides prairies,
En mile diuers bonds, leurs bals & canaries.
Tandis nous cueillirons l'Automne en loyauté,
De nos Nymphes ainsi, que nous fismes l'Esté :
Il sera bien seant d'acheuer nos vieillesses
Auec celles, de qui nous eusmes les ieunesses.
L'Innocence, l'Amour, l'Enfance, la Gaité,
La Nature, le Ieu, le plaisir, la Bonté,
Seront ayecques nous : & dans nos cœurs empraintes
Nos loix ne seront point des leur naissance enfraintes.
 Nous viurons sans souci dans les bois embâmez,
De la plaisante odeur des girosliers aimez :
Les tarins, les sereins auec leurs dous ramages,
Et mile oiseaux diuers de colorez plumages,
Nous y reiouiront : la terre enfantera
Du fruit qui sans labeur nos corps sustentera.
Là sans plus admirer les richesses mondaines,
Là sans nous soucier des fortunes soudaines,
Des changements d'Estats, des ennuis, des medits,
Qu'on reçoit au Palais à passer tant d'Edits,
Nous viurons à nostre aise, & maurons esperance,
Ailleurs qu'en la vertu, roc de ferme asseurance.

Messire Gaspar de Pellet Cheualier de l'ordre
du Roy Sieur de la Verune, Bailly, Capitaine
& Gouuerneur de la Ville & Chasteau de
Caen, & l'vn de ses Lieutenants en
Normandie.

MY de la Verune en qui les cieux amis
La plus grande bonté de leurs bontez
  ont mis :
Tu n'es pas seulement deuot & debon-
  naire,
Mais en toy la vertu d'vn parfait exemplaire
Fait luire en l'eclat, qu'autrefois ont rendu
Les preux contes d'Alais, dont tu es descendu :
Et Renom de Pellet ton ayeul magnanime
Paroissoit deuant tous aux guerres de Solime :
Il auoit de l'armee & le choix & la fleur,
Le Conte de Tholose egalloit en valeur,
Ayant alors choisi pour epouse vne fille,
Qui belle & vertueuse estoit de ta famille.
Aussi ta grand' bonté, tes vertus & ta foy,
Ont contraint tout le monde à bien dire de toy.
Plus ie voy le mespris & l'enuie estre au monde,
Plus en moy le desir de te louer abonde :
Plus ie voy les mortels sous le vice abatus,
Plus releue mon cœur à cherir tes vertus.

Plus ie voy l'amitié des autres variable,
Plus i'estime la tienne estant constante & stable.
Par epreuue ie sçay qu'on aime grandement
Vn ami plein d'effets, qui se voit rarement.
Comme vn Phenix vnique ami seul on te treuue,
Et chacun comme moy te connoist à l'epreuue :
Ce seroit vn labeur infini qui voudroit
Trouuer vn autre ami comme toy franc & droit :
En la Court & par tout, quand on a quelque affaire,
De plaisir sans profit personne ne veut faire :
Et d'ailleurs ie sçay bien qu'en plusieurs ne defaut,
De montrer sans effect vn cœur ouuert & caut,
A vouloir s'employer, à vouloir bien dependre
Pour le premier venu, s'offrant à le deffendre :
Ie sçay bien toutefois, que tout ce beau parler
On voit comme vn eclair au besoin s'en aller :
Et que quand la Fortune au bas vn ami range,
On ne le reconnoist non plus qu'vn homme estrange.
Mais qui montre d'auoir dessus ses coffres pleins,
Il trouue des amis vulgaires & certains.
Lors que la bourse est vuide à la Court souffreteuse,
On trouuera tousiours son affaire douteuse.
Qui n'a point de faueur il peut bien s'asseurer,
Qu'il pourra sans rien faire au Louure demeurer.
   Celuy qu'on voit au fonds de cette iniuste Roue,
Qui bien plustost des bons que des mauuais se ioue,
De tous sifié, moqué, souuent est deprisé
De l'ami qu'il auoit deuant auctorisé.
   Plusieurs auront d'amis & le nom & l'estime,
Qui quittent leurs amis tombez en peu de crime :

FRANÇOISES.

vn mal qui leur vient ils les delaisseront,
mme le peuple fait) des plus forts ils seront:
feront comme fait l'estrangere arondelle,
vient auecques nous en la saison nouuelle,
quand l'hyuer facheux arriue aux rudes iours,
quitte nostre air, nos foyers & nos tours.
ms la terre belle au mouton fait entree,
uis au Cancre elle est de fleurs desacoutree.
Celuy qui met son cœur à s'aimer seulement,
pourroit ses amis aimer fidellement,
sjours il quittera ceux-là que la Fortune
danger, de misere & de mal importune.
st bien malheureux, qui met par trop de foy,
ce que l'homme montre en aparence en soy.
qui croit folement qu'abite la pensee
le bout de la langue: ailleurs elle est placee.
trebuchet de foy, le sage poise en luy
uec le poix d'essay, les promesses d'autruy,
tient seuls pour amis ceux de qui la fiance,
y fait par des effects auoir cette croyance.
ndis qu'on a des biens à son pouuoir soufmis,
doit diligemment eprouuer ses amis.
moins on ne demeure au besoin en la peine,
eprouuer ceux qu'on croit d'vne amitié certaine.
fier sans raison fait souuent receuoir
dommage au besoin que l'homme peut auoir.
d'ailleurs ne se fie enfin honteux se treuue:
guarit tout ce mal par vne douce epreuue.
Ah Siecle dont le cours des vertus est tari,
f de toutes hontez & des vices mari!

En toy se trouue à peine vn homme bien fidelle,
Qui garde vne amitié sans trompeuse cautelle!
Car plusieurs vont vendant par desseins tous vtils,
Tous les plaisirs qu'ils font à grands & à petits :
Et non pour leur aider, s'ils le font c'est en sorte,
Que cette aide à propos grand profit leur aporte :
Ils designent l'endroit, & quand & bien à point,
Pour venir à bon port les naux ne faudront point,
Comme vne marchandise au deuant attendue,
Doit bien tost du Bresil au haure estre rendue.
    Mais tant plus l'amitié noire en France ie voy,
Plus blanche elle me semble & plus luisante en toy :
De sorte qu'à iamais vne longue memoire
En tes amis suiura ton eternelle gloire.
Par effect i'ay connu que pour les gents de bien,
Iamais ne flechira ton cœur gentil en rien,
Que iamais auec toy les bons n'auront de noise,
D'autant que tu es plein d'amour douce & courtoise :
Les mauuais au contraire, ils s'entrehanteront,
Mais contre leurs amis tousiours attenteront.
Pour ce qu'à tous propos ils s'entrefont dommage,
Ils s'entrefont iniure, ils s'entrefont outrage :
Or il est tout certain que celuy qui fait tort,
Qui le reçoit aussi, ne peut aimer bien fort.
Mais la vraye amitié de nostre ami Desportes,
Celle de du Perron, celle que tu me portes,
A iamais durera : Car elle a son apuy
Sur toute la bonté, qui nous reste auiourdhuy.
    C'est pourquoy tes vertus vn miracle aparoissent
En la Court de nos rois ou tant de vices croissent,

Pourquoy mesme aussi ie les estime tant,
Comme te voyant en cet âge inconstant
Garder tes amis, à bien suiure la voye,
Des hommes d'honneur à tout honneur conuoye.
Et puis tes desseins sont aidez & soustenus
D'a ieune compagne, ayant d'vne Venus
L'agreable beauté, d'vne Iunon modeste
Le port chaste & la grace, & de Palas celeste
L'esprit & le sçauoir : beau miroir qui dans soy,
Presente vn beau temple & d'amour & de foy,
Qui se montre en tout vne Perle bien digne
Des grands Momnorenci, son beau nom & sa ligne.

Monsieur de la Boderie, Anthoine le Feure escuyer maistre d'hostel du Roy, maintenant agent pour sa Maiesté en Flandres & pays bas.

LE Feure cependant qu'auec plaisante
 peine,
Les remarques tu vois de la grandeur
 Romaine,
Tandis que suiuant du Roy l'Ambassadeur
A Rome tu ne vois quel est nostre malheur :
Dessus le riues d'Orne au long des vertes prees,
Qu'elle arrose en passant par nos belles contrees,
Ie suis ore vn de ceux qui plains incessamment
De Flandre infortuné, le nouueau remuement

De la France troublee : helas ! qui dans son foye,
Dans son cœur, dans son sang, plus que iamais guerre
Oyant tant de rumeurs, tant de contraires bruis,
Et tout le monde emeu ie vis en mile emuis :
Ie suis plein de tristesse en voyant par nos rues
Les villageois ayant delaissé leurs charues,
Qui vienent de Bacchus acheter la liqueur
Pour remplir l'estomac du gendarme moqueur,
Qui libre en leurs maisons desbauche la famille,
Ou force la maistresse, ou s'addresse à la fille.
Rien n'a de bon la guerre, & les grands Empereurs
Sont comme grands Cesars bien souuent grands voleurs

I'oublie ainsi du tout les Muses tant aimees,
Et les Arts qui nous ont rendu tant estimees
Athenes & Corinthe, & n'ay plus de souci
Que de me garantir en ce malheur ici :
Et defendre les miens de tant de pilleries,
Que nos mesmes voisins font à nos seigneuries.
Ie ne voy plus Tibulle & Catulle mignard,
Properce curieux, & Gallus le vieillart :
Au lieu que ie souloy lire dans vn Virgille,
Ou dans mon graue Horace, or ie vay par la ville,
Resueur ouir le bruit de la guerre qui court,
Et que c'est que l'on dit de la ligue à la Cour :
Si quelque forteresse est de nouueau surprise,
Et si le Roy s'entend auec telle entreprise.

Que nous serions heureux de nous voir bien vnis,
Et tous les huguenots hors de France banis
Se cela se pouuoit sans vol & sans pillage,
Et sans abandonner le peuple au brigandage !
Mais

FRANÇOISES.

Mais las! il vaudroit mieux auoir des assasins,
Auoir des Lestrigons, auoir des Sarrasins,
Que de voir cette guerre & tant de tyrannie,
Qui par trop cherement rendra la France vnie :
Si ce desastre encor tombe tant seulement
Sur ceux qui vont vinant tres-catholiquement.
 Qu'il me fasche d'ouir soit que le iour se leue,
Soit que le Soleil ses beaux coursiers abreue
Au soir en l'Ocean, vn continu rebat
De tambours qui sans cesse aux oreilles me bat!
Combien de fois ie dis en mon ame pensiue,
Las! faut il que tousiours en la France on estriue
Sur la Religion qui n'est que charité,
Et que par le combat on cherche verité!
 Puis ie di bienheureux & sage tout ensemble
Celuy-la qui paisible en sa maison ne tremble
Pour n'ouir d'vn canon le tonnerre eclatant,
Pour n'ouir le Soldat sans cesse tempestant,
Pour n'ouir à toute heure vne scopeterie,
Et pour voir le meschant vser de brauerie!
Ie mets quant & quant au nombre des prudents
Et t'estre retiré loin de ces accidents,
Et viure loin de nous en estrange patrie,
Où n'est des innocents l'innocence meurtrie.
 Mais puis qu'ore tu veux ouir de tes amis
Des nouuelles de France, autant qu'il est permis
T'en veux bien escrire, & par ces vers peut estre,
Tu pourras de nos maux le demeurant connoistre :
Derechef vn orage où entend menacer
De faire sans pitié cet Estat renuerser !

Cc

La France est de deniers en tous lieux epuisee,
La Iustice abatue & l'audace prisee :
Et chacun à son gré veut son fait ordonner,
De sorte qu'il se puisse au besoin cantonner.
L'outrage debordé les gents de bien moleste,
On voit par tout nos lieux menacez de la peste,
Et le Ciel iustement irrité contre nous
Nous fait d'vne autrepart ressentir son courrous :
Car l'espoir le plus grand de tous nos labourages,
Est presque saccagé des eaux & des orages,
Tellement que l'hyuer n'est point aux autres lieux,
Autant que nostre Esté maintenant pluuieux :
Chacun vit en tristesse, hormis ceux que les guerres
Auctorisent mechants de moissonner nos terres :
Et leur eiouissance on entend par les bruits
Du tambour, qui les guide à racueillir nos fruits :
Et par l'eclat tonnant que font leurs mousquetaires,
S'ils pouuoient voudroient bien nous rendre tributaires

    Qu'il me fache de voir ces guerriers piedescaux,
Ces truants, ces brigands, malotrus & lourdauts
Picorer le bon homme & porter à mains pleines
La part de leur larcin aux nouueaux capitaines :
Capitaines helas ! mal nourris iuuenceaux,
Qui sont quant à la guerre inexpers hobereaux :
Et l'art de la malice en voulant bien apprendre
Ils apprennent sans plus à voller & à prendre :
Encor ils contrefont leur langage & leur voix
Gasconnants leur iargon : mais tousiours au patois
On les reconnoist bien : d'homme ils ont le visage,
Et de bestes le reste, arrogants sans courage.

FRANÇOISE.

[Q]u'il me fache de voir que quelques vns sortis
[de] maison, de bon lieu, se montrent apprentis
[à f]aire ce métier : mais sur tout il me fache,
[que] pas vn seulement d'entre eux suiure ne tache
[les] exemples premiers des anciens François,
[Qui g]racieux viuoient auec les villagois
[Sans] fouiller en leur bourse estranges & farouches,
[Sans] par force souiller leurs innocentes couches :
[Ils b]uuoient, ils mengeoient la poule sans crier,
[Et] de viure auec eux ils se faisoient prier.
[Mais] ce n'est la façon de nostre gent Françoise !
[Auss]i d'eux la pluspart est d'vne race Angloise,
[Gau]loise, insulaire, épiant la saison,
[Pour] retourner chargez de biens en leur maison.
[Ha], ce n'est pas ainsi que les François vos peres,
[Dev]ots & genereux, valeureux, debonnaires
[Conqu]irent le Royaume & la Saincte Cité,
[Que ti]ent or' les Mescreans par vostre iniquité.
[Aus]si vous estiez tels, les peuples de l'Europe,
[D'vn] amiable accord vous suiuroient à grand' trope,
[A fi]n de conquerir par vostre grand' vertu
[Tout] le reste du monde à vos pieds abatu.
On ne souloit vser d'outrage & violence,
[Ny] contre le vaincu combatu par outrance,
[Ny l']aucun depouiller qu'apres estre vainqueur :
[Ma]is auiourdhuy c'est fait en cheualier de cœur,
[Et] capitaine grand, que prendre toute chose,
[De] forcer la maison dont la porte n'est close,
[De] depouiller tout nud le peuple indefendu,
[De] prendre de l'argent de son meuble vendu.

Cc ij

Ie ne puis sans horreur ouir qu'au Vaudeuire
(Ou iadis on souloit les belles chansons dire
D'Oliuier Basselin) qu'ils ont fort mechamment
Coupé la langue aux beufs en tout debordement :
Ayant en maint endroit mainte femme forcee,
Aux yeux de son mari chetiue renuersee :
Mesme à beaucoup ostants leurs bagues & ioyaux,
De chastes les faisoient paillardes es bordeaux.

S'ils peuuent debaucher quelques garces faciles,
Aussi tost ils les font comme garçons habiles
Chausser vn haut de chausse & vestir vn pourpoint,
Prendre vn gentil chapeau, propres & bien en point
Les font seruir à table & les apellent pages :
Les pitaux qui les voyent vser de ses langages
S'etonnent de les voir apres les carresser,
Les baiser, les cherir, souuent les embrasser
Et coucher auec eux : de sorte qu'en fantôme
Ils pensent derechef voir vn autre Sodome :
Ou qu'en habits François se soient Italiens,
Qui se font deguisez pour menger leurs moyens,
Et comme d'vne horreur, ils en font à la honte
D'Espagne & d'Italie à leurs voisins le conte.

O l'âge bienheureux non semblable à celuy
Que nous voyons regner aux guerres d'auiourdhuy !
Age bien fortuné quand les Peres antiques
Preferoient à leur bien toutes choses publiques !
Age bon, ou viuoient les François Palladins,
Qui Chrestiens & deuots, valeureux & benins
N'offencerent iamais que les hommes rebelles,
Quand en croupé ils portoient les ieunes damoiselles,

s iamais attenter contre leur chasteté,
gardoient de leur part en amour loyauté.
Age digne d'honneur, dont les faits veritables
ontent auiourdhuy des mechants comme fables,
capitaines lors, les braues cheualiers,
tueux, inuaincus, refusoient les lauriers,
ribuant l'honneur à Dieu de la victoire,
de tout à luy seul ils raportoient la gloire.
Capitaines là, ces François anciens
permettoient iamais Chrestiens contre Chrestiens
oir debat ensemble & parmi les fidelles
auoient iamais de lieu les actions cruelles.
r leurs deportemens ils temoignoient à tous,
e mesme aux plus cruels ils estoient bons & dous.
O saincte paix reuien, reuien & nous rameine
iours beaux qui rendront la saison plus sereine :
n auec les epics & l'Oliue en la main,
r chasser de nos champs ce grand Mars inhumain,
r accomplir nos vœux que ta presence ameine
bondante Amaltee auec la corne pleine,
uffe nos malheurs, reuien ô saincte paix,
parmi les François habite pour iamais.
toy Mars furieux va t'en en Alemagne,
bien en Angleterre ou retourne en Espagne,
nt qu'vn iour nous puissions nous reuoir hors d'erreur
parmi nous du tout eteinte la fureur.
France trop de fois d'vn aueugle courage,
st inhumainement armee à son dommage.
op de fois elle a fait ruisseler de son flanc,
ontre elle furieuse) à bouillons son beau sang.

Cc iij

France repose toy, ne sois point si cruelle,
Car tu n'as plus besoin de te montrer rebelle.

La miserable France, elle pleure & gemit,
De son mal douloureux la face luy blemit,
Elle apelle à secours, mais en vain, tous les Princes
Et Seigneurs qu'elle voit gouuerner ses Prouinces:
Mais ils sont enuers elle, encor à ses despens,
Plus cruels que Lions, que Tigres ni serpens:
De mode que si Dieu par sa bonté supresme,
N'apaise la douleur qu'elle sent en soy mesme
Par ses propres enfans, son esprit desolé
Iamais d'aucun des siens ne sera consolé:
Que si ie voy la paix en France retournee,
Deflors ie beniray la diuine iournee
Comme vn grand iour de Dieu: car hors de tout ennuy
I'oubliray, si ie puis, les guerres d'auiourdhuy:
Ioyeux passant en paix si peu d'ans qui me restent,
Sans plus me tourmenter des maux qui nous molestent
Mais tout prenant en bien, riant de tous abus,
Ie viuray desormais en paix auec Phœbus,
Aueque les neuf Sœurs chantant en alegresse
Des anciens François l'excellente proësse:
Et peut estre mes vers auront tant de vigueur
Que ces nouueaux guerriers cesseront leur rigueur.

[...]storale, A luy mesme sur le Trespas de Guy le [F]eure escuyer sieur de la Boderie son frere.
Orphee.
Dafnis,   **Tyrsis.**

[Da]f. O Tyrsis, est il vray, qu'Ante nostre ruisseau,
[Qu']Orne nostre riuiere & que Diue & Noireau,
[Mu]rmurent à leurs bords, que la mort pour trophee,
[Sur] leurs riues a mis la depouille d'Orphee?
[Le F]eure nostre Orphee vn second Arion,
[Qu]i vainquit les chansons de Line & d'Amphion?
[Qu]i chantant fist venir aux chesnes des oreilles,
[P]our ouir de ses chants les diuines merueilles?
[L]es Satyres cornus apres luy s'en alloient,
[L]es Faunes & Silene aueque luy parloient:
[L]es Nymphetes des bois, Driades & Napees,
[D]e ses saintes amours estoient toutes frapees,
[L]e suiuans comme Pan: Pan le dieu bocager,
[Qu]i le reconnoissoit comme vn diuin berger:
[Sça]uant il entendoit toutes langues estranges,
[I]l parloit mesmement le langage des Anges:
[Es]t il mort, cher Tyrsis, est eteint le flambeau,
[Q]ui luisant eclairoit en nos forests si beau?
[T]yrs. Il est mort, cher Dafnis, & dans la Boderie,
[O]n ne voit rien plaisant en toute la prairie:
[L]es forests d'alentour & les taillis d'aupres,
[O]nt leurs arbres changez en Ifs & en Cyprés.

Cc iij

SATYRES

Daf. Doncques on orra plus bourdonner sa Musette,
Desormais la forest sera du tout muette ?
Les bois n'aprendront plus à redire en ce lieu,
Apres luy des Hebreux les saincts noms du grãd Dieu
La Mort ne fait donc plus aux plus sçauants de grace
Elle n'a fait estat de son antique race,
De ses belles vertus, ni de ses bonnes mœurs,
Qui seruoient d'exemplaire aux plus saintes humeurs
 O Muses, ô Phœbus, ô vous son vranie,
Qui par les cours du Ciel luy fistes compagnie,
Ou fustes vous alors que pour parer les cieux,
Son esprit fut raui des destins enuieux ?
Muses, vous n'estes plus ici vierges montrees,
Car vos vers difamez sont ore en nos cantrees !
Voyez vos lauriers secs, vos fontaines tarir,
Et nous dedans la mer de nos larmes perir.
Tyrs. Dafnis laissõs les pleurs, cette belle ame & sain
Ne veut pour son depart qu'on face aucune plainte.
L'autre iour ce berger aux forests aparut,
Ou grand nombre aussi tost de pasteurs accourut,
Qui l'ouïrent, disant, Qu'aucun de vous ne pleure,
Plus belle qu'en la terre au Ciel est ma demeure :
Et ce mourir a fait qu'à cette heure ie vi,
Auec les bien heureux heureusement raui :
Vn seul regret me tient, que ie ne vous voy suiure
Le chemin qui conduit à ce bien heureux viure,
Et qu'vn nuage epais vous ombrage si fort,
Qu'encor vous ne voyez la vie estre en la mort.
Et que vous demeurez, Esprits benins & rares,
Entre des lougarous, entre des gents auares,

FRANÇOISES. 409

...i ne font plus de cas de vers ni de chansons,
...la flute à sept voix, de flageols ni de sons.
...Nymphes de Cressy tristes & decoiffees,
...x fonds de vos valons & sur la roche aux Fées,
...amentent que plus on n'oit les chalumeaux,
...nt vos bergers souloient egayer leurs troupeaux.
...Eleuez donc, Pasteurs, aux Cieux vos belles ames
...fuyez cette gent, fuyez ces prests infames,
...profit dommageable & cette saleté :
...u monde ainsi, Pasteurs, trop vous auez esté.
...ant à moy, i'ay vescu bien long temps ce me semble,
...n mesure les ans & la science ensemble :
...ence dont ie fus amoureux tant ardant,
...e mon ardeur rendit mon sçauoir abondant.
...us peu d'apris ou rien, en vostre terre vaine,
...u prix de ce qu'au Ciel ie voy sans nulle peine,
...voy tout le sçauoir du Monde raporté
...la face de Dieu, de toute eternité :
...ce qui ne m'estoit au monde manifeste,
...arement ie le voy dans ce Palais celeste,
...uec tant de liesse & de contentement,
...'vn mortel ne le peut comprendre aucunement :
...ce plaisir retient en amour infinie,
...la triple vnité mon ame toute vnie.
...e dit, il disparut : ainsi gentils pasteurs
...n l'aimant ne troublons son aise par nos pleurs.
...af. O Tyrsis, il faut donc en allegresse epandre
...es roses & des lis tous les ans sur sa cendre,
...t chommant le beau iour de son heureux trespas,
...uec luy viure au Ciel en viuant ici bas,

Et sans nous enfanger en l'ordure du vice,
Euiter des mortels l'vsure & l'auarice.

A Messire Claude de Sanzay, Cheualier,
Seigneur de Cossé & de la Motte-
fouquoy &c.

DEPVIS la mort du chantre Epineux
Sans pleurs n'ont point esté les bons fri-
laux,
Mon de Sanzay, les garces, les rufignes
En ont ietté maintes larmes publiques :
Le bon Ganasse & les Comediens
De Tabarin, & tous Italiens,
Droles, bouffons nourris en la doctrine,
Des le berceau, de la secte Aretine,
L'ont regretté, louant fort son esprit,
Qui de l'amour de leurs façons s'eprit :
Les bons gourmets & les friands encore,
Qui frequentoient les ecoles du More,
Musiciens, Menestriers & Rimeurs,
Cabaretiers, Baladins, Escrimeurs,
Tous bons suppots, vrais enfants de la Mate,
Ont pour sa mort nommé la Mort ingrate :
Et chaque iour auec chansons & los,
Le vont encor pleurant entre les pos,
Et vont disant, qu'en art, ni qu'en faconde,
Ni qu'en franchise, il n'eut pareil au monde :

FRANÇOISES.

Bien que l'on tint qu'en toute extremité
Estoit plein de prodigalité,
Ses compagnons ont escrit de sa vie
Une legende afin d'estre suiuie.
Tout au contraire Arlon rien depent,
Minçois s'il mange vn œuf il s'en repent :
Viuant en chien il croupit en bordure,
Pour engendrer vsure de l'vsure :
Et rien ne donne aux souffretteux amis
Pour n'estre au rang d'vn grand prodigne mis
Et si respond, Que si l'vn ben disame,
Que d'autrepart vn autre ne l'en blame.
  O combien rare est le bon iugement !
Mon de Sanzay, voyez qu'etrangement
Chacun des deux prend son fait à l'extresme !
Du populas chacun en fait de mesme.
  Gron ses habits porte si grands & longs,
Qu'ils vont trainant iusques à ses talons :
Orbin si cours les porte à large manche,
Qu'ils vont à peine atteignant à sa hanche :
L'vn de Seigneur l'autre a port de faquin :
Marc sent le musc Anthoine le bouquin :
Quand fouls ils croient qu'vn grand vice ils euitent,
En vn contraire alors se precipitent.
Bref on ne voit Noble ni Citoyen,
Qui bien obserue en son fait le moyen.
Et mesme encor semblable est la folie
De ceux qu'Amour de son cheuestre lie :
Car l'vn ne veut, aimant tout genereux,
Qu'en riche endroit estre esclaue amoureux,

Et n'en veux pas qui ne soit magnifique :
L'autre n'en veut sinon qu'une publique :
L'autre la veut folâtre en fait & dit :
L'autre qu'à nul ne donne de credit.

  Caton vn iour dans la ville de Romme,
Hors du bordeau vit sortir vn ieune homme,
Auquel il dist, Sois pourtant vertueux :
Mais en l'ardeur d'vn feu voluptueux,
Tu as mieux fait, qu'auoir à ton dommage,
De ton voisin trahi le mariage.

  A quoy respond Sibary, ie ne veux
Estre loué de gents tant scrupuleux :
Car si ie puis ie mettray la ramure
D'vn cerf branchu dessus la cheuelure
De quelque Grand : mieux vaut contre raison,
Faire seruice aux dames de maison,
Que s'en aller en cloaque publique
Pour descharger son ordure lubrique :
Et par sur tout i'admire quand à moy,
La grand' beauté des Grandes que ie voy,
Quand on n'est point au hasard des epreuues
De ce saint bois, qui vient de terres neuues.
Vous vous trompez, Sibary, de penser,
Qu'auec la Grande on se puisse auancer :
Par grand peril, la volupté soudaine,
Le court plaisir s'en achete à grand' peine :
Là peu se voyent sans estre bien batus,
Rompus, brisez, rançonnez, denestus,
Iettez en bas de dessus la muraille,
Oyant crier la barbare canaille,

FRANÇOISES.

Qui dit il faut la queue à ceux couper,
Qu'on peut ainsi paillardants attraper.
Gyronde lors de ce morceau friande,
Veut que plustost on le mette en amande.
  Combien de fois, Sibary parfumé,
Mignè mignard d'amour tout alumé,
T'es tu trouué faisant le pied de grue,
Long attendant en quelque coin de rue,
En esperant de la Grande aprocher,
Que retournois eperdu te coucher,
D'auoir eu peur de rencontrer le Maistre,
N'ayant chez toy souuent de quoy repaistre ?
Et maintenant chetif & morfondu,
Tu as le tien follement dependu :
Et sans espoir voyant mourir la dame
Tu n'as pourtant encor eteint ta flame :
O quel exemple en Sybus de iamais
De se fier aux grandes desormais !
Qui veulent bien qu'on batisse vne embuche,
Où leur amant miserable trebuche !
Croyant auoir leur Epoux contenté,
En consentant à cette cruauté.
  Et toy chetif, de qui s'embabouine
Vne Princesse vne autre Messaline,
Sillie ayant ta Sillane quitté,
En quel peril t'es tu precipité ?
Ne vois-tu point que ton amour superbe,
Secret te cache vn serpent dessous l'herbe ?
  Tels ont pensé bien estre seurement,
Quand tout d'vn coup cousus honteusement,

Par les maris estoient à la voirie
Le lendemain trainez par moquerie.
Et le Mari souuent en ce hasard,
Dedans le ventre enfonce le poignard,
Ou l'enfançon remporte le salaire,
Que meritoit en ce mal l'adultere :
Grands & petits appreuuent ce forfait,
Et disent tous, qu'autant en eussent fait.

 Cet autre ayant abusé d'vne femme,
Le mari mort la prend comme vn infame
Qui son ordure à faite en son chapeau,
Puis la remet sur son chef de plus beau.

 Rien n'est plus vray que qui porte dommage
A son prochain auec double arrerage
En a le mal & demeure enlassé
Au mesme las que luy mesme a dressé.
Il vaut donc mieux sans receuoir vergongne,
Ne faire plus des autres la besongne,
Et trauailler chacun à son ouuroir :
Pour y seruir aux autres de miroir.

 D'ailleurs celuy qui pense estre plus sage,
Pour chez autruy n'aller en garrouage,
Et neaumoins aueoque frais vilains,
Depend le sien aux garces & putains,
En son erreur sans excuse est de mesme :
Et chacun d'eux en son vice est extresme.

 Pour neant dit le sieur de Valombré,
Le lict d'autruy ie n'ay point encombré :
Et si du mien aux communes ie donne,
Ie ne fais point pour ce tort à personne :

FRANÇOISES.

’aime autant à leuer le surcot
laneton, de perrete ou Margot,
e le velours d’vne grande Contesse.
Vous dites vray, Valombré, mais si est ce
à tout cela le vostre dependez,
tous les iours quelque chose vendez,
nt qu’à la fin, comme vn defroqué moine,
ure serez sans aucun patrimoine :
insi l’honneur & les biens bassement
us consommez comme plus hautement.
rdant la force on vous verra sans doute,
lein de nodus, de gales & de goute :
t si vous faut en chacune saison,
re en secret diette en la maison.
e ce vous est petite recompense,
u au lict d’autruy vous ne faites d’ofence.
Et ne me plaist à moy qui suis Chrestien,
u’on suiue aussi l’auis Horatien,
ui veut qu’on ait la Gouge d’ordinaire
our apaiser la paillarde colere,
ens se soumettre au perilleux danger,
ui suit tousiours vn amour etranger :
aprouue bien que tous ceux là qui viuent
Aux parcs de Dieu, l’auis d’Horace suiuent,
ans point bequer des autres les raisins.
Beaux veaux on a des toreaux des voisins,
Disoit quelqu’vn : & souuent la genisse
ourt autrepart afin qu’on la remplisse.
Tu me diras cil qui reprend autruy
era repris de ce qu’on voit en luy,

S'vn bon conseil par bonne remontrance,
Ne donne à ceux qu'il blame auec outrance,
Ie te diray mon auis franchement
Sans mes raisons deguiser nullement.
C'est qu'au hasard les sentiers & les routes,
Suiuis de tous me plaisent par sus toutes :
Et qu'il vaut mieux aller le grand chemin,
Que de passer dans le clos du voisin :
Que la grand' voye est bien plus asseuree,
Que n'est le trac d'vne sente egaree :
Et te diray si tu veux le sçauoir,
Que les pechez ie ne veux receuoir
Pour les vertus : & quoy que ie me rie,
Ie veux sur tout que l'homme se marie,
Sans diuaguer rufian & rageux
Sous l'apetit d'vn amour outrageux.
L'ordre le veut, nostre Dieu le commande,
Et tout chacun sa chacune demande.
Quand quelque iour on espere passer
A ce passage, il s'y faut auancer :
Et puis ce mal nous estant necessaire,
Comme au bon heur il faut aussi s'y plaire,
Sans resistence il faut suiure les loix :
Quand on a pris vne femme à son choix,
Bon ou mauuais on doit de ce partage
Fidellement cultiuer l'heritage,
S'auenturant au hasard de la mer,
Qui ne fait pas tous vaisseaux abismer
Voguants dessus. Car qui ne s'auenture
N'a iamais part à la bonne auenture.

Puis

FRANÇOISES.

Puis cil qui vit dessous le saint lien,
 ieune Hymen, ne depend point son bien
ez la Normande ou bien chez la Têtue :
ne craint point qu'vn foul mari le tue
ns la maison en colere arriué :
 est contraint se mettre en vn priué,
 sous vn lict attendant la misere
 chastiment, qu'attend vn adultere ;
ns librement sa femme il baisera,
sans danger il l'a carrassera :
ns son iardin, d'vne feconde pluye,
belle fleur il rend plus reiouye,
 regarde à son gré haut & bas,
comme il veut il en prend ses ebats.
 il la mene au profond des valees,
 bois reclus, es ombres recellees :
 n'offençant ni les hommes ni Dieu,
 conduit pour compagne en tout lieu,
des plaisirs qu'vn ieune amour inuente,
 nd ainsi sa ieunesse contente.
On n'est brigand ni voleur sans voler :
is on peut bien aisement se souler
ce plaisir que la Nature donne
s ce beau ioug, sans offenser personne.
 craignez point ieunesse à vous lier
s la prison d'vn si plaisant colier.
Voyez, Maris, que l'amour vagabonde
 st rien sinon que tourment en ce monde,
 ours suiette à la calamité
ne misere ou d'vne poureté.

Dd

Mais au contraire, aimer sa chere femme,
Est vn plaisir & du corps & de l'ame,
Qu'à grand danger, grand trauail & grand soin
On ne va point au moins chercher au loin :
Car auec elle est telle l'allegresse,
Qu'auec Helene & qu'auecque Lucresse.

Ie suis certain quand la soif vous epoind
Qu'vn hanap d'or vous ne demandez point,
Ni de Cristal vne coupe luisante,
Ains vous burez en ce qu'on vous presente :
Souuent aussi la moyenne beauté,
Comme vne grande a l'homme contenté :
Et puis que Dieu l'a conioint auec elle,
Il doit tousiours luy demeurer fidelle,
Sans s'amuser à ces musquins friands,
A ces dous yeux assetez & riants :
Car qui verroit dessous la couuerture,
Ne verroit rien que l'aideur & qu'ordure.
Ce n'est pas or que tout ce qui reluit ;
Sous vn beau fard on cache ce qui nuit :
Et telle on croit estre belle & bien nette,
Qui sous le linge est orde & contrefaite.

Donc sans plus viure en la diuersité
Du foul amour suiuant l'extremité,
(Soit qu'en hasard on poursuiue la grande,
Soit que son bien en la basse on depende)
Il vaut bien mieux suiure le moindre mal,
Sous le dous ioug d'vn mariage egal,
Que diuaguant au peril de sa vie,
Son amour rendre au malheur asseruie.

FRANÇOISE.

r lors qu'on prend les chauds ebatements,
ont Venus ioint ensemble les amants,
ne craint point le bruire d'une porte,
bboy d'un chien, que quelqu'un entre ou sorte,
d'un malin le cauteleux aguet,
d'un ialoux le malicieux guet :
que la femme hors du lict etonnee,
upable lors s'apelle infortunee :
que l'on soit contraint de fuir nu :
pleine nuit, en chemin inconnu,
rdre l'honneur oster la renommee
vne famille à iamais diffamee,
mme Ombe s'y tomber dans un fossé,
plein Hyuer de glaces herissé,
is se vengeant (vengeance trop cruelle)
ire tuer apres le mary d'elle.
est vn malheur piteux qu'estre surpris
u court plaisir de la fole Cypris ;
smoins en sont ceux-là qu'en Angleterre,
Roy iadis fist mettre sous la terre.
Mon de Sanzay sorti des heritiers
rtains & vrais, des contes de Poitiers,
Bien que des ducs de Bourgongne, ta ligne
premier lieu prenne son origine)
omme estant plein de sagesse & bonté,
ouues tu pas que ie di verité ?
a verité dans vn four pourroit estre,
on la verroit neantmoins apparestre.

Dd ij

A Charles de Bourgueuille Escuyer Sieur
lieu &c. sur vn liure de l'Immortalité
de l'Ame.

YANT, ou peu s'en faut, desia qua-
tre vingts fois,
Veu passer le Soleil par tous les dou-
mois,
Et sage remarqué la non visible trace,
Qu'il vous faudra suiuir pour prendre vostre place
Aux cieux entre les Saints, ie ne suis pas faché
De vous voir decouurir le mystere caché
De l'Immortalité. Mais toute courroucee
Mon ame prisonniere aflige ma pensee
D'ouir dans vos escrits que beaucoup ont tenté
De ne croire malins cette Immortalité,
Et que durant les iours de vos longues annees
Vous ayez decouuert ces ames forcenees.
  Le prudent Capitaine apres auoir esté
Au seruice du Roy par long temps arresté,
Preuoyant bien venir la vieillesse debile
Qui le rend desormais aux armes inutile,
Quelque Gouuernement pourchassera du Roy
Au loin de la frontiere, ou hors de tout emoy,
En paix il aura soin d'augmenter son menage,
Auecque ses plus chers rustiquant au village :
De mesme apres auoir tant de temps balancé
Et le droict & le tort, aux honneurs auancé,

FRANÇOISES.

[l]aissant du public le principal affaire,
[v]ous vous estes enfin retiré solitaire
[l]oin du bruit du Palais, où vous auez soigné
[a]pres le grand espoir qui nous est tesmoigné
[e]n l'Euangile sainct, comme estude certaine
[d]e ceux qui sont soulez de la raison humaine.
[E]t vous resouuenant de la grand' lâcheté
[o]u souuent tombe l'homme en sa mechanseté,
[v]ous auez fait vn Liure, afin de faire entendre
[l]a vanité de ceux, qui veulent entreprendre,
[E]n deceuant vn autre, aussi se deceuoir
[d]u bien que nous pouuons apres la mort auoir,
[S]ans bien attenter de la diuine Essence
[b]lâmer, contre leur cœur, la haute prouidence :
[c]ontre leur cœur ie di, car ie croy qu'il n'est point
[d]'homme qui dans son ame ait engraué ce point :
[E]t qu'il n'est point de gent tant farouche & sauuage,
[e]ncore qu'elle n'ait l'Euangile en vsage,
[q]ui doute qu'vn grand Dieu, par eternel pouuoir,
[n]e face l'vniuers & nous en luy mouuoir.
[ ] Mechants, on connoist bien que vous n'estes Athees,
[A]ins ayant du grand Dieu les graces depitees,
[v]ous le voulez fuir : mais le peché bourreau,
[v]ous va tousiours perçant le cœur de son couteau.
[D]emocrite pensa, que tout sous la Fortune,
[s]e regissoit ainsi qu'vne chose commune.
[E]picure en apres, suiuant ce bel autheur
[P]ar ses lâches escrits en fut confirmateur.
[E]n doute au parauant toutefois Protagore
[A]uoit ia mis les Dieux : & depuis Diagore

Dd iij

*Les meprisa du tout & mile autres espris
Enflez en leurs raisons Dieu mirent à mépris.
Mais depuis que la Grece eut permis cette offence,
En la bouche de tous voller en euidence,
Elle abaissa tousiours son espoir plus hautain,
Et veut plus rien depuis en sa foy de certain:
Bien qu'au contraire elle eust les seueres Stoïques,
Et le diuin troupeau des grands Academiques,
Qui montroient comme à l'œil, par l'ordre naturel,
La haute Prouidence & l'Esprit eternel.
Et separants leurs corps de l'Ame pure & belle,
Contemploient à loisir Dieu l'Ame vniuerselle.*

  *France, faut il encor que ces debordements
Troublent de tes François les beaux entendements?
Et que cela te soit vn menaçant presage
De te voir saccagee vn iour par quelque orage,
Tout ainsi que la Grece? arriere ces mortels
Qui vont de l'Eternel blamant les saints autels.
Et vrayment tu serois, ô France, bien ingrate,
(Toy qui n'as seulement, vn Platon, vn Socrate,
Ains l'Euangile saint, que le grand Saint Denis
D'Athenes aporta qui nous a tous benis)
Ne remerciant Dieu, qui dedans ta poitrine
A graué de son doy cette sainte Doctrine.
Car on connoist vn Dieu tresmanifestement,
Voyant de l'vniuers l'admirable ornement,
Le Ciel tousiours tournant d'vne egale mesure,
Qui d'estoiles sans nombre embellit sa vouture,
Des Planettes le cours iustement compassé,
Sans que iamais il ait sa borne outrepassé,*

des quatre Elements la force moderee,
des quatre saisons la vertu temperee,
ur nourrir & meurir & les corps & les fruits,
ue naturellement la Nature a produits :
s iours, les nuits, les mois, des heures b'entresuite,
s siecles & les ans nombrez sous la conduite
u Soleil rayonneux & de la Lune aussi,
ont nous vient la clarté qui nous eclaire ici :
 bref en general la façon disposee,
ui tient cette machine en ordre composee,
t toute creature annonce la hauteur
e son saint Architecte, ouvrier & createur,
ouverneur eternel, immuable, impassible,
uisible & voyant, non pensable, indicible,
n & commencement de son œuvre entrepris,
ui comprend toute chose & n'est iamais compris :
omme venant de luy toute Ame est Immortelle.
t qui voudroit nier vne maxime telle ?
out ce qui par soymesme a branle continu,
est bien raison qu'il soit pour immortel tenu :
ar la chose qui n'est que par soymesme emeue,
ui sans commencement son mouuoir continue,
e pourroit auoir fin, d'autant qu'elle ne peut
e delaisser soymesme : & l'Ame qui se meut
De soy, ne pourroit donc estre en rien perissante,
Puis qu'elle est & sera par soy tousiours mouuante.
Aussi nostre esprit prompt à se faciliter,
D'vn art industrieux les choses inuenter,
Discerner, conceuoir, auoir la preuoyance,
Du futur comme il a du passé soutenance,

Dd iiij

Connoistre tous les arts & les nombres egaux,
(Connoissance qui manque aux autres animaux)
Se montre bien divin : car certes l'origine
De l'Esprit comprenant toute chose divine,
Ne vient point de la terre, en luy ne se voit rien,
Qui meslé sente aussi l'animal terrien.
Il est l'un de Dieu, surhumain & celeste,
Et tel pour dire vray que plus il ne luy reste,
Fors ce corps qui le tient captif en sa prison,
Qu'il n'aille voir au Ciel sa premiere maison,
Sa demeure & son Estre, ou les ames heureuses
Admirent du grand Dieu les œuvres merueilleuses,
Auec les Anges saints, diuines maintenant
Parmi tant de beaux lieux en paix se pourmenant :
Voyant dessous leurs pieds les estoiles menues,
La Lune & le Soleil & les branlantes nues :
Ore satisfaisant à la diuine ardeur,
Qui les brusloit en corps de voir cette grandeur.
Car bien que l'homme soit en terre il est l'image
De Dieu qui regne au Ciel : ayant en son visage
De sa beauté l'idee & par son action,
Et par intelligence epoint d'affection,
Il fait œuvre d'vn Dieu : Sans partir d'vne place,
Tout le large Ocean, comme à pied sec, il passe,
Et voit iusqu'en son fond les Phoques & Tritons,
Qui dans leurs conques vont entonnant mile tons,
Se font suiure aux Daufins, aux monstreuses Baleines,
Aux friands Eturgeons, aux chanteuses Syreines,
Et par sa clair-voyance à trauers les boyaux
De la terre il trauerse & voit tous les metaux :

FRANÇOISES.

...pos il monte aux cieux sans aide ni sans ailes,
...monte & puis reuient par les campagnes belles
...s celestes retours : il ne craint arresté
...leurs cours si soudains l'impetuosité,
...l'ardeur du Soleil, ni de tout ce grand monde
...long & large espace enclos en voute ronde :
...ins passant outre il va de la Diuinité
...lucher les secrets, se soir en maiesté
...upres des Anges beaux. Et bref i'oseroy dire,
...ue nostre ame est si digne en ce mondain empire,
...u'en nos corps elle tient d'vn Dieu mortel le lieu,
...qu'vn homme immortel elle est aupres de Dieu.
...Veu que religieux l'homme est par sa nature,
...yant dès sa naissance vne euidente cure,
...e tâcher en ses faits si fort s'euertuer,
...u'il puisse sa memoire enfin perpetuer,
...m'ebahi comment ores que Dieu nous donne
...a religion vraye & son fils en personne,
...auueur de nostre espece, où les fouls ont les yeux,
...e rapeller en doute vn point si gracieux ?
...ans bien denier cela que les prophetes,
...u vouloir du grand Dieu les diuins interpretes,
...nt predit sainctement ; ce qu'on voit confirmé
...ar la saincte escriture & non iamais blâmé
...'aucune nation, ains par raison valable
...es Philosophes grands approuué veritable ?
 O vous Princes François, des vostres ayez soin,
...iligents renuoyez delà les monts au loin,
...es legeres raisons, les peruerses redites
...es Athés, Aretins, des Machiauelistes :

Vous n'estes que nos chefs, vous n'estes que pasteurs,
Et des troupeaux de Dieu seulement conducteurs,
Vous en auez la garde, il en faut rendre conte
Au maistre qui pourroit vn iour vous faire honte,
Que peut estre en vos parcs, que peut estre en vos Cou
Ont eu premier credit ces damnables discours :
Ou plusieurs ieunes gents ehontez & volages,
Souuent mal à propos tiennent de faux langages.

 Si l'Esprit & le corps mouroient ensemblement
Les malins en auroient vn grand contentement :
Car souuent paruenus par finesse & malice
Aux magistrats mondains, n'exercent que le vice :
Toutefois en mourant ils seroient exemtez
Par la mort de l'Esprit de leurs mechansetez.
Mais ils sont bien deceus, aussi la faute faite,
La conscience au cœur sans cesse les pincete ;
Et leur promet l'Enfer, ou l'Ame desormais
Viuante perira, souffrante à tout iamais :
Si Dieu ne les rapelle & ne leur fait connoistre,
Qu'au prix de luy n'est rien tout nostre mortel Estre,
Et qu'en cet vniuers vn Dieu peut seulement
A ces desesperez donner allegement.

 Quand le Soleil nous luit en sa lumiere belle,
Pourquoy chercherons-nous de meilleure chandelle ?
Las ! nous faut il chercher de plus belle clarté
Que Dieu, pour paruenir à la felicité !
C'est le Soleil parfait, c'est l'Estoile & conduite,
Qui n'obscurcit iamais le chemin à sa suite :
Et qui voudroit douter que comme on voit bénint
Tirer le fer à soy, de mesme en nous aimant,

FRANÇOISES.

[V]ne force cachee à luy nos cœurs il tire,
[Pou]r nous ioindre immortels à son diuin Empire?
[Et] qu'il n'ait imprimé par vn resouuenir,
[En] nos cœurs le sentier que nous deuons tenir,
[Pou]r retourner au Ciel, dont nostre ame est venue?
[Co]mme que Dieu tousiours appelle dans la nue?
[O]h! regardez les Cieux, frapez en vostre cœur!
[Et] Dieu vous ouurira la porte du vainqueur,
[Le] Parler eternel, de la Raison diuine,
[Qu]i se viendra loger seule en vostre poitrine,
[Pou]r y grauer la foy, qui lors resistera
[A] tout mechant penser, qui ne l'effacera :
[Ca]r si tost que la foy du cœur est effacee,
[La] liberté sans frein bondit en la pensee,
[Co]mme vn cheual retif, qui donne vn desespoir,
[Co]mpagnon sans confort au mal qu'on peut auoir.
   Helas ingrate terre as-tu doncques fait naistre
[Le]s hommes en ce temps pour epier leur maistre,
[L']apeller au combat, destruire sa Sion,
[E]t mettre derechef Osse sur Pelion?
[V]ous irez Licaons par les forests obscures,
[Hu]rlans & lamentans vos tristes auentures :
[A]ccablez, foudroyez par les champs Phlegreans,
[V]ostre presomption vous irez maugreans :
[E]t connoistrez encor dans le profond Coccite
[V]ostre ame estre immortelle en sa douleur depite,
[Qu]e l'humaine raison qui prend les plus rusez,
[V]ous aura malheureux de son sucre abusez.
[C]ar la raison humaine on hait tout ainsi comme
[Pou]r quelque fausseté l'homme hait vn autre homme

Mais il faut euiter, d'vn ferme iugement
La diuine Raison haïr legerement.
On naisne cestuy-là qu'on estimoit sincere,
Loyal, plein de rondeur & franc en son affaire,
Alors qu'il est trouué vermoulu dans le cœur,
Et que de sa promesse on voit l'effect moqueur.
Aussi celuy qui voit d'esperance conceue
Par ses plus chers amis sa simple foy deceue,
Les a tous en horreur, & pense que la foy
Demeure enseuelie aux ombres à requoy.
Car qui se maintenir par la Raison s'essaye,
Tantost l'estimant faulse & puis l'estimant vraye,
La hait ore & puis l'aime & ne peut accuser
Luymesme qui se veut par luymesme abuser.
Ah c'est pitié de voir sa raison abusee
Par vne opinion humainement rusee !
Et pour s'estre en la sorte en discours confondu,
Demeurer sans entendre & sans estre entendu !

   Vous doncques qui fondez sur des raisons humain
Enflez vos vains esprits d'opinions si vaines,
Et qui pour aparoistre en vos discours hautains,
Montrez de vos cerueaux les auis incertains,
De Bourgueille instruits, remarquez cette faute,
Ou vous guide chetifs l'opinion peu caute :
Et lisant son Liuret, vostre cœur endurci,
Peut estre contre vous dira qu'il est ainsi :
Mais pourtant ie souhaite, ô cher de Bourgueille,
Qu'en vain vous ayez eu la nature facile,
La plume & le sçauoir vostre Liure escriuant,
Et qu'on ne trouue aucun si mechamment sçauant,

FRANÇOISES.

...de vos raisons ait trop incredule affaire :
...ns ayants tous en Dieu la foy si debonnaire,
...en effect confirmee en sa perfection
...e detournent plus leur bonne affection.
...d'ailleurs regardants que tant plus diminue
...force en vostre corps, plus vostre ame est connue
...ne vigueur plus grande, ils iugent qu'estant hors
...lien qui la tient prisonniere en son corps,
...e sera parfaite, & que les ames belles
...nsi hors de prison sont toutes immortelles.

❦❦❦❦❦❦❦❦❦❦❦❦❦❦❦❦❦

...pitaphe sur luy Sieur de Bourgueuille long
temps apres decedé. L'Esprit parle.

A Y fait viuant dresser cette Chapelle,
Afin que mort ie reposasse en elle :
N'offence point, Passant, vn trespassé
Qui n'a viuant aucun homme offencé.
Ie m'apelloy Charles de Bourgueuille,
...fus long temps le premier de ma ville,
...eri des bons, des sçauants estimé,
...de Phœbus & des Muses aimé,
...ur les auoir pourettes racueillies,
...pris plaisir à leurs sages folies :
...ef cinquante ans Iuge ici i'ay vescu
...ns d'vn vil gain auoir esté vaincu :
...ins riche & noble ennemi de malice,
...m'honorant i'honorois la Iustice :

SATYRES

Puis plusieurs ans chez moy tout retiré
Les faits de Dieu seulement i'admiré,
En proposant à mon ame rauie,
Les grand's beautez de l'eternelle vie :
Lors ayant veu par quatre vingts neuf fois,
Le beau Soleil entrer aux douze mois,
Et resortir, mon ame au Ciel passee,
En terre apres sa depouille a laissee :
Tu me connois, ie te pri' connois toy,
Passant, plustost que medire de moy.

A Mess. Ponthus de Thiard Euesque de Chaalons.

HIARD, qui la Bourgongne
  le beau Maconnois
Auez quitté pour estre en ces E[s]
  de Blois,
Ou les Muses nous ont par leur b[on]
  té secrete,
Incontinent conioints d'vne amitié parfaite,
Nous donnant vn esprit entre les deputez,
De iuger clair-voyants de nos calamitez :
Dites, sçauant Prelat, qui sçauez nos malices,
Si vous vistes iamais tant de maux & de vices ?
  Les Poëtes iadis auoient accoutumé
Quand ils sentoient leur cœur de fureur alumé,

souhaiter cent vois cent langues & cent bouches,
ur chanter dignement les grandes ecarmouches
n long siege de Troye, & la dure achoison
nt se plaignoit Medee encontre de Iason,
nes pas d'vn Thieste, vn souffrant Promethee,
mort d'Isigenie, Electre depitee,
rage d'vn Oreste & les cruels dedains
 hautain Roy Creon & des freres Thebains :
is ores s'ils vouloient enfler leurs vers vtiles,
faudroit à chacun mile langues fertiles,
ur dire les malheurs de ce siecle de fer :
faudroit vn Cerbere & les fureurs d'enfer,
 vautour d'vn Titie & d'Ixion la roue,
 ce caillou lequel d'vn Sisiphe se ioue,
 peine de Tantale & des Sœurs qui sans fruit,
erent leurs Epoux des la premiere nuit,
ur punir les forfaits de ce siecle ou nous sommes,
quel plus que iamais on voit de mechants hommes :
, chose horrible à dire, ils murmurent secrets,
ne de Rome est passee en nous l'horreur des Grecs,
ont Orphé fut pūni par les femmes de Thrace :
u peuple d'auiourdhuy trop superbe est l'audace :
ar trop legerement il souhaite mutin,
e reuoir vn Cesar en l'empire Latin :
'aimant pas comme il deust la bonté de son Prince,
uand par trop franchement ses Gouuerneurs il pince,
 leur exemple estant ou bon ou dissolu.

Que nous fussions heureux, si le Ciel eust voulu
Que Saturne eust sans fin la Cité gouuernee !
u bien que Iupiter, suiuant la destinee,

Eust tousiours esté tel que chacun l'attendoit
Lors que ce pere encor tout doré commandoit !
Sans que lubrique il eust ouuert l'ecole aux vices,
Se laissant emporter aux royales delices,
Quand le poil epaissi luy couurit le menton !
Adultere il n'eust point, d'vn aperit glouton,
Sous tant de formes fait ici de paillardises,
En Olympe riant de ses fautes commises !

Ha faux Dieux vous serez à la fin renuersez !
Car vous rendrez raison de vos forfaits passez :
Et bien loin hors d'Olimpe & suiets au concile,
Vous serez reformez par la bande ciuile
Des bons dieux assemblez. il vaut mieux doucement
Se regler que d'attendre vn facheux iugement.

Poëtes qui chantez tant de feux & de flames,
A reprendre ces maux tournez vos belles ames :
Faites mentir, qui dit, qu'vne grand' part de vous
Toute foible pratique, en chagrin & courrous,
Du gentil Fracastor la Nymphe Siphilide :
Et qu'vn autre troupeau catarreux tout humide
Regrette, vieil cheual, mais toutefois en vain,
De ne s'estre pas bien ieune gardé poulain.
Beaux esprits ne souillez vos esprits en l'ordure
Du Tans qui flestriroit du Laurier la verdure.

L'abeille veut mourir en son miel doucereux ;
Le grillon dans son trou, dans le sein amoureux
Des pucelles, la puce ; & nageant par les ondes
Le dauphin veut finir dans les eaux vagabondes :
Mais le vil escarbot de mourir a desir
En l'ordure ou il prend nourriture & plaisir.

Ainsi

FRANÇOISES.

[A]insi ne faut il pas se donner de merueille
[Si] des vicieux est l'affection pareille :
[L'v]sage en vice fait leur nature tourner,
[Et] le fait tellement aux vices adonner,
[Q]ue la grand puanteur, l'infaite punaisie,
[Do]nt ils se sont frotez leur semble fleur d'Asie,
[Ea]u de naffe, ambre & musc : car leur esprit souillé
[De]meure dans le souil ou leur cœur a fouillé.
[P]our ce on voit maints Pasteurs boire à d'autre fontaine
[Qu]'à l'eau belle du Puis de la Samarithaine :
[Bi]en loin de Galillee auec des voiles d'or
[La] celeste Nacelle ils conduisent encor;
[Pl]us vn riche nocher dans vne mer doree
[Ils] veulent que par force elle soit adoree :
[Et] d'vn subtil Simon (autre que n'estoit pas
[L'] Apostre qui portoit le surnom de Cephas)
[Ont] allumé le feu qui brusle vostre vie
[De] luxure, ô Prelats, d'auarice & d'enuie,
[Et d']ambition qu'on voit quasi nous apporter
[La] plus grand' part des maux du parti de Luther!
[Ie ne] le di tout seul, la France, l'Italie,
[L'E]spagnol, l'Aleman, comme moy le publie.
[On] trouue en tous estats de semblables deffauts.
[Les] Estats mesmes sont desia pleins d'ombres faux.
[Et] Toute raison est morte & la iustice etainte :
[So]us le pourpre diuin vn Toïep n'a pas crainte,
[De] cacher le serpent qu'il portoit dans son cœur :
[Où] est la Vacquerie & le Senat vainqueur,
[Qu]i plustost que passer vne ordonnance inique,
[O]ffrirent à la mort pour la chose publique ?

E e

Quand leur ferme vertu, que la mort n'etonna,
A l'onzieme Loys etonnement donna?

Infame ambition, auare maquerelle
De la Pucelle Astree, à Dieu mesme infidelle,
A qui tu vas faussant, miserable, ta foy,
Quand tu veux faire ici des egaux à ton Roy?
Et ton Prince marri de voir ta façon lâche,
Te meprise & te hait : car quitter il te tâche,
Esclaue de faueur, comme on quitte souuent
La putain qui trop cher sa chair paillarde vent.

Et vous Chefs de nos Cours qui tous desirez estre,
Conseillers du Conseil priué de vostre Maistre ;
Vous faites comme ceux qui iurent deuant Dieu,
De loyauté garder, à leur femme en tout lieu,
Et toutefois à part ils ont vne Maistresse,
Qui leur fait oublier la premiere promesse :
Mais, las ! vous me direz que parmy les exploits
De guerre & de fureur, que mortes sont les lois.
Encore au bout du conte on trouue la iustice
D'honneste poureté n'estre qu'vn exercice.

Mais bien vn plus grand mal nostre France patit,
Pour ce Gouffre affamé qui son Or engloutit.
Mile Monstres nouueaux de leurs gorges beantes,
Rauissent alentour ses finances tombantes.
Tant plus nostre misere augmente, d'autant plus
Accroist de ceste mer le flus & le reflus.
Puis ces eponges sont par des griffons epraintes,
Qui leur font rendre gorge & viennent aux attaintes
Vous le sçauez Thiard du siecle de deuant,
Et du siecle dernier estant le plus sçauant.

FRANÇOISES. 424

Or Thiard, voyant donc tant de choses contraires,
Je crains que ces Estats rebrouillent nos affaires :
Car que nous seruira l'Edit saint d'vnion,
Ceste grandeur d'Estats, ceste Communion,
Que nous faisons ici, si de grandes brigades
Appellent cet Edit, Edit des Baricades ?
Edit de violence, & ne veulent penser,
Qu'il puisse bien iamais la France radresser ?
A vray dire ie croy, que la gloire certaine,
Et le salut viendront de la main Souueraine :
Quand les Prelats de France iront les yeux dressants
A Dieu, qui les fera sur les Peuples puissants :
Faisant ainsi que vous de saintes Homelies,
Pour adoucir l'aigreur de nos apres folies :
Toutefois Dieu nous doint vn bon commencement,
Vostre exemple y fera tres grand auancement.
Car vous de nos Prelats la bande vn peu pompeuse,
Ne nous deceuant plus, d'vne façon trompeuse
Reprendra le courage & par vous animez
Seront à la vertu nos Princes enflammez.
Lors nous verrons la mer estre calme & tranquille,
Et du monde le repos aux champs comme à la ville :
Les tonnerres bruyants, les eclairs tempesteux,
Les nuages epais, les tourbillons venteux,
De nostre Ciel serein estre ecartez arriere,
Lors de dessous le muy nous verrons la lumiere,
Et le meurtre sanglant estre de nous bani,
Et sous vn seul pasteur le troupeau bien vni.
Mais auant toute chose il faut s'il est possible,
Oster par ces Estats, ce qui nous est nuisible.

E e ij

Comme on voit quelquefois, quand l'homme s'est hurté
Ayant d'vne grand' cheute vn genouil deboité,
Ne se pouuoir guarir, que l'os on ne remplace,
Et qu'il ne soit reioint dans sa premiere place.
Ainsi nous ne pouuons guarison esperer
Au mal que nous voyons à la France endurer,
Iusqu'à tant qu'elle soit bien iointe & bien remise,
Sur l'ancien piuot ou elle fut assise,
Reformant nostre Estat au moulle des vertus,
Dont nos Peres premiers estoient iadis vestus,
Et que sans passion amis vnis ensemble,
Le Corps de nostre France à nos Maieurs resemble,
Cela fait, mon Thiard sans debats ni courrous.
La Paix viendra du Ciel redessendre entre nous.

A la Noblesse & aux Estats estant à Blois le sixiéme Nouembre 1588.

Faites, place François, faites place au rauage,
Laissez passer le cours de ces flots viollents :
Afin qu'en leur canal peu à peu s'ecoullants,
Vous ayez puis apres vn plus libre passage :

Mais seruant vostre Roy ne perdez pas courage,
Soyez comme en valeur en grand cœur excellents
Pour supporter l'effroy de ces vents turbullents,
Volontiers vn beau temps s'ensuit apres l'orage.

Vous Estats, remarquez au discours à la vois,
Que nostre Roy n'a pas les sens ainsi malades
Comme vous le croyez, il est braue & François :

N'enuoyez plus vers luy de rudes embassades :
Car vous pourriez forcer son naturel courtois,
A se resouuenir du iour des Baricades.

A Monsieur Bertaut Abbé d'Aulnay apresent premier Aumosnier de la Royne.

A Dieu mon cher Bertaut ie vay quitter le Monde :
Rien plus que ta vertu qui n'a point de seconde,
Bertaut ie ne regrete, encor ay-ie grand peur
Qu'en fin tu ne sois pris à quelque apast trompeur,
Et que ton iugement, ton sçauoir, ta constance
Ne facent iusqu'au bout au Monde resistance.
Tout est si corrompu que la corruption
Peut estre corrompra ta grand' perfection.
Quand ie voy les vertus poures & toutes nues
S'en aller en exil aux terres inconnues,
Et les Muses aussi chetiues mendier,
Au point d'vn crenecœur, ie me prens à crier,
O malheureux âge! ô siecle miserable!
Où rien ne se voit plus en France desirable!
Car d'vne part ie voy croailler les corbeaux :
Par les maisons des Roys, par les theatres beaux :
Et les doux Rosignols par les bois solitaires,
Plaindre de ce dur temps les facheuses miseres :
De l'autre le toreau ie voy de Phalaris
Mettre dessous le ioug (dont les bons sont marris)
Les coursiers belliqueux & les genets d'Espagne
Labourants comme bœux, la deserte campagne.

Ee iij

Et puis les Arts s'en vont maintenant abolis,
Et maintenant rouillez sont les esprits polis :
Car le Monde or' se plaist entre ames insensees,
Entre faux iugements, entre fauses pensees,
Entre les faux discours, entre les ombres faux,
Qui cachent du bon Dieu les secrets les plus hauts.

Donc si l'aueugle erreur du perissable Monde,
M'a quelquefois conduit, plongé mon chef en l'onde
De son vain Ocean, à ceste fois ie veux
Repentant renoncer à son orgueil pompeux :
Puis qu'aussi bien ie voy Phœbus tout en colere
S'enfuir hors de France & les Sœurs s'y deplore :
Qu'vn Martias ie voy d'Agasses entouré,
Triompher par sur luy, d'ignorance adoré :
Et Minerue faschee, Aracne iouissante
Du laurier seul acquis à Minerue sçauante.

L'oiseau Cillenien d'autre costé s'enfuit :
Argus desendormy se vante qui le suit :
Et l'indocte Cherille ore se fait entendre,
Pour ce qu'il est loué d'vn second Alexandre.
Le decret est rompu, tout Paintre maintenant
Peut aller les pourtraits des Roys entreprenant :
Et vienne desormais vn Apelle ou Lisipe
Pour rapporter au vif du grand fils de Philipe
Le port & le visage, on ne le prisera
Non plus qu'vn autre paintre ignorant le sera.

Celuy qui sçait le mieux des publiques ruines
Inuenter les moyens d'augmenter les rapines,
Sera le plus cheri, se faisant reputer
Digne d'estre la sus aupres de Iupiter.

FRANÇOISES.

pour ce il conuient bien que par dedain ie chante,
ntraint de la senteur d'vne odeur si puante ;
r ie ne me puis plus tenir le nez bouché,
d'vn air retenu mon cœur est empesché.
ur m'aider vienne donc la lyre Calabroise,
quiterre d'Aronce & la trompe Aquinoise,
i tient quasi le sceptre au Satyre Latin :
icy Perse fondroye & l'antique Cratin,
urion, Menandre & Philemon encore,
tous ceux que la Muse en ce beau genre honore :
is que Iunon auare a le grand huis fermé,
e peur qu'on n'entre plus au Chasteau renommé
e son Royal epoux, que sous la couuerture
vn mouton ecorné, masle en vain, sans nature,
e la maison Royalle elle à l'Aigle chassé,
our y faire nicher le troupeau ramassé
Fuitif de chez Phiné) des infames Harpies
ui dans ce grand Pallais secrettes sont tapies.
ntre leurs volontez pleines de mauuaitié
st assise l'Enuie, ayant l'Inimitié,
e depit le chagrin, la palle ialousie
Autour de son pallais empreinte en fantaisie.
  Or ceste Enuie est celle à qui rien n'est caché,
Qui tousiours triste & maigre à secrete taché
De rompre tous desseins glorieux & superbes,
aisant par sa palleur mesmes pallir les herbes,
ontrefaisant la sainte & par subtilité
Ostant aux beaux Esprits leur immortalité.
Entre les Sceptres grands tu la verras assise
Diuerse regardant chacun en mainte guise,

E e iiij

Au visage plombin, aux yeux torts & hagards,
N'ayant iamais apris d'auoir fermes regards.
Les dents comme de fer elle a toutes rouillees,
Et comme de limon fangeuses & souillees,
Et fortes toutefois elles poignent si fort,
Qu'à plusieurs innocents elles donnent la mort.
Elles seruent de haye à sa langue qui semble
A celle d'vn serpent & d'vn aspic ensemble,
Qui iadis a desia (mesmes entre les lis)
O pitié! plusieurs grands sans cause enseuelis!
De fiel & de cicue enclose en sa poitrine,
Du poison à quelqu'vn tousiours elle machine :
Iamais elle ne rit, si par quelque rancœur,
La douleur du prochain ne la fait rire au cœur.
Voir le monde en erreur tousiours elle desire,
Et ne peut bien cacher contre Euterpe son ire.
Iamais elle ne dort veillante à tous propos,
Elle s'aflige à voir les humains en repos.
Tousiours elle regarde, en angoisse infinie,
Des hommes bienheurez la prosperante vie :
Et le bonheur d'vn autre est la peine & tourment,
Qui peu à peu la meine enfin au monument.

   D'autrepart cauteleuse & plus qu'Argus veillante,
Pour se montrer plus fort detestable & mechante,
L'Auarice elle va fine solliciter
(La source de tout vice) afin de l'inciter
D'ouurir son large ventre & sa pance profonde
Plus que toutes les mers qui sont en tout le monde.
Vn abisme d'auoir, vn gouffre conuoiteux
Plus que Scille & Caribde au fond precipiteux,

cette dame. Auarice ouure lors que Fortune
Luy presente à pleins poins vn monde de pecune :
Pecune qui tousiours est le commencement,
Du malheur qui le monde abat finablement.
La rapine, la proye, & la rongeante vsure,
La fauce-foy, le tort, & l'outrageuse iniure,
Le Desir affamé, la soif qui ne s'eteint,
L'apetit nonsoulable & qui tousiours se plaint,
Sont ministres secrets de l'Etat, de l'Empire,
D'Auarice qui tout iniustement desire.
Bien qu'elle aime goulue & le cuiure & l'airain,
De l'or est toutefois sa principale faim.
Esprit soliciteux, qui iamais n'e contente,
Et qui glouton de tout, sur tout tousiours attente.
Cette dame le cours de nature forçant,
Lors que tout animal doux se va reposant,
Apres vn grand repas, vne faim la reueille,
Qui ne permet iamais la nuit qu'elle sommeille :
Et quand l'âge vieillard tout apetit finit,
Celuy de cette Dame à l'heure raieunit.
C'est la Dame & le Saint, ou toute gent rebelle
A la claire vertu, va portant sa chandelle :
Qui tout souuerain bien renuerse à male fin :
C'est le malin serpent, c'est le secret venin
Qui coule doucement sous les reluisans mitres,
Sous les Sceptres Tyrans, sous les orgueilleux titres
Des grands, qui vont mettant leur mensonger espoir
En l'amas abondant d'vn souffreteux auoir.
C'est la semence helas ! dommageable & feconde,
Dont la France est enceinte, & dont le mal abonde,

Auant l'enfantement qu'en langueur elle sent,
Et ne voit toutefois son mal estre present.
Le sang de IESVS CHRIST, sus elle cri' vengeance
Voyant son beau Palais soumis à sa puissance :
Il veut qu'on le repurge & que bien loin aux chams,
On chasse desormais ces auares marchands.
Car vn desir de Regne & d'or la faim cruelle
Commettroient adultere auec l'Epouse belle,
Que chaste il conioingnit (grand filz de Dieu) iadis
Auec le Saint qui tient les clefs de Paradis.

 Mais pourquoy suit apres cet' orgueilleuse beste,
Qui dedaigneuse & fiere, haute leuant la teste,
Marche dessus le ioug du charoy des humains,
Et iette mile dars foudroyants de ces mains ?
Auec ambition, de folle audace pleine,
Elle veut dominer dessus la race humaine.
Sa face de lion montre que par dedain
Elle hait tout regard s'il n'est fier & hautain :
Vn geste gracieux, vn humble contenance,
Deplaisent, à la voir, à son outrecuidance.
D'vn pas seigneurial se marchant brauement,
Elle porte en son chef deux cornes hautement,
En rameaux d'or bruny luisantes separees,
Et sa gorge & ses mains de ioyaux sont parees.
Sa poitrine de fer est plus dure que Mars :
Se plaisant elle va montrant de toutes parts
Ses beautez, ses thresors, ses hautaines coutumes,
Comme le bel oyseau de Iunon fait ses plumes.
Elle est si dedaigneuse, insolente si fort,
Que mesme il luy deplaist d'ouïr louer vn mort.

FRANÇOISES. 435

...is elle voudroit bien qu'auec vœux & prieres
...monde l'adorast en cent mille manieres.
  Vanité glorieuse, orgueil audacieux,
...enteuse vanterie, vn mepris enuieux,
...nt les germes premiers de sa corne eleuee,
...eau de presomption estant toute abreuee.
...e musc d'autruy luy put, & son infection
...uy semble mesme auoir quelque perfection.
...lle cherche estre veue alors qu'en elle eclate
...argent, l'or & la soye & la rouge ecarlate,
...t la tenir vn lieu de haute dignité,
...norante & fardee en son auctorité :
A peine saluant, fors que d'vn petit signe,
...luy qu'estre on connoist cent fois plus qu'elle digne.
...omme criarde elle est en son commandement,
...uete elle est aussi pour prier humblement.
O feure Lemnien, tes Ciclopes employe
A faire vn foudre aigu qui sa teste foudroye,
Et le mets en la main du pere Iupiter,
Qui la face aux enfers bien tost precipiter.
  Vne fierté cruelle, vne impudence extresme,
Vn parler menaçant, vn amour de soy-mesme,
Sont tabours & clairons hautains & triomphants,
Qui marchent au deuant des etandars bouffants,
De l'Orgueil lors qu'il marche auec la Flaterie,
Qui la Luxure aborde en mots de seigneurie
De Dame & de Maistresse & la flatant ainsi,
Epoint son tendre cœur d'vn amoureux souci.
Et puis baille à l'Orgueil ceste ieune Princesse
D'oisiueté nourrie, en tous ieux & liesse,

En delices en chants, entre soye & velours,
Entre sonets lascifs, entre chansons d'amours,
Entre parfuns & l'ambre entre musc & ciuete,
Entre benioin fumant dedans la cassolete,
De tout esprit gentil triste perdition,
Quand esclaue il se rend de ceste passion.
 Dure, grasse & lasciue elle se sied chantante,
Entre fleurs, entre odeurs, folastre discourante
Mille gaillards discours de gemmes & rubis
Et de perles estant tous couuerts ces habits.
Elle montre à propos vne gorge albastrine,
Vn teton dur & ferme, vne blanche poitrine,
Pour y tendre vne rez, à fin d'enueloper
Tout esprit qui se laisse à la chair attraper,
Et pour plus l'attirer à l'heure qu'en sa flame
D'vne ardeur chatouilleuse elle brule son ame.
Son visage vermeil & blanchi par les fards,
Auec vn œil conduit par mile attrais mignards,
Elle tourne par tout & guide en telle addresse,
Que tousiours de quelqu'vn elle se fait maistresse.
Ses cheueux attiffez, crespez, frisez, epars,
Ennondez, anelez, dressez de toutes parts,
D'or & perles liez, finissent en guirlande,
Qui rien que Volupté, rien qu'Amour ne demande.
 La chair, la paillardise, en cent mile façons
De Venus auec elle, aprennent les leçons:
Et diroit on encor, qu'à tous ils veulent dire,
Ici de Cupidon est l'amoureux empire:
Et par signes lascifs ils monstrent chacun iour,
Qu'en ceste Dame est l'Art & la fraude d'Amour.

FRANÇOISES. 437

Comme l'araigne aguete en sa toile vne mouche,
Cupidon est assis dessus sa belle bouche,
En ses yeux flamboyants, en sa gorge, en son sein,
Auec son arc turquois & le ré dans la main.
Et sous le crespe blanc, tant de tresses retortes,
Et ce poil agencé par si diuerses sortes,
Sont les chatouillements, le fusil & le feu,
Qui la meche d'Amour allument peu à peu.
Vouter ses beaux sourcis son front etendre encore,
Cela sert de registre à la deesse Flore,
Pour escrire ses ieux & marquer de la dent,
De son ami Zephir le courtois accident.
Le fidelle miroir, les ointes Bussoletes,
Le vermeillon d'Espagne & tant de boiteletes
De gomme, de sauon, tant de fards composez,
D'eau de fleur d'orenger si souuent arrosez,
Les dextres ruffians, les maquerelles feintes,
Les faux pariurements, les amoureuses plaintes,
Les coches, la depence en habits somptueux,
Sont chaines, ou se prend le cœur voluptueux.
Donc en tant de pourceaux Circe l'enchanteresse,
Ne changea les amis de ce Prince de Grece,
Qui se perdit dix ans, & dix ans combatit,
Que cette dame ici d'amoureux conuertit
En oisons, en hiboux, en boucs d'odeur puante,
Comme bestes suiuant cette dame puissante.
  Les pensers inconstants, l'aueugle volupté,
Les desirs amoureux & la lasciueté
Sont chefs de son conseil : ô doctes Sœurs pucelles,
Vous ne permettez pas qu'impudic ie decelles

Cette orde vilennie : ici dormant conioint,
Comme au mont Ascrean vos chants on n'aprend point
Ni moins apres cet autre auecque qui Nature
Gourmande continue en son infette ordure.

Ie di celle qui suit, qu'on voit & qu'on diroit
Estre la Gloutonnie à qui bien iugeroit
Tousiours sa grosse leure elle mord & releche
Torse vers le menton : depeur qu'elle ne seche
Souuent elle la trempe en la rouge liqueur
Dont Bacchus reiouit des Silenes le cœur :
Ne veut point de Laurier se tordre vne couronne :
Mais de pampre souuent son chef elle enuironne.
Elle n'aime point l'eau de Pegase, & d'ailleurs
Les ius friands de vigne elle trouue meilleurs.

Mile patez diuers, mile etranges viandes,
Les gateaux, les tourteaux & les sauses friandes,
Sont les tortis mignards dont son chef est orné.
Son visage reluit, refait, gras, enuiné,
Comme celuy du frere ou l'on fut à creuailles,
Le iour qui preceda ses ordes funerailles.
Cette dame est la mort, la ruine, le fleau,
Au leuraut, au faisan, au fan, comme au perdreau :
O Paons infortunez, vostre plume doree
N'engarde que ne soit vostre chair deuoree ;
Ni vos petits paonneaux : & Lucule abondant
A Rome n'alloit point tant de biens dependant :
Vn festin tel ne fist la Roine AEgiptienne
A l'Empereur Romain, comme est la table sienne.
Auec tout l'art du monde elle a des cuisiniers,
Qui dans les plats fumants accoutrent les gibbiers :

FRANÇOISES.

...cissons, ceruelats, seruices de credence
...t les moindres depens de sa grande depence.
...ne furent iamais les pirates fameux,
... tant de goulfes, ports, riuages ecumeux,
...chercher par les Mers, les richesses etranges,
...e cette-cy par tout, en l'air, aux bois, aux fanges
...s marets limonneux, en la mer dans les eaux,
...cherche d'animaux, de poissons & d'oiseaux.
...emble qu'elle n'ait autre soin en la teste,
...e de faire la guerre à sang à toute beste.
... rugir du lion le bruyant siflement
... basilic ne donne vn tel etonnement
...ux animaux que fait son flair & son haleine,
...n apetit glouton, sous lequel à grand'peine
...s respirent de peur : tout est mal asseuré
...n ce gouffre allouui : Mais c'est trop demeuré
...n cette rade infette : il faut en autre riue
...ne comme cette autre en sa colere priue
...s simples gents de vie, effroyable en fureur :
...re en sa rage fait à tout le monde horreur :
...a voix, son fier parler & sa hideuse plainte
...onne au cœur des humains tout effroy toute crainte,
...t semble qu'elle face à tous le sang geler,
...t dresser les cheueux, quand on l'entend parler.
  Deux serpents à son chef seruent de diadesme,
Qui meuuent auec elle & la couronnent mesme :
...l luy sort de la bouche vne telle vapeur,
Qu'elle eteint toute flame & fait à tous grand'peur.
...lle ard d'vn fier dedain, depite & courroucee,
...lle grince les dents ainsi qu'vne incensee :

D'vn cœur tout impuissant malin & furieux,
Sans cesse elle maugree & blapheme les Dieux :
La bride de raison elle a du tout rompue,
Et de son plein vouloir seulement est repue.
Ce grand Vautour, qui va les poumons tiraçant
Du larron Promethé n'est point si menaçant,
Si cruel, si goulu, comme en sa rage grande,
Sur le peuple craintif cette dame commande.
  La beste qui la suit & qui derniere vient,
Tousiours sous le manteau de Paresse se tient :
Du laict de sa mammelle elle va nourrissante
Sa chair toute molasse : & tousiours sommeillante,
Lente, poureuse, lourde, elle n'oseroit pas
Sans guide qui la pousse à peine faire vn pas.
Vne couleur plombine, vn poulmon flegmatique,
La repaist d'vne humeur froide & melencolique :
Vne poltronnerie, vn engourdissement
De membres, & d'esprit vn endormissement
En delices la tient : vne odeur enfumee
Haïe des bons esprits, & d'elle bien aimee :
Et tout cela qui plaist aux bons entendements
Aporte à cette ci miseres & tourments.
Mais en sa nonchalance en sa fai-neantise,
Oisiue à toute seule à tous propos deuise
En son lict paresseux, sur l'ocieux matlas,
Iamais son vain esprit de composer n'est las
Desseins dessus desseins, & de tousiours se plaire
A faire des chasteaux en Espagne & au Caire :
Et cent mile discours tous pleins de vanitez
Seront en son esprit mile fois repetez,
          En

FRANÇOISES

...n vne heure faifant plus de chemin couchee,
...ue mainte Poste ne fait en mainte cheuauchee.
... force qui defcend de l'ecume & du fang
...e Saturne attrifté, luy fait groffir le flanc
...u cofté de la rate & fa moelle enflee
...ns fes os, rend fa chair iauniffante & fouflee.
Or m'enfuyant bien loin de ces monftres diuers,
...defaigry ma peine en la douceur des vers,
...r la lyre d'Orphee: & vay charmant mes larmes,
...de iour & de nuit, par ces gracieux charmes
...let ie m'en fuy par les bois ecartez,
...ns les deferts ombreux aux lieux moins frequentez.
...ns vn antre rocheux ie fay mon hermitage,
...ttendant que ie face hors d'icy mon voyage.
...tre vne auare gent, vn peuple mal apris,
...s! ie plains ma fortune & leurs foibles efprits!
...de voir que le mal toufiours au mal fuccede,
...ns voir qu'a tous nos maux s'aprefte de remede.
...is qui pourroit tenir fon vifage fans pleur
...and il voit triompher vn renaiffant malheur,
...i tient le Sceptre en main de nous & de la France?
...voir ces Peuples vils conduits par arrogance,
...us venir gourmander! & ia par tant de fois,
...ont ployé le coul fous le ioug de nos loix.
Des l'Ibere Efpagnol & de l'Inde Hidafpie,
...s monts Hyperborez à ceux d'Aethiopie,
...as par tant de fois, inuincible à dompter,
...t tes armes par tout, ô France, redouter!
...maintenant ie plains, que tes propres efclaues,
...e tu as tant vaincus fur toy facent les braues!

F f

Qu'il te faille le tien derechef conquester,
Et de moindres que toy les forces emprunter!
Du rouil & du moysy tes armes sont mangees,
Et l'araigne a dessus ses toiles arangees,
Car tu ne t'en sers pas : ta gloire desormais
S'eteint trop lachement : Cependant tu permets
Tes pages, tes laquais sortir à main armee
Pour vendre ta valeur par toy desestimee.
O Gauloise vertu, dont le genereux cœur
A presqu'esté iadis de l'vniuers vainqueur,
Pourquoy, veux tu, dy moy deschirer tes entrailles?
Pourquoy veux tu de toy faire les funerailles?
Helas France, pourquoy, maintenant parmes-tu
Qu'à ton veu soit ainsi ton peuple deuestu?
Et qu'on aille contant aux neueux pour histoire,
Qu'en ce siecle est eteinte, ô ma France, ta gloire
Ce que las! or' ie plains & veux fuyr d'ici,
Afin de ne te voir plus malheureuse ainsi,
Et de ces monstres pleine enfanter trop feconde
Les erreurs qui te font blasmer à tout le monde.
Adieu donc mon Bertaut adieu d'vn long adieu,
Ie m'en vay la vertu chercher en autre lieu.
Ie m'en vay dans le monde hors du monde en hermite
Habiter desormais ou l'innocence habite.
Tandis ton nom ie mets en mes vers le dernier,
Comme tu es fiché dans mon cœur le premier.
Afin que du profond tout le dernier tu sortes,
Estant de mes amis premier en toutes sortes.

Fin des Satyres.

AV LECTEVR.

ECTEVR, ce n'est pas pour enseigner Minerue, que ie mets cet auertissement: Mais me semblant que la chaude affection qu'on portoit aux vers en mon premier âge, lors que ceux-cy furent faits, est toute refroidie en ce siecle, & que maintenant la Poësie en ses membres & particularitez est oubliee & mise sous le pied; seulement ie ramentoy, pour en raffraichir la memoire, qu'apres la Traiedie, la Comedie & la Satyre, furent trouuez les vers, que les vns appellent Bucoliques, les autres AEglogues & les autres Idillies: lesquelles ne se lisent pas pour aprendre les façons & les mœurs des Pasteurs villageois, mais pour le plaisir & la recreation d'y voir naifuement representee la Nature en chemise, & la simplicité de l'amour de telles gents: qui sans fard & sans feintise deguisee, ne sont poussez d'Ambition ni piquez de vaine gloire. Afin donc qu'on ne die que i'aye voulu vser de ce nom d'Idillie sans raison, ie diray, que côme les Romains (& toutes autres nations d'apres eux) ont retenu les noms Grecs de tous les Arts, qu'aussi à leur imitation, i'ay retenu celuy d'Idillie, n'ayant voulu vser du mot d'AEglogue qui signifie autant, n'estoit que le subiect en semble desirer des propos & des discours plus longs (que Virgille appelle *deduc-*

tium carmen) qui resemblent au filet du lin ou de la laine, que la bergere en chantant file & tire à la quenouille ou au rouet. Le nom de Bucolique est plus general & si rapporte mesme; Mais pour ce qu'il prend sa denomination des Bœufs, celuy d'Idillie m'a semblé se rapporter mieux à mes desseins, d'autant qu'il ne signifie & ne represente que diuerses petites images & graueures en la semblance de celles qu'on graue aux lapis, aux gemmes & calcedoines pour seruir quelques fois de cachet. Les miennes en la sorte, pleines d'amour enfantine, ne sont qu'imagetes & petites tabletes de fantaisies d'Amour. On tient que Theocrite nomma les siennes ainsi pour deux raisons: premierement pour y auoir depeint les images de la vie & de l'amour des bergers: & puis pour fuir l'arrogance qui rend les pasteurs odieux de promettre d'esleuer leurs chansons au dessus des forests & à peine ils se peuuent abbaisser à bien chanter les humbles tamaris & les basses brieres, leur propre suiet. C'est pourquoy ie n'ay voulu vser du tiltre seul de Pastoralles ou Bergeries à cause aussi que ces mots François ne satisfont & ne contentent point assez mon opinion, non plus que font les noms de Guillot, Perrot & Marion, au lieu de Tyrsis, Tytire & Licoris. C'est à toy, lecteur, d'en iuger à ta volonté: & de dire en liberté de conscience, que sçauoir beaucoup n'est pas sçauoir s'il n'aporte du proffit & de l'vtilité, & que cette Science ici n'est point vn gagne-pain. Adieu.

IDILLIES
ET PASTORALLES

De l'amour de Philanon & Philis.

Par le Sieur De La Fresnaie
Vauquelin.

Idillie. I.

PETITES Idillies
Marchés de pieds soudains
Vers les Nymphes iollies,
Et dans les tendres mains
Des Pasteurs plus humains
Comme vne Epouse belle
Est douce au ieune Epous :
Comme il est touſiours d'elle
Ami ſoigneus & dous,
Ainſi ſoyez à tous.
Si la blonde ieuneſſe
A mes vers donne loy,
Vne ieune deeſſe

Ff iij

A chacun faisant foy,
Que ie suis hors de moy :
   Que la vieillesse sage,
Ne prenne pas pourtant,
Vn trop rude presage
De cet age inconstant
Ou ie vay m'ebatant.
   Petites Pastoralles
De vous ie fay mes dons,
Pour leurs Nymphes Loyalles,
A ces beaux Corydons,
Qui sont leurs Cupidons.
   Que chacun deux vous vante
A sa Nymphe arresté,
Que la Nymphe vous chante
A son Pasteur flaté
D'vn amour affetté.
   Est il rien plus aimable
Qu'vn Pasteur gracieux ?
Ni chose plus louable
Que viure soucieux
D'vne Epouse aux beaux yeux ?
   Tels que ie vous voi estre
Vers nos Nymphettes tous,
Tel que i'ay peu connoistre
Mes compagnons, en vous
L'effet d'vn amour doux !
   Hâtez vous Chansonnettes,
D'aller vers ces Pasteurs,
Vers les belles Nymphettes,

PASTORALLES

Qui de chants enchanteurs
charment leurs seruiteurs :
  Et s'il vous rendent dignes,
En leur gentille ardeur,
De leurs Nymphes benignes,
Ce vous sera plus d'heur
Que toute autre grandeur.

Idillie. 2.

O belles & chastes Nymphettes,
Espouses, Vierges & Fillettes,
Qui pleines de simplicité
N'aimez que debonnaireté :
C'est à vous ainsi qu'a vos Meres,
Qui comme vous sont debonnaires,
Que i'adresse ces vers sans art,
Qui n'ont non plus que vous de fart.
  Ainsi, dit on, qu'entre vous celles,
Sentent le mieux & sont plus belles,
Qui n'ont en leurs habits communs,
Rien que des fleurs pour leurs parfuns.

Idillie. 3.

Philanon amoureux de la grace parfaite,
Des rayons flamboyants des yeux de Philinete,
Auoit auecques elle & mille, & mille fois
Passé le temps aux champs passé le temps aux bois,
Si fort ensemble vnis, qu'entre deux tourterelles
Ne furent onc d'amours si femmes ni fidelles.

IDILLIES

Mais leur âge petit point ne leur permettoit
De connoistre l'amour de sçauoir que c'estoit :
Leurs ames à s'aimer du Ciel estoient contraintes,
Sans d'vn amour lascif ressentir les attaintes.
Leur âge estoit conforme & conformes leurs mœurs,
Conformes leurs pensers, conformes leurs humeurs.

 Fust que l'Aube au matin, auec ses doigts de roses,
Les barrieres du Ciel au Soleil eust decloses,
Fust que Vesper au soir eust le iour enfermé,
Et les flambeaux luisants des Astres allumé,
Ils menoient leurs trouppeaux aux pâtils delectables
Les ramenoient tousiours ensemble à leurs etables :
S'ils peschoient du poisson, s'il chassoient aux cheureux,
La proye & le plaisir estoient communs entre eux.

 Philanon de sa part estoit en telle estime,
Qu'on disoit qu'en ses vers, qu'en ses chãts, qu'en sa rim
Sembloient viure Dafnis, Titire & Palemon :
Mopse, Mœris, Damete, Alfesibe & Damon :
Et Philis de Saphon ou de quelqu'Oreade,
Auoit le chant, la voix, la grace & la parade.
Ayant en Innocence ainsi tous deux vescu,
Philanon à la fin de l'amour fut vaincu.
Mais quand il eut l'ardeur de son feu decouuerte,
Il fist de sa Philine vne facheuse perte.

 Comme vn fleuue se trouble en vn valon profond
Quand la neige du Soleil des montagnes se fond,
Ainsi quand fut des yeux de Philis deglacee
L'amour que Philanon cachoit en sa pensee,
Leur douce priuauté se troubla tout soudain :
Et Philis echangea son amour en dedain.

ET PASTORALLES 449

…la rompit le cours de leur plaisir champestre,
…hilanon ses bœufs autrepart mena paistre :
…us il fut contraint de voyager ailleurs,
…ouïr les chansons d'autres chantres meilleurs.
…iteron halé par trois ou quatre annees,
…it de Ceres les moissons retournees
…nt qu'il peust reuoir son ancien trouppeau :
…ndant comme vne Aulne au bord de son ruisseau,
…is tousiours croissoit, belle fleur admiree,
…ieunes pastoureaux à benui desiree :
…iere & dedaigneuse & le ioug refusant,
…oit d'vn vain espoir les bergers abusant.
…rs que Philanon ayant veu sur Prendle
…Faunes emboucher la flutte pastorale,
…iut pour enseigner en sa contree aux siens,
…lageol à sept voix les accords anciens.
…ais reuoyant Philis, à peine il eut reueue,
…Amour d'vn feu nouueau son ame a toute emeue :
…oses & d'œillets tout en mesme moment,
…ace il colora de Philis mesmement.
…cy de leurs amours sont les douces trauerses,
…rs courroux gracieux, leurs complaintes diuerses,
…puis leur iouissance. Vn amour si diuin
…peut iamais auoir que bien heureuse fin :
…mes champs ils viuront ; Si promettre se m'ose,
…elqu'honneur auenir des vers que ie compose :
…i par la Musette autant faire ie puis,
…mme par leurs amours bien asseuré i'en suis.
…Si ie t'ay des premiers, ô Forestiere Muse,
…nduite aux chams François des chams de Syracuse,

Anime nos forests à bruire pour tousiours
De ces loyaux amans les loyales amours.

Idil. 4.

Philanon de ses desirs maistre,
Libre menoit son troupeau paistre,
Quand il deuint serf d'vn enfant :
Las ! disoit il, d'ou vient la flame,
Qui me brule ainsi toute l'ame,
Et qui de moy va triomfant ?

Vous estes belle infantelette,
Vne pomme encor verdelette,
Vn beau bouton rouge-aiglantin,
Dont les yeux & la belle face,
Montrent seulement vne grace
Pleine d'amour tout enfantin.

Mais desia Cupidon commence
D'aguiser en si belle enfance
Les dars dont il est orgueilleux :
Il veut allumer dauantage
Aux rais de vostre beau visage,
Sa torche eteinte & ses beaux feux.

Fuyons, fuyons, troupe gaillarde,
Fuyons cette fille mignarde
Cependant qu'encor est caché
Le feu dessous si belle cendre :
Et qu'Amour encore d'y rendre
La corde en l'arc est empesché.

Fuyons, Pasteurs, combien de flames,
Menacent de bruler nos ames,

ET PASTORALLES.
...ne d'ardre toute froideur :
...cuoy que toute nature,
...bien tost la nourriture
...eu de cette belle ardeur.

Idil. 5.

...a Pastourelle Philinette,
...te belle, toute simplette,
...sçait encor que c'est qu'Amour :
...n'a point la connoissance
...s traits poignants, de la puissance,
...nt ses yeux blessent nuict & iour.
...Elle porte en son beau visage
...siours d'Amour vn doux message :
...e ne voit qu'en son beau ris
...le surprend les belles ames,
...ne sentant d'Amour les flames,
...ux qu'elle en brusle en sont marris.
...Vous estes, ô mignarde Infante !
...omicide, mais innocente,
...ui me tuez à tous propos :
...os douceurs, vos graces diuines,
...t vos priuautez enfantines,
...Me percent la chair & les os.
...Fille meurtriere & non coupable,
Qui trop aux bergers agreable,
Les meurtrissez sans y penser :
Il est temps que l'Amour vous montre
De quels traits à toute rencontre,
Il vient par vous nous offenser.

Idil. 6.

Au beau visage de Philis,
Comme en vn lict Amour se couche,
Entre les roses & les lis
Et sur les œillets de sa bouche :
L'honnesteté colore & peint
Toutes ces fleurs en vn beau teint.

Fuyez Amants, cette façon
D'Amour, qui finet là se cache :
Il feint estre vn petit garçon,
Qui simplet à vous plaire tâche,
Vous mettant en captiuité
Par sa douce simplicité.

Mais si quelqu'vn adiouste foy
A sa mignarde flaterie,
Il sçait bien l'attirer à soy
Par douce & caute tromperie,
Et puis d'vn inuisible feu
L'ardre & le bruler peu à peu.

Helas ! mon cœur, tu le sçais bien,
Et qu'il me brula toute l'ame,
Lors que ie ne pensois en rien
Que si subtile fust sa flame !
Car cherchant du plaisir en luy,
Ie n'y trouue que de l'ennuy.

Idil. 7.

Philanon pastre, en sa tristesse,
N'osoit prendre la hardiesse

ET PASTORALLES.

re l'amoureux tourment
n amour trop vehemen::
que de son pale visage,
e de son foible langage,
eux cauez d'ennuy qu'il eut,
me Philis s'aperceut,
qu'elle fust pour ce amoureuse:
de son ame langoureuse
nt vn naturel regret;
hilanon dist en secret:
uez vous? à voir vostre face,
e teint blesme & vostre grace,
souffrez quelque passion?
m'en direz l'occasion?
une chose ie ne sache
Philanon, que ie vous cache?
e bon Philanon, qui n'osoit
ecouurir, luy redisait:
l adoroit comme deesse,
qu'il auoit pour maistresse,
'il ne s'estoit point permis
ommer mesme à ses amis,
t il reueroit en son ame
aistresse sa belle dame.
is il ne peut sans la nommer
e son mal qui vient d'aimer.
u veux, dit elle, la dire
s doux en sera ton martire.
ors il luy promet qu'au bois
y montreroit quelquefois

Son pourtrait, sa belle figure,
Diuin chef d'œuure de Nature,
Si tost qu'en lieu bien ecarté,
S'offriroit la commodité.

   Philanon, la promesse faite,
Retenoit tousiours la Nymphete
En espoir de voir quelque iour
Le beau pourtrait de son amour.

   Vn iour qu'elle estoit seule allee
Auecque luy dans la vallee
D'Orne tortue, ou seuls à part
Des autres pasteurs à l'ecart,
Ils regardoient vne fonteine,
Qui murmuroit la douce peine
De l'amour des ieunes garçons,
Dont elle aprenoit les chansons.

   Là tous deux ensemble s'assirent,
Et sur les eaux se raffraichirent,
Ecoutant les chants gracieux
De mile oiseaux delicieux :
Quand renouuelant sa priere,
Philis prié en douce maniere,
Philanon luy montrer aux bois
Le pourtrait promis tant de fois :
Le beau pourtrait de cette amie,
Qui fait gemir ta chalemie,
O Philanon, montre-le moy,
Ie te promets en bonne foy
N'en dire rien en tesmoignage,
I'appelleray de ce bocage

ET PASTORALLES.

Nymphes, qui dedans ce val
ont mirant au beau cristal
cette fonteine argentine,
 la reuerence diuine
que les prophanes troupeaux
ſent aprocher de ſes eaux :
ntre moy donc cette figure :
noſtre amitié ie t'aiure
faire voir dedans ce bois
ourtrait promis tant de fois.
Lors Philanon en ces alarmes,
ſant vn grand fleuue de larmes,
t pitoyable ſoupirant,
ſme à grand' peine reſpirant,
uré par l'amour parfaite,
il portoit à ſa Philinette,
fiſt tellement reſentir,
e ne luy pouuant plus mentir,
 diſoit, d'vne voix tremblante,
me parolle begayante,
e vrayment quand il luy plairoit,
 à la Fonteine elle verroit
beau pourtrait de ſa deeſſe,
 beau pourtrait de ſa Maiſtreſſe,
ourtrait dedans l'eau tout ainſi,
 en ſon cœur il eſtoit auſſi.
  Philis entendant ce langage,
Afin de voir ce bel image,
mple & nice ſans y penſer,
ers l'eau va ſes yeux abbaiſſer :

IDILLIES

Mais rien ne vit dans cette glace,
Que le beau pourtrait de sa face :
Elle vit son visage beau
Pourtrait dans le miroir de l'eau.

   O grand' pitié ! Philis nicete,
S'estant veuë en l'onde clairette,
Se troubla toute promtement,
Et deux tourments fist d'vn tourment !
De sorte que presque pamee,
Elle tomba dans l'eau blamee !
Apres d'vn courage irrité
Sans dire mot elle a quitté
Le bon Philanon, qui des l'heure,
Comme vn tronc immobil demeure :
Depuis il remplit de cailloux
Cette fonteine en son courroux :
Afin que son onde serie
Ne face plus Philis marrie.

   O quel estrange changement !
Philis plaignoit le dur tourment
De Philanon, quand du martire
La cause elle ne sçauoit dire,
Maintenant qu'elle la sçait bien,
Las ! elle ne le plaint en rien.

   Cependant le chetif espere,
Qu'à la fin il se pourra faire,
Que tant de beaux iours obscurcis
Seront d'vn Soleil eclarcis :
D'vn beau Soleil dont les lumieres
Prenant leurs clartez coutumieres,

Au

ET PASTORALLES

[...]u loin chasseront ces brouillas,
[...] Philanon ne viura pas.

Idillie. 8.

[Com]me on voit le taureau, qui s'afflige & se cache,
[S]u compagnon vainqueur ayant quitté la vache,
[Ch]ercher par les forests les ombres egarez,
[E]s lieux ecartez des pâtis separez,
[E]u quelque sable seche : ou de mugir ne cesse,
(Soit de nuit, soit de iour) sa rage & sa detresse :
[E]t toutefois encor l'amoureuse douleur
[N]e l'abandonne point : Ainsi confit en pleur,
[Ph]ilanon s'en alloit aux lieux plus solitaires,
[Po]rtant Philis au cœur, raconter ses miseres,
[San]s que le coup d'Amour dans son ame enfoncé,
[Pa]r les pleurs n'y les cris peust estre repoussé.

Idillie. 9.

[Là] Philanon seul disoit, Vous solitaires lieux
[Qu]i m'oyez raconter mes maux en tant de sortes,
[Rou]tes, verray-ie point mes esperances mortes,
[Et] mes douloureux iours quelque iour plus ioyeux ?
[R]euerray-ie iamais ces flambeaux gracieux
[D]e mon ame & d'Amour les deux courtoises portes ?
[D]echargeray-ie point le fardeau que ie portes,
[Rou]tes, Chams, si de moy vous estes soucieux ?
[Di moy fleuue coulant qui de mes souspirs fumes,
[Et] de mes pleurs souuent vas accroissant tes eaux,
[S]era tousiours confit mon sucré en amertumes ?
[Cepend]ant qu'il plaignoit, bestes, poissons, oiseaux,
[S]embloiët dire il faut bien, qu'aux pleurs tu t'accoustumes
[Si] Philis ne tarit de tes yeux les ruisseaux.

Gf

Idillie. 10.

Pasteur, qui lis dessus l'ecorce
De ces beaux lauriers, comme à force
Escrit de Philis le beau nom,
Et cil de Philanon encore :
Philanon qui Philis adore,
Philis qui vit en Philanon.

 Saches qu'alors Philis la belle,
Courtoise & ieune pastourelle,
Son Philanon aimoit autant,
Comme or' la mauuaise rebelle,
A Philanon estant cruelle,
Le hait d'vn courage inconstant.

 En vain il l'appelle & la prie,
Pour et en vain apres il crie,
Sans l'ecouter elle s'enfuit :
Souuent il la trouue en l'ombrage,
Mais elle montre à son visage,
Que sa peine sera sans fruit.

 Tant plus elle fait la mauuaise,
En luy plus chaude il sent la braise :
Et fuir ainsi la voyant,
Tousiours il la trouue plus belle,
Et si luy semble qu'auec elle,
Toutes beautez s'en vont fuyant.

 L'autre iour menant ses troupettes,
Cheures & brebis camusettes,
Tard sur le soir boire au ruisseau,
Il l'auisa dressant seulette

ET PASTORALLES.

n bouquet de mainte fleurete,
isse au pied d'vn grand ormeau:
 Mais Louuine sa fause chienne,
bboya lors apres la sienne,
 fut cause que tout soudain,
lle disparut de sa veuë,
ssant sa pauure ame eperdue,
 son cœur d'angoisse tout plain !

Idillie 11.

Poure Philanon que ie suis;
uand mon mal mesme ie poursuis !
leust aux Dieux qu'auec ma rebelle,
a dedaigneuse pastourelle,
 fusse etroitement lié :
mme ie voy que ce lierre,
e chesne vieux embrasse & serre,
epuis le haut iusques au pié.
 Desia par plus de mille fois,
ux loups i'ay laissé dans les bois
on troupelet seulet en proye,
uand pour elle ie me fouruoye.
'autr'hier encor vn Loup glouton
e deuoroit vne cheurete,
hacun mon dommage en regrette,
lle en rioit, ce me dit-on.

Idillie 12.

Or que par les ombreux bocages,
 par les verdoyants riuages

Gg ij

Sur l'herbe nous passons le iour
Gardants nos troupeaux alentour.

   Philanon aux Forests obscures,
Aux monts, aux vaux, ses peines dures
Va racontant, Philis, afin,
Que ton cœur fier soit plus benin,
Quand il orra ces forests bruire
L'angoisse de son dur martire.
Et souuent le poure garçon
Fait mesme dire sa chanson
Aux ormes & saules plaisantes,
Qui vont ta maison ombrageantes :
Et pareillement les ruisseaux,
Ou tu fais boire tes boueaux,
Apres luy, d'vn plaisant murmure,
Te disent le mal qu'il endure.

   Il te suit, Philinete, helas !
N'auance point si fort tes pas !
Tu pourras trouuer quelque epine,
Quelque caillou quelque racine,
Qui peut estre te piquera,
Ou te blessant t'arrestera

   Te voyant fuir le ieune homme
D'ire & de fureur se consomme !
Philis desormais ne t'en fuis,
Mais plutost entends ses ennuis ;
N'aioute foy, ni ne t'assure,
A ce teint vermeil qui peu dure :
Car il s'en va, mais peu à peu
De Philanon, croistra le feu.

ET PASTORALLES.

Toy, Philanon, pourquoy peu sage,
Veux-tu suiure ce beau visage,
Qui te fuit, tu fuis sans amour,
Cloris qui te suit tout le iour :
Cloris, qui belle & riche t'ayme,
Comme Philis te hait de mesme.

Idill. 13.

Vous estes, ô Philis, fort belle,
Mais plus vite, mais plus isnelle,
Qu'vne Bichete, qui s'enfuit,
Oyant la trompe, oyant le bruit,
Et la meute & le clabaudage,
Qui retentit dans vn bocage,
Si que vostre pied trop soudain
Philanon suit helas en vain !
 Vous estes belle : mais plus dure
Et froide que n'est la froidure,
Ni que le cristal eclatant,
D'vn roc humide degoutant,
Plus que marbre ni que porphire :
Tant que l'Esté ne peut suffire
De Philanon pour echaufer
L'hyuer qui vous fait triompher.
 Vous estes belle : mais trompeuse,
Comme vn rocher sous l'onde creuse,
Comme la glus dans les rameaux,
Ou comme vn laqs pres des ruisseaux,
Caché sous l'herbe, ou mal aprise
Est souuent la becase prise :

G g iij

Si qu'on remarque en toutes parts
Philanon pris par vos beaux arts.
   Vous estes belle : mais rebelle
Comme Siringue la pucelle :
Comme Dafné, voire comme est
La plus rude de la forest
Soit celle qui suiuit Orphee,
Ou celle, qui suiuit Alphee
Dedans la mer : facheuse ainsi
Philanon, las ! vous trouue icy.

Idill. 14.

  Philis ton ieune cœur
Me traite à la rigueur :
Tu me fuis
Et ie te suis
Ie t'adore, & mes vœux
Las ! tu ne veux,
Malheureux que ie suis.
  Ie te prie & semons,
Et tu ne me repons :
Te seruant
Et te suiuant,
Tu ne m'aimes en rien,
Et ie suis tien
Plus qu'autre homme viuant.
  Tu fais Nimphe, vn tel cas
De tes diuins apas :
Et de voir
Ton grand pouuoir,

ET PASTORALLES.

Qu'il faudroit que des cieux
Quelqu'vn des Dieux
Descendist pour t'auoir.
　Tu sçais de quelle foy
Idolatre apres toy :
Toutefois
Par nulle fois,
Tu ne veux receuoir
L'humble deuoir,
Qu'en Philanon tu vois.
　Tu vois bien par mes pleurs,
Que pour toy las ! ie meurs !
Tu attens
(Mais hors le temps !)
A me donner confort,
Apres la mort
Ou Languissant ie tens.
　Voila pourquoy tu n'ois
Ma lamentable voix,
Ni le pleur
De ton pasteur,
Qui pourroit emouuoir
A se douloir
Le rocher de ton cœur.
　Tu te caches de moy
Pour n'ouir mon emoy :
Comme fait
L'Aspic infet,
Qui pour n'ouir le son
D'vne belle chanson

Gg iiij

Au creux sa teste met.
 Ie ne craindroy la mort
Si ie t'auoy fait tort :
Mais d'effet
Mal ie n'ay fait
Sinon de trop aimer :
Bien est amer
De souffrir sans meffait.
 Amour, si cette-ci
Tu n'arrestes ici :
Desormais
Tel me remets,
Que j'estoy, quand ses yeux
Tant gracieux !
M'osterent de ma paix.
 Car suiure ie ne puis,
Que cela que tu suis :
Ton dedain
M'est inhumain :
Ton plaisir m'est courroux :
Si tu m'es doux
C'est comme vn vent soudain.
 Ie ne deuoy iamais
Si tost croire aux attrais
De son œil
Beau sans pareil :
Mais malheureux il est,
Qui ne se plaist
A voir le beau Soleil.

ET PASTORALLES.

eust, Nymphe, estimé
tu n'eusses aimé?
croirroit,
te verroit,
un bien ardant amour
el seiour
as ne logeroit.
Aumoins que ne fais-tu
pagne à ta vertu
bonté
loyauté;
n que tous tes faits
ent parfaits
si qu'est ta beauté.
Il r'estoit bien aisé
me rendre abusé:
à toy
tout i'estoy;
m'estois en tout lieu
l'Idole & le Dieu,
qui ie m'arrestoy.
Cruelle tu seras
rs que tu m'occiras,
n cœur fier
a meurtrier.
vn qu'on tient maistrisé,
est aisé
emporter le laurier.
Di, Chanson, à Phillis,
qu'en moy sont defaillis

IDILLIES
Les esprits :
Et qu'estant pris
Ie meurs en sa prison :
Souffrant contre raison
La mort, par son mepris.

Idillie. 15.

Or que le blond toreau de fleurettes nouuelles
Ses cornes embellit, & qu'on voit tout au tour
De la terre & des cieux naistre vn nouuel amour,
Qui ieune reuerdit au cœur des plus rebelles :
　Pour voir les prez fleuris, & les campagnes bell
Et pour voir que Phœbus ramene vn plus beau iour
Et les bergers chantants sortir de leur seiour,
Pour couronner leurs chefs de branches immortelles
　Pour cela ie ne sens d'alegresse vn seul point :
Ses fleurs pour Philanon Auril ne produit point,
Voyant que mon Soleil tourne par autre voye :
　Ie ne voy, ni veux voir, rien qu'horreur on i'ira
Et tousiours vn hyuer dans moy ie sentiray,
Tant que de mon Soleil la clarté ie reuoye.

Idillie. 16.

Puis que Philis a Philanon quitté,
Il faut qu'il aille helas ! d'autre costé :
Car viure ici sans voir sa belle face,
Impossible est, ô dieux, que ie le face.
De m'en aller ie ne me fache point :
Mais seulement ie suis marri d'vn point :
C'est que ma Nymphe vn iour sera marrie
De m'auoir mis en cette facherie.

ET PASTORALLES. 467

Ie m'en vay dans le cœur consolé
D'auoir point son honneur violé,
De parler, de fait, ni de pensee ;
Qu'elle mesme elle s'est offensee.
Adieu Philis, ton âge qui croistra,
Peut estre vn iour sa faute connoistra :
Adieu bergere, adieu ieune Philine,
Qui me perd la colere enfantine,
Vous m'ecouter, sans iuger qu'à regret,
I'ay montré non pas dit mon secret :
Adieu l'ombrage, adieu poure fonteine,
Qui de cailloux es ore toute pleine,
Las toutefois que tu l'es merité,
Sur son visage auoir bien rapporté :
Heureux qui sçait l'occasion attendre !
Plus demander vn beau fruict se doit prendre.
Adieu nos ieux, au bois nous n'irons plus
Tendre aux oiseaux nos filets ni la glus.
Allez oiseaux, assurez en vos aises.
Nous n'irons plus seulets cueillir des fraises.
N'iray plus chercher dans les taillis,
Des nids d'oiseaux, pour vous donner Philis :
Les nouueautez des saisons de l'annee,
Vous ne serez de moy plus etrenee.
Adieu les fleurs dont de ma propre main,
A vous parois & le chef & le sain.
Helas ! mile fois vous tenant embrassee
Vous ay-ie pas les lieux fangeux passee ?
Sans vous oser regarder ni parler,
Quand vne peur vous faisoit m'accoler :

IDILLIES

Que vostre face estoit sur moy panchee
Et vostre ioue à la mienne aprochee ?

 Quand de nos ieux vous vous resouuiendrez,
Ie croy, Philis, qu'encor vous me plaindrez.
Las ! que seroit-ce en ces bois de ma vie,
Si de me voir vous n'auiez plus d'enuie ?
Vous faites seule à mes yeux trouuer beaux
Auril & May, les champs & les troupeaux.
Sans vous les fleurs me seroient des epines,
Et des chardons les roses aiglantines.

 Adieu boutons, adieu plaisirs sans fruit,
Dont le regret comme l'ombre me suit :
Dessous mes pieds ie voy l'herbe fauchee :
De mes desirs on a pris la nichee,
Sans plume encor ils m'ont esté rauis :
Adieu l'enfance adieu petits deuis,
Adieu beautez, dont la ieune innocence,
Iusqu'à la mort mon poure cœur offence.
Adieu Turquet adieu son petit chien,
D'oresnauant de moy tu n'auras rien :
Dedans ma main plus ta langue friande,
Ne lechera de pain ni de viande.
Tes dous abbois m'estoient aussi plaisants,
Qu'aux autres sont les oiseaux degoisants :
Tes grincements, tes petites morsures,
M'estoient d'amour de petites blessures.

 Ha ie m'en vais en d'estranges forets,
Ailleurs aprendre à mieux tendre les rets :
A mieux chanter, à mieux de la cheurete,
Mieux bourdonner ma triste chansonnete.

ET PASTORALLES.

Cheures allez (heureux troupeau iadis)
vous voudrez : car adieu ie vous dis :
 conduiroy-ie en douleur tant extresme,
e ne puis me conduire moymesme ?
ymphes adieu : Satyres bocagers
ieu vous dis : adieu gentils Bergers :
ieu riuiere, adieu plaisants riuages,
ieu ruisseaux, adieu deserts sauuages,
uenez vous de vostre Philanon,
es tousiours memoire de son nom :
moins riuiere en haute mer courante,
e ses ennuis vous alliez murmurante :
ieu beaux lieux ou il se pourmenoit,
les toreaux vainqueurs il couronnoit,
il donnoit plaisir de sa Musete,
and il paissoit sa troupe camusete.
Adieu, Bocage, adieu prez, adieu vaux,
dieu rochers, adieu Monts & coutaux,
ay passé tant de iours en liesse
uec Philis ma petite deesse.
es ie suis resolu desormais
 m'en aller, pour ne vous voir iamais.
re auec vous ie ne puis dauantage,
de Philis ne change le courage.

Idil. 17.

Quand Philanon, Philis ne t'aimera,
ntre sa source Orue retournera :
esme les lous aux pates rauissantes,
 uront deuant les cheuretes suiuantes,

Et les sangliers les mers habiteront,
Et les Daufins aux bois demeureront.
 Ces vers graua Philanon d'vne alene,
Par grand serment, sur l'ecorce d'vn fresne.

Idil. 18.

 Philis nouice au beau temple d'Amour,
Se repentoit & de l'heure & du iour,
Qu'elle partit d'aupres de la fonteine,
Ou Philanon demeuroit en grand' peine.
 La poure fille en ses veines sentoit
Vn feu secret, qui par tout furetoit :
Le feu d'Amour estoit vif en son ame,
Auant qu'elle eust rien connu de sa flame.
 Ce qui apprend à voler aux oiseaux,
Ce qui enseigne à combatre aux taureaux
Aprit Philis à sentir la pointure
De l'eguillon de la douce Nature.
 Elle disoit, Que ne vois-tu mon cœur ?
Tu le verrois, Philanon, sans rigueur :
Et mon depit, qui m'a faite si promte,
N'estre qu'Amour couuert d'vn peu de honte.
 Ie sentoy bien au cœur ie ne sçay quoy,
Qui me faisoit approcher pres de toy,
Et te chercher, & ne me sçauoy plaire
Qu'auecque toy compagne volontaire.
 Mais ie promets, que ie ne pensoy pas,
Que l'Amour fust meslé dans nos ebats ;
Quand tu fus pris en sa traitresse embuche,
Ou maintenant, Philanon, ie trebuche.

ET PASTORALLES.

Ie suis dolente, à rien ie ne me plais.
Ie affoiblie en mon cœur ie ne fais
Souhaiter de me voir alegee
Cet ennuy, qui me tient afligee.
Mes agnelets, mon turquet, mes cheureaux,
Deplaisants, ne me semblent plus beaux :
Ce n'est toy, dont ie me vois absente,
Ie sçay pas, qui me rend languissante.
Excuse moy, du semblant seulement,
I'ay donné quelquefois du tourment :
Mais au dedans en ma face blesmie
Verras bien que ie suis ton amie.
Si desormais tu ne crois mon amour,
Ces rochers tu l'aprendras vn iour :
Ces deserts, ces bois où ie soupire,
Diront bien ce que ie n'ose dire.
Mais las ! reuien, en ton cœur ramentoy
Que ces forests me deplaisoient sans toy.
Vien ici ; de moy ne te lamentes,
Es mon cœur, c'est moy que tu tourmentes.
Ainsi Philis seulete se plaignoit :
Les plaisirs du passé dedaignoit,
Craignant sur tout de rendre manifeste
Le feu secret qui la brule & moleste.

Idil. 19.

Philis honteuse & d'Amour vray touchee,
Et du depart de Philanon fachee,
Parloit ainsi : Viendra iamais le iour,
Qu'à ton partir mette fin le retour ?

Ie ne seroy triste de ton voyage,
Si ie sçauoy qu'en ton pelerinage,
Pour me voir estre ici bien loin de toy,
Ton ieune cœur ne s'elongnast de moy.

Idil. 20.

Philanon seul sur les riues d'Aurete,
Plaignant le mal de sa douleur secrete,
Souuent disoit, Soleil, vostre clarté
Ne m'est ici que toute obscurité :
Les beaux etangs, les plus claires riuieres,
Me sont ici des rus & des bourbieres,
Et de Berry les lauriers les plus beaux
Me sont cyprés, me sont piquants housseaux.
Ie ne sçaurois ici suiure la piste,
Ni le beau trac de mon gentil Caliste,
De Betoulaud les sentiers amoureux,
Ni rien d'amour chanter ainsi comme eux :
Ni moins ouir tant de Droite prudence,
(Qui les petits aux grands honneurs auance)
Dont Duarin, Baldain, & Donneau,
A tous propos nous rompent le cerueau.
Ha retournons bien tost voir nos amies :
Ie suis confus de tant d'Andinomies :
Voyant perir plustost que dans son Rhin,
Dedans Aurete vn conte Palatin.
  Puis quand ie voy cette Sainte Chapelle,
Il me souuient, ô belle Agnés Sorelle,
Du grand Berger, qui las ! quittoit aux lous,
Tous ses troupeaux, pour viure auecque vous.
                                    Et

ET PASTORALLES.

...moy brulant d'vne pareille flame,
...m'enfuis de Philis ma chere ame.
...n mal pourtant elle peut bien sçauoir,
...sans me voir mes pleurs elle peut voir.
... de mon cœur qui dans elle demeure,
...le peut bien aprendre à toute heure :
...uy, que faisant auec elle seiour,
...and ie parlois en la langue d'Amour,
...le montroit n'entendre ce langage :
...ucete en tout, mais en ce point sauuage.
...rs ie disois, ô malin Faux semblant,
...uy quoy vas tu ce Bel-acueil troublant ?
...elle ne sent que c'est qu'Amour desire,
...le m'en fait bien sentir le martyre :
...ut elle bien faire sentir autruy,
...ns que d'Amour elle sente l'ennuy ?
... A c'est assaut, ie pense que l'absence,
... seruiroit d'vne forte defence.
...is au rebours, elongné de mon Port,
...mme l'Emant se tourne vers le Nort,
...y tousiours l'œil droit vers ma Tramontane,
...rs ma Philis vers sa belle cabane,
...ou ses beaux yeux aux plus rudes hyuers,
...es arbres secs me font des Lauriers verds.
... Mon cœur qu'elle a ne pouuant donc luy dire,
... mal qu'on peut en mon visage lire,
...m'en retourne, afin que ma douleur
...arle en ma face & parle par mon pleur :
...'en me taisant mon angoisse elle voye,
...t que pour moy mes larmes elle croye.

H h

Puis que t'ayant mon amour reuelé
Que pour auoir, ô Philis trop parlé,
Tu me quittas, c'est raison qu'au contraire,
En te voyant ie meure pour me taire.
Ie men vay donc, ici me deplaisant,
Aupres de toy mourir en me taisant.

Idill. 21.

Vne autrefois encor, ô champestres Bocages,
Vous orrez Philanon de Philis amoureux.
Vous orrez, ô forests, ses laments douloureux,
Resonner au rebat de vos deserts sauuages.
  De rechef, belle Olene, en tes moites riuages,
Tu plaindras la langueur de son mal langoureux!
Plaignez à son retour son amour rigoureux,
Vous Pasteurs qui paissez vos bœufs en ses herbages
  Si d'amour est en toy, belle onde de Cressy,
Vne bluëtte encor, tu l'entendras aussi,
Aussi fera la Roche & l'eau du petit Ante:
  Mais, las! que luy vaudra de vous estre entendu
Si Philis, qui son cœur esclaue s'est rendu,
Ne croit point de sa foy la fermeté constante!

Idil. 22.

Philanon apres ses voyages
Retourna voir les beaux bocages,
Les champs, les Prez & les endrois
Ou Philis il vit tant de fois:
  Mais ces forests & ces herbages,
Ces champs, ces Prez, ces paturages,

ET PASTORALLES

...rafraichissant les douleurs
...rent presque fondre en pleurs :
...i voyant point sa Philinette,
...viure plus il ne souhaite :
...a mort il s'en va courir,
...le ne veut le secourir.
...ant donc en l'ombre feuillue,
...il auoit pour mourir elue,
...n loin du bruit seul demeuré,
...re pasteur alangouré,
...il soupiroit à gorge pleine,
...longs soupirs sa dure peine,
...s qu'au point de mourir d'ennuy
...lis arriue au pres de luy :
Et d'vn gros halier ombragee,
...e se sent toute afligee
...ouir la plainte & les helas
...berger qui tire au trepas :
Elle oit, qu'il disoit ie trepasse,
...pour estre hors de ta grace !
...line ie n'ay le pouuoir
...viure plus & ne te voir !
Belle Nymphe, tout ie t'adore
...r toy, Philis, ie brule encore,
...r toy ie sçay que ie mourray,
...ais mort encor ie t'aimeray !
Ce disant plein d'ardant courage,
...flammé d'amour & de rage,
...vn grand couteau qu'il auançoit,
...n estomac il menaçoit :

H h ij

Heureux iour, heureuse rencontre
Philine lors à luy se montre,
D'œillets, de roses & de lait,
Ayant vn teint damoyselet,
 Luy disant doucette & honteuse,
Philanon, ie me tiens heureuse
De ton amour & me plaist bien
De te voir souffrir comme mien :
 Las ! doncques ie mourray plus aisé,
D'ouir que mon amour te plaise,
Luy redist-il : car mon desir
Ne s'accomplit qu'en ton plaisir :
 Non, non, ne meurs, dist la Nymphete,
Car tout à moy ie te souhaite :
Ne meurs : car ie brule de toy,
Berger, comme tu fais de moy.

Idill. 23.

En ce lieu se trouua seulete,
Philis oyant ma plainte aigrete,
O Licotas ! & mesme icy,
Elle plaignit mon dur martyre,
Oyant par tout son nom rebruire
Aux bois, qui me plaignoient aussi :
 Icy bien tard, comme egaree,
Elle est, Licotas, demeuree,
Puis s'en allant, elle m'a dit,
O Philanon, m'ayant suiuie,
Doy-ie laisser ta triste vie
Tousiours languissante à credit ?

ET PASTORALLES. 477

Lors plus hardie elle me baise,
me donnant vn comble d'aise,
ne moyru d'vn si grand bien :
[m]ais cete grand' forest epaisse
[f]ait que mon esprit, d'allegresse,
[l]ors de mon corps fut ioint au sien.

Idill. 24.

Oyez, ô Pasteurs amoureux,
[le] miracle d'amour heureux :
[cet]te Philis ma douce vie,
[est] d'Amour maintenant rauie :
[el]le fuyant par ci deuant
[c]et Amour qu'elle va suiuant :
[el]le qui fut autant rebelle,
[c]omme elle estoit parfaite & belle,
[el]le ayme : & moy plein de l'angueur,
[ie] suis son Desir & son Cœur.

Idill. 25.

A peine ie pouuois atteindre
[a]ux plus basses branches des bois,
[q]uand petite en cueillant des nois,
[t]es yeux premier me firent craindre,
[q]uand ie te vi petit garçon,
[p]ar cete dire vne chanson :
Quand ie te vis auec ta mere,
[q]ui par la main te conduisoit,
[e]t qui des fraises t'auisoit
[c]omme à sa fille la plus chere :

Hh iij

Des lors ie me senty vrayement
Tout raui ie ne sçay comment.

Ie puisse mourir si dés l'heure,
Tout petit garçon que i'estois,
Ie changé plus de mille fois
De couleur en couleur meilleure :
Sentant emeu mon sang alors,
Qui furetoit par tout mon corps.

Las ! ie ne sçauois pas encore,
Que ce fust Amour, le malin !
Mais la douceur de son venin
Me l'aprend tant plus ie l'adore.
Quand ie le reuis en tes yeux,
Ie connu le malicieux :

Tu estois deia grandelete
Lors que ce fut, ieune Philis,
Plus blanche que ne sont les lis,
Qu'vne soigneuse pucelete
Arrose le soir & matin,
Comme l'honneur de son iardin.

Lors de moy tu fus reconnue,
Tu me reconnus bien aussi :
Puis que de si long temps ainsi
Mon loyal amour continue,
Ne prens iamais d'autre pasteur,
Que Philanon pour seruiteur.

Idil. 26.

Philis estant au beau riuage
D'Olene, sous vn bel ombrage,

Chantoit de Philanon les chants,
Les arbres leurs coupeaux penchants
Sembloient vouloir tendre l'oreille,
Pour ouïr sa voix nonpareille :
Quand Olene mist hors de l'eau
Son chef, couronné d'vn roseau,
Luy disant, ô belle Nymphete,
Las! que maintenant ie regrete,
(Ne pouuant à l'egal de toy,
Chanter de Philanon bemoy)
Qu'en mes eaux ne sont des Syreines,
Pour chanter ses loyales peines,
Et tesmoigner que ie sçay bien,
Qu'il est à toy plus qu'il m'est sien.

Idil. 27.

Quand les heures du Ciel portieres,
Au matin ouurent les barrieres,
Que l'Aube sort au teint vermeil,
Et qu'apres suit le beau Soleil,
Tout m'est obscur, tout m'est nuage,
Si de Philis le beau visage
Ne me montre tout alentour,
D'vne autrepart vn autre iour.

Mais quand les heures à la brune,
Ouurent les portes à la Lune,
Mettant dehors comme troupeaux
De leurs chambres les astres beaux,
Et que Philis montre eclairante
La clarté de ses yeux luisante,

Elle fait que l'obscure nuit
Claire comme vn Soleil me luit.

Idil. 28.

Dessus l'ecorce des fouteaux,
Des fresnes & des chesneteaux,
Qui sont en tous ces doux bocages,
On voit, Philanon & Philis,
Liez d'vn neud, toy qui les lis,
Beni leurs amoureux courages.

    Philanon & Philis, d'vn las
Entrelassez, ne puissent pas
Se des-vnir iamais d'ensemble :
Arbres croissez, croissez tousiours
Croissez comme eux, ô nos amours,
Liez du neud qui vous assemble.

    Bien que de toy ie sois bien loin,
Ce touffu laurier est tesmoin,
Que, comme à toy, ie luy presente
De ce Printemps les belles fleurs :
Aux branches mes fruicts les meilleurs
Pendent pour toy leur Dame absente.

    Ie ne voy si tost aparoir
Le Soleil, se coucher au soir,
Qu'aussi tost ie ne le salue,
Me semblant voir tout radieux,
L'autre beau Soleil de tes yeux,
Dont la presence i'ay perdue.

    Rien n'est de beau par ces forests,
Qui ne me represente apres

ET PASTORALLES.

beautez, ton port & ta grace:
fonteines & les ruisseaux,
semblent mesme dans leurs eaux,
figurer ta belle face.
Helas! reuien, belle Philis,
pour voir les troupeaux iolis
de Philanon, pleurant sans cesse:
sont desia tous amaigris
d'ouir tant de piteux cris,
qu'il fait pour ne voir sa deesse.

Idill. 29.

Philis, pour moy les fleurs de Mars,
ont en ce mois leur lustre epars:
du ieune Auril la fleur poussee,
de May la fleur auancee,
de Iuin (ou Phœbus entré
dans le Cancre s'est rencontré)
ont pour moy tant de fleurs decloses,
tant d'œillets, ni tant de roses:
l'eclat de tant de couleurs
pour moy n'est peint en tant de fleurs.
Ie croy qu'vne terre fleurie,
du baume & des fleurs d'Assirie,
me plairoit en son plus beau:
car vous estant mon Renouueau,
sans vous ie trouue que fanee
est la ieunesse de l'annee.

Idil. 30.

A ce matin, ce doux Zephire,
qu'on oit par ce bocage bruire,

Et cet air frais & doucelet,
Qui nous le donne ? Est-ce l'Aurore ?
Ou si ce plaisant ventelet,
Vient voir ici sa dame Flore ?
  Ha c'est Philis qui vient, qui mene
Amour enchêné d'vne chêne
Faite de roses & de fleurs :
Elle arriue comme Deesse,
Arriere ennuis, arriere pleurs,
Le Ris la suit & l'Allegresse.

Idil. 31.

Quand ie voy ces belles fleuretes,
Ces Roses, ces passeuelous,
Que la Nature a mis en vous,
Le beau iardin des amouretes :
  Et que ie voy ces Roses belles,
Dans vn bouquet de fleurs que l'art
En vostre large sein epart,
Comme vn Printemps de fleurs nouuelles :
  Vraiment ie ne puis pas connoistre,
Si ces fleurs, ces Roses, ces lis,
Peuuent estre vous, ô Philis,
Ou si ces fleurs vous pouuez estre.

Idil. 32.

Comme me brulez vous ainsi,
Philis, qui n'estes rien que glace ?
Comme ne fondez vous aussi,
Vous Glace, au feu de vostre face ?

ET PASTORALLES.

Ô miracle d'Amour! que luy
[du]re la Nature ainsi face
[No]stre glace bruler autruy,
[Et] qu'elle au feu dure r'englace.

Idil. 33.

Nulle agreable froideur
[De]s plus verdoyants ombrages,
[Ne] font rien à mon ardeur,
[Ny] les eaux, ny les riuages :
[M]aintenant ie ne sçay quoy
[M]e cuit & brule les veines :
[Ce] grand feu comme ie croy,
[Ne] vient de flames humaines.
  Philis, il vient de tes yeux,
[Q]ui ce brasier m'alumerent :
[P]uis donc que d'accord les cieux
[D]e m'y bruler ordonnerent :
[Ie] ne veux plus requerir
[D]e remede à cette flame ;
[C]e qui peut le corps guerir,
Aussi bien ne guerit l'ame.

Idil. 34.

En vne fonteine clairete,
[V]n iour se mirant Philinete,
Philanon luy disoit pleurant ;
Tandis que vous allez mirant
Vostre face, Nymphe rebourse,
Des yeux il me sort telle source,

Que i'espere en pleurs devenir
Vne fonteine à l'auenir,
Et qu'en mon onde argentelete,
Vous vous remirerez seulete :
A l'heure en moy vous vous verrez
Toute telle que vous serez :
Assauoir tout autant cruelle,
Comme, Philis, vous estes belle :
En moy voyant vostre beauté,
Vous verrez vostre cruauté.

Idil. 35.

Philanon mirant son visage
Au bord d'vne fonteine assis,
Disoit, Pourquoy comme vn Narcis,
Ne deuiendray-ie en ce riuage
Vne fleur ? encores qu'en rien
Mon amour ne resemble au sien ?
   Aumoins venant ici Philine,
Comme vne fleur me cueilliroit,
Et m'odorant me baiseroit
De sa bouchete coraline :
Puis auecque sa blanche main
Elle me mettroit en son sein.

Idil. 36.

Amour, tay toy : mais pren ton arc ;
Car ma Biche belle & sauuage,
Soir & matin, sortant du Parc,
Passe tousiours par ce passage.

ET PASTORALLES.

Voici sa piste, ô la voila
[d]roit à son cœur dresse ta vire,
[ne] faux point ce beaucoup la!
[a]fin qu'elle n'en puisse rire.
Helas! qu'Aueugle tu es bien!
[qu]el tu m'as frapé pour elle:
[li]bre elle fuit, elle n'a rien:
[m]ais las! ma blessure est mortelle.

Idil. 37.

Philanon soul d'Amarilis,
[R]echerchoit la ieune Philis,
[A]ux bois, aux vallons, aux bruieres,
[E]ntre les Nymphes forestieres:
[Q]uand Toinet le docte berger,
[E]n nos forests vint heberger:
[E]t laissant Paris & Tillieres,
[V]int voir Carrouges & Lignieres
[E]t ma Fresnaie, ou son souci
[P]hilanon luy contoit ainsi.
Toinet elongné des riuages
De Seine en ces Normans bocages,
[S]ens tu point encor en ton cœur
D'Amour la courtoise rigueur?
Qui par les yeux de ta Francine,
[T]'enflamma de flame diuine?
Dont sortirent ces beaux escrits
Qui sur tous t'ont donné le prix
De mieux chanter & mieux escrire
D'Amour le gracieux martire.

Si tu le sens aye pitié,
(En faueur de nostre amitié)
De ton Philanon qui voit peintes,
Toutes ses peines dans tes plaintes,
Et qui par effect apresent
La douleur que tu chantois, sent.
  Las! par tes vers mon mal repousse,
Adouci par ta Lyre douce,
L'aigreur qui trop amerement
Me confit en amer tourment.
Tandis que du manteau d'estude
J'emmanteloy ma solitude,
J'ay fait au reson de ma voix,
Dire & redire mile fois
Le nom de ta douce Meline
A la fonteine Iobertine,
Et mile fois dessus le Clain,
Ayant tes beaux vers en la main,
J'ay les Naiades arrestees
Au bruit de tes chansons flutees.
  Or que ie ne puis rien de moy,
Qu'vne autre me donne sa loy,
Veux tu point en ce voisinage,
M'aprendre quelque doux langage,
Qui de ma fiere puisse vn iour
Plier le cœur au ioug d'Amour?
La rendant tout autant benine,
Comme estoit ta chere Meline?

Idil. 38. Du Latin de Dubellay.

Quittez, ô François, qui chantez

ET PASTORALLES.

Amour la douceur la plus grande,
ttez à mon Baïf quittez :
ceder Amour vous commande :
Ainsi tous les fleuues petits
x rauissants torrents font place :
x feux plus hauts & plus subtils,
nsi cede la flamme basse.
Et toy, qui ceins le temple tien
Myrte, en signe de victoire,
nsard, du cœur Aonien
re nous la premiere gloire,
Cede à l'Amour : Car luymesme or
i tout range sous son empire,
y ceder te commande encor
juiet de son doux martire :
Que si toy grand veux refuser
auoir vn plus grand à cette heure,
qu'aux Dieux vueilles opposer
s Dieux de fortune meilleure :
Or sus d'opposer donc poursuis
n Francion à sa Francine :
pour Cassandre & tes ennuis,
ante de Mars la gloire insine.
Pren la trompete : auanjonné
ia d'Amour assez ta Muse :
vn son grauement entonné,
hanter la guerre ne refuse.
En ce faisant, vn grand Maron
ous à bon droit te pourrons dire :
cederont à ton cleron

Les mols archets de toute Lyre.
Mais, ô vous François, qui chantez
D'Amour, la douceur la plus grande,
Quittez à mon Baïf quittez,
Luy quitter Amour vous commande.

Idil. 39. Du mesme Latin.

Comme iadis, belle Delie,
Nemese plus gentille amie
Du gaillard Tibule apres toy
Fut heritiere de sa foy :
 Ainsi maintenant, ô Meline,
Vne bien plus belle Francine,
Nagueres chantee à l'enui,
Ton cher Poëte t'a raui.
 L'Amour qui toutes deux vous brule,
A la mort de vostre Tibule
(Cependant qu'au tombeau son corps
Sera conduit au rang des mors)
 Fera d'Amour entre vous naistre,
Quelque plaisant debat peut estre :
O l'agreable enterrement,
Qu'auras, Baïf, en ce tourment.

Idil. 40. du Grec.

Les doctes Sœurs & les trois Graces
Ne craignent point Amour vainqueur :
Ains le suiuant en toutes places
L'aiment & cherchent de bon cœur.
 Que si d'vn esprit non aimable,
Quelqu'vn les veut accompagner,
      Elles

ET PASTORALES

les fuyant ce mal traitable,
ne le veulent point enseigner.
Mais si quelqu'vn d'ame amiable,
eut d'Amour doucement chanter,
luy cette bande agreable
courtoise vient se presenter.

Or que ceci soit chose vraye,
i'en suis tesmoin quelquefois :
car alors que chanter i'essaye,
soit les Princes ou les Rois,
Ma langue cesse, & ie ne chante
comme ie faisoy par deuant :
Mais si tost que l'Amour ie vante,
que Philis ie mets en auant,
Si doucement mon Luth ie touche,
que tous rauis en sont les cieux :
Alors sans peine de la bouche
me coulent les vers gracieux.

Idil. 41.

Voici, Philis, vn fan de biche,
que ie t'aporte par amour :
Vn grand Cerf i'auray quelque iour,
& quelque iour ie suis plus riche.
Desia de l'auoir, par derriere
Doris m'a fait soliciter :
Ie ne veux d'elle m'accoster,
Ie la connoy trop fine & fiere.
Tu l'auras : & si ie te garde
deux tourterelles, qu'auant hier

l'auisay dans vn alisier,
Au nic, où les voir on n'a garde.
Et si plustost que l'infidelle
Coridon, aimer tu me veux,
Ie te donneray de mes bœufs,
Et ma genisse encor plus belle.

Idil. 42.

Toy, qui peux bien me rendre heureux,
Pourquoy te rends tu si hautaine,
Philis, di moy ? Car si tu veux
Tu rendras heureuse ma peine.

Ie sçay que ie ne suis des beaux :
Mais aussi ie ne suis sans grace :
Aumoins si l'argent de ces eaux
Me montre au vray quelle est ma face.

Nul plus que moy n'a de troupeaux,
Ni plus de fruicts ni de laitage :
Chez moy ne manquent les cheureaux,
Ni le Salé, ni le fourmage.

Ie voudroy seulement ici
Dedans ces bois tout franc d'enuie,
Sans des villes auoir souci,
Viure auec toy toute ma vie :

Las ! Philanon, qui te conduit,
En t'egarant en cette sorte ?
Vois-tu point ton troupeau, qui fuit
Le Loup, qui ton mouton emporte ?

Idill. 43.

Philanon dans vn jardinage,
Tenoit à Philis, ce langage.

ET PASTORALLES.

Tu me donnes vn beau bouquet,
[...]é d'œillets & de muguet :
[...]s son odeur tant ne me touche,
[...]me les œillets de ta bouche.
[...]ta bouche les belles fleurs
[...]ent des autres les odeurs.

Idill. 44.

Pourquoy de vos pleurs ennuyeux,
[...]gnez vous, Philis, vos beaux yeux ?
[...]rquoy plaignez vous desolee,
[...]tre Linote au bois volee ?
[...]s vous quitter au bois elle est,
[...]r les autres oiseaux instruire
[...] rechanter & faire bruire
[...]tre beau nom par la forest.

Idill. 45.

Philine, en ce bois nouuelet
[...]e ne suis-ie vn Rossignolet ?
[...]e ne l'es-tu, Philis, toymesme ?
[...]sin qu'entre les oisillons,
[...] soupirs amoureux & lons,
[...]disse tousiours, i'aime, i'aime ?
Qu'encor en ce mesme taillis,
[...]u chantasses, belle Philis,
[...]'ayme, Philanon, n'en doute ?
Afin que sans tant de respets,
[...]ous iouissions des chauds effets,
[...]ont la Nature brule toute.

I j ij

Idil. 46.

Quand, Philine, quelque courrous
Fait d'vn depit batre ton pous,
Qu'on voit à l'œil la larmelete,
Qui perle à perle au sein roulete,
Alors triste de ton tourment,
Tu te plains à moy simplement,
Souffrant que de baisers i'efface
La larme qui coule en ta face :
Mais aussi quand aucun courrous
Ne te fait point batre le pous,
Que ton ris fait deux fosseletes
A tes ioües si rondeletes
Pleines d'amour & de gaité :
Ie suis au contraire traité :
Et tu ne permets que i'amasse
De baisers le ris de ta face.
De larmes le plaisir me naist,
Et le ris de douleur me paist :
Helas ! vn poure amant qui aime,
Espere tout & craint de mesme.

Idil. 47.

Tyrsis disoit, Mon ame est reiouye,
Quand Philanon a sa Philis ouye :
Quand ie les voy s'endormir doucement
Au gasouillis des ruisseaux fraichement :
Quand ie les voy des Nymphes bocageres
Quand ie les voy des Nymphes riuageres
Estre baisez : en sursaut reueillez,
De ces baisers estant emerueillez.

ET PASTORALLES.

J'ay du plaisir de voir qu'elle se cache,
quand Philanon-epeurer elle tasche,
quand il vient aupres de son buisson,
elle le fait tressaillir de frisson.
Puis quand cachee vne pomme elle iette,
tapissant soudain en sa cachette,
il court apres, & qu'apres mile tours,
comme Atalante elle demeure au cours :
Lors il la baise, & ne se voulant rendre,
elle ne peut riante se defendre :
lus elle dit, d'vn gracieux courrous,
deportez vous, Pasteur, deportez vous :
Vostre desir passe la reuerence,
que vous deuez à ma chaste innocence.
lors Philanon craintif se refroidit,
suppliant, luy respond & luy dit :
Bien que vos yeux tiennent prise mon ame
dans leurs beaux rets, elle gele en sa flame :
l'orient le Soleil couchera,
l'occident. plustost se leuera,
Que iamais soit de fait ni de pensee,
vostre ame chaste en la mienne offencee :
Car vostre cœur si chaste le mien rend,
que mon desir sur l'honneur n'entreprend.

Idil. 48.

Desia le point du iour
escarte l'ombre humide,
on voit tour alentour
l'Aube qui le iour guide,

Ii iij

IDILLIES

Les oiseaux de leurs voix,
Vont saluant les bois.

　Philine, leuez vous,
Menez vos brebis paistre
Aupres des ombres dous
De quelque ombrageux hestre :
Philis, ne paressons,
Ioyeux nos ans passons.

　Aux beaux vallons ombreux,
Pour auiourdhuy ie mene,
Mes vaches & mes bœufs
Pres de la grand' fontene :
Il fera si grand chaud,
Que chercher l'ombre il faut.

　Sçauez vous point ou sont
Les Sources emparlees,
De la Source du Mont
Là bas en ces valees ?
Ou l'on voit les ruisseaux
Ioindre d'Orne les eaux.

　Entre ces grands costaux,
Vne forest touffue,
Sous ces ombrages hauts
La terre tient herbue :
Et puis dans le taillis
Il fait ombre, ô Philis.

　Philis, i'y vay seulet,
Amenez y seulete,
Vostre beau troupelet,
Qui m'aime & me souhaite,

ET PASTORALLES

vous m'aimez autant,
que vous m'allez contant.

Idil. 49. Tyrsis. Cloris.

Tyrs. Di quelle rumeur eclatante
dans cette forest parlante ?
Clo. Tyrsis, c'est la belle Cipris,
Qui son fils Cupidon a pris,
Et tance le bat & fouëte.
Tyrs. Et pourquoy di chere Clorete ?
Cl. Pour ce qu'il a son arc perdu :
Dont las ! il est tout eperdu,
Ainsi que le pouret confesse ;
C'est pourquoy sa mere le fesse.
Ty. Ou l'a t'il mis ? Cl. Il dit qu'au bois
L'a pris sans faire autre chois,
Philis la gentille bergere,
Pour Venus sa diuine mere
Son arc en garde luy bailla :
Mais la mauuaise se railla
D'Amour qui se trompa luy mesme,
La voyant de beauté supresme.
  Puis Venus a grand marrisson,
De voir encar son nourrisson,
Son fils, qui debat & qui pleure,
Pour suiure Philis à toute heure.
  Les bois, la verdure & les fleurs,
Font ce grand bruit d'ouir leurs pleurs.

Idil. 50.

Cette vie est la forest
Qu seul Philamon se plaist :

I i iiij

Cette ombre & cette verdure
Est l'Espoir qui peu luy dure:
Ces lieux cachez, sont les rets
D'Amour, suiui de regrets:
Ces haliers & ces epines,
Sont les rudesses malines,
Les dedains & les refus,
Qui le rendent tout confus:
Sa Maistresse c'est la Beste,
Apres qui se fait la queste:
Son Penser, c'est le limier,
Qui va questant le premier.
Ses chansons ce sont l'enceinte,
Qui l'ont au Buisson contrainte
De se rendre quelquefois
Plus courtoise dans les bois.
 Cette Biche prend la fuite,
Non craintiue, mais depite,
Helas! rend toy desormais,
Et rend tes abbois en paix.
D'autant plus elle est fuyarde,
Qu'elle est hautaine & gaillarde.

Idil. 51.

Tyrsis, qui les troupeaux de Philanon conduit,
Disoit, Des qu'au matin le beau Soleil reluit,
I'aperçoy que Philis amoureuse Nymphete
(Non autrement que fait vne soigneuse auete)
S'en va de fleur en fleur cueillir à l'enuiron
Mile diuerses fleurs, pour emplir son giron.

ET PASTORALLES.

plus belles apres auec ses mains pucelles,
arrondit & fait mile couronnes belles,
mile beaux bouquets proprement compassez :
quand dans son beau sein elle s'en voit assez,
quand en tous endroits sa teste en est fleurie,
seule s'en va de prerie en prerie,
closage en closage (ou de son pied leger
trac ne pourroit voir le plus subtil berger)
mer, hors des hameaux, vne secrete sente :
qui deuine bien la fin de son attente,
suy de tout loin : mais tout sufisnement,
ie luy voy donner des fleurs abondamment
son cher Philanon, qui ioyeux sous vn hestre
l'ombre l'attendoit voyant ses troupeaux paistre.
le les voy se cherir, ie les voy vis à vis
ntretenir long temps en leurs menus deuis :
es voy se baiser, ie les voy fondre d'aise,
que leur cœur de cire amolit en leur braise :
voyants separez, apres vn long adieu,
ors ie vay m'asseoir en leur place, en leur lieu,
l'ombrage du hestre : & la resouuenance
leurs plaisirs m'aporte vne grande alegeance.

Idil. 52.

Si ces Epines ces haliers,
s buissons & ces aiglantiers,
oient des fleches bien poignantes :
que ces feuilles & ces fleurs,
hlis, fussent flames, ardeurs,
fournaises toutes ardantes :

Pour m'aprocher auprés de vous,
Ie ne craindroy fleches ni coups,
Ni la flame plus violente :
Ie passeroy parmi les dards,
Parmi les feux, par tous hasards,
Pour courre à vous, Nymphe excelente.

Idil. 53.

Le rusé Cupidon,
Voyant Philis seulete,
Luy ietta son brandon
Et tira sa sagete :
  Mais cet enfantelet
Ne pouuant de sa fleche,
Dans le cœur tendrelet,
Luy faire aucune breche,
  Il va tout furieux
D'vne pleine secousse,
Ietter en ces beaux yeux,
Son feu, ses traits, sa trousse :
  Puis que ie n'ay dit-il,
De pouuoir sur ton ame,
Tes yeux d'vn feu subtil
Élanceront ma flame.

Idil. 54.

Depuis qu'Amour sied dans tes yeux,
Le caut d'vn art ingenieux,
Commence à player tout le monde
De mile traits, dont il abonde.

ET PASTORALLES.

Et si plus ne darde enflamez
traits iadis accoutumez :
de sa flame accoutumee,
nous est la flame alumee :
Mais alors que tes yeux ecarts,
voletant de toutes parts,
tu faits en mile manieres
traits & des belles lumieres,
A lheure ce trompeur enfant,
tels darts s'en va triomphant
sus les ames amoureuses,
par tes yeux sont langoureuses.

Idil. 55.

De tous ceux la que tu regardes,
cœur de mile traits tu dardes :
moy que tu as regardé,
mile traits, tu m'as dardé.
Moy donc qui ton bel œil essaye,
sens au cœur vne grand' playe :
eux aussi qui l'ont essayé,
hilas, leur cœur sentent playé.
Tous ceux encores que benine,
on œillade friande aguine,
en vont miserables brulants,
De mile feux etincelants.
Tes yeux sont les fleches volantes,
es yeux sont les flames brulantes,
Dont Amour fait ses traits plus beaux,
Et plus ardants ses doux flambeaux.

Idil. 56.

Quand Philine ses deux beaux yeux
Arreste sur moy gracieux,
Alors ie vis, alors ie voy
Que c'est de moy ie ne sçay quoy :
  Mais quand Philine deuant tous
Retire de moy ses yeux dous,
Alors ie meurs, lors ie voy bien,
Amour, que de moy ce n'est rien.

Idil. 57.

Dessous vn Pin au feuillage pointu,
Philanon tint à Philis ce langage :
Pourquoy, Philis, de ma foy doutes-tu,
Quand en tes mains tu tiens mon cœur en gage?
  Plustost ce Pin d'ici s'arrachera,
Portant par tout sa perruque immortelle,
Et sur son pied comme nous marchera,
Que ie te sois en amour infidelle.

Idil. 58.

Ouïr, Mon Toinet, le Zephire,
Aux rameletss siffler & bruire,
Voir l'onde claire d'vn etang
Batre & batre de flanc en flanc,
Et voir l'argentine ondelette
D'vne mousseuse fontenette,
Dedans son gasouillant canal,
Caquetante rouller aual,
Hé n'est-ce pas vn doux murmure,
Des plus plaisants de la Nature?

ET PASTORALLES.

Pourquoy donc me plaist tant la voix,
Meslee au fredon des beaux doigts
De Philis, quand sur l'epinette,
Elle glisse sa main grellette
Si bien & si diuinement,
Qu'elle en rauit son instrument?
Et bien sa chanson affetee,
Elle a mignardement chantee?
Dans ces bois le Rossignolet,
De son gosier mignardelet,
Vne chanson m'a gringotee,
Autant que la sienne affetee?
Pourquoy doncques de sa chanson,
Me plaist tant la voix & le son?
Toinet. Mon Philanon c'est vne Grace
Qui le beau de Nature passe,
Qui fait qu'en Philis tu peux voir
De Nature tout le pouuoir.
Pouuoir qui sans grand' resistance,
Met Philanon sous sa puissance,
A tous ennuis abandonné;
Si par Hymen ne t'est donné
Quelque doux remede qui face
A Philis rabbaisser l'audace.

Idil. 59.

Ton Philanon t'enuoye, ô Philis, cette cage,
Ou de l'ouurier ne manque aucun gentil ouurage?
Voy le mignard auget, voy de quelle façon
Est pendu pour le boire vn vuide limaçon :

IDILLIES

Voy ce Serin dedans venu de Barbarie,
Que de mile fredons, mile beaux chants varie!
Mais ie te pri pour luy (car il n'ose chetif
Luymesme te prier, tant fort il est craintif)
Qu'il te plaise venir demain la matinee,
Si tost que le Soleil ouurira la iournee,
En cette belle Pree ou ton œil le blessa,
Quand premier entre vous vostre amour commença.
 Seule medeciner tu peux sa maladie,
Seule rendre tu peux son ardeur attiedie :
Seule tu le peux faire heureux ou malheureux :
Et la mort à la vie echanger tu luy peux.
 D'ou c'est que vint son mal luy viendra son remede
Car son mal & son bien ta volonté possede.
Ie le feray, Tyrsis, là demain ie seray,
Et mesme si ie puis, son mal l'apaiseray.
 Le lendemain au Pré, sincere en sa promesse,
A son cher Philanon elle osta la tristesse
Par sa douce presence, & content & ioyeux,
Il tint son heur egal à l'heur des demi-dieux.

Idill. 60.

Entre les fleurs, entre les lis,
Doucement dormoit ma Philis,
Et tout au tour de son visage,
Les petits Amours, comme enfants,
Iouoient, folastroient, triomfants,
Voyant des cieux la belle image.
 I'admiroy toutes ses beautez,
Egalles à mes loyautez,

ET PASTORALLES

Quand l'esprit me dist en l'oreille,
Fol que fais-tu ? le temps perdu,
Souuent est cherement vendu,
On le recouure c'est merueille.
 Alors ie m'abbaissé tout bas,
Sans bruit ie marche pas à pas,
I'ay baisé ses leures pourprines :
Sauourant vn tel bien, ie dis,
Que tel est dans le paradis
Le plaisir des ames diuines.

Idil. 61.

Philis ne crains Turquet ton chien,
Car il t'aime & te connoist bien :
Il n'est mauuais ni plein de rage :
Mais il est d'amoureux courage.
 Et combien que souuentefois
Il morde & serre vn peu les dois,
Rage ni fureur il ne donne :
Mais il fait aimer la personne
Par son mordre doux & grondant :
Et iouant il fait cependant,
Qu'Amour subtilement detache
Le neu que la vergongne cache.
 Bref tout ce que tu crains n'est rien
Qu'Amour, qui dans ton petit chien,
Te poursuiuant te veut aprendre
Comme il faut aimer & se rendre.

Idil. 62.

Pasteurs voici la Fonteinete,
Ou tousiours se venoit mirer,

Et ses beautez seule admirer
La pastourelle Philinete.

Voici le mont ou de la bande
Ie la vi la dance mener,
Et les Nymphes l'enuironner
Comme celle qui leur commande.

Pasteurs, voici la verte Pree
Ou les fleurs elle rauissoit,
Dont apres elle embellissoit
Sa perruque blonde & sacree.

Ici folastre & decrochee
Contre vn chesne elle se cacha:
Mais parauant elle tacha
Que ie la visse estre cachee.

Dans cet Antre secret encore
Mile fois elle me baisa:
Mais depuis mon cœur n'apaisa
De la flame qui le deuore.

Donc à toutes ces belles places,
A la Fonteine, au Mont, au Pré,
Au Chesne, à l'Antre tout sacré,
Pour ces dons ie rends mile graces.

Idil. 63.

Elpin. Philanon. Philis.

Elp. Ou vas-tu, pasteur, si faché,
Vas-tu vers la ville au marché?
Phila. Non, sage Elpin, l'ire felonne
D'aller à la mort m'eguillonne.
Elp. Quel ennuy te presse si fort,
Qu'il te faille chercher la mort?
Phila.

ET PASTORALLES.

...ila. Philis son amour a changee,
...ilis de moy s'est estrangee :
...ne puis la voir en ce point,
...er Elpin, & ne mourir point.
...p. C'est vn depit, Pasteur, espere,
...mour s'accroist par la colere.
...lanon, attent la voici,
...e s'en vient passer ici.
...Ou va Philis tant orgueilleuse?
...son Philanon dedaigneuse,
...steur, que les Dieux bocagers,
...e les Nymphes, que les bergers
...uent par tout : & toy depite
...vas fuyant sans qu'il t'irrite ?
...ili. Elpin, ie ne le fuyois pas,
...and il a fait si peu de cas
...mon bouquet sous ces coudrettes,
...iouants à cline-musettes,
...uy disoy, mon compagnon,
...de mon bouquet, mon mignon,
...tu le veux ie te le donne :
...ais ne le rebaille à personne :
...res que nous eusmes ioué,
...le vis au sein de Chloué.
...ila. Philis, seul ie le porte encore,
...ur montrer combien ie l'honore :
...yez il est tout aussi beau,
...mme il fut onc, à mon chapeau.
...ili. Celuy que i'ay veu, ce me semble,
...u sein de Chloué, luy resemble :

K k

Ou bien mes yeux trop prompts à voir,
Auroient ils peu me deceuoir?
S'en cela ie me suis deceue,
Ie vous prie excuser ma veue.
Elp. Ie voy bien qu'vn soupçon ialous,
Vous a fait entrer en courrous,
Philis, il faut que cette offence
D'amour plus ferme on recompence,
Et que pour vn dedain à tort
Philanon ne cherche la mort,
Qu'en vostre sein, ou toute à l'heure
Il reuiura, s'il faut qu'il meure.

Idil. 64.

Tandis que moy Tyrsis, i'assemble mes troupeaux
I'entreuoy quelquefois entre les pastoureaux,
Philanon sur le soir, qui s'ecarte au riuage
D'Orne, pour rencontrer sa Philis au passage:
 Ie ne fay lors semblant de les voir s'embrasser,
De se iouer ensemble & de se carresser:
Mais secret ie me cache aupres vn peu d'ombrage,
Alors i'enten Philis, qui luy tient ce langage:
 O mon cher Philanon, ie t'aime mieux m'amour,
Que ie n'aime mes yeux ni la clarté du iour:
A toy du tout ie suis, de toy ie brule toute,
Et plus nulle autre amour que de toy ie n'ecoute:
 Tu peux d'vn doux regard mon ardeur secourir,
Et par vn chaste amour me garder de mourir:
De toy ie ne veux point auoir de meilleur gage,
Tu ne dois pas de moy desirer dauantage,

ET PASTORALLES.

Si tu m'aimes autant comme par tes discours,
par ton beau semblant tu me montres tousiours.
Philanon repondoit : Mon cœur, plus que moymesme,
Plus que tous mes troupeaux & plus que tout ie t'aime,
Et ie ne brule moins, Philinete, de toy,
Que tu dis, ô Philis, que tu brules de moy :
Et plus nulle autre amour, & plus nulle autre flame,
Que celle de ton feu ne brule dans mon ame :
Et tes beaux yeux seulets me peuuent aleger :
Ie ne seray iamais en mon cœur si leger,
Que ie ne vueille autant chaste en amour te suiure,
Comme tu veux, Philis, tousiours chastement viure.

Idil. 65. Philanon. Philis.

Phila. Philis, que i'ay pour ma Nymphe choisie,
    Di moy par courtoisie,
Ta belle bouche est elle pas à moy,
    Di le moy, par ta foy ?
Ingrate helas ! tu ne me veux respondre ?
    I'ay donc beau te semondre ?
Ainsi faisant est-ce pas abuser
    Vn qu'on veut refuser ?
En te taisant, à tout le moins attouche
    De la mienne ta bouche ?
Et pour responce, apaise mon courroux
    D'vn baiser long & doux ?
Phili. Tu penses donc, Philanon, que farouche,
    Ie t'elongne ma bouche ?
Croirois tu bien n'en estre point Seigneur,
    Quand tu l'es de mon cœur ?

IDILLIES

Tien la voila? Que veux-tu dauantage?
　　Pren de moy tout tel gage
Que tu voudras : tu le peux, & peux bien
　　Prendre ce qui est tien.
Ainsi tu vois que ie suis bien plus tienne,
　　O Philanon, que mienne.
Ainsi tu vois que ma bouche est à toy
　　Mile fois plus qu'à moy.

Idil. 66.

Sainte Venus qu'en Cypre & qu'en Cythere,
Et qu'au tiers Ciel, on adore & reuere,
Si de mon feu tu voulois enflammer
De ma Philis, la froideur à m'aimer,
Ou temperer mon ardeur en la glace,
Que sans ma flame en son cœur elle amasse,
Ie te feroy de roses & boutons,
Et de cent fleurs des chapeaux & festons.

Idil. 67.

A la fonteine Valombreuse,
Ou Philanon se reposoit,
Philis arriue, qui honteuse
Aupres s'assit, & luy disoit :
D'ou vient vne chaleur brulante,
O Philanon, qui me tourmente ?
　　D'ou vient vne braise secrette,
Qui brule & mon bras & ma main?
I'ay detaché ma colerette,
Pour mieux me rafraichir le sein,

ET PASTORALLES.

...ie suis si peu vestue,
...e ie suis quasi toute nue ?
...D'ou vient cette ardeur si soudaine ?
...en ay-ie fait pour l'amortir ?
...us tout en vain : ie pers ma peine ?
...ou pourroit bien ce feu sortir ?
...eaux que ie boy des fonteines
...urnent en feu dedans mes veines.
...Syluine dit qu'à mon œillade
...e connoist ie ne sçay quoy,
...i me rend ore ainsi malade,
...quant & quant se rid de moy.
...us riez Philanon i'en pleure,
...s tandis le mal m'en demeure !
...Vous me baisez, helas ! dit elle,
...rsis goffant conte comment
...y pris ce mal, sotte & nouuelle
...ur vous baiser trop priuément.
...mme las ! s'il estoit possible,
...e vostre amour me fust nuisible !
...Vous me rebaisez, la fournaise
...e mon feu vous rauiuerez :
...d'Egon la langue mauuaise
...it vray vous me consommerez :
...ay, qu'il dit que ce mal procede
...e vous, dont viendra le remede.

Idil. 68.

...vostre bouchette vermeille
...t le doux sucre d'vne abeille :

K k iij

Vostre baiser doux & felon,
A d'vne abeille l'eguillon :
　Car vous baisant en la mesme heure,
Qu'vn goust de sucre me demeure,
Au departir au mesme point,
Ie sens vn eguillon qui poind.

Idil. 69.

Iamais le beau Soleil n'ouurit vn plus beau iour,
Les Elements estoient pleins de Ris & d'Amour :
Tous les vēts se taisoiēt aux mōts, aux vaux, aux plai
Aux Etangs endormis, aux courantes fontaines,
Quand Philanon iettant sur Philis son regard,
Puis regardant le Ciel aussi d'vne autre part,
Disoit, i'atteste Pan, les Faunes & Driades,
Et toy luisant Phœbus, qui nous vois & regardes,
Que cependant qu'en l'air les oiseaux voleront,
Et tant qu'en l'Ocean les poissons nageront,
Tousiours Philis sera de Philanon aimee.
Philis luy redisoit. Tandis que la ramee
Sera l'honneur des bois & seront blancs les lis,
Tousiours aimé sera Philanon de Philis.
　Ils se baillent la main, comme vn gage fidelle
De leur loyale foy : Philanon proche d'elle
Luy donne vn doux baiser, ou bien il le receut :
Car si pris ou donné, point on ne l'aperceut.
Il fut pris & receu d'vne grace si belle,
Qu'vne fois il sembloit vn baiser de pucelle :
Il sembloit l'autrefois pris de telle façon,
Qu'on l'eust dit le baiser d'vn amoureux garçon.

O de quels beaux œillets, de quelles belles roses,
Cette couleur vermeille, ô Honte, tu composes!
Le vermeillon de vierge en sa face epandu
Le beau teint de Philis auoit plus beau rendu!
Tant de Philanon au baiser poursuiuie,
La rougeur tesmoignoit qu'elle en estoit rauie :
L'ayant octroyé par vn refus ainsi,
La defence montroit vne semonce aussi.
  Par ce baiser sellee, ô sainte foy iuree,
Soyez en ces amants d'eternelle duree!
Et vous ieunes Amants en franche liberté,
Vous pouuez aux forests iouer à seureté.
Vos desirs alumez sous vn saint Hymenee,
Par le vouloir des dieux, s'esteindront cette annee.
  Elpin chantoit ainsi. Les autres pastoureaux
Tous rauis l'ecoutoient en gardant leurs troupeaux :
Et pour solenniser ces Promesses parfaites,
Se mirent à danser au son de leurs Musetes.

Idil. 70.

Philanon de Philis absent,
Sentant tousiours Amour present,
Qui deuant les yeux luy presente
A tous propos Philis absente,
Aux riues d'Orne s'en alloit,
Et plein d'angoisse ainsi parloit.
  Orne, qui viuant Ptolomee
Olene estoit iadis nommee :
Qu'Oulne nos Maieurs apelloient,
Quand ton nom escrire ils souloient.

Kk iiij

Cependant qu'ainsi sommeillante,
Tu vois mon ame trauaillante
Dessus tes bords, qui loin d'ici
A mis son cœur & son souci,
En faueur de ce beau bocage
Et de la Fresnaie-au-sauuage,
Olene alege vn peu l'emoy,
De son fils, qui se plaint à toy.

 Fais ecouter en ton riuage
Quelque Nymphe, qui me soulage,
De dire à celle à qui ie suis,
A ma Philis, tous mes ennuis.
Tu passes aupres du village,
Qui depend de son vasselage,
Tu peux bien la voir tous les iours,
Sans arrester en rien ton cours.

 Olene, tu pourras luy dire,
Et le tourment & le martire
Que ie souffre, & ne sçay comment
Ie souffre vn si cruel tourment :
Car ie sçay bien auoir pris place
Bien auant en sa bonne grace :
Et quand à moy ie suis tant sien,
Qu'au prix d'elle tout ne m'est rien.

 Mais comme on voit pris en la cage
L'oiseau, qui fut libre & volage,
Hagart tousiours sans s'arrester,
Ne faire rien que voleter :
Ainsi la franchise premiere,
Que ie viuoy sur ta riuiere,

ET PASTORALLES

...ne, me rend etonné
...m'y voir or' emprisonné.
...de voir las! que ma Myrtine,
...me montre plus aucun sine
...franche amour, parmi l'effroy
...bois, ou ie vis à requoy:
...ms triste se resout seulette
...mourir las! comme Brunette,
...nt Philocrene sur le Clain
...mente le trespas en vain.
...Car bien que puisse Philocrene
...utant de ses thyaux d'auene,
...mme Orphée de son chant pouuoit,
...uand les Enfers il emouuoit,
...ne peut il par sa Musette,
...ueiller la pauure Brunette.
...mesme etancher ie ne puis
...fontaine de mes ennuis,
...consoler ma Myrtinete,
...ui rien que la mort ne souhaite,
...yant que l'amour esperé,
...ma Philis est demeuré.
...Mais quoy que soit cette misere
...esante me sera legere,
...'entendre que Philis plaindra
...on mal quand elle l'entendra:
...t que comme ie la desire,
...ue Philanon elle respire.

Idil. 71.

...vous frappe, Philinette,

D'vne pomme de rainette,
Si vous m'aimez prenez-là,
Et me donnez pour cela
La fleur de vostre fillage,
Vostre tendre enfantillage :
Et si i'en suis econduit :
Prenant, Belle, cette pomme,
Voyez-là, regardez comme
Passe tost vn si beau fruit.

Idil. 72.

Philis d'vn regard languissant,
Regardoit Philanon, disant,
Donne moy ton cœur : sa parolle
Le cœur de Philanon luy volle :
En son beau sein le met Philis.
Mais sentant ses sens affoiblis,
Philanon soupirant s'ecrie,
Qui me redonnera la vie ?
La douce Philis sans longueur,
Luy respond : Moy, qui suis ton cœur.

Idil. 73.

Le Bouton vermeil, dont compose
Ses vers le Romant de la Rose,
C'est, Philis, vne rouge fleur,
Qui donne plaisir & douleur.

C'est vn Bouton qui deuient Rose,
Quand l'ouuerture en est declose
Par le Bourdon du Pelerin,
Que Belaccueil mene au iardin.

ET PASTORALLES.

C'est de Nature vn bel ouurage,
Et d'Amour le prix & le gage :
Amour le cueillant inhumain
Nature pique la main.
O doux debat qui tousiours dure
[Ent]re l'Amour & la Nature !
[Tels] les agreables ebats
[Nai]ssent en ces plaisants debats.

Idil. 74.

La Lune auoit marqué les Mois,
[Mil]le & cinq cents soixante fois,
[Cin]q iours dedans celuy qu'on nomme
[Du] nom de Iule, encor à Romme,
[Qu]and de Philanon & Philis
[Fu]rent les desirs accomplis :
[Et] quand Elpin leur voulut dire
[Ce]s vers suiuants dessus sa Lyre.
[O] Philanon & Philis ont ioint
[En] la douce amour qui les poind :
[H]eureux & bon soit le presage
[D]e cet amoureux Mariage.
[P]hilanon il vous soit heureux,
[Et] vous Philis, voire à tous deux :
[Et] qu'il puisse encor heureux estre
[A] vos enfants qui pourront naistre :
[E]t que vos fils soient reuestus,
[C]omme vos Maieurs, de vertus.
[V]os filles puissent estre telles
[Q]ue vos Meres sages & belles :

Que vos fils puissent estre aimez,
Aux arts des Muses estimez :
Et que vos filles soient aimees,
Aux arts de Minerue estimees :
Et que iamais nulles saisons,
Le bien ne faille en vos maisons :
Qu'auecque vous les Dieux habitent,
Vous conseruent & vous visitent :
Auienne ainsi : Puis nuict & iour,
Vous accompagne vn sainct amour,
La Chasteté, la Courtoisie,
Loin de Chagrin & Ialousie.
Mais, ô Philis, ayant souuent
Baisé Philanon ci deuant,
Maintenant oyez l'auenture,
La Ioûte & la guerre future,
Qui s'apareille pour l'ebat
De vostre dous apre combat.
　Vous estes ieunette & pucelle,
Au ieu d'Amour toute nouuelle,
Philanon comme vn ieune Epoux,
Au ieu d'Amour vous sera doux.
Ne craignez pas, vostre courage
Sera vainqueur en cet outrage.
　Aussi, Philanon, il vous faut
Aller prudent en cet assaut :
Quand vous viendrez hors de la feste
Au lict, ou le combat s'apreste,
Vous ne deuez pas si soudain,
Auoir les armes en la main :

ET PASTORALLES

...ins par des douces mignardises,
...r des ieux & par des faintises,
...r prieres que vous ferez,
...aproches vous dresserez,
...nnant dessus sa belle bouche,
...le baisers pour l'escarmouche :
...ilis, vous les receuerez,
...puis vous les refuserez,
...e doucete, ore farouche,
...lant sortir hors de la couche :
...tenant bon & resistant,
...iblette vous serez pourtant.
...r Philanon d'amour plus forte,
...us pressera de telle sorte
...e vous croirez auoir eu tort
...ntre luy faisant tel effort.
...rs il prendra ces deux pommettes,
...i sont fermes, qui sont grossettes,
...vostre sein, & tout glouton
...udra manger vostre teton,
...n faisant sur vostre gorgete,
...e sa dent fole vne marquete.
...main par tout vous tatera,
...main en bas deualera,
...our trouuer cette viue source,
...ue vous gardez ainsi rebource.
  En ce beau val couuert de fleurs,
...veut rafraichir ces chaleurs :
...main, comme vne auantcourriere,
...veut conduire à la barriere

Du Fort, ou voſtre doux dedain,
Pour ſon dommage aura grand gain.
Alors vos cuiſſes remparees
De ſa main ſeront ſeparees.
La main a moyenné touſiours
Le chemin aux tendres amours.
Alors apres tant de blandices,
Tant d'efforts vains, tant de delices,
Apres tant de doux parlements,
Tant de baiſers, d'embraſſements,
Tant de ſoupirs, qui defaillie,
Rendront voſtre force affoiblie,
Apres des octrois, des refus,
Apres des pleurs, des ris confus,
Apres des dedains amiables,
Apres des decorts rapointables,
Apres que l'amoureuſe ardeur
Aura chaſſé voſtre froideur,
Que vous ſerez toute reduite
A ne chercher plus de refuite,
Et que craignante aurez deſir
D'auoir voſtre part au plaiſir :
Et que vous ſerez deſireuſe
Philis, cent fois plus que poureuſe,
Que lors Philanon voſtre cœur
De voſtre beau Fort ſoit vainqueur,
A l'heure en ſigne de la gloire,
Il chantera pour la victoire :
A l'heure aux endroits les plus forts,
Philanon fera ſes efforts;

ET PASTORALLES.

...decochant depres la fleche,
...ur faire l'amoureuse breche.
...Elpin ainsi sage berger
...alut Philis encourager :
...nuict venue elle est conduite
...sques au lict d'vne grand' suite
...Bergeres & de Pasteurs,
...us biendisants, tous bons fluteurs,
...ui d'vne voix bien ordonnee,
...anterent Hymen, Hymenee.
...Philanon là s'estant rendu,
...ff ce qu'il auoit entendu
...'Elpin, qui plein d'experience,
...ux forests montroit la science.
...Bien qu'au parauant dans les bois
...hilanon & Philis cent fois
...fussent ebatus ensemble
...mile ieux ou l'on s'assemble,
...hilis pourtant reconnut bien
...ue ces ieux estoient moins que rien,
...u prix des ieux, ou l'amour mesme
...ous fait iouir de ce qu'on aime.

Idil. 75.

...elles Nymphes Freneïdes,
...ui cherchez les ombres beaux,
...t les fonteines liquides,
...t les gasouillants ruisseaux,
...t les cachettes sauuages,
...ans le fonds de nos ombrages.

Faites, Nimphes, ie vous prie,
Que vos bois soient bien ombreux,
Et que mainte herbe fleurie
Tapisse l'ombre amoureux,
Afin que Philis bien aise,
Comme vous s'y tienne & plaise.

Faites, Nimphettes benines,
Reluire dans le canal
Des fonteines argentines
L'azur & le beau Christal,
Afin que s'elle desire
S'y mirer, qu'elle s'y mire.

Amassez l'herbe molette
Aux bords des ruisseaux courants,
Afin qu'en la mole herbette,
Au bruit des eaux murmurants,
Elle chante de ma peine
Quelque chansonnette vaine.

Enionchez aussi, Nymphettes,
Au fond des vaux raccoutrez,
Vos cachettes plus proprettes,
Où le mieux vous folâtrez,
Aumoins s'elle y veut s'ebatre
Comme vous qu'elle y folâtre.

Lors, peut estre, Freneïdes,
Que voyant vos ombres beaux,
Et vos fonteines liquides,
Et vos gasouillants ruisseaux,
Et vos cachettes sauuages,
Qu'elle aimera nos bocages.

Idil.

ET PASTORALLES
Idil. 76. imitee de la 12
de Theocrite.

Vous soyez bien venue vnie à vostre vni :
Bien que trois fois la nuit ait le iour embruni,
Et que desia trois fois l'Aurore ensafranee
Ait de iaune & d'azur bigarré la iournee
Depuis vostre promesse : & toutefois vn iour
Vieillit ceux qui sont attendants en amour :
Ceux, qui comme moy sont chatouillez sans cesse
Du desir importun de reuoir leur Maistresse.
Ainsi que le plaisir de l'abondant Esté
Est plus beau que d'Hyuer l'infertile apreté :
Ainsi que de damas les prunes violettes
Auancent du blocier les prunelles aigrettes,
Ainsi qu'vn agnelet mignon & gambadeur,
Est plus plaisant à voir qu'vn belier plein d'ardeur,
Ainsi qu'on cherit plus la ieune mariee,
Que celle qui trois fois a vieille esté liee,
Ainsi que le poulain gaillard & hennissant,
Surpasse le pas lent du toreau mugissant,
Ainsi qu'vn Rossignol dans vn touffu bocage,
Surmonte tous oiseaux par son plaisant ramage,
Ainsi ieunette & belle entre toutes & tous,
Tousiours vous m'egayez, tousiours me plaisez vous.
Ie ne souhaitoy moins de voir vostre venue,
Que fait vn voyageur, qui brulant s'euertue
D'attaindre la fraicheur des ombres frais & dous
De quelque ombrageux bois pour reposer dessous,
Et trouuer le ruisseau d'vne fontaine pure,
Pour etancher bien tost la grand'soif qu'il endure.

L ij

Pleust à Dieu que d'amour les beaux feux & les n...
Nous tinssent à iamais ainsi conionts tous deux!
Qu'à iamais dedans nous d'vn saint amour les flames
D'vn pareil feu tousiours enflam n asse nt nos ames!
Et qu'Amour conseruant nos mutuels amours,
D'âge en âge à iamais les fist viure tousiours!
Que la Posterité, que les amants fidelles,
Contassent nos amours aux loyales pucelles!
Et que quelqu'vn encor des contes recitant
Peust ces propos suiuants de nous aller contant.

 En ces deux ne fut onc qu'vne seule pensee,
Depuis que leur amour fut entre eux commencee :
Si quelque doux debat, quelque courroux d'amour,
Quelquefois eust troublé la clarté de leur iour,
Aussi tost le regret de leur amour troublee,
De pleurs & ris meslez la rendoit redoublee.
Au nom de Philanon, sous le nom de Philis,
Ils auoient les beaus fruits de leurs amours cueillis,
Ayant les grands honneurs & les citez quitees,
Pour rendre en douce paix les forests habitees :
Tous deux egallement sentoient les feux subtils
D'Amour, qui reueilloit leurs dormants appetits.
Philis & Philanon, l'honneur de nos villages,
Ne suiuirent iamais tous ces amours volages,
Qui vont en diuers bois pour faire diuers nids :
D'vne loyale foy tousiours furent vnis.

 Tous deux furent vnis d'amour & de Fortune :
Le pasteur en son nom, portoit, LIEV n'ay qu'à v...
Vne aimant seulement, & ne vouloit trouuer
En nulle autre aucun lieu pour l'amour eprouuer.

ET PASTORALLES.

la bergere au sien, de pareille harmonie,
ncontroit en portant, D'VN gré louable vnie.
ssi d'vn gré louable vnie elle fut tant,
e sans se des-vnir son amour fut constant.
Vrayment ce Couple ici, d'amour loyal & sage,
sous vn mesme ioug porté tout l'attelage :
croy que de leur temps fut le siecle doré,
quel le ferme amour regnoit bien asseuré,
sque d'vn cœur egal d'vne franchise egale,
maintient leur amour d'vne amour si loyale :
croy que tout berger en ce beau siecle d'or,
sentoit contr'aimé de sa bergere encor.
s! que ne fusmes nous de la saison dorée,
ces Amants viuoient en constance asseurée ?
que ne sont ils or' pour regler la façon
ceux qui vont suiuant de Venus l'enfançon.
Ces deux Amants portoient deux Palmes en Deuise,
i cachoient sous ce Corps, d'amour leur Entreprise :
ec vn Mot Romain, qui disoit sous ce Corps,
S S'EN vont enclinants à mutuels accords.
ce Mot fut l'Esprit pris d'vn fameux Poëte,
i fist pour leur amour l'Entreprise parfaite :
puis en deux rouleaux les deux Palmes au tour,
rtoient leurs noms tournez tesmoins de leur amour :
s Palmes ressemblants, qui caquetent ensemble,
and Amour au Printemps en amour les assemble.
courbant l'vn pres l'autre ils penchent leur coupeau,
ur se faire caresse au ioyeux renoūueau.
r la Palme infertile aucun fruit ne raporte,
i compagne elle n'est d'vn Palmier de sa sorte.

Ll ij

Pour ce on tiët qu'aux hauts mots des derniers Indes
Et dans le beau pourpris des terroirs Candiens,
Et (beaucoup plus feconds) aux pleines Idumees,
Ces Palmes vont croissants par Couples animees :
Et comme ayant l'esprit tout plein de loyauté,
Ils s'embrassent l'vn l'autre vnis en chasteté.
D'vn mutuel amour leurs testes sont courbees,
Leurs pieds entremeslez par douces eniambees
En leurs troncs racineux, ce Couple s'entr'entend,
Et son bras amoureux l'vn vers l'autre il etend,
Quand chacun de sa part amoureusement baisse
Le sommet de son chef pour se faire caresse.
Mais si quelqu'vn le veut superbe rabbaisser,
On le void par depit sa cime rehausser :
Ou, par amour tousiours la Palme s'humilie
Au mari, qui voisin auec elle s'alie.
Ces deux Amants ainsi qui les vouloit tenter
A l'amour desloyal, ils sçauoient resister
Par les traits de l'amour, dont leurs ames attaintes
Dessous la loyauté, furent tousiours retraintes.

    Le Palmier & la Palme on voit s'aparier,
Et par leur foy promise vnis se marier :
Leurs rameaux sont leurs mains qui la foy se promettent
Et leurs embrassements leur nopce manifestent.
Le Ciel, l'air & les vents soupirants doucement
Prennent de leur amour vn grand contentement.
Ainsi de ces Amants fut l'amour agreable,
Et leur loyauté grande aux Palmes comparable.
Si quelque main cruelle ou quelque bucheron
Decouple les Palmiers, aplanit l'enuiron,

ET PASTORALLES.

...luy qui seul demeure, il iaunit, il s'ennuye,
...a terre luy deplaist il languit sous la pluye,
...nt qu'enfin sur le pied, sans verdure & sans fleur,
...n son triste veuuage il seche de douleur.
...mour de ces Amants, d'vn gré louable vnie,
...e vouloit viure aussi, perdant sa compagnie.
...La Palme sans changer sa premiere verdeur,
...te vn fruit de bon goust & d'vne bonne odeur:
...ais le Myrthe amoureux & le Laurier qui dure
(comme on dit) en l'habit d'immortelle verdure,
...ange son verd feuillage à cil qui vient aprés,
...ne porte de fruit non plus que le Cyprés.
...a Palme de son tronc va poussant vn feuillage
...n plumes de triomphe, (au lieu d'autre branchage)
...ui ne change iamais, tel est l'accoutrement
...u'elle porte à la fin qu'il fut premierement.
...el fut l'amour constant de ces Amants fidelles,
...t l'Amour des Bergers les Palmes eternelles.
...soient ici leurs fruits agreables aux Dieux,
...t soient comme la Palme vn triomphe en tous lieux.
...t Comme la Palme est d'vne longue duree
...eur memoire long temps soit ici reueree.
...Comme fleurit la Palme vn iuste fleurira,
...t tousiours sur le mal le bien triomphera.
...Dieu faites qu'en vain ce Couple n'ait point prise,
...our couurir son amour, la Palme en sa Deuise.
...Soit donc le souuenir de ses Amants festé,
...omme le parangon de toute loyauté.
...ue les pasteurs venants aux festes du village,
...oit pour voir l'assemblee, ou soit pour faire hommage

Ll iij

Au Saint de la parroisse, aillent de chants nouueaux
Et de nouuelles fleurs honorer leurs tombeaux :
Et dansants & chantants en l'ombre bocagere,
Qu'ils chantent Philanon & Philis sa Bergere :
Et tousiours de Philis, comme de Philanon,
Au refrain de leurs chants soit repeté le nom.

O que ie serois aise estant passé la riue,
Ou l'ame en dous repos apres la mort arriue,
Que quelqu'vn suruiuant apres dans vn long cours,
Me vint dire qu'au monde ont prise nos Amours !
Et que de mont en mont, de campagne en campagne,
La ioyeuse Bergere, appellant sa compagne,
Apres son Lerelot, fait d'vne forte voix,
Redire nos deux noms aux touffes de nos bois !
Et qu'il me dist encor, Cet Amour infinie,
Qui t'vnissant t'auoit aussi Philis vnie,
Par la bouche ore va des Pasteurs amoureux,
Qui leurs feux par ton feu rendent plus chaleureux :
Qu'aux longues nuits d'Hyuer, les filles demeurees
Auecques les garçons à veiller aux Serees,
En teillant & filant, racontent à qui mieux,
De vostre amour loyal des contes gracieux,
Et qu'en nostre memoire vn ardeur redoublee,
Rend l'amour des amants de tout plaisir comblee.
Et quand on tient propos entre les Forestiers
De quelqu'amour loyal, on nous met des premiers.
Mais principalement, que nos Amours chantees,
Des ieunes, comme histoire, à chacun soient contees.

Comme aux Dieux il plaira les choses auiendront :
Mais nos Pasteurs, ie croy, de pere en fils tiendront,

ET PASTORALLES.

Qu'ils ont apris de nous la douce melodie,
Dont Pan ses chalumeaux enfloit en Arcadie,
Et que les Nymphes d'Orne en passant alentour
De nos bois, porteront jusqu'à Caen nostre amour :
A Caen, ou les Pasteurs aprendront aux Naïondes
A chanter nos amours en la mer sur les ondes.
O qu'alors doucement mes os reposeront,
Quand vos Muses, Pasteurs, nos amours chanteront !
Et quand quelque Tyrsis & quand quelque Tytire,
A l'Echo de Calis nos noms fera redire.

Idil. 77.

Ombreux vallons, claires fontaines,
Ruisseaux coulants, forests hautaines,
Ou Philanon eut doucement
De Philis maint embrassement :
Vivez heureux, & la froidure
Ne vous depouille de verdure :
Ni iamais, beaux vallons, l'Esté
Ne vous nuise en son apreté :
Iamais les bestes pasturantes,
Fontaines, ne vous soient nuisantes :
Ni iamais, Ruisseaux, vostre cours
Ne tarisse dans vos detours :
Ni iamais sur vous la coignee
Ne soit, Forests, embesongnee :
Et iamais ne naissent aussi
Les lous à nos troupeaux ici :
Mais tousiours la bande sacree
Des Nymphes en vous se recree :

Ll iiii

Toufiours Pan, pour vous habiter,
Vueille son Menale quiter.

Idil. 78.

Philanon partant du village,
Ainsi chantoit dessous l'ombrage.

Belle Fresnaie & vous Fontaines,
Touffes de bois, Monts, Vaux & Plains
Antres moussus, lieux solitaires,
Des Nymphes les cachez repaires :
Combien seroit ma vie heureuse,
Si dans vostre demeure ombreuse,
M'estoit permis mourir & viure
Sans plus le bruit des Palais suiure.
Puisque Philis du tout se bagne
De m'estre fidelle compagne,
N'ayant plaisir que de me plaire
En ce beau viure solitaire.

Mais las! vn deuoir necessaire
M'est maintenant si fort contraire,
Que ma vie il rend prisonniere
Pour ne viure sous la baniere
De toy, Sainte Latonienne,
De nos Forests la gardienne.

Si i'ay de mainte chansonnette,
Chanté ton nom à la Musette,
Fay, qu'à la fin chaste Dictine,
Ma vie en ces lieux ie termine.
Mais soit qu'aux villes ie seiourne,
Ou bien qu'ici ie ne retourne,

ET PASTORALLES.

...ray de vous en cette absence,
...eternelle souuenance.
...ieu Fresnaie, adieu Fontaines,
...ieu Bois, Monts, Vallons, & Plaine
...res adieu, lieux solitaires,
... Nymphes les secrets repaires.

Idill. 79.

Desia venant herissonné
...yuer de froid enuironné,
...n va la plaisante verdure
...l'Esté, qui si peu nous dure:
...esia les arbres tous honteux
...depouille de leurs cheueux:
... dans la Forest effeuillee,
...irt mainte feuille eparpillee:
... desia Zephire mollet
...mignard & dous ventelet,
...aignant la fureur de Boree
...en est allé: Venus doree
...t de nos chants ia volupté
...nt auecque luy tout quitté:
...t le suiuent en autres places,
...hœbus, les Muses & les Graces,
...t les Oisillons sautelants
Auecque luy s'en vont volants.
Nous aussi donc troussons bagage,
Quittons la douceur du bocage,
Attendant que le Printemps dous,
...ci les ramenera tous,

Auec le gracieux Zephire,
Qui de Boreé ne craindra l'ire.
 Allons Philis, mignonne allons,
Quittons deformais ces vallons,
Allons aux villes mieux garnies
Paſſer l'Hyuer aux compagnies.
Cependant, adieu ie vous dis,
Iardin, l'vn de mes Paradis,
Adieu Fontaine, adieu riuages,
Adieu de nos bois les ombrages:
Adieu Freſnaie, ore qui m'es
Plus chere que ne fut iamais.
A Roy ſa maiſon ſourcilleuſe
D'architecture merueilleuſe:
Ie m'en vay: mais ie laiſſe en toy
Mon cœur, meilleure part de moy.

Idil. 80. A I. de la Riuiere Sieur de Roumilly
imitee de la premiere AEglogue de Virgille.
Tyrſis.   Philanon.

Tyrſ. O Philanon, ſeant ſous l'ombre frais
De ce grand heſtre au beau feuillage epais,
Tu mets en chant au chalumeau d'aueine
Mile chanſons de ta plaiſante peine:
Et maintenant chetifs nous nous taiſons,
Et nos doux champs & nos terres laiſſons.
Las! nous fuyons les fins de nos villages,
Noſtre contree & nos beaux courtillages;
Poures banis, qui portons malheureux
Le fais peſant d'vn Edit rigoureux.

ET PASTORALLES. 631

, cependant en repos en l'ombrage,
aise aprens ton resonnant bocage,
es forests à rebruire le nom
 Philis & de toy Philamon.
. Mon cher Tyrsis, c'est vn bon Dieu qui donne
doux loisir, cet aise à ma personne :
ssi tousiours en mon oisiueté,
era Dieu de moy tousiours festé :
vn agnelet souuent par sacrifice,
bruueray son autel si propice.
me permet que ie paisse mes bœufs,
 mon flageol iouant ce que ie veux.
yr. A ton bon heur certes ie n'ay d'enuie :
ais le repos i'admire de ta vie,
ant nos champs troublez de toutes parts,
 tant d'Impost & par tant de soudarts.
 De là bien loin, voici que ie r'ameine,
ible & cassé, mes cheures a grand' peine :
tte cheurette, entre autres que tu vois
 cheuroté deux bessons en ce bois,
 elle a laissez tous transis de froidure,
 des cailloux dessus la terre dure.
rayment c'estoit de tout ce mien troupeau,
t l'asseurance & l'espoir le plus beau.
l me souuient, si mon ame auisee,
 'eust point esté du malheur abusee,
Qu'au parauant ces chesnes foudroyez,
M'auoient predit tous ces maux ennoyez.
D'vn chesne creux la corneille gauchere
Me l'auoit bien aussi predit n'aguere.

Mais cependant conte nous, Philanon,
Qui fut ce Dieu, qui te fut ainsi bon ?
Phi. Tyrsis i'ay creu que cette ville belle,
Sor que i'estoy, que Paris on apelle,
Semblable fust à la nostre, ou Bergers
Nous retirons nos moutons des dangers :
Et tel pensoy, ce que la Court on nomme,
Comme est la Court de quelque gentilhomme :
Ainsi pareils ie faisoy les burons
Aux beaux chateaux des superbes barons :
Ainsi ie tins, iouants en nos estables,
Les agnelets aux grands moutons semblables :
Ainsi les fans à leurs meres, ainsi
Les petits chiens aux plus grands chiens aussi
I'accomparois : ainsi chose petite
A la plus grande egallant de merite :
Mais ce Paris, pour dire verité,
Leue le chef sur toute autre cité,
Autant que fait vn baliueau qui passe
Les bois taillis dans vne taille basse.
Tyr. Et qui fut cause ainsi de t'emouuoir
D'aller la Court & ce grand Paris voir.
Phi. La liberté : qui toutefois tardiue
Lors me vint voir en mon humeur oisiue,
Apres que ia mon poil plus epaissi
Fut par la main du barbier racourci.
Et toutefois de mon bien soucieuse,
Elle vint lors courtoise & gracieuse,
Apres qu'epris de Philis i'eus esté,
Et que t'auoy ia Myrtine quité :

ET PASTORALLES.

franchement certes ie te confesse,
tant que i'eu Myrtine pour Maistresse,
oir n'auoy de liberté, ni soin
mon menage à mon plus grand besoin.
n que souuent victime i'immolasse
ainte cheurette & mainte brebis grasse,
que pressé pour nos bourgeois ingrats
uuent chez nous fust maint fourmage gras,
ais pourtant ma main n'est retournee
argent pesante au bout de la iournee.
yr. Ie m'etonnoy t'oyant par tant de iours
sse des dieux implorer le secours :
pourquoy lors à leurs arbres pendantes,
laissois tant de pommes attendantes :
bsent ailleurs Philanon lors estoit,
te Forest tousiours le regrettoit :
t'apelloient, Philanon, les riuieres,
s Pins hautains & les humbles bruieres.
hi. Qu'eusse-ie fait ? Il ne m'estoit permis,
i de m'oster du ioug ou ie me mis,
i de connoistre ailleurs tant agreables
s dieux, qui lors me furent fauorables.
à tout premier ce ieune Dieu ie vi,
Qui tous les ans en nos autels serui,
es fait fumer d'vne soefue fumee
n sacrifice à nous accoutumee :
t là premier ce que ie demandé
e fut de luy pour les miens accordé.
lenez enfants, dit-il, en vos herbages,
omme deuant vos bœufs aux pasturages :

En seureté conduisez vos troupeaux,
Et souzmettez vos vaches aux toreaux.
Mes fleurdelis clouez à vostre porte
Pour repousser des soldats la main forte,
Et ne craignez le crayon des fourriers,
Pour logement de mes auenturiers.
Tyr. Heureux pasteur, en depit de l'outrage,
Tu es tout seul paisible en ton village :
Fecond assez pour toy, bien qu'innutil
Soit alentour maint desert infertil,
Et que maint Roc bornant les riues d'Orne,
De cette part tes pasturages borne :
Et qu'en tes prez soient maints ioncs limonneux,
Et dans tes champs maints rochers buissonneux.
 Au moins ailleurs, herbes inusitees
Ne seront point de tes cheures goutees :
D'vn inconnu le troupeau vicieux,
Ne leur don'ra son mal contagieux :
Et tes brebis pour poison auallee
Ne craindront point ni tac ni clauelee :
Ains demeurant en leur seiour aimé
Prendront le frais en l'ombre accoustumé.
 Heureux pasteur de grace auantageuse,
Icy tu prens la fraicheur ombrageuse
Entre les bois & les etangs connus,
Et les sentiers qu'enfant tu as tenus,
Et par l'email de ces riantes prees,
Et le gassouil des fontaines sacrees.
D'ou bien souuent tu seras d'vn côté
A sommeiller doucement inuité,

ET PASTORALLES. 538

le doux bruit que feront les auettes
ant la manne aux diuerses fleurettes
cette haye, ou les saules croissants,
t tes voisins de tes parcs diuisants :
d'autrepart, sur cette haute roche,
emondant de son faucillon croche,
emondeur chanter on entendra,
mille chants par les airs epandra :
toutefois la triste tourterelle,
es ramiers enrouez auec elle,
n cher soucy) sans cesse croulerent,
on amour te representeront,
echauffant le cœur de cette braise,
'Amour eteint en saison si mauuaise,
e feront des amours souuenir
nt ta Philis, te sçaut entretenir,
le Philis, qui si ieune & si douce,
 son amour tous tes ennuis repousse.
. Donques plustost les cerfs poureux, hardis
nt en l'air chercher leur viandis
ur y trouuer autres nouueaux gaignages,
laisseront les terrestres bocages :
l'Occean plustost se sechera,
le daufin les forests cherchera :
ustost boiront les Parthes de la Seine,
du Tigris la nation Germaine,
echangeant chacun sa region,
ur viure etrange en autre nation,
e dans mon cœur l'image ni la face,
e ce bon Pan se brise ni s'efface :

Ni mon Tyrsis que iamais le vainqueur
Des fleurdelis, r'aimasse de bon cœur.
Tyr. Mais nous d'ici, poure troupe egaree,
Irons helas ! en l'Afrique alteree :
Les vns iront par chemins montueux
En Crete vers Ouaxe impetueux :
Vne autre part sur la mer vagabonde,
Ira, peut estre, au Perou nouueau monde :
Autres plus pres aux Anglois, qui rasez
Sont à leur coin du monde diuisez :
Et de Gersay les Islettes desertes
Receueront du profit de nos pertes.

 Auant ma mort auiendra point vn iour,
Que ie me voye en ce lieu de retour ?
Las ! reuoyant à l'heure ma contree,
Ma poure caze ainsi bien racoutree
De chaume & ionc, de mottes & gazons
(Les beaux festeaux de nos humbles maisons)
Apres les bleds, apres quelques annees,
Qu'auront esté nos terres moissonnees,
Les reuoyant mes Royaumes, helas !
Apres long temps, m'ebahiray-ie pas ?

 Quoy me seront ces nouuelles ostees,
Qu'en leurs saisons i'ay tant accompostees ?
Aura ces champs le gendarme impiteux,
Pour la rigueur du temps calamiteux ?
Et ces beaux prez vn Suisse & qu'estrange
Sous d'autres loix, mon naturel ie range ?
Soleil du monde, ayant de tous souci,
Rendras-tu point le ciel trouble eclarci.
       Passe-

ET PASTORALES.

...sera donc le reste de ma vie
...s plus reuoir la bergere Syluie,
... l'Ecallé son berger tant aymé,
...t de Phœbus, tant des Sœurs estimé.
...t il tousiours ainsi s'entre deplaire,
... rechercher chacun son Salutaire ?
Las ! quel discord à les Grands incitez ?
...mettre guerre aux paisibles citez ?
...las ! pourquoy la discorde bourgeoise,
...elle aigry la douceur villageoise ?
...las ! faut il que les Cieux ennemis,
...uers seruice entre nous ayent permis ?
...quelles gents nos coutures aimees
...s ! auons nous soigneusement semees ?
Plante, Tyrsis, par ordre les poiriers,
...e, Tyrsis, de bons fruits les fruitiers,
...nge par rang les vignes rechangees,
...s les pommiers par egalles rangees,
... lambruche accouplé à ces ormeaux.
...ois soigneux des tendres sauuageaux.
Cheures, allez, iadis ma chere cure,
...lles, helas ! Cheures à l'auenture ;
...orenauant me reposant lassé
...ns ce Cauein de mousse tapissé,
...iray plus sur les roches pendantes
...s regarder de bas en haut broutantes ;
...dorueillant plus d'vne courte peur
...epeurera vostre ombrage trompeur :
...us retournant des champs sur la seree,
...e diray de chanson mesurée :

M m

Ni vous paiſſant, plus vous ne brouterez
Les reiettons, plus vous ne gouterez
Du ſaule amer le brout que ie vous briſe,
Ni le bon brout du fleuriſſant Cytiſe!
Phil. Or ſi tu as quelque beſoin du mien,
Prens en, Tyrſis, ainſi comme du tien:
En attendant que paſſera l'orage,
Ie garderay, ſi ie puis, ton menage.
Pour cette nuit cependant tu peux bien
Coucher ici, Tyrſis, ſans craindre rien
Sur la feugere & ſouz ce bel ombrage
Encourtiné d'vn verdoyant feuillage:
Force marrons nous auons & des nois,
Prunes, raiſins & d'autres fruits de chois,
Du beurre frais & des cailles preſſees
Dans la faiſelle en rondeur amaſſees.
Et puis de loin tu vois que les couppeaux,
Fument deſia dans ces prochains hameaux:
Et que deſia les ombres deualantes
Des Monts plus hauts, ſont contre bas tombantes.

Idil. 81.

Fraiches ombrettes dous Zephire,
Qui fais nos bois iazer & bruire,
Antres rocheux, champs diaprez,
Buiſſons ronceux & vous beaux prez,
Eaux gaſouillardes des fontaines,
Oiſeaux cauſeurs, herbeuſes plaines,
Oyſiueté, repos aimé,
Des Muſes ſur tout eſtimé,

ET PASTORALLES.

Si iamais i'ay cette grace
De Dieu benin, que ie deplace
D'icy, pour voller pres de vous,
Que ce iour me sera dous!
Dans vos cachetes recluses,
M'est permis iouyr des Muses!
Tantost chantant mille beaux vers
Dans le profond de nos deserts,
Tantost au bruit des eaux bruyantes
Dormant aux ombres verdoyantes :
Puis voir au soir les pastoureaux,
Courants ramener leurs trouppeaux.
Desnaie, alors bien fortunee
Seroit en toy ma destinee :
Car ie viuroys en ton beau lieu
Autant heureux, qu'vn demy-Dieu.
Mais ô vous gentilles Pucelles,
Parnassiennes damoyselles,
A qui plaist tant l'ombre des bois,
Les champs, les eaux, les antres cois,
Et tousiours vostre docte bande,
Et tousiours vostre suite grande,
L'a plus aymable & chere esté
Que du iour la belle clarté,
Maintenant soyez pitoyables
A mes prieres equitables,
Et hors du bruit tumultueux,
De tant de peuple impetueux,
Faites que i'acheue mon age
Loin de la ville en mon village,

M mij

Où viuoien mes nobles ayeux,
Loin de tous ... ambitieux,
Et que les Dieux en hostelage,
Venant visiter mon menage,
Trouuent Philis & Philanon.
Bons comme Bauce & Philemon.

Idil. 82.

Las ! quand pourrai-ie accomplir mon desir,
Et retourner aux forests en l'ombrage,
Et viure là comme en vn hermitage,
Au bruit des eaux dormant à mon plaisir !

Quand chanterai-ie encor à mon loisir
Sur la beauté, des cieux la belle image,
Et quand pourrai-ie à l'abry de l'orage
Vn beau couuert dans le monde choisir.

Las ! quand viendra que les plantes, les herbes,
Les monts, les vaux, loin des maisons superbes
M'orront parler vne autrefois d'Amour !

Mais bien plustost, las ! Seigneur quand sera-ce
Que, ranimé de ta diuine grace,
Tu viendras faire en mon ame seiour ?

Idil. 83.

Philanon dans les bois de grande affection,
Admiroit la bonté qui purement efface
Le tourment merité dont la Loy nous menace,
Ne voyant rien parfait que sa perfection.

I'ay veu, ce disoit il, que d'aprehension,
I'admiroy les beautez qui s'offroient à ma face :

ET PASTORALLES.

ais ore dessus rien, fors que dessus la Grace,
ne puis, ni ne veux, fonder d'opinion.
Ces bois ou ie chantoy de ma ieune Musette,
etonnent maintenant de ma bouche muette,
de les rechanter me veulent inuiter.
O Bois, vous vous trompez ; vostre belle verdure,
insi que ie souloy, ie ne veux plus chanter,
ais i'admire vn grand peintre en si belle peinture!

Idil. 84.

Philis, quand ie regarde au temps promt, & leger,
ui derobe soudain nos coulantes annees,
commence à conter les saisons retournees,
ui viennent tous les iours nos beaux iours abreger.
Car ia quarante fois nous auons veü loger
Soleil au Lion des plus longues iournees,
epuis que nous auons nos amours demenees
bz la foy qui nous fist l'vn à l'autre engager.
Et puis ainsi ie dis, O Dieu qui tiens vnie
si ferme vnion nostre amitié benie,
ermets que ieune en nous ne vieillisse l'Amour :
Permets qu'en t'inuoquant comme iusqu'a cet heure,
ugmente nostre Amour d'amour tousiours meilleure,
telle qu'au premier soit elle au dernier iour!

Mm iij

IDILLIES

De l'Amour de diuers Pasteurs.

Par le SIEVR DE LA FRESNAIE
VAVQVELIN.
IDIL. I.

I'AY plaint & i'ay ſū
ſous les molles ombrettes
L'Amour de maints Paſ-
ſteurs s'egarãs par les b
Suiuant ce ieune Arch
qui comme ſur les Rois
Sur les ſimples Berg
decoche ſes ſagettes :
Vous, Deeſſes, pa
viuent les chanſonnette
Qu'en Sicille chantoient les Paſteurs autrefois,
Ces vers dont ie rougi, pour leur trop baſſe vois,
Apres moy faites viure en ces foreſts ſecrettes :
Car telle heure pourront les Paſteurs bien accorts
Auoir de vanité, les liſant, vn remords,
Et leur ame reprendre auec mon ieune exemple :
Et pourront le chemin, qui conduit à bon lieu,
D'entre les autres voir : & pourront voir que Dieu
Seul ſe doit adorer au monde ſon beau temple.

LIVRE II.
Idill. 2.

Ce Reposoir & ce plaisant Bôquet,
des oiseaux nous endort le caquet,
ut ombragé de Fouteaux & d'Erables,
de Coudriers & d'arbres agreables,
est pas dressé pour des hommes grossiers,
ur des Bergers ni pour des Forestiers :
est vn Repos d'amoureuses Deesses,
i de maints lieux ont ici leurs addresses.
ruisselet doucement murmurant
sse à trauers autour l'enuironnant,
s riues sont de fleurs & de verdure,
mme vn email, qui luy sert de bordure :
quand Phœbus à ses rais plus ardants
re & Zephir s'ebatent là dedans.
Or tel qu'il est Coridon te le voue
ne veut point qu'autre que toy s'y ioue,
etit Archer) en repos & soulas,
and de tirer aux cœurs tu seras las.
ais adouci l'aigreur de la cruelle,
i te plaist tant, & qui m'est si rebelle,
ant qu'elle vienne eteindre ici le feu,
i me reduit en cendre peu à peu.

Idil. 3.

Dans vn Buisson couuert de beaux ombrages,
mour qui chasse aux ames les plus sages,
in ourdissoit des filets captieux
e tresses d'or, quand mon cœur tout ioyeux,
ui lors suiuoit vne belle lumiere,
ut pris ainsi qu'vn lieure à la pantiere.

Mm iiij

O beaux filets, ô bois plaisant & coy,
O fin chasseur, qui tiens mon cœur, di mo
Ou l'as tu mis ? ie retourne sans cesse
Me plaindre ici, pour voir en l'ombre epaiss
De ce Buisson, de bois entresiché,
Ou mon cœur pris, pourroit estre caché.

Idil. 4.

Tytire au beau sein blanchissant
D'Amarile, tout languissant
Desia sentoit sa force vaine,
Et l'heure de sa fin prochaine,
Quand leuant doucement les yeux,
Aux rais foiblets & gracieux
De son Desir, disoit, Mon ame,
Mourante au beau sein de Madame,
Meurs bienheureuse. Alors, helas
Elle dit, ne t'auance pas,
Mon Cœur, atten. Ia soupirante,
Et ia tendrement haletante,
Ie te suis, he ! mon Bien, pourquoy
Veux-tu, Cruel, mourir sans moy ?
Auecques toy, que tant i'honore,
(Et ie ne m'en repens encore)
I'ay promis mourir doucement :
Desia ie meurs : ia foiblement
Ie sens les foiblesses mortelles
Tourner au tour de mes prunelles.
Ainsi ces amoureux esprits
Vne mort douce ensemble ont pris.

LIVRE II.

…o bienheureux l'Amant debile
…re en la bouche d'Amarile
…pirant ! elle de sa part
…oit son ame à ce depart.
…douce Mort de son ombre
…s beaux yeux tremblotants encombre :
…ants leurs soupirs au dedans,
…entoient leurs baisers ardants
…cer sur leurs leures rougettes,
…dans le froid de leurs bouchettes.

Idil. 5.

…O Vent plaisant, qui d'aleine odorante,
…basmes l'air du basme de ces fleurs,
…Pré ioyeux, ou verserent leurs pleurs,
…bon Damete & la belle Amarante,
…O Bois ombreux, ô Riuiere courante,
…u vis en bien echanger leurs malheurs,
…i vis en ioye echanger leurs douleurs,
…l'une en l'autre vne Ame respirante.
…L'âge or leur fait quitter l'humain plaisir :
…ais bien qu'ils soient touchez d'vn saint desir
…e reietter toute amour en arriere :
…Tousiours pourtant vn remors gracieux,
…eur fait aimer, en voyant ces beaux lieux,
…e Vent, ce Pré, ce Bois, cette Riuiere.

Idil. 6.
Imitation d'vne Ode d'Horace.
Vitas hinnuleo &c.

…Tu me fuis belle Syluie,
…u me fuis, ma chere vie,

Comme vn fan mignardelet,
Qui quiert sa craintiue mere
Dans la Forest solitaire
Au dous Printemps nouuelet :
  Vn Vent, vn bruit qui murmure
Aux fueilles, en la verdure,
Dans vn buisson, vn lezard,
Qui fretille & qui remue,
Rend son ame tant emue,
Qu'il s'enfuit vne autrepart :
  Ie ne te suy pas, Syluie,
Comme vn Tygre d'Hircanie,
Ou comme vn Lion ireux,
Qui te dechire & deuore :
Ains ie t'aime & ie t'adore
Comme vn fidelle amoureux.
  Ne fuy point, belle Bergere,
Ne fuy plus apres ta mere,
Ton bel âge se meurit :
Et ton teton qui soupire,
Vn beau Mari te desire,
Et secret aux hommes rit.

Idil. 7.

Comme vne fleur au Renouueau,
Ainsi fleurit vostre âge beau :
Viuons, aimons vous, belle Iolle,
Comme vn oiseau le temps s'enuolle :
Ie seray l'arbre, & vous serez
La vigne, qui m'embrasserez :

LIVRE II.

...s d'Acanthe on enuironne
...hapiteau d'vne colomne :
...si Lierre tout autour
...pe colé contre vne tour.
...on-nous donc, & que le conte
...os baisers ardants surmonte
...grains du sable de la Mer,
...aucun n'en puisse estimer
...ombre, s'il ne conte encore
...bien la nuict iusqu'à l'Aurore
...it d'estoiles par les cieux :
...st à Dieu que i'eusse autant d'yeux
...r contempler plus à mon aise,
...beaux Printemps quand ie vous baise.
...Faisons encor s'entrebaiser
...s ames pour les appaiser :
...mour puissant qui les assemble
...sçaura bien lier ensemble :
...vrier il les detrempera,
...de deux vne il en fera,
...n'aura plus, ô belle Iolle,
...en mesme esprit, mesme parolle.
...e baisant vous vous baiserez,
...ma Salmacis vous serez :
...omme vne greffe que l'on ente
...essus le pied d'vne autre plante :
...omme on voit en vn s'allier
...r l'Aubepine le mellier,
...stant leur feuille verdoyante
...'vne pour l'autre plus plaisante.

Ainsi me voyant embelli
Du beau de vostre Auril iolli,
Et qu'au cœur vous aurez empreinte,
Ma Muse & mon amour non feinte,
Egallement nous chanterons
Comme en commun nous vserons
Et de la plume & de l'eguille,
Estants tous deux garçon & fille.

Idil. 8.

Au temps que sous la Canicule
Le Soleil bien plus fort nous brule,
Damon voulant par la froideur
Du Soleil euiter l'ardeur,
Nu se iette en vne riuiere :
Mais las ! il auise derriere
Son Iolle, qui du coupeau
D'vn mont le regardoit en l'eau.
Aussi tost dedans les eaux froides
Il sentit tous ses membres roides
De chaleur : Ce Soleil dernier
Le rend plus chaud que le premier.

Idil. 9.

O Galatee (ainsi tousiours la Grace
Te face auoir ieunesse & belle face)
Auec ta mere apres souper chez nous,
Vien t'en passer cette longue seree :
Pres d'vn beau feu, de nos gents separee,
Ma mere & moy veillerons comme vous.

LIVRE II.
Plus que le iour la nuit nous sera belle,
[n]os bergers à la claire chandelle,
[des] contes vieux en teillant conteront :
[ce]pandis nous cuira des chataignes :
[Si] l'ebat des ieux tu ne dedaignes,
[Pour] nous dormir les ieux nous garderont.

Idil. 10.

Galatee est vn lict d'Amour,
[Vn] beau ieune Printemps encore,
[Où] mile fleurs la belle Flore
parsemant & nuit & iour.
Les roses, les lis, le coral,
[De] son beau sein & de sa bouche,
[Ser]uent d'oreillers & de couche,
[Qu]and Amour dort en son beau val.
Plus bas vne blonde forest
[Co]uure vn mont, vne fontenette,
[Et] dessous vne cauernette,
[Où] le Dieu des iardins se plaist :
Là poind d'vn chatouilleux desir,
[Qu]and ce lieu chaleureux l'enflame,
[Re]froidit sa chaude flame,
[Na]geant en la mer du plaisir.
Mais ce ieune Auril roufoyant,
[Le] lit d'Amour, de sa merueille,
[Em]pesche qu'aucun n'y sommeille,
[Et] qu'on ne dorme en le voyant.

Idil. 11.

Orras-tu dire, ô Melibee,

Que Nise te soit derobee
Pour la donner à Menalcas,
Et chetif tu ne mourras pas?

Disant ainsi plein de constance,
Le Pasteur quant & quant s'elance
Du haut sommet d'vn grand rocher,
D'ou mort on le vit trebucher.

Le Bruit par les Forests des l'heure,
Fait que chacun le pour'et pleure :
Et Nise emeuë aussi du Bruit,
Quitte la honte & la s'enfuit.

Elle qui belle & vergongneuse,
Estoit contre Amour dedaigneuse,
Et qui n'auoit encor d'effet,
Conte du vieux Menalque fait,

Sent de son cœur n'estre tombee
L'amour du ieune Melibee
Et ne pouuant le secourir,
Veut le reuoir & puis mourir.

Adieu pasteurs, adieu riuages,
Adieu plaines, adieu bocages,
Adieu vous dis fleuue coulant,
Disoit la Nimphe en s'en allant.

Puis elle arriue echeuellee
Au plus profond de la vallee
Du precipice, ou le danger
Auoit renuersé le Berger.

Lors voyant la face plombee,
Le palle teint de Melibee,
Elle s'ecrie, & de grand cous

LIVRE II.

se bat en son courrous :
Apres tombant elle se couche
sus son corps, bouche sur bouche,
sant de pleurs par ses beaux yeux,
grand orage pluuieux :
Dont l'eau fait lors telle efficace,
arrosant du Pasteur la face,
int comme du trepas,
ant du cœur vn soupir bas :
Qui sortant hors de sa poitrine,
va dans la bouche benine
sa chere Nise, & fut pris
accueilli de ses espris :
Elle aussi de sa douce aleine,
dain luy radoucit sa peine,
ses esprits, qui s'en alloient,
ses baisers se rappelloient.
Qui pourroit dire comme à l'heure,
cun des deux content demeure,
ant l'vn vers l'autre eprouuez
rs cœurs par eux loyaux trouuez.
Mais le Pasteur fut dauantage
eux par le ferme courage
sa Nymphe, qui franchement
mbrasse tant etroittement :
Il oit, il voit, il parle, il baise,
belle Nymphette à son aise,
croit reuiure, & que ce iour
entre au Paradis d'Amour.
Heureux Pasteur, bien fortuné

Tu peux dire ta destinee,
Qui bas tombant es haut monté
Au sommet de felicité.

Beni les haliers qui te peurent
Arrester lors qu'ils te receurent,
Roulant moins fort sur le pendant
Du precipice en descendant.

Les Pasteurs & les Pastourelles,
Venant voir ces Amants fidelles,
A qui mieux mieux tous benissoient
L'amour dont ils se cherissoient:

Le bon Mœris de Nise pere
Venu, donne sa fille chere
A Melibee : Et Menalcas
Lors present, ne s'en marrit pas.

Idill. 12.

Si tost qu'on mettra les troupeaux
Hors de l'estable en ses hameaux,
J'iray demain, belle Francette,
Au marché vendre vn bouuillon :
J'acheteray de la sergette
Pour vous en faire vn cotillon.

J'acheteray de beaux couteaux,
Vne ceinture & des ciseaux,
Vn peloton, vne boursette
Pour vous donner : Mais cependant
Baisez moy donc, belle Francette,
Deux ou trois fois en attendant.

Venez querir demain au soir,
Quand la nuit prend son manteau noir,

LIVRE II.

es beaux presents, belle Francette,
ans ce taillis, ou ce sera
ue vostre Mere qui nous guette,
mais là ne nous trouuera.

Idil. 13.

O Ianete, tu fuis en vain
mour, que suiuent les plus belles :
es boiteuse, il a des ailles,
seras prise tout soudain.

Idil. 14.

Ie fuyois par les herbettes,
fuyois par les fleurettes,
par les iardins fleuris,
a cruelle Licoris :
ins plustost mon cœur fidelle
elle portoit auec elle :
Nymphette toutefois
suiuoit de bois en bois :
farouche toute lasse,
suiuoit de place en place :
uand à la fin m'atteignant,
baisant & me plaignant,
le me dist, bonne & douce,
fuis, plus ne te courrouce,
en ce que tu veux de moy,
s secret, contente toy.

Idil. 15.

mme le cerf frappé d'vn dard

S'enfuit courant une autrepart,
Ie fuyois l'angelique face,
Les dous regards, la bonne grace
De la Nymphette que voici,
Qui m'atteignit courante aussi,
Me donnant lors comme à l'enuie,
Mort agreable, & douce vie :
Mort, car tout mort & tout raui
Separé de moy ie me vi :
Et vie, à raison qu'à la sienne
Heureuse fut iointe la mienne.

Idil. 16.

Pour à iamais seul me retraire
Ie fuyois ma douce contraire :
Mais lors pitoyable tousiours
Elle me suiuoit aux detours :
Tant que promtement deuallee
Elle m'atteint dans la vallee :
Et lors d'vn trait du tout vainqueur,
Elle m'outreperça le cœur :
Au lieu du pleur m'en vint le rire :
Et pourtant ie ne sçauroy dire,
S'en elle douce i'eu plus fort
Ou la vie ou la douce mort.

Idil. 17.

Au mois de May reuerdoyant,
L'Aube du Soleil flamboyant,
A son leuer n'a tant de grace,
Tant de rayons, ni tant d'amours,

LIVRE II.

[Q]ue sont beaux les passevelours,
[Les] roses, les lis, qu'entrelasse
[La] Nature en sa belle face,
[Qu]and on void Gillonne tousiours.
[I]amais soit Hyuer, soit Esté,
[I]ls ne vont changeant leur beauté :
[S]on ioyeux Auril tousiours dure :
[T]ousiours vn ieune renoueau
[F]leurit en son visage beau :
[S]on ris & sa douce nature
[E]st le Soleil & la verdure,
[O]u les Beautez sont en tableau.

Idil. 18.

Gillonne chaste Pastourelle,
[N']est seulement gentille & belle :
[M]ais elle est vn Printemps nouueau,
[Q]ui tout ce qui s'aproche d'elle,
[R]end aussi tost gentil & beau.

Idil. 19.

Francine est la bergere à qui rendent hommage
[L]es vertus & beautez par vn egal partage :
[E]t l'Honneur en triomphe a planté son drapeau
[V]isible à tous pasteurs sur son visage beau :
[L]a Chasteté constante y fait vn corps de garde,
[E]t la Honte pudique au tour d'elle regarde
[C]omme vne sentinelle, assise à repousser
[L]'ennemi qui voudroit de trop pres s'auancer :
[L]es Graces aux Beautez y sont si bien meslees,
[Q]ue du nom de beauté belles sont appellees :

Nn ij

Et la Beauté si bien à la Grace y conuient,
Qu'vne perfection de Graces on la tient :
Puis la rare Beauté tous ses thresors deploye
Dessus sa belle face ou son eclair flamboye,
Allumant vn flambeau de chaste & saint amour,
Au cœur de tous bergers, qui marchent alentour,
Et qui sert de clarté, de patron, de conduite,
Aux Nymphes, aux pasteurs, aux filles de sa suite.
Et la nuit aux forests, de brandon reluisant,
Qui les simples raddresse & les va conduisant.

Idil. 20.

La Chasteté rétiue & le seuere Honneur
Du sein de Leonor ont les clefs & la garde :
Et nul d'en aprocher iamais ne se hasarde
Que son vaillant Berger, qui iouit de cet heur.
On attend vn bon fruit d'vne si belle fleur :
Et quiconque de pres la contemple & regarde,
Il voit vn saint Soleil, qui des traits saints luy darde,
Et l'eleuant à Dieu luy fait voir sa grandeur.
Dans le trouble Ocean de cette vie humaine
(Ou l'impudicité de la beauté mondaine,
En la nuit du peché quasi chacun endort)
Ses beautez, ses vertus, seront vn luisant Phare,
Qui de la chasteté portant l'enseigne rare,
Montrera le chemin qui conduit à bon port.

Idil. 21.

Le Peintre, qui desirera
Peindre vne celeste Nymphete,

LIVRE II.

Amour luymesme, vne Angelete,
Que tout le monde admirera.
 Le beau pourtrait il tirera
De la bergere Isabelete:
Cette beauté toute parfaite,
Toutes beautez surpassera.

Idil. 22.

 A Coridon donnant Clore vn œillet,
Son teint deuint si beau si vermeillet,
Qu'elle sembloit vn bel œillet qui donne
Vn autre œillet à quelqu'autre personne :
 Helas ! pourquoy, disoit lors Coridon,
Ne suis-ie digne auoir l'œillet en don,
Qui cet œillet me donne & qui me semble
Œillet plus beau que mile œillets ensemble.

Idill. 23.

 Belle Adriane, vostre Esté
D'vn Printemps passe la beauté :
O que le beau May de vostre âge
Fut verdoyant en son feuillage,
Mais vostre Septembre pourtant
Ne laisse pas de l'estre autant :
Ains est de verdure plus belle,
Que de May la feuille nouuelle.
 L'Amant accort, sage, auisé,
L'aigreur n'a iamais tant prisé
Des apres fruits, les fleurs, ni l'herbe,
Que le fruit meur ni que la gerbe.

Nn iij

Idil. 24.

L'Hiuer ridé n'a point gâté
La fleur d'Esté de Leucothee :
Ses rides n'ont si fort osté
Les premiers traits de sa beauté,
Qu'entre les rides de sa face,
Amour caché ne nous menace,
De ses rides les petits plis,
De feux cachez sont tous remplis :
Ainsi nous montre son visage,
Le beau Soleil dans vn nuage :
Ainsi Dafnis cache aux rameaux
La glus pour prendre les oiseaux.

Idil. 25.

Voir Leucothee, au mois de May semblable
Vostre hyuer doux n'est chose émerueillable,
Ni de le voir, vermeil, blanc, & plus beau
Qu'aux autres n'est leur ieune Renouueau :
Car bien souuent, comme le Ciel varie,
Mesme en Ianuier, la saison est fleurie :
Mais c'est miracle, en vous voir tous les deux
Ianuier & May : Ianuier en vos cheueux,
Et May tout plein de fleurettes decloses,
En vostre face epandre tant de Roses.

Idil. 26.

Vne belle Vestale habite au beau riuage
D'Orne, ou c'est qu'elle vit comme en vn hermitage :
Quelquefois en son parc elle se sied au bois,
Gaillarde sur les eaux elle sort quelquefois,

LIVRE II.

Et quelquefois cueillant des fleurs toute pensiue,
Elle en orne son sein assise sur la riue.
Maintenant elle semble vne Nymphe des eaux,
Maintenant des Forests : & parmi les troupeaux
Bergere on la diroit, n'estoit que trop hautaine
Elle oit de nos flageols les chansons à grand' peine.
Iamais auiendra til qu'elle change son cœur ?
Et que ie puisse vn iour comme Arion vainqueur
Attira le Daufin au doux son de sa Lyre,
Qu'au son de ma Musette à la fin ie l'attire ?
Et qu'autre Orfé, ie face encor marcher apres
(Pour cacher nos amours) les ombreuses forests.

Idil. 27.

Dafnis faisoit à sa Musette
Dire aux Bois cette chansonnette,
Et les oiseaux apres sa vois,
La redisoient encore au bois.

 Comme vn beau iour Iourdaine est belle,
Toute Beauté se trouue en elle :
Et la clarté de son beau iour
Reluit toute pleine d'amour.

 Le beau teint de sa belle face,
Les lis & les roses efface :
Auril & May n'ont tant de fleurs,
L'email d'vn pré tant de couleurs.

 Que de grace & de gentillesse,
Fleurit en sa belle ieunesse :
Elle descend du sang aussi
Des pasteurs de Mommoranci :

Nn iij

Par les bois & par la campagne
De la Verune, elle accompagne
Vn demi-dieu, dont la bonté
Guide par tout sa volonté.

D'vne deesse elle est l'image
A qui les beautez font hommage :
Mais toutefois sa chasteté
Surpasse encor sa grand' beauté.

Et le laurier qui la couronne,
C'est la vertu qui l'enuironne :
Car son esprit est tout vestu
Des beaux habits de la vertu :

Qui fait reluire par sa flame
Dans vn beau corps vne belle ame,
Remportant la Palme & le pris
Sur les corps & sur les esprits.

Idil. 28.

Philin ce hestre & ce beau chesne,
Cet ombreux erable & ce fresne,
Sur toutes choses aimera :
Et tous les ans à iour de feste,
Par vn vœu, quelque don honneste,
Deuot pastoureau leur fera :

Aumoins tant qu'il aura memoire,
Que sous leur ombre il eut la gloire
Sur les bergers de son cartier,
D'auoir sans peur de son epine,
Cueilli de la belle Angeline,
La Rose dans son aiglantier.

LIVRE II.
Idil. 29.

Pasteur, qui veux rallumer d'auenture
un brandon mort par cette nuit obscure,
afin que plus il ne soit si souuent
eint encor de nouueau par le vent,
ne te faut de fusil ni de roche :
car seulement ta torche eteinte aproche
de Laurinette, elle s'allumera,
& plus du vent eteinte ne sera :
mais, cher pasteur, ce feu bien loin recule,
que tes troupeaux & toymesme il ne brule.

Idill. 30.

Vous, qui cherchez les amourettes,
les Gaitez, les Graces doucettes :
cherchez la bouchette sucrine,
cherchez la Leure coraline
de Licoris : vous trouuerez
à tout ce que vous chercherez :
en sa sucrine bouchelette,
en sa rosine leurelette,
les amourettes sont assises,
les Graces & les Gaillardises :

Idil. 31.

Si tu ris, tu ris tousiours
belle Clore, mile amours,
Chantant Clorete, tu chantes
Mile amours, dont tu m'enchantes :
Si tu danses en dansant
Mile amours tu vas faisant,

Bref de tes graces parfaites,
Mile amours sont tousiours faites,
Bref de tout ce que tu faits
Mile amours en sont parfaits :
Courant iouant tu presentes
Mile amours etincelantes,
Bref en tout tu faits tousiours
Rire & naistre mile amours :
Mais lors qu'au lit seule nue
Tu t'es lasciue etendue
Entre les mignards desirs,
Les delices, les plaisirs,
Entre foiblettes feintises
Et douillettes mignardises,
Tu n'es lors, tu n'es tousiours,
Belle Clore, mile amours :
Alors tes graces parfaites,
Ne sont plus mile amourettes :
Mais pluſtost le mesme Amour,
Qui dans tes yeux fait seiour,
Qui fait que tousiours tu iettes
Aux voyants mile amourettes :

Idil. 32.

Tyrsis disoit, Forest, proche de ma maison,
Et vous taillis rasez & vous belles coudrettes,
Vous profonde vallee, & vous noires ombrettes,
Vous, Houx, qui verdoyez ici toute saison :
  Si iamais vous auez estimé par raison
Deuoir des dous Syluains cacher les amourettes,

LIVRE II.

...des Nymphes couurir les amours plus secrettes,
...intenaut cachez moy dans si douce prison :
...Et me prestez amis en nos tendres meslees
...rement à couuert vos caches recelees
...endant que ie tien Cloris entre mes bras :
...Et si quelque vulcan nous guettant s'en tourmente,
...tes que de son mal, son mal ialous augmente,
...que ce qu'il verra croire il ne puisse pas.

Idil. 33.

...Heureux ie feray donc profession d'aimer,
...y donc cueilli la Rose au rosier de bon heur,
...nheur, que le pourchas donne apres la douleur,
...urchas qui fait le marbre & la glace enflammer !
...Clore voulant en vain sa foiblesse animer,
...ignard ie luy disoy, pourquoy de vostre pleur
...oyez vous vos beaux yeux ? ainsi donnant sa fleur
...stre pere fist mieux vostre mere estimer.
...Pasteurs, en vos chansons, bienheurez auec moy,
...rsis & sa Clorette & sa courtoise foy :
...est peu que de iouir, vn chacun iouira :
...C'est le tout que d'auoir d'vne Nymphe guerdon
...ns dons & sans presents : S'elle donne sans don,
...e qu'elle aura donné tousiours le donnera.

Idil. 34.

...Cloris à moy Tyrsis a liuré l'escarmouche :
...t lors que ses baisers me fondoient en la bouche,
...ignarde elle pâmoit quasi morte à demi :
...Douce elle me disoit mile dous mots sans cesse :
...t moy qui la soulois appeller ma Maistresse,
...Elle appelloit Monsieur, son Maistre & son ami.

Idil. 35.

Clore & Tyrsis de bouches iointes,
Pleines d'ardeurs, pleines de pointes,
L'vne apres l'autre se baisoient,
L'vn apres l'autre se disoient
Mile dous mots mile parolles,
Colez dessus leurs leures molles :
Mile soupirs & mile elants
Dans leurs cœurs tendrement parlants,
Faisoient par vn respir rauie,
De deux qui n'auoient qu'vne vie,
Alors qu'vn plaisir souuerain,
Les etreingnit sein contre sein,
Et fist que leurs ames pressees,
Yures de douceurs amassees,
Eu vn soupir presque dehors,
Iointes sortirent de leurs cors.

Idil. 36.

Nerine à la fin vaincue
De prieres & de pleurs,
Dans vn Pré couuert de fleurs,
Amoureuse s'est rendue
Au giron de son pasteur,
Micon, bon chantre & fluteur.
  Et puis toute honteusette
Elle epandit des œillets,
Et des boutons vermeillets
Sur sa face vermeillette,
Tremblante & pleurante vn peu
De ses larmes fist vn feu.

LIVRE II.

...s mile fleurettes belles,
...les Roses de son sein,
...decouurit de sa main,
...les pommettes iumelles,
...i grossissoient au respir
...dous vent de son soupir.

Comme vne vigne nouuelle,
...'on entoure au ieune ormeau,
...s le ieune pastoureau
...ioignit auecques elle :
...s herbes rioient au tour
...e cette charge d'amour.

Il sembloit qu'en cet ombrage,
...frais Zephire euenteur,
...lous du bien du pasteur,
...lentour portast de rage
...us les baisers enflammants
...e ces bienheureux Amants.

Et quand l'ardeur remuante
...cha l'arc du chaud desir,
...u point du plus dous plaisir
...n petit oiseau luy chante,
...uy, iouy, desormais,
...eureux pasteur, & te tais.

Idil. 37.

Philereme & Panarette
...uoient sous vne coudrette :
Philereme la baisoit,
La rebaisoit, & disoit :

Va, va petite friande
Maintenant ie ne demande
A te baiser : ne vien point
Me mignarder en ce point,
M'offrant ta bouche enflamee,
De sa flame accoutumee,
Et ces courauls vermeillets,
Ces roses & ces œillets,
Qui te couurent ces perlettes,
De leurs rougeurs vermeillettes :
Desormais ie ne veux pas,
De tes baisers faire cas :
Tu mets vn feu dans mes veines,
Qui n'augmente que mes peines,
Et fais que de moy raui,
Tout entier dans toy ie vi,
Et qu'en toy tousiours mon ame,
Brule de nouuelle flame.

 Mais quoy, Mignonne, pourquoy,
Ainsi t'enfuis-tu de moy ?
La parole que i'ay dite
Te fait elle ainsi depite ?
Plustost que voir t'en aller
Ie ne veux iamais parler.

 Reuien las ! reuien friande,
Vn baiser or' ie demande,
Qui chaud & moite en son feu
Me consume peu à peu,
Du vent de l'aleine douce,
Que ton cœur pousse & repousse :

LIVRE II.

ur nostre ardeur refroidir,
ur nostre flame atiedir,
veux tousiours que ta flame
baisers, brule mon ame.
que i'ay dit rudement,
stoit par ieu seulement.

Idil. 38.

Que dous est l'affolement,
and doucette & non farouche,
ta bouche sur ma bouche,
fais vn accouplement.
Quand tu reçois moitement
e lasciue escarmouche,
e ta languette retouche
n Cam clos mignardement ;
Mon ame voudroit à l'heure
bandonnant sa demeure,
sse voler aux cieux :
Si ce n'estoit qu'elle pense
trouuer pour recompense
l plaisir entre les dieux.

Idil. 39.

En si douce meslee
mant nos dous ebats,
aiment ie ne sçay pas
mon ame est allee :
Car dans vous ecoulee,
stre bouchette helas !
tient en dous appas,
vostre ame accouplee.

Ha ie meurs, Panarette,
Ça ça vostre bouchette
Et me la redonnez :
 Ia mon ame ie touche
Quand bouche contre bouche
Doucement me tenez.

Idil. 40.

Tenot gentil pastre amoureux
Dans vn vallon gardant ses bœufs,
Rencontra par bonne fortune,
Sa Lison, la gaillarde brune,
Qui du premier abordement,
Simple rougit soudainement,
Repandant quelque larmelette,
D'estre pucelle ainsi seulette.
 Mais Tenot le poure garçon,
Luy donna de bonne façon,
Des fruits, des fleurs & des noisilles,
Et des rubans propres aux filles :
Tant que de sa chere Lison
Il appaisa le marrisson :
Mais las ! voulant d'elle farouche,
Apriuoiser la belle bouche,
Et comme les ramiers aux bois
Se baisent la baiser cent fois,
Et passer outre à vouloir prendre
D'elle le pucelage tendre :
La hardelle au cœur dedaigneux,
Iette son ongle egratigneux
                          Sur

Tenot, sa gorge & sa face,
de le dire le menace
son pere le vieux Ianot,
te fera punir, Tenot.
 Lors Tenot en telle misere,
sentant outré de colere,
a son couteau menaçant,
la pucelle ainsi disant :
seure toy, Lison rebelle,
tu me veux estre cruelle,
ne me laisses à mon gré
ire tout ce que ie voudray,
ue maintenant en ta presence,
me turay par ton offence :
auança son bras alors
ur s'en donner dedans le corps.
 Quand la ieune Lison marrie,
t que c'estoit sans mocquerie,
y dist, Tenot, i'aurey grand tort
estre ainsi cause de ta mort ;
ne te seray plus contraire,
ustost fais ce que tu veux faire :
ais ce que i'en fais par ma foy,
est tout par force & malgré moy :
ar force ie seray rauie,
ulement pour sauuer ta vie.

Idil. 41. imitee du Grec.

N'aguere en vn herbeux riuage,
'encourtinoit vn bel ombrage,

Oo

Ie fus epris du dous sommeil,
Qu'aporte à midi le Soleil.

En dormant Venus la doree,
Tousiours de ieunesse adoree,
M'ameine tenant son brandon,
Son petit enfant Cupidon :

Le souleuant par la main tendre,
Me disoit, Damon, pour aprendre
Les chants, dont tu as mile fois
Emeu les rochers & les bois,

Mon fils Cupidon ie t'ameine,
Fay que l'attente ne soit vaine,
Que i'ay de voir cet enfançon
De toy sçauoir cette leçon :

Ce dit, à l'aile griuelee,
Ses pigeons prindrent leur volee,
Montant au Ciel en triomphant.
Elle me laisse son enfant.

Lors ie croyois bien fortunee
Ma loure d'auoir bourdonnee
Quelque chanson, qui peust des cieux
Tirer ça bas ainsi les Dieux :

Qui fist, qu'aux flutes inegalles,
I'aprenoy lors mes Pastoralles
A cet affeté resolu,
Comme s'aprendre il eust voulu :

Ie luy disoy la seigneurie,
Qu'a Pan sur toute bergerie,
Et comme ioignant des tuyaux
D'aueine, il fist des chalumeaux :

LIVRE II.

Comme des roseaux de s'amie,
Il fist premier la Chalemie :
Et comme il fist par neuf pertuis,
Parler le flageolet de Buis.
 Comme Minerue la sçauante,
Aussi sur les autres se vante
D'auoir la premiere auisé
Les accords du Buis pertuisé :
 Comme en vne coque bossue
De la maison d'vne tortue,
Mercure garçon auoit fait
De la Lyre le premier trait :
 Ainsi l'ignoroy sa puissance,
Et n'auoy pas la connoissance,
Qu'il auoit autre chose apris,
Que ie n'auoy de luy compris.
 Car de mes chants il n'auoit cure :
Mais il me chantoit l'auenture
(Comme n'y pensant) qu'en amours
Vont les amoureux tous les iours :
 Il m'enseignoit les douces flames,
Dont sa Mere brule nos ames,
Et mile amours & mile chants
Mon cœur doucement allechants.
 Or depuis toute ma science
Et toute mon experience,
I'ay bien oublié tellement,
Qu'il ne m'en souuient nullement :
 Mais des amours tout au contraire,
Dont chantant il me sceut attraire,

Oo ij

Il m'est tellement fouuenu,
Qu'autre chant ie n'ay retenu.

 Et maintenant a ma grand' honte,
En depit de moy ie les conte :
Nature ne pouuant domter,
Ni l'Amour, qui me fait chanter.

Idil. 42.

 Dafnis petit garçon vn iour
Chaſſant aux oiſeaux, vit Amour
Fuitif dans vne Foreſt coye :
Lors il l'aguine, il le cotoye :
En vn Buis le voyant branché,
Ioyeux il s'en eſt aproché :
Deſia penſant en ſon courage,
D'auoir ce grand oiſeau volage :
Vaillant il enteze ſon arc,
Tire deſſus maint & maint dard :
Puis de plus pres il s'en aproche
Et toutes ſes fleches decoche.

 Mais enfin il reconnoiſt bien,
Que cela ne luy ſert de rien :
Quittant ſon arc, quittant ſa trouſſe,
Ses pas vers Damon il rebrouſſe,
Vers Damon ſon pere vieillart,
Duquel il auoit apris l'art
D'oiſeler, piper & ſeduire
Tous les oiſeaux quand on les tire.

 Damon ſon pere qui prenoit
Plaiſir au fils qu'il aprenoit,

Oit son fils qui dit, ô cher pere,
En cette forest solitere,
On voit vn oiseau passager
Dessus vn grand Buis ramager,
Qui d'arc ni de traits ne tient conte,
Se moquant des miens, m'a fait honte :
Ce dit, il luy montre perché
Dans la forest, Amour branché.

Lors Damon se mist à sous-rire,
Et branlant la teste, va dire :
Dafnis mon fils, cet oiseau fuis,
Laisse ton dard, ne le poursuis :
Va t'en bien loin, c'est vne Beste
Dont dangereuse est la conqueste :
Tousiours bienheureux tu seras,
Lors que tu n'en aprocheras.

Mais quand tu seras plus grand d'âge,
Luy, qui meprise ton visage,
Qui fuit, qui gauchit à tes dards,
Pour te prendre employra ses arts :
De sa volonté toute franche,
Sur ton chef, comme en vne branche,
Il perchera victorieux,
Entrant en ton cœur, par tes yeux.

A Dafnis alors qu'il fut homme,
Il arriua tout ainsi comme
Damon son Pere luy predit :
Il a depuis Amour maudit :
Mais les Forests ayant ouyes
Ses chansons, s'en sont reiouyes.

Oo iij

Idil. 43.

Oyant vn iour Syluie
Les chants delicieux
De Dafnis gracieux,
Difoit, toute rauie :
   D'ou vient cet' harmonie,
Et le rebat des voix,
Qui frappe l'air des bois
De douceur infinie ?
   Comme autrefois, peut eftre,
Phœbus paift les troupeaux,
Et du long de ces eaux
Les vaches meine paiftre :
   Ou, le Dieu d'Arcadie
Ici vient heberger :
Car d'vn diuin berger
Vient cette melodie.

Idil. 44.

Cette Biche belle & legere,
Qui te fuyoit par ci deuant,
Dans cette foreft bocagere,
Ton efpoir toufiours deceuant :
Maintenant gracieufe & douce,
Plus contre toy ne fe courrouce.
   O Licidas, elle fe couche
A l'ombre feule quelquefois,
Elle n'eft rude, ni farouche,
Vers toy fon cœur eft plus courtois.
On la voit bien fouuent defcendre
En ces beaux vallons, pour t'attendre.

LIVRE II.

Elle vient en sa Reposee
[p]our te receuoir doucement :
[ca]r elle est toute disposee
[de] te donner contentement :
[L']amour & le chaste Hymenee
[ain]si douce te l'ont donnee.

Idil. 45.

Tandis qu'auec ardeurs nouuelles,
[D]afnis cueilloit les roses belles,
[Le]s œillets, les boutons fleuris
[D]e la bouche de Licoris,
[Il] disoit, d'vne voix poureuse,
[Ba]sse, tremblante & langoureuse,
[Vie]ndra til iamais qu'Amour
[To]n cœur flechisse quelque iour,
[De] me donner de ta fleur tendre
[Le] fruict, que ie desire prendre ?
[Ou]y, dit elle : & se plaisant
[A] rebaiser, en rebaisant,
[D]afnis cueillit dedans l'epine,
[Le] fruict de cette fleur rosine.
[B]eau fruict, qui d'vn goust sauoureux,
[Sou]la d'amour ces amoureux.

Idil. 46.

[D']Amour la pastourelle Aimee,
[Q]ue pucelle i'ay tant aimee,
[Se]ra demain comme ie croy,
[Es]pouse en triomphe menee,

O o iiij

Sous le ioug du bel Hymenee,
A Damet plus heureux que moy :
   Si ie iuge bien, il me semble,
Qu'ore à la Rose elle ressemble,
Et que son aise est tout pareil,
Quand au matin sa robbe verte
Elle a doucettement ouuerte
Aux chauds rayons d'vn beau Soleil.
   Ie ne verray iamais la face
De Damet, qu'vne froide glace,
Ne me glace le cœur ialous :
S'elle doit d'vn feu pitoyable,
Rechauffer ma glace effroyable,
Amour le sçait & non l'Epous.
   Chetif, ie ietteray ma veue,
Sur sa gorge, sur sa chair nue,
Sur son visage & sur son sein,
Tourmentant mon ame ialouse
De voir vne si belle Epouse
Sous le pouuoir d'vne autre main.
   Alors comme pourray-ie viure
En la voyant vne autre suiure
De qui le cœur au sien est ioint ?
Si charitable & si benine,
Elle ne montre par vn sine,
Qu'en vain ie ne soupire point.

Idil. 47.

Licidas auoit rencontree
La dame de nostre contree,

LIVRE II.

  ſon viſage demaſquant,
ſalua tout quant & quant:
..s ſous le maſque en ſon viſage,
..cur le guettoit au paſſage,
. dans ſes yeux eſtant caché
ſur luy ſes traits décoché,
.luy fait d'vne rude fleche,
.u cœur vne profonde breche:
..s! dit-il eſt-ce ſaluer,
..e m'outrager & me tuer?
..e ferez vous grande guerriere
.combatant cruelle & fiere?
..s que quand vous me ſaluez
.doucement vous me tuez?
.Salut ſi tu peux m'occire,
..s ſalut ie te peux bien dire.

Idil. 44.

.Meline belle paſtourelle
..rant en l'Auril de ſes mois,
..mme vne aimable tourterelle,
.ans les vallons & dans les bois,
.lamentoit toute epleuree
.e ſon beau Syluin à Neree.
  O chere compagne, que i'aime,
.iſoit elle, plus que mes yeux,
.onne à mon mal, donne à moymeſme
.uelque remede gracieux:
.yluin me fuit, de qui l'enfance
.vn beau Printemps eſt la ſemblance.

Ie croirois qu'en ces forests belles,
Il paroistroit vn autre Amour,
S'on luy voyoit au dos des ailles,
Quand on le voit en vn beau iour :
Mais au cœur il n'a rien que glace,
Et d'Amour n'a rien que la face.

   Bien qu'vne virginale honte,
Me face taire mes douleurs,
Mes yeux las ! dont il ne fait conte,
Les luy tesmoignent par mes pleurs :
Puis assez pour moy ces valees
Mes passions ont reuelees.

   Ces bocages disent mes peines,
Ces vents pour moy vont soupirants,
Pour moy ces ruisseaux, ces fonteines,
Aupres de luy s'en vont pleurants,
Tous accoutumez de redire
Et son beau nom & mon martire.

   En sa saison encore verte
Il trouue vn fruit meur en ma fleur :
En son gain ie trouue ma perte :
Voire en sa ioye est ma douleur :
Pourtant son bon heur ie n'enuie,
Mais seulement ie plain ma vie.

   Syluin, tu vois que tout en flame,
Vn feu d'Amour par tout tu m'es :
Toutefois ie trouue en ton ame,
Qu'Amour ne t'enflamma iamais.
Bien qu'en toy rien qu'Amour n'abonde,
Tu ne t'en sens en rien du monde.

LIVRE II.

Où maintenant douce Neree,
Ay ie mis toutes mes amours?
Fleur sans fruit mal asseuree,
Dont ie ne puis auoir secours:
En Beauté, qui ne sent en elle
De feu d'amour nulle etincelle.
Ie croy qu'il est de bonne race:
Et bien qu'il me soit inconnu,
Ie connoy bien en sa grace,
Qu'il est d'vn bon endroit venu.
Las! ie l'aime; à son arriuee
De ma franchise il m'a priuee.
Ie veux mourir chere Neree,
Si tu ne veux me secourir:
Du Nectar d'amour alteree,
Me faut boire ou bien mourir.
Fay tant que ta prudence face
Changer ma honte en audace.
Meline, ne pers point courage,
Est lors Neree, auecque moy,
Luin s'en vient te faire hommage
Comme vassal acquis pour toy:
Triomfes en: que la vergongne
Ne tarde point vostre besongne.
Ie l'ay conduit à Valombree,
La fonteine que tu connois,
Le Rendez-vous d'Amour sacree
Quand on triomphe dans ces bois:
Il est tout tien: mais sa ieunesse
Aura besoin de hardiesse.

Meline alors sans plus attendre,
De Neree autre long discours,
A la Fonteine s'alla rendre,
Pour y rencontrer ses amours
Syluin, qui honteux en sa grace,
Tenoit vn peu la teste basse :
 Mais Meline toute hardie,
Par ses baisers doux le rendit,
Tant que sa nature engourdie
Elle r'echauffe & l'enhardit,
Si bien qu'il ne fut plus farouche
Aux appas de sa belle bouche.
 Alors assis en ce bel ombre,
La Fonteine qui caquetoit,
Bien elongnez de tout encombre,
A se iouer les inuitoit :
Meline d'vn feint artifice,
De son Syluin faisoit l'ofice.
 Mais enfin contrainte à se rendre
Par sa gentille trahison,
Le berger elle veut reprendre
D'auoir eu trop peu de raison :
Larmoyante, triste & marrie,
D'estre secret elle le prie.
 Lors tant de bon goust ils trouuerent
A ce nectar delicieux,
Que plusieurs fois ils eprouuerent,
Qu'à boire il est bien gracieux :
Si qu'eniurez de ce bruuage,
Ils s'endormirent sous l'ombrage.

LIVRE II.

Floran beaupere de Meline,
le Bruit qui court es forests,
 cet affaire deuine,
le fait partir tout expres,
ec maint berger & bergere
battonnez à la legere.
Des l'abord ils trouuent Neree,
ete au loin plus à l'ecart,
s'estoit alors retiree,
ant les deux amants à part:
est prise & prise Meline,
un dormant sur sa poitrine.
A qui Floran dist, Miserable,
ntenant tu seras pendu
fourchu de ce grand Erable,
r auoir si haut pretendu,
e de rauir ainsi la fille
la dame de ma famille.
La hart au coul il luy fait mettre:
s Meline qui le mal sent,
te en fureur ne veut permettre,
on face mal à l'innocent:
-elle, ie veux à cet heure
urir cent fois plustost qu'il meure.
Faut-il que ie meure, ò misere!
 le Berger en lamentant,
ant qu'auoir trouué mon pere,
en ces Forests ie cherchoy tant!
is Syluin son fils vnique,
il eut de sa femme Lisique!

A ces propos fond tout en larmes,
Floran son fils reconnoissant :
Il met en bas ses foibles armes,
A bras ouuerts va l'embrassant :
Mon fils, dit il, ie te pardonne,
Prens Meline ie te la donne.

 Ores sa mere epouse mienne
De ce beau don m'auoura bien :
Aussi faut il qu'elle te tienne
A l'auenir pour gendre sien :
De ta part Meline, qu'on l'aime,
Comme tes yeux, comme toy mesme.

 Et bien que tu sois riche & belle,
Tu sçais qu'il est mon heritier,
Et qu'en beauté ieune il excelle
Sur tous bergers de ce cartier :
Il te dira que sa merastre
Ta mere causa son desastre :

 Quand luy voulant estre cruelle
Il fut contraint par sa langueur
De suiure vne troupe rebelle
De gendarmes pleins de rigueur :
Ie l'ay reconnu tout colere,
Si tost qu'il a nommé sa mere.

 Mais retournez tous deux ensemble
Iouir de vos contentements :
Puisqu'vn saint amour vous assemble,
Prenez en les ebatements :
Tandis le festin de la feste
Nous irons dire qu'on apreste.

LIVRE II.

Si i'auois autant de langage,
autant de langues & de vois,
que de brins d'herbe en vn herbage,
que de feuilles dedans vn bois,
ie ne sçauroy dire la gloire
qu'ils auoient de cette victoire.
Aussi tost ils recommencerent
leurs ieux en toute liberté,
Et leurs plaisirs lors effacerent
l'ennuy de leur captiuité :
Cependant vint tout le village,
Pour celebrer le mariage.

Idill. 49.

Carite, ne soyez rebourse
Au bon Carin vostre berger :
Permettez que sa viue source
Arrose vostre beau verger :
Il entrera dans la closture
Par le conduit de la Nature.
Du fruit d'amour il vous aporte,
Dont le goust est plaisant & dous :
A vostre cloistre ouurant la porte,
Pourquoy, Sœur, n'en gousterez vous ?
Puisque toute fille souhaite
Gouster du fruit dont elle est faite.

Idil. 50.

Belle Angeline, donne moy.
De tes plumes vn beau pennage,
Tant que voler ie puisse à toy,
Hors du profond de ce bocage,

Et qu'en chantant ie puisse dire
Sur vn rameau, ie te desire.

Idil. 51.

T'ayant dans ce bois rencontree
Si diuersement accoutree,
Ie pensoy que dans ces bas lieux
Fust descendu quelqu'vn des dieux :
Quand te voyant estre Florelle,
Ie ne te creu plus immortelle :
Mais ie pensé voir toutefois
Amour sans fleches ni carquois :
Ou bien la belle Cytherée
Des ieunes pasteurs desiree
(Ainçois qui rend les cœurs ioyeux)
Des plus seueres & des vieux)
Ou bien ie voyoy, ce me semble,
La mere & le fils tout ensemble,
Ne discernant bien la façon,
Comme tu fus femme & garçon,
Ni qui mieux mentoit en sa grace,
Ou l'habit ou la belle face.
  O douce tromperie, ainsi
Vien me reuoir souuent ici.
Ceci dist Tyrsis en risee
A sa Florelle deguisee.

Idil. 52.

Amour se bagne en la Fonteine
Ou desirant noyer ma peine,
Ie boy : Mais ie iure ô Syluains,
Que i'aualle Amour, qui se bagne,

Et

LIVRE II.

...qui changer en cause dagne,
...ants ses feux en elle eteins.
...Froid en moy lascif il frissonne :
...ais si iamais on me le donne,
...cchus, à boire en ta liqueur,
...re d'amour, ie rendray vaine
...froide humeur de la Fontaine,
...tant sans toy l'eau froide au cœur.

Idil. 53.

Tyrsis regardant les beaux yeux,
...bouche & le front gracieux,
...e la Bergere, qu'il honore,
...e la Deesse, qu'il adore,
...uloit mourir : Quand elle aussi
...ulante luy disoit ainsi :
...elas ! encor ne meurs, ma vie,
...r de mourir i'ay grand' enuie
...uecque toy. Tyrsis alors
...rdant refrena les effors
...u Desir, qu'il auoit à l'heure
...mourir sans longue demeure :
...ais il sentoit par cet effort,
...ne pouuant mourir, la mort.
...t tandis que ferme il regarde
...es yeux de la Nymphe mignarde,
...lle de ses yeux langoureux
...umoit le nectar amoureux :
...t sentant d'Amour le message
...procher du dernier passage,

Pp

Elle dit, auecques tremeurs,
Meurs, mon Cœur, car ore ie meurs :
Ne tarde plus, mourons ensemble,
Vn tel mourir heureux me semble :
Et le Pasteur respond ainsi :
Ie meurs, mon Bien, ie meurs aussi :
Ie meurs en heureuse allegresse
De mourir auec ma Deesse.
    Ainsi les Amants bienheureux,
Tous deux l'vn de l'autre amoureux,
D'vne si douce mort moururent,
Qu'encore reuiure ils voulurent,
Pour remourir vne autrefois
Sous l'ombre touffu de ces bois.

    Idil. 54. Imitee de la derniere de Theocrite.
    Le Chasseur.   La Bergere.

Le Ch. Bergere ie m'estime heureux,
Entre les Chasseurs amoureux,
De vous trouuer en ce Bocage,
Afin de voir vostre beauté,
Qui fait luire par sa clarté,
Vn beau Soleil en cet ombrage.
Ber. Mon Dieu, vous m'auez fait grand peur !
Car de vous vn ombre trompeur
Me sembloit fait comme vn Sauuage :
Mais vous m'ostez hors de souci
Par vostre regard, tout ainsi
Que le Soleil chasse vn nuage.
Ch. Mon cœur pour gage de ma foy,
Maintenant vous serez à moy :

LIVRE II.

Par tant de fois les fleurs promises,
Ie veux cueillir à cette fois:
Ie veux dedans ces ombres cois,
Du premier coup venir aux prises.
B. Que dites vous? que faites vous?
Vous venez trop soudain aux cous!
Vous m'auez fait tomber à terre?
A ma mere ie le diray,
Et si vous egratigneray,
Si vous me faites plus la guerre?
Ch. Comme vous ie suis cheut aussi:
Souz moy mettez la dextre ici,
Sur vostre coul vostre senestre:
Et de ma droite haut & bas
Vous tatant, les plus dous ebas
D'amour ie vous feray connoistre.
B. Oyez vn bruit dedans ce bois,
I'enten de quelqu'homme la vois!
Laissez, vous perdez vostre peine:
Ostez vostre main de par Dieu,
Vous n'auez rien mis en ce lieu,
Vostre main est vn peu soudaine.
Ch. Le murmure que ces bois font,
C'est que iuges d'Amour, ils ont
De nous iouer donné licence:
Que vostre sein est dur & blanc!
Desia nous sommes flanc à flanc,
Ne faites point de resistence.
B. Allez vous en, vous auez tort:
Vous me baisez vn peu trop fort:

Pp ij

Vous m'auez toute harassee :
Et m'empongnant ainsi le sein,
Par tout fouillant de vostre main,
Pourquoy m'auez vous delacee ?
Ch. Plustost vous auez tort, mon Cœur,
D'vser contre moy de rigueur,
Empeschant que ie ne vous baise :
Et que vostre sein pommelu,
Ferme, arrondi, non mamelu,
Ie tâte & retâte à mon aise.
B. Comment estimeriez vous bien,
Que ie ne sois fille de bien,
Pour m'auoir ainsi bercelee ?
Ie ne suis rebelle à ma loy,
Ne vous attendez point à moy :
Vous m'auez toute echeuelee.
Ch. Ie vais etendre mon manteau,
Au pied de ce large fouteau,
Depeur de gâter vostre cote :
Et dessus mettre ie vous veux,
Pour voir vos yeux, vos beaux cheueux,
D'affection humble & deuote.
B. S'vn ioar il estoit entendu,
Que mon honneur i'eusse perdu,
Qu'en diroit-on par le village ?
Laissez moy m'en aller d'ici,
Beau Chasseur, ie vous cri' merci,
Laissez moy viure en mon sillage.
Ch. Fy d'honneur : comme vn songe il fuit :
En sa saison on prend le fruit

Comme le produit la Nature:
Qui nous chatouille & qui nous poind
De venir à la fin au point
Ou nous en guide la pointure.
B. Si quelque berger par hasart,
Venoit maintenant cette part,
Seroy-ie pas deshonoree?
Mais plustost mourir ie voudroy,
Le rang des filles ie perdroy,
Pour chose de peu de duree.
Ch. Ie sçay bien quand il faut parler,
Et ce qu'il faut taire & celer:
Pour cela ne soyez marrie:
Quittons aux sots le sot honneur:
Laissant passer vn si bon heur,
Ce seroit vne moquerie.
B. Beau chasseur, ne vous detachez:
Plustost vostre honte cachez:
Vos eguillettes attachees
Proprement à vostre pourpoint,
Vous tiennent cent fois mieux en point,
Que quand elles sont detachees.
Ch. Ie veux sans estre en rien contraint,
Voir les beaux lis de vostre teint,
Voir les œillets de vostre ioue,
Voulant de mignarde façon,
Louer dessus comme enfançon,
Qui soul de son tetin se ioue.
B. Mais vous deuez vous deporter,
Car plus vous me venez tâter,

Vous vous enflamez dauantage :
Vn gentil chasseur comme vous,
Deust estre courtois & plus dous,
Sans faire aux bergeres outrage.
Ch. Mon Cœur, patientez vn peu,
Ie brule tout, ie suis en feu,
Laissez y fondre vostre glace :
Vostre attirant attouchement,
Par vn ardant rauissement,
Veut qu'à ce coup ie vous embrasse.
B. Mais ou est-ce que vous fouillez ?
Ma chemise vous me souillez ?
Ie n'enten point vostre entreprise ?
I'oy quelque bruit ? arrestez-vous,
Off, off, quel ieu ! ie suis dessous,
Vous me tuez ! off, ie suis prise.
Ch. Vous estes prise & ie suis pris,
Mon Cœur, vous en aurez le pris :
Prenez vn peu de bon courage :
Souffrez cette agreable mort :
C'est viure que mourir d'accort,
En trauersant ce dous passage.
B. Beau Chasseur, vous me rudoyez,
Demi-morte vous me voyez,
I'ay toute ma force perdue ;
Off, off, M'amour, vous me blessez,
Et tellement vous me pressez,
Que morte vous m'auez rendue.
Ch. Ha, ha, ie meurs, ie meurs mon Cœur,
Vaincu vous auez vn vainqueur :

Ha, ha, ie sens nager mon ame,
Au lac delicieux d'Amour :
Ainsi, mon Cœur, à vostre tour,
Rafraichissez-y vostre flame.
B. Vostre iouissante douceur,
Vous fait oublier, beau Chasseur,
Le mal qu'en vos ieux vous me faites :
Maintenant estes vous content :
Vous ne le seriez estre autant,
Comme ô M'amour, ie le souhaites.
Ch. Mon Cœur, vostre amour mile fois
Me fait heureux plus que les rois,
Ayant vostre Roque assaillie
Sans vous forcer iusques au pleur :
Et d'auoir vostre ieune fleur
Dans son rosier si tost cueillie.
B. Mamour, puisque ie suis à vous,
Ie puis bien baiser vos yeux dous,
Vostre beau front, & vostre bouche :
Vous embrasser vous carresser,
Vous endormir & vous dresser
Entre mes iambes vne couche.
Ch. O que vos baisers doucereux,
Me sont plaisants & sauoureux,
O combien d'Amour ie leur porte ;
Il faut nos ieux recommencer
Et mieux vn peu vous agencer,
Vous n'estes point bien en la sorte.
B. Vous auez tort de m'accuser,
Ie ne vous veux rien refuser.

Pp iiij

Mais ie ne sçay que ie doy faire,
Ie suis nouuelle en ce Ieu-ci,
Ie me rangeray tout ainsi
Que vous voudrez pour vous complaire.
Ch. A cette fois ne craignez rien,
Mourons ensemble en ce grand bien,
Dont vous iouirez à cette heure :
I'y meurs, mon Cœur, & i'y reui ;
Mourons tous deux, & qu'à l'enui
Chacun de nous reuiue & meure.
B. M'amour, ie fay ce qu'il vous plaist,
Ie meurs, & ne sçay comme c'est
Que vostre mort me donne vie :
Ne hâtez point vostre trespas,
Que vostre ame d'vn mesme pas,
De la mienne ne soit suiuie.
Ch. O bois touffus, bois ombrageux,
Tenez secrets ici nos ieux,
Ou vous voyez que consommees
Sont nos amours, que retardoit
La belle, qui ne se rendoit
Comme elle fait sous vos ramees.
B. Et vous mon Ame, & vous M'amour,
Venez demain dire Boniour
A ma mere, qui tant vous aime :
Vostre Bergere, vostre Cœur,
Vous cri' merci de sa longueur,
Estant à vous plus qu'à soy mesme.
Ch. Mais cependant, mon Cœur, tousiours
Nous continurons nos amours

LIVRE II.

...ux ombres les plus recelées :
...nd ma trompe vous entendrez,
...moy seulette vous viendrez,
...aux forests, soit aux valees.
  M'amour, à vous ie me rendray,
...nd vostre trompe i'entendray,
...quelque sente bien secrete :
...dis la charge en nos herbis,
...bailleray de mes brebis
...ma petite sœur Toinete.

Idil. 55.

Apres que tant de fois flatee,
...ridan brûlant nuict & iour,
...vain eut prié Galatee,
...auoir pitié de son amour.
Estant sur le plaisant riuage,
...vn fleuue doucement courant,
...ant vn poignart, plein de rage
...soit ainsi, comme en mourant,
 O mes troupeaux doux & fidelles,
...ls ici vous serez aumoins,
...e mes douleurs toutes mortelles,
...de mon trespas les tesmoins.
 Voici l'heure que ie vous laisse,
...que ie laisse auecques vous,
...ces coutaux, & ma deesse,
...ui las ! n'a plus souci de nous.
 Encor qu'elle ait le cœur de roche,
...eut estre ses yeux pleureront,

Si quelquefois seule elle aproche
De ces lieux où mes os seront :
 Et vous bouueaux & vous cheurettes,
Ensemble beuillants & bellants,
Luy direz mes douleurs muettes,
Escrites en ces bois parlants.
 Comme il parloit la belle Aurore,
Et le beau christal congelé
Ne faisoit qu'aparoistre encore,
Rendant le matin emperlé :
 Quand mesme auecques douces plaintes,
Il faisoit plaindre de pitié,
Les rochers & les Forests saintes,
De sa pitoyable amitié :
 En vn Bôquet plein d'ombre obscure,
La belle Nymphe alors estoit
(Ce fut d'Amour vne Auenture)
Qui le voyoit & l'escoutoit :
 Elle s'ebatoit solitaire,
Au frais du matin reusoyant,
Quand elle ouit la plainte amere
De Floridan, en larmoyant.
 Vne vergongne, vne merueille,
La font changer lors de couleur,
Tout en vn temps toute vermeille,
Tout en vn temps toute en paleur :
 Vn avis maintenant la trouble,
Vn autre soudain la maintient,
Et sa passion qui redouble
Or la pousse, puis la retient.

LIVRE II.

De son pasteur la mort prochaine,
Tantost luy fait hâter le pas :
Et puis vne pudeur soudaine,
S'en repentant ne le veut pas.

Enfin la pitié charitable,
A vaincu son esprit douteux,
Qui luy fait quitter pitoyable,
Cet Amour virginal & honteux :

En mesme moment elle auance
Le pas & la parole aussi,
Disant, ô Pasteur, ta constance
Ne merite mourir ainsi :

Car ton angoisse & ton martire,
Ta foy loyale & ta bonté,
Plustost vne pitié desire,
Qu'vne arrogante volonté.

Lors le Pasteur ensemble reste
Tout reiouy, tout etonné,
Comme si d'vn rayon celeste,
Il se voyoit enuironné.

Le Ciel, les fleurs, l'air, le bocage,
Estoient d'amour aussi touchez,
Quand son propos & son langage,
De ses soupirs furent bouchez :

Ses paroles ensenelies,
Confuses en son cœur restoient :
Mais ses lumieres embellies
De ses yeux les manifestoient :

A son Soleil rien il ne cache,
S'en beau Soleil voit ce qu'il veut,

En mesme temps parler il tâche,
En mesme temps parler ne peut.

 Enfin il vient les bras etendre,
Il embrasse son cher thresor :
Elle en son beau sein le vient prendre,
Et son cœur ioint au sien encor.

 Tous deux vaincus d'Amour, superbe
De triompher de leurs deux cœurs,
Conioints en vn tombent sur l'herbe,
Et sur l'email des belles fleurs.

 L'vn & l'autre de leurs deux ames,
Boit vn martyre doucereux :
L'vn & l'autre de mile flames
Reçoit des soupirs amoureux :

 Et leurs leures toutes de rose,
Sont à leur bouche vn beau tetin,
Qu'vn bel enfant à bouche close,
Suçote & mordille au matin.

 Leurs belles bouches enflamees
Et de fraicheur & d'air sucré,
Donnent à leurs ames aimees,
Du Nectar diuin & sacré.

 Le Pasteur la baise & rebaise
La voit, la contemple & iouit :
D'vn si grand bien, d'vn si grand aise,
Il se consomme & s'ebloüit.

 Tout raui tant plus il se plonge
Aux flots de son contentement,
Cet aise luy semble estre vn songe,
Vne fraude vn enchantement.

LIVRE II.

…n esprit, sa chair & ses veines,
…me pareille volonté,
…orgeantes sont toutes pleines,
…llegresse & de volupté :
…lle ioyeuse, elle flateuse,
…gemit, ore se plaist,
…regardant vn peu honteuse,
…rougit & puis se taist.
…ais à la fin toute foiblette,
…fond en douce langueur,
…mant les yeux morte & flouette,
…n'oit que soupirer son cœur.
…D'vne mort si douce ensuiuie,
…dorueille en douce paix,
…doux plaisir, vne autre vie,
…sont heureuse pour iamais.
…Ces deux ames lors bienheureuses,
…ent vn plaisir infini,
…l'vne de l'autre amoureuses,
…soient d'vn corps en l'autre vni.
…Ces ames ainsi respirantes,
…vn moment, en mesme temps,
…m…pres l'autre soupirantes,
…rs beaux corps laisserent contents.
…Ces deux Amants pales & blesmes,
…ouroient heureux, mouroient ioyeux,
…prenoient vie aussi de mesmes
…vn mourir si gracieux.
…Heureuse Mort & desirable
…ux fermes & loyaux Amants !

L'Orient du iour fauorable
Rioit à leurs contentements.
 Les feuilles lors d'vn doux murmure,
Au vent matineux accordoient :
Ioyeuses de cet Auenture,
Les eaux iasardes repondoient.
 Le fleuue aux ondes argentees,
Rouloit aupres ses claires eaux,
Les bois & les riues plantees
Les ombrageoient de leurs coupeaux.

Idil. 56.

. La belle Flore & Fleurdepine,
Lorete, Rosete & Myrtine,
Disoient à Mœris, ô Mœris,
Tu es vieux, voy tes cheueux gris :
Tu verras que toutes chenues,
Seront tes amours deuenues,
Qu'il ne te reste plus sinon,
Que de Mœris, vn peu le nom,
Le pouuoir foible, & le courage,
Que dement ton ridé visage.
 Il leur respond : Aux vieux Amants,
Moins pour aimer il reste d'ans,
Il leur est permis dauantage,
D'aimer le reste de leur âge :
Comme i'aproche de la mort,
Ie veux aimer ainsi plus fort.

Idil. 57.

Lise ce n'est assez d'auoir
Quelque beau Parc en son pouuoir,

LIVRE II.

…fermier bien ne l'agence,
…le laboure & l'ensemence
…la moisson en recevoir.
…ar le Parc, qui cultivé n'est,
…ient desert, devient forest :
…servent plus ses ombrages,
…pour les bestes sauuages :
…un Pasteur plus ne s'y plaist.
…ay donc cultiver ton Iardin,
…le feuir soir & matin :
…eur que la ronce & l'ortie
…occupent vne partie,
…tes-y l'œillet & le tin.

Idil. 58. Accrostiches.
L'Aimee.

Ma grand' vertu par maints lieux renommee,
…cœur luy mist vn desir genereux :
…du d'Amour à m'aimer desireux,
…ssa hors toute autre chose aimee :
Et me voyant il tint la Renommee
…uoir loué trop peu les dons heureux,
…les vertus de mes ans vigoureux,
…s comme ingrate & moy plus estimee :
Ouurant les yeux il vit encor en moy
…beau suiet plein d'amour & de foy,
…me bonté qu'vn bel esprit commande.
Or ma beauté le beau filet ourdit,
…ature auec captif me le rendit :
Amour parlant à l'heure se debande :

Amour.

Amour ie fus qui vous donné victoire :
Mais à vos yeux s'en raporte l'histoire,
Ou lors ie pris mes traits pour le blesser,
Vos belles mains peur mon arc enfoncer,
Rendant son cœur esclaue à vostre gloire.

L'Amant.

Ce me seroit trop serue liberté,
Helas ! que d'estre à iamais arresté,
Au doux lien de vos mains que Nature
Rares parfist sur le moule qu'Amour
Lors en bailla, pour me lier vn iour
En leur prison qui m'est si douce & dure.

Sois donc helas ! (la Palme poursuiuant
De la victoire) au vaincu ton seruant
Affable autant que tes beaux yeux promettent :
Vaincre & n'vser de cruelle rigueur,
Belle, c'est l'acte & d'vn genereux cœur,
Et d'vn qui fait qu'à luy tous se soumettent.

Rendant mon cœur vaincu si doucement,
Voire en ses lacqs pris volontairement,
Ie ne voudray sortir d'vn tel seruage :
Libre & captif en vos mains ie seray,
La liberté cela i'apelleray,
Estant lié d'vn si plaisant cordage.

Idil. 59.

Nous sommes filles de village,
Les plus belles du voisinage,
Qui fuyons des gros villageois
Les Amours lourds & malcourtois.

Sa-

LIVRE II.

Sages Amants, & qui ſera ce
[en]tre vous de mauuaiſe grace,
[Q]ui nos amours mepriſera,
[Q]ui nos amours refuſera ?
Nos beautez qui ne ſont fardees,
[Et] nos bontez recommandees
[De] Nature, qui voudroit bien
[Deſ]daigner vn ſi plaiſant bien ?
[L']Or, les Lis & les Roſes,
[Que] Nature les a decloſes,
[Et] les a miſes de ſes mains,
[A] nos beaux chefs, à nos beaux ſeins.
Des le matin vne fonteine,
[Et] de Rouſee vne main pleine,
[No]us laue & relaue les yeux,
[La] face & le front gracieux.
Nos beautez ne ſont augmentees,
[Par] quelques couleurs empruntees,
[No]us n'vſons en noſtre reueil,
[Ni] de blanc fard, ni de vermeil :
Car noſtre beauté naturelle
[Par] deſſus tous les fards excelle ;
[Et] fait que l'Aurore palit
[En] nous voyant ſortir du lit.
Noſtre ame pleine de franchiſe,
[Et] noſtre cœur ne ſe deguiſe :
[Co]mme noſtre face eſt ſans fart
[No]ſtre parler eſt tout ſans art.
Ici ſe trouue vne amour franche,
[Qui] ſans noircir eſt touſiours blanche,

Q q

Vn cœur loyal, qui d'œil flateur
A son Amant n'est point menteur.
Comme Sereines nous ne sommes,
Qui par leurs chants pipent les hommes,
Puis pour loyer de les aimer,
Trompeuses les font abismer.
Ne dedaignez donc ô Ieunesse,
Poureté, pour douce richesse :
Amour fidelle & Chasteté,
Sont grands thresors en la beauté.
Ici la Beauté n'est à vendre :
Pour aimer il ne faut dependre ;
Mais pour le prix d'amour donné,
Amour, d'amour est guerdonné.

Idil. 60.

Peut estre quand mille & mille
Tenteroient vostre beauté,
Qu'encor vostre ame gentille
Aimeroit la fermeté :
Mais à l'heure,
Qu'on s'asseure
Contre l'Amour en son cueur,
Par surprise
On est prise
Sous cet ennemi vainqueur :
Car Amour de son pouuoir
Range tout à son vouloir.
Bien souuent sage Cloride,
Les plus subtiles d'auis,
Se laissent mener en bride,

LIVRE II.

r les ieunes au deuis:
ieuneſſe
traitreſſe
ur ſa grand legereté:
amour vaine
p ſoudaine
dure en ſon apreté:
ieune homme chacun iour
ange d'amante & d'amour.
Fuyez donc le beau viſage
s Bergers en leur verdeur:
ur amour ieune & volage
froidit en ſon ardeur:
es femmes
leurs flames,
enflamment aiſement:
promettent
atteſtent
imer touſiours conſtamment:
is leur promeſſe ſouuent
le & court comme le vent.
Comme le chaſſeur pourchaſſé
lieure par tous endroits,
ſa clabaudante chaſſe,
la campagne & les bois:
is ſa priſe
mepriſe
lors que priſe il la tient,
ſa ſuite
t pourſuite

Q q ij

Sur vn autre qui suruient,
Quand l'vn il a surmonté.
Il veut l'autre estre donté :
    Ainsi font en leur seruice
Ces beaux bergers affettez,
Qui cachants tousiours leur vice,
Quand rudes vous les traitez,
Vous honorent,
Vous adorent
Comme amants courtois & dous :
Mais la gloire
De victoire
Si tost ils n'ont dessus vous,
Que prises vous delaissant
Ailleurs s'en vont pourchassant.
    Ils vous rendent odieuses
Aux pasteurs plus arrestez,
Ils vous rendent furieuses
Par leurs propos effrontez :
Et tout homme
Iuge comme
Pour le fruict prenez la fleur :
Chacun blame
Vostre flame
De bruler en tel malheur,
Que les sages vous blamez,
Et les ieunes trop aimez.
    Pour cet amour vous deffendre,
D'aimer vous ne laisserez :
Ie voudroy trop entreprendre

LIVRE II.

  ſans ami vous ſerez
 me l'ente
 l'on plante
 luy donner vn appuy :
 la vigne
 & digne,
 on laiſſe ſecher d'ennuy
 la fouir & hauſſer
chalats pour la dreſſer.
Seulement ie vous conſeille
 fuir les premiers ans
 la face trop vermeille
ces ieunes inconſtans :
 parolle
 ce & molle,
 premier poil folet,
 ne penſe
 l'offence.
quelqu'amour nouuelet :
 trouuez vn Berger ſeur,
ſoit d'âge vn peu plus meur.
 tel paſteur les Deeſſes,
lquefois deſireroient,
dans les Foreſts epaiſſes
 beſoin s'en ſeruiroient :
 de prendre
ſeau tendre
nic ſans plumes en vain,
ant l'âge
ſeruage

Qq iij

Mettre vn farouche poulain,
C'est prendre contre raison
Le fruict qui n'est en saison.
 Vous deuez doncques Bergere,
D'vne seure amour iouir :
Et l'inconstance legere
Des ieunes Bergers fuir.
Vostre vie
Est seruie
D'vn encore qui fera
Par l'estime
De sa rime,
Que de vous on parlera,
Quand il sera des beautez
Quelques beaux propos contez.

Idil. 61.

 Le vieil Berger, le bon Mœris,
Bruloit de l'amour de Cloris :
Et Cloris la ieune Bergere
Ne l'honoroit moins que son pere :
Mais la priant d'amour flateur
Comme eust fait vn ieune pasteur,
S'efforçant faire en son vieil âge,
Ce que fait vn ieune courage :
Elle disoit, comme vn verglas
Au mois de Iuin ne dure pas,
Au feu se fond ainsi la cire :
Ris auec moy : Mais ie desire
Que tu viues : Car ta Cloris
Ne veut point voir mourir Mœris.

LIVRE II.

…feu decouuert de sa cendre,
…pourroit sa chaleur reprendre.

Idil. 62.

…Bergere de Clairmont, dont la race diuine
…pris des Paladins de France l'origine ;
…saisons il se void tousiours des mois plaisants :
…ante, sur l'Auril de vos ans fleurissants,
…sembliez du matin vne plaisante Rose,
…hors de son bouton est à demi declose
…moins elle s'ouuroit elle croissoit, dit on,
…sages le desir d'en ouurir le bouton.
…ans estant passez, pourtant n'est pas passee
…prix de la saison en vous plus auancee :
…cent fois est plus beau le fruict qui se meurit,
…beau sens ombragé, que l'arbre qui fleurit.
…ce beau fruict agree aux personnes mortelles,
…plaist iusqu'aux cieux aux ames eternelles.
…vostre nonchalance & vostre graue port,
…modestes habits auec vn simple bord,
…noirs plaisent autant qu'vne robe clinquante
…art & de broderie en luxure eclatante.
…Comme sont les rayons du Soleil à midi
…chauds & plus brulants qu'au matin atiedi,
…lles sont vos beautez, encor que la prudence,
…face mepriser cette vaine aparence,
…que vos yeux leuez aux cieux ne facent cas
…humaines beautez, qui regnent ici bas.

Idil. 63.

…Laurence fille & vierge, & toutefois la mere
…autres filles de Dieu dont vous estes bergere,

Qq iiij

Quand ie vous voy deuote & si sage en tout lieu,
Ie vous pense, Madame, vn beau Temple de Dieu,
Dont le toit est tout d'or, & la muraille belle
D'iuoire pur & net & d'argent de copelle :
Et les fenestres sont de clairs Soleils ardans,
Les portes de rubis & de perles dedans :
Les Gardes du Paruis, & sages & celestes,
C'est l'honneur, la prudence & vos rigueurs modestes
Et les lampes, ce sont vos honnestes façons,
Vos mœurs, seruants à tous d'heures & de leçons :
Vostre chaste Penser est le Chœur de ce Temple,
Ou l'image excellent de Salut on contemple :
Et vos autels ce sont l'ardante Charité,
La foy viue & l'espoir rempli de verité.
Vos prestres sont vostre ame en sa volonté sainte,
Et vostre entendement est la diuine crainte :
Et vostre sacrifice estre le cœur ie veux :
Et vos affections, vos cierges & vos vœux.
Et vostre Renommee est la cloche qui sonne,
Pour apeller à vous la deuote personne,
Et les bons pelerins humblement abatus,
Pour faire leur offrande aux pieds de vos vertus.

Idil. 66.

Philanon à Philis, disoit, si quelques traits,
Tu vois d'vne autre amour ici que de la tienne,
Aussi tost de ma foy loyale te souuienne,
Dont alentour de toy tu vois les beaux pourtraits.
  Car ces vers ont esté pour d'autres pasteurs faits,
Et premier que iamais, Philis, tu fusses mienne,

LIVRE II.

bien sont imitez de l'amour ancienne,
 de soy ne produit aucuns mauuais effets.
Auec ceux qui sont tiens, li les, compagne chere,
de tels vains propos ne te chaille plus guere,
que tu tiens la clef du secret de ma foy.
L'amour ne se punit iamais de rude peine,
uand on se conuertit : Et Dieu plustost à soy,
 vne chaste apella la bonne Madeleine.

Idil. 67. Sur l'auenement de IESVS CHRIST, nostre Seigneur.

Ie sens vne gaité nouuelle
 me reueille or le cœur :
croy que c'est la flame belle
'amour, qui se fait le vainqueur
 la terre & des cieux :
mour le petit garçonnet,
 vient mignon & gracieux
presenter tout pur & net.
Maintenant, gentilles bergeres,
menons l'amour hardiment :
uz l'ombrage & sur les feugeres
ous chanterons asseurement :
lus aucun faux berger,
scif ne nous regardera :
u bois nous irons sans danger,
u cet Amour nous guidera.
Cet Amour d'vne pucelette,
'vne vierge, vierge est sorti :
uy tout net d'elle toute nette,
omme des Cieux il est parti :

En chants melodieux
Les pastourelles & pasteurs,
Conduits d'vn astre radieux,
De son Estre sont les chanteurs.
  Voici les Rois, voici les Anges,
Voici les filles & garçons,
Qui viennent chantant les louanges
De cet Amour en cent façons.
Et le Ciel tout au tour,
La Terre & tous les Elements
Chantent festoyant cet Amour
Par mile & mile ebatements.
  Voyez l'Estoile reluisante,
Ains bien plustost vn beau Soleil,
Qui de sa lumiere eclairante,
Fait d'vne nuit vn iour vermeil,
Et nous montre le lieu,
Ou le grand Roy de tous les Rois,
Qui se faisant ore homme-Dieu,
A pris naissance à cette fois.
  Allons, courons voir la Fillette
Qui remmaillotte l'enfançon,
Qui dorelote & qui muguette
Son Seigneur son petit garçon.
Ia les Rois de Leuant
Venus luy presentent de l'or,
De l'encens, du Myrrhe, & denant
S'agenouillants l'adorent or.
  Voyons le Bœuf & l'Asne encore,
Et le bon Ioseph à genous,

IDILLIES

nt chacun d'eux l'enfant adore,
 les regarde d'vn œil dous,
 belle clarté,
me vn grand Soleil rayonnant,
re va de chacun costé,
nfantelet enuironnant.
Vn long bourdonner de Musettes,
ous vn murmure, vn parler
 Bergers & de Bergerettes,
nt haut par tout retentir l'air:
 viennent à monceaux
e toutes pars ioyeusement,
ur celebrer par chants nouueaux
e la vierge l'enfantement.
 On oit aux cieux des voix clairettes,
es trompettes & des clairons,
 Anges, d'Archanges, d'Angelettes,
ui vont chantants aux enuirons,
ue gloire soit es Cieux,
n terre la Paix & bonté,
 Abondance, voire encor mieux
Aux Cueurs de bonne volonté.
 En depit du Roy de Iudee,
Des innocents cruel bourreau,
Cette vierge recommandee
Et cet innocent iuste & beau,
Iront en seureté
De Ioseph guidez seulement,
Tant qu'en Egipte en sauueté
Ils euiteront le tourmente.

L'Enfançon conduit par la Grace
Du Pere & de l'Esprit diuin,
Rachetera l'humaine race
Par son propre sang à la fin:
Et fera dedans nous
Renaistre les belles vertus,
Dont premier sans mal ni courrous,
Eue & Adam furent vestus.

Les loups & bestes rauissantes,
N'offenceront plus nos troupeaux:
Desormais ne seront nuisantes
Les sorcieres à nos agneaux :
On lairra seurement
Le Joc & la charue aux champs,
Plus ne seront aucunement
Derobez des larrons mechants.

Prenons chacun sa panetiere,
Suiuons Philanon le berger,
Annete-Philis sa bergere,
Ils nous conduiront sans danger :
Venez Iane & Ianot,
Anne, Madelon, Collinet,
Marion, Carlet & Margot,
Guillot, Iacquet, Bernardinet,
Adorons l'enfant tout ensemble,
L'enfant du monde le Saueur,
Dont la memoire nous assemble
Pour celebrer cette faueur.
Il nous faut adorer
Les rayons de sa charité,

qui dans la nuict font eclairer
en nous les rais de sa bonté.

Durant la nuict ont de coutume
les fouls mortels de s'enflamer
du feu non pur qui les consume,
Mais nous voulons bien mieux aimer :
En cet heureuse Nuit,
Vierges & purs nous detestons
l'Amour impur qui les seduit,
Et l'Amour des Amours chantons.

Chantons donc d'vne amour bien grande
Cet Amour, l'Amour des Amours :
Allons luy presenter l'offrande,
Et requerir de luy secours :
Si qu'en ioyeuseté,
Qu'en sons & qu'en beaux chants tousiours
Soit chacun an de nous chanté,
Cet Amour, l'Amour des Amours.

Idil. 65.

Faite 1560. l'Autheur pensant faire r'imprimer
ses Foresteries imprimees 1555.
A B. de Saint François, depuis
Euesque de Bayeux.

Mon Saint François qui fais d'vne si douce aleine
Resonner les Forests & les hauts bois du Maine,
Et qui fais abbaisser aux chesnes leurs coupeaux
Rauis d'ouir le bruit de tes doux chalumeaux :
Ces vers que ie flutois aux flutes d'Arcardie,
Lors de mes premiers ans ie te sacre & dedie :

Non pas pour y flairer la delectable odeur
D'vne fleur en saison : Mais la seule verdeur
De l'âge que le temps, ni la longueur d'annee
N'ont peu rendre depuis assez assaisonnee :
Toutefois tu pourras, autant que le loisir
Te le pourra permettre, y prendre du plaisir,
Ainsi que tu le prens à la ieune verdure,
Mesme aux fleurs qu'au Printemps etalle la Nature
(Quand la terre amoureuse enceinte ne produit
Que des fleurs seulement, sans montrer aucun fruit)
Lors que dans les iardins tu flaires les fleurettes,
Et prens tes passetemps parmi les violettes,
Touché d'espoir certain, que tant de fleurs pourront
Enfanter quelques fruits aux beaux mois qui suiur
Neaumoins attendant que la saison doree,
Ait de meure couleur leur robe coloree,
Tu cueilles plaisamment des lis & des œillets,
Des rosiers pique-mains les boutons vermeillets,
Et t'eiouis de voir les herbes verdoyantes,
Et de voir reuerdir les plantes rousoyantes,
Sans pourtant desirer de gouster du fruict meur,
Tant le plaisir des fleurs te tient en bonne humeur :
Mon Saint François ainsi parmi ces Forests vertes,
De leur prime verdure en leur Auril couuertes,
Tu prendras du plaisir en ton oisiueté :
Iamais n'est sans plaisir vne ieune beauté.
Reçoy donc mon Printemps, que ie te sacre & donn
Tandis que mon Esté meilleurs fruicts assaisonne :
Dous sont les fruicts d'Esté : mais douce est la saison
Ou moins nous connoissons le fond de la raison.

LIVRE II.

Desia par maintefois dans son cercle l'annee
...siours semblable à soy diuerse s'est tournee,
...ntost nous ramenant le gel & le frimas,
...ntost reproduisant l'encoquillé limas,
...i succe le bourgeon de la vigne rampante,
...ntost rendant la terre en tous fruicts abondante:
...puis qu'eguillonné d'vn certain eguillon
...inconnu ie sentoy, ie senti d'Apollon
... fureur qui me fist montrer sus la riuiere
... beau Clain Poiteuin à mes vers la lumiere,
... peine estant eclos. Or le bouton vermeil
... ma Clitie alors s'ouuroit à son Soleil,
... ne sentois encor au damoiseau visage
... coton blondoyant du premier poil volage:
... Me derobant au loin ie n'aimoy que les bois,
... forests, les rochers & les caueins plus cois,
... silence secret, le solitaire ombrage,
... l'entrelas feuillu d'vn rustique feuillage,
... l'obscur par sur tout des bois les plus touffus,
... le gasouil iasard des ruisseaux ou confus,
...erchant & discourant ie ne sçauois entendre
...la que ie voulois & chercher & comprendre.
...ay qu'vn ie ne sçay quoy pourtrait aux arbrisseaux,
...t ma face miree au Christal des ruisseaux,
...e faisoit repenser à quelque belle Idee,
...ont ie desirois voir mon ame commandee:
... mile fois aussi i'auois bien retenu
... les Nymphes suiuoient Diane au front cornu
...ux forests, aux vallons, aux sources ecartees,
...u souuent elles sont des Satyres questees,

Et puis i'auois ouy beaucoup de fois conter,
Qu'elles auoient aux bois coustume d'habiter :
Que les vnes souuent sortoient sans nulle force,
Comme d'vn petit huis, hors de dessous l'ecorce
Des arbres des forests : que les autres sortoient
Du bord des ruisselets, quand elles s'ebatoient
A tresser & friser leur cheueleure blonde,
D'vn eponge assechant l'humidité de l'onde.
Les autres descendoient de quelque rocheux mont,
Faisant vn beau Palais dans vn antre profond.
Les autres es forests plus blondes & plus belles
(Car le Soleil ardant ne bat iamais sus elles)
Aux ombrages prenoient mile sortes d'ebats,
Ou contoient aux mortels leurs destins ici bas :
Et qu'elles quelquefois s'addressoient amoureuses,
A ceux qui frequentoient deuers leurs Roches creuses
  Tout cela me faisoit souhaiter de pouuoir
Vne belle Nymphette ou bien auoir ou voir :
Pourtant ie rougissoy si tost que ma pensee
En des laqs si plaisants se sentoit enlassee :
Neaumoins iour & nuit si bien i'imaginé
Vne Beauté qu'enfin i'en fu passionné
Ainsi que d'vne vraye : & chose estrange à dire,
I'en deuins martyré d'aussi cruel martire,
Que d'vn martire vray : car tousiours i'estimoy
Qu'aux forests se deuoit representer à moy
Cette feinte beauté, de moy si fort aimee,
Que ie la pensoy voir en tous lieux imprimee.
  Et d'autant que i'auoy des mes ans plus petits,
N'estant que garçonnet senti les appetits

                              D'vn

LIVRE II.

D'vn amour enfantin, aimant vne fillette,
Qui ieune auecques moy petite infantelette
Auoit fait mile ieux & mile fois cueilli
La rose printennicre & le bouton iolli
Des rudes aiglantiers : & des fois plus de mille
Au bois i'auois baisé sa bouchette gentille :
Ou des filles au loin ie la menois afin
De façonner d'ecorce vn beau petit cofin,
Que là nous emplissions de fraises odorantes,
Pour departir apres aux filles attendantes.
  Souuent cette fillette en mon cœur ramenoit
Le desir inconnu qui tant m'eguillonnoit
De me reuoir grandet iouir de cette face,
Que ie souloy iouir en mon enfance basse.
N'eusse sceu sentir si petits mouuements
De bestes ou d'oiseaux ou d'autres remuments,
Sans retourner visage, estimant que deesse
Cette fille venoit alleger ma detresse.
  Les lieux les plus deserts, apres, inhabitez,
Sauuages, montaigneux & pleins d'obscuritez,
Effroyables à voir, & dont les eaux tombantes
Des rochers, etonnoient les bestes paturantes,
Me sembloient mesme auoir quelque diuinité,
Qui me refiguroit le trait de sa beauté.
  Et me sembloit encor, que les vaux les montagnes,
Les antres, les ruisseaux, les forests, les campagnes,
Sans cesse l'appelloient, & que les arbrisseaux,
Resonnoient son beau nom au iargon des oiseaux :
Et maintefois aussi, mainte fonteine pure,
Me sembloit de primfront rapporter sa figure.

Rr

Anne-Philis encor ie n'auois pas connu
Le bien qui pour t'aimer m'est depuis auenu.
Cette fillette alors ie surnommoy Myrtine,
En memoire du Myrt de Venus la Cyprine.
Depuis ce mesme Amour & ce mesme destin,
Me fist encor brûler d'vn amour enfantin :
Quand tout premier ie fu brûlé, ieune Philine,
Du feu que vos beaux yeux mirent dans ma poitrine.

 Las ! quantesfois voyant les chesnes enlassez
Du lierre grauissant qui les tient embrassez,
Et les ormes feuillus, ou les vignes branchues
Ont naturellement leurs branches etendues,
I'ay souhaité d'auoir vn tel embrassement,
Que ces arbres qui sont sans aucun sentiment.

 Las ! aussi quantesfois ay-ie triste d'enuie,
Desiré des Ramiers la bienheureuse vie,
Les voyant roucouler, murmurer leurs amours,
Et tremousser de l'aile & faire mile tours,
Se baiser bec à bec, puis epoints de Nature,
Apres tant de caresse, assouuir leur pointure.

 Vraiment ie leur disois, ô Colons bienheureux,
D'auoir si doucement vos plaisirs amoureux :
Puisse estre longuement longue la Destinee,
Qui fait que vostre amour si douce est demenee !
Soient longues vos amours, ô bienheureux Colons,
Soit long vostre desir & soient vos plaisirs longs :
Afin que seul ici dans ces bois solitaires,
Seul ie puisse estre ainsi plein de longues miseres.

 Voila comme i'estoy langoureux, palissant,
En l'Auril de mon âge, aux forests gemissant

LIVRE II.

on piteux accident : n'osant dans les familles
ncore decouurir ma ieune ardeur aux filles.
fin d'autre bonheur du tout desesperé,
habiter les forests ie me deliberay.
Les Dieux ont mile fois les forests habitees,
e les forests soient donc de moy tousiours vantees?
ris & son OEnone, Adonis & Venus,
soy-ie, se sont bien dans les forests tenus.
tons aux forests de Pan les Chalemies,
eueillons apres luy les Forests endormies :
n le premier ioignit sous l'ombre des ormeaux,
cire ensemblement les premiers chalumeaux :
n des roseaux sortis de Syringue la belle,
premier à sept voix sonna la chalumelle.
epuis en Siracuse vn pasteur tant osa,
u'à l'exemple de luy sa flute composa :
deuant tous mortels dessus les riues peintes
la claire Arethuse, y fluta les complaintes
es bergers amoureux : & dautant qu'il pouuoit
surhausser le ton, à la flute il iouoit
es Princes la louange & celle des Princesses,
pour vn Adonis les larmes des Deesses.
dit on qu'en ce temps les bestes qui parloient,
toutes ces chansons respondant l'apeloient :
que souuent les Pins s'arrachoient de leurs plantes,
our l'ouïr & faire ombre aux brebis ecoutantes.
Mais mourant, sa Musette à Corydon laissa :
orydon Mantouan, qui depuis la haussa
vn ton si haut qu'enfin les forests cheuelues
Des Consules Romains dignes furent rendues.

Rr ij

Pren, dit il, de Damete, ô gentil Corydon,
Cette Flute dequoy ie te fais ore vn don :
Desormais tu seras d'elle le second maistre,
Et du clairon guerrier le premier pourras estre.
Cela dit, il se teut : Aminte dudepuis
Envieux, mais en vain, en porta maints ennuis.

 Ce Corydon si bien ces flutes a flutees,
Que mile fois il a les ondes arrestees
De son Mince & du Tibre, oubliants de porter
A la mer leurs tributs, en l'ecoutant chanter.
Long temps apres qu'il eut quitté l'humble Musette,
Pour faire retentir la superbe trompette,
Cette Musette vint aux mains d'vn Iouuenceau,
Qui pasteur habitant, ou iadis le tombeau
De Parthenope fut, aprist cette Siraine
A redire apres luy ses beaux vers par la plaine.

 La mort de sa Philis si piteuse il sonnoit,
Et si haut sa Sampogne Italique entonnoit
Qu'il faisoit oublier aux bœufs leurs pasturages,
Et suiure ses chansons les bestes plus sauuages :
Et du fond d'Arcadie aux riuages connus
De Sebete, il tira les Satyres cornus.

 Or depuis luy d'aucun cette Musette enflee,
Aumoins que i'eusse veu n'auoit esté souflee,
Quand ieune bergerot vne audace ie pris
De racoutrer son anche en mes ans moins apris :
Ie sceu bien par apres qu'en ces mesmes annees
Nostre Baïf auoit, comme nous, pourmenees
Les Muses par les bois, & que des ce temps là,
Le gentil flageolet de Tahureau parla :

LIVRE II.

ue Saintemarthe auoit aux voix de sa Musette
it pleurer les rochers de la mort de Brunette.
ue Betoulaut encor arriuant sur le Clain
s pasteurs attristez reiouit plus à plain.
us seul ie pensois estre : & si, bien dire i'ose,
ue des premiers aux vers i'auois meslé la prose.
Ronsard, qui n'a laissé d'outil qui n'ait touché
 tout genre de chants, a depuis embouché
 flageol brauement : & dans sa Bergerie
lleau fait aux Seigneurs quitter la seigneurie.
us pour auoir cueilli mes fruicts hors de saison,
 sont depuis restez flestris en la maison.
r alors aueuglé de mon amour premiere,
s ! ie fis voir sans yeux à mes vers la lumiere ;
 les voulus sans pieds au monde faire aller,
 sans ailles encor iusques aux cieux voller.
Lors des premiers en France errant à l'auenture,
 sentirent bien tost la chiennine morsure
 mile medisants : les ayant par hasard
ouuez dans l'epaisseur des haliers à l'ecart,
 les ay reconnus, comme vn naturel pere
econnoist son enfant d'vn ame debonnaire,
'il tenoit pour perdu, qu'il auoit ia pleuré,
nfant qu'en quelque sac petit fust demeuré,
 que le grand malheur de la guerre ciuille,
eust englouti, peut estre, à l'assaut d'vne ville :
 bien qu'il soit lourdaut & ne soit tant apris,
ue ceux qu'en sa maison soigneux il a nourris,
 reconnoist pour sien : Ainsi par les boutiques
omme i'ay retrouué mes vers durs & rustiques,

R r iij

Que i'estimoy perdus, ie les ay reconnus,
Et non pareils aux miens pour miens les ay tenus.

Cependant toy que i'aime autant que les bergeres
Aiment aux iours d'Esté les ombres bocageres,
(Aiment le beau Soleil en l'hiuer morne aussi)
Reçoy ces vers grossiers, reçoy ces vers ici.
Vn iour pourra venir qu'en saisons plus amies,
I'embelliray le teint de leurs faces blémies :
Car la Muse pourra si bien les racoutrer,
Qu'aux bois ils n'auront point honte de se montrer,
Et verras que souuent au bocage champestre,
A son aise aussi bien qu'aux villes on peut estre.

Mais comme vn laboureur en ses bleds non leuez,
Met des epouuentaux & des rez eleuez,
Afin d'epouuenter la corneille goulue,
Qui vouloit epier le train de sa charue :
Ton nom comme vn bel arbre en mes vers i'ay planté,
Afin que l'enuieux en soit epouuanté;
Saint François, l'enuieux qui becquetoit sans cesse
Les fruits non encor meurs de ma verte ieunesse.

De Virgille & de R. & A. le Cheualier frer Idil. 66.

Cette douce Musette, ou sur les claires eaux
Du beau Mince iadis Dafnis & Mœlibee
Chantoient des chants si beaux, qu'onques Alfesibée
N'en ouit sur Menale entonner de si beaux :
Depuis qu'auecques voix & tons vn peu plus h[aut]
Elle eut celebré Pale & l'heureux Aristee,
Et du bon fils d'Anchise eut la gloire chantée,

LIVRE II.

l'exil & le voyage & les diuers trauaux,
 A ce chesne elle fut par son pasteur sacree,
Où le vent luy fait dire : aucun plus ne m'agree,
De mon seul grand Tytire est mon desir content :
 Mais estant toutefois des Cheualiers touchee,
Elle permet que d'eux soit son anche embouchee :
Et sous leurs vers François, Françoise elle s'entend.

 Cygnes, qui dans les flots du Mince fortuné
Plongez vostre blancheur qui la neige surpasse,
De grace dites moy, si mesme en vostre place,
Entre vos nics est pas le grand Virgile né ?
 O Syrene, di moy, si l'heur te fut donné
D'ouir les derniers chants de sa voix foible & casse ?
O Muses, dites moy, s'en mesme esprit & grace
Deux Cheualiers l'ont pas en France ramené ?
 Quel heur plus fauorable au Poëte peut estre ?
Quelle fin plus conforme à ce tant heureux naistre ?
Quel retour plus semblable à sa naissance & fin ?
 Car les Cygnes, naissant, chantoient à sa naissance,
La Syrene à sa mort : & son esprit diuin,
Les doctes Cheualiers font retourner en France.

Idil. 67.

Cette Musette & cet humble bourdon
Anche & soufloir, liez d'vn beau cordon,
Où i'ay chanté desia par mainte annee,
Mainte chanson par les airs bourdonnee,
Comme vn berger, qui sans soin à plaisir
Se reposoit en doux & vain loisir,

Rr iiij

Suiuant les pas & les traces antiques
Des vieux pasteurs chantants leurs Bucoliques,
Muses, à vous tant seulement i'apens
Ce beau present, qu'à ce Laurier ie pens :
Premierement cette Musette basse,
Et ce bourdon, ie l'eus de vostre grace,
Quand ieune encor l'esprit brulant i'auois
D'ouir les chants de vos plaisantes voix :
Ore vn Desir que la gloire enuironne,
A prendre vn faix plus pesant m'eperonne :
Faix que tant plus en haut ie leueray,
D'vn poids trop fort, Muses, ie troueray,
Si desormais vous ne m'estes aidantes
A supporter des charges si pesantes.

EPIGRAMMES,

MONSEIGNEVR LE DVC DE IOYEVSE,

Par le Sievr De La Fresnaie Vavqvelin.

E te donne ces Epigram-
mes :
Il ne faut s'enquerir pour
quoy :
Car estant seul aupres du
Roy,
Qui tire à soy les belles
ames ;
Tu cheris les meilleurs
Poëtes,

les doctes, qui t'aiment tant :
is seul aux Muses t'arrestant,
fais que tes valeurs parfaites,
ules meritent d'estre en vers,
crites par tout l'vniuers.

De l'Epigramme.

Mon grand Duc, vne belle ame
Tousiours court fait l'Epigramme :
Car qui trop long le feroit,
Vn Poëme ce feroit.

Du mesme.

L'Epigramme n'estant qu'vn propos racourci,
Comme vn court Escriteau, court on l'escrit aussi :
Elle sent l'Heroïque, & tient du Satyrique :
Toute graue & moqueuse, elle enseigne & si pique.

Sur ce suiet.

Chantant tes amis & les Dames
En courts & petits Epigrammes,
Tu t'acquerras à la Memoire,
Vne fort grande & longue gloire.

D'Amour.

Ne blame point chose petite,
Aux petits on voit le merite :
Amour de Venus l'enfançon,
N'est mesme qu'vn petit garçon.

Du mesme.

Celuy qui l'Amour a graué,
Pres de cette Source eleué,
L'a fait, afin que son flambeau
Fust moins brulant aupres de l'eau.

De ne medire.

Bien dire d'vn homme de bien,
Ce sont tousiours paroles bonnes :
Medire d'ailleurs ne vaut rien,
Mesme des mechantes personnes.

De Ronsard.

O François, vous n'auez que faire
Du Grec ni du Romain Poëte:
De Ronsard la Muse parfaite,
Vous sert de Virgile & d'Homere.

Hieroglife de Cupidon.

Amour tient des fleurs d'vne main,
De l'autre vn Daufin, Souuerain
Montrant qu'en la terre & qu'en l'onde,
Il est maistre par tout le monde.

D'vn baiser.

D'Agathon l'ame t'arrestoy,
Quand ie le baisoy dans sa couche:
Mais aussi tost que ie partoy,
L'ame luy sortoit par la bouche.

D'vn regard.

Quand ie te voy regarder les estoilles,
O mon bel Astre, entre cent damoiselles:
O pleust à Dieu que ie fusse les Cieux,
Pour te voir lors auecques cent mile yeux!

De la Rose.

La Rose tant qu'elle fleurit
Belle & plaisante à chacun rit:
Mais en vn iour elle se passe:
Puis regardant ou elle estoit,

Elle conneut qu'il ne restoit,
Que des epines en sa place.

De la Beauté.

Belle si la beauté s'efface,
Fais en part auant qu'elle passe ?
S'elle te reste, fais tu cas
Donner ce qu'on ne t'oste pas ?

Que Dieu voit tout.

Malheureux combien que ton vice,
Tu puisses cacher à nos yeux,
Si ne peux-tu par artifice
Le cacher aux clairs-voyants Dieux.

Du riche & du poure.

Bien qu'vn Riche en grands biens abonde,
Il n'est pourtant riche en ce monde :
Aussi le Poure souffreteux
Ne me semble calamiteux :
Et l'vn a pareille souffrette,
Que l'autre à viure en sa disette.
Le Riche cherche des tableaux,
Meubles exquis, riches ioyaux :
Le Poure conduit de Nature,
Ne cherche que sa nourriture :
Mais tous deux estants souffreteux,
Le Poure est moins necessiteux.

D'vne vieille fardee.

A te farder ne pren plus tant de peine ;
Tu ne feras d'vne Hecube vne Helene.

EPIGRAMMES.

D'vne publique.
Le lict d'vn ie quitte à l'Espous,
pour estre vn lict moymesme à tous.

De Venus.
Venus suit Richesse & Beauté :
& fuit laideur & poureté.

Du hasard.
Le Marchand s'enfle souuent
és biens, dont maistre est le vent.

Des enfans.
Le fils prudent est vn bon heur au Pere,
pesant faix la fille est au contraire.

De la Mort.
La Mort on ne doit craindre en rien,
car on renaist en mourant bien.

Rien ne demeure impuni.
Voleur, mechante creature
ne me donnes la sepulture,
m'ayant sans tesmoins egorgé :
Mais l'œil eternel de Iustice,
qui de loin regarde ton vice,
ton forfait en rendra vengé!

Contre l'Auaricieux.
En toy d'vn riche est l'abondance :
Mais d'vn poure homme la souffrance :
Tu te montres à l'hoir suiuant
riche d'vn bien fort desirable :
Tandisque tu seras viuant,
tu seras poure & miserable.

De la corne d'Abondance.

La belle Corne d'Amaltée
Iadis des Poëtes chantee,
N'estoit la Corne d'vn toreau,
Ou d'vne cheure à plaisir fainte,
Comme les peintres l'ont depeinte :
Mais elle estoit d'or fin & beau :
  Duquel en ayant abondance,
Auras de tout à suffisance,
Et la Corne pareillement :
Aussi tost champs, aussi tost prees,
Tesmoins, amis, choses sacrees,
Seront à ton commandement.

De l'Or.

Iadis Epicarme chantoit
Qu'vn Dieu le beau Soleil estoit :
Que l'eau, les vents, l'air & la terre,
Et tous les Astres radieux,
Estoient pareillement des Dieux,
Comme l'eclair & le tonnerre.
  Mais Menandre estime en ces vers,
Que les grands Dieux de l'vniuers,
Les plus beaux & les plus vtiles,
Ce sont de belles pièces d'Or,
Et d'argent la monnoye encor,
Faisant toutes choses faciles :
  Car si tost que tu les as mis
En ta maison pour vrais amis,
Tout ce que tu voudras souhaite :
Champs, Iuges, Tesmoins, Auocats,

EPIGRAMMES.

...t sera tien. Tes beaux ducats
...t Dieux enclos en ta bougette:
...Dieux, qui te donnent des chasteaux,
...argent & d'or meubles nouueaux,
...chacun ses presens leur offre:
...les a toutes choses peut:
...il tient tout ainsi qu'il veut
...piter enclos en son coffre.

Du fard.

Vous poudrez vos cheueux commere?
...sçauez vous maistre compere?
...rce qu'estant hier au marché,
...estoient plus noirs que peché.

Du mesme.

Ton miroir te trompe en ta face,
...croy, si tu te regardois
...ns vn miroir de bonne glace,
...mais, Iane, tu ne voudrois
...regarder vne autrefois.

D'vne Noire.

...l'aime la ieune Rosette,
...i pour estre vn peu noirette
...n est elle moins parfaite?
...charbon est bien tout noir?
...ais s'il brule il semble à voir
...'vne Rose vermeillette?

De la femme.

Rien plusfort qu'vne femme bonne,
Ne peut mettre l'homme à son aise:
Et rien n'est tant à la personne
Mauuais, qu'vne femme mauuaise.

De mesme.

Autant qu'en l'air on voit d'oiseaux,
Et de coquilles au riuage :
Autant de fraude, autant de maux,
Porte la femme en son courage.

Du Mariage.

Qui grand' somme d'argent a prise
Se mariant, vend sa maistrise :
Baillant pour le dot apporté
L'empire de sa liberté.

Du Bigame.

Qui se remet en mariage,
Du premier estant exemté :
Se remet au mesme naufrage,
Qu'à peine il auoit euité.

De l'Excez.

Si quelqu'vn bien tost desiroit
Descendre en l'eternelle flame,
Le bon vin, le bain & la femme,
Son long chemin accourciroit.

Du mesme.

Si le bain, le vin & la femme,
Gatent le corps, corrompent l'ame :
La femme aussi, le vin, le bain,
Maintiennent l'ame & le corps sain.

D'vne impudique.

La femme d'Arat est feconde,
Autant qu'autre qui soit au monde :
Car elle a trois fois accouché
Sans que son homme y ait touché.

De

EPIGRAMMES.
De mesme.

Desia Marc & sa femme ont eu
Iusques à quinze enfants ensemble :
Toutefois auoir n'en ont peu
Vn seul, qui le pere resemble.

D'vne riche laide.

Il est mari d'vne orde femme :
Mais elle est riche en recompense :
Il eteint ordement sa flame
Et remplit nettement sa panse.

De Canarite.

Ie pensoy belle & parfaite estre,
Canarite en tout ce qu'elle a :
Mais à ce que ie puis connoistre,
Ie me trompoy bien en cela :
Car bien parfaite elle n'est pas,
Tousiours on besongne à son cas.

Autrement.

Ce qui fait voir en la besongne,
Le cas des Dames imparfait :
C'est que tousiours on y besongne,
Et qu'assez iamais on n'y fait.

De Niuelet.

Niuelet, apellant ta femme,
Tousiours ma Maistresse ou Madame :
Pourquoy te plains tu, Niuelet,
Si elle te tient comme vn valet.

D'Echo.

Peintre, veux-tu peindre vne
Vne Deesse inconnue ?

S s

Je suis la fille de bruit,
De la langue & du parler,
Mere vaine, qui sans ame
Les mots derniers contreclame :
Ramenant les derniers sons
Des propos & des chansons :
Ie suy le parler qui moque
Celuy mesme qui m'inuoque,
Quand la fin des derniers mots
Ie ramene à son propos.
L'habite Echo penetrante,
Dans l'oreille mieux oyante :
Si tu veux me peindre au bois,
Peins donc vne Contre-voix,
Vn rebat, qui te resonne
La response que ie donne.

A vne fille sçauante.

Vous aimez donc les neuf doctes pucelles,
Courage fille ? ainsi faut attirer
Les amoureux par les beautez mortelles,
Pour les beautez de l'ame desirer.

De Ptolomee.

Ie sçay que ie suis né pour mourir, & qu'vne heure
Ie ne m'asseure pas de faire ici demeure :
Mais quand mon ame vole aux astres dans les cieux,
Ie me pais d'Ambrosie ainsi comme les Dieux.

De Cæsar pourtrait.

Qui void du grand Cæsar l'image,
Il ne peut rien voir dauantage :
Soit de Lettres, d'Armes, ou d'heur,
Il void du monde la grandeur.

De Cuias.

Si un jour les loix doiuent perir,
Cuias, tu mourras auec elles :
Mais si les loix sont immortelles,
Tu ne dois craindre de mourir.

Sur le Pourtrait de G. le Feure de la Boderie.

Si docte Guy, cette figure ronde
Pouuoit montrer ton bel esprit pourtrait,
Comme au naif ton visage elle fait,
Rien de plus beau ne se verroit au monde.

A D. D. de Canonuille.

Barbuchon vostre petit chien,
Maistre Simon a peint si bien,
Qu'il n'est tout vif qu'vne peinture
Aupres de celuy qu'il a peint :
Le peint est le vif de nature,
Et le naturel n'est que feint.

De Mad.

Madelon fuit, mais en fuyant
Elle desire, qu'on l'attaigne :
Elle nie, mais en niant,
Elle ne veut point qu'on se faigne :
Elle debat, mais debatant
Elle veut qu'on vainque pourtant.

De Queline.

Queline est parfaitement belle,
Mais elle est maistresse cruelle :
Tellement que sa cruauté
Rabat du prix de sa beauté.

D'vn pleur.

Ie ne pleure point l'homme mort :
Mais ie pleure l'homme viuant,
Qui desire le plus souuent
En sa calamité la mort.

Contre vn buueur.

On dist à Iean que par trop boire,
Il perdroit à la fin les yeux :
Buuant il dist, i'auray memoire
D'auoir veu la beauté des cieux :
Adieu, mes yeux : assez i'ay veu ;
Mais encor assez ie n'ay beu.

De Cræsus & de Diogenes.

Diogene apres le trespas,
Trouuant le Roy Cræsus là bas,
Tousiours gossant s'en va luy dire :
O des Rois le plus riche Roy,
Riche Cræsus, comme ie voy,
Nous sommes egaux en empire.
Que te sert maintenant ton Or
Tes richesses & ton thresor,
Te voila seul entre les Ombres,
Chetif aussi bien comme moy ?
Mais ie suis plus heureux que toy,
Moins chargé d'ennuyeux encombres :
Car i'ay tout emporté mon bien,
Tu n'as rien emporté du tien :
Tout ce que i'auois me demeure :
Tes ioyaux les plus precieux,
Qui souloient contenter tes yeux,
Ne te sont plus rien à cette heure.

EPIGRAMMES.
Contre vn Iuif.

Maratron, deniant ainsi
que tu n'es Iuif: voulant aussi
prouuer par amples tesmoins:
Ie sçais que tu faux neaumoins:
On ne le prouue en cette sorte;
Mais par le membre que l'on porte.

D'vne Iuifue d'Auignon.

Sarra Iuifue de nation
prouue nostre Saint Baptesme,
Plus que leur circoncision:
Car, dit elle, on deueroit mesme
Au membre de l'homme adiouster,
Plustost que d'en vouloir oster.

De Iane.

Iane vouloit sçauoir du medecin
Lequel vaut mieux le soir ou le matin
Au ieu d'Amour, il dist que plus plaisant
Estoit le soir, le matin plus duisant
Pour la santé; lors dist Iane en riant
Ie feray d'vn appetit friant,
Doncques au soir pour la grand' volupté,
Et le matin pour la bonne santé.

Contre vn Mari.

Poure Mari, quelle colere
T'a fait couper à ton riual
Le nez, dont il ne veust peu faire
Iniure, vergongne, ni mal?
O poure foul, aucun dommage
Pour ce ta femme ne reçoit:

Ss iiij

Puis qui luy reste davantage
Le gros membre qui te deçoit.

Contre Simon.

Simon, changeant vne lettre en ton nom,
De nom, d'effet, tu seras vray Simon :
Et si seras à iamais dans les vers
Du grand Maron, connu par l'vniuers.

De Rauin.

Rauin sur le Pimpléan mont
Pour monter auançoit le pas :
Mais les Muses de haut en bas,
L'ont icité les pieds contremont.

De luy mesme.

Tu dis, Rauin, qu'en cette annee,
Mourront beaucoup de gents de bien :
Ne crains point telle destinee,
Car cela ne te touche en rien.

Contre vn Fiancé.

Tu dois maintenant auiser
A bien ta maistresse priser :
Car elle est riche, ieune & belle :
Et ne dois point la refuser,
Si par vne offrande infidelle,
Elle a receu mainte chandelle.

Le Nauire experimenté
Et qui beaucoup en a porté,
Vaut mieux que celuy qu'on epreuue,
Et qui n'a point encor floté :
Au fort puis qu'elle ainsi se treuue,
Pren-la voisin pour vne veuue.

EPIGRAMMES.

Le remede est à l'auenir
De la brider du souuenir
Des saintes loix du Mariage :
Et tellement la retenir,
Que tout le reste de son âge,
Elle deuienne chaste & sage.

D'entreprendre.

Ne mets soudain ton dessein en danger :
Car on perd tout quand on se precipite :
En Conseil lent au iugement habite,
Le promt Conseil dans vn esprit leger.

D'vn aueugle & d'vn boiteux.

Vn aueugle porte vn boiteux :
Ils font bien prudemment tous deux :
L'vn des yeux les guide en la sorte,
L'autre des pieds ainsi les porte.

Du plaisir.

Le plaisir qui tire en longueur
Est ingrat à l'homme de cœur :
Mais le plaisir fait promtement,
Est vn plaisir fait doublement.

De la varieté de fortune.

Celuy qui poure s'alloit pendre,
Trouue vn thresor dans vn pôteau :
Pour le thresor qu'il alla prendre
Il laissa là son vil cordeau.
Mais celuy qui riche auoit mise
Sa pecune au pôteau fendu,
A du poure la corde prise,
Et s'est miserable pendu.

Il faut craindre à retenter fortune.

Me voici Sapin que le vent
Souflant a renuersé par terre,
Pourquoy veux-tu comme deuant,
Qu'en Mer les vents me facent guerre ?
As-tu point peur par ce presage,
Que ie ne face encor naufrage ?

Autrement.

Moy que les vents ont abatu
Pour e pin renuersé par terre :
Pourquoy maintenant me mets tu
Sur la mer pour faire la guerre ?
Prens-tu point vn mauuais presage,
Que sans nager i'ay fait naufrage ?

Du trauail.

Les longs & continus trauaux,
Te parferont de beaux chasteaux :
Mais la faineantise lente,
Ne fist iamais chose excelente.

De l'Epargne.

Nourrir trop de valletaille,
Trop de suite & de racaille,
Et trop de maisons bâtir,
Fait la poureté sentir.

Contre les flateurs.

Qui legerement oit les rapports d'vn flateur,
Vn rapporte nouuelle, vn Calomniateur,
Ou bien il enfant, ou bien il est infame,
Ou mechant qui leger a l'esprit d'vne femme.

EPIGRAMMES.
Contre Oreste.
Où fraperont tes mains cruelles,
[Ou] le ventre ou par les mammelles ?
[Le] ventre, Oreste, t'a porté,
[Les] mammelles t'ont allaité.

Contre les maratres.
La marâtre est en amour mesme,
[À] son fillâtre un mal extresme :
[Phe]dre, exemple en est non petite,
[Com]me aussi le chaste Hypolite.

De mesme.
[U]n beaufils entouroit de fleurs
[L'im]age de sa bellemere,
[Pe]nsant qu'elle eust changé de mœurs
[Ap]res sa mort : quand au contraire
[L'im]age tombe, de façon
[Qu']il occit le poure garçon.
[Ô] beaufils, mesme opiniâtre,
[Voi]cy le tombeau de ta marâtre.

[D']un frere & d'une sœur, borgnes & beaux.
Tenot est borgne de l'œil destre,
[Sa] Sœur Clorine du senêtre :
[Tou]tefois tous deux de leurs yeux
[Peu]vent vaincre en amour les dieux :
[Bai]lle à ta Sœur, ô bel enfant,
[C]et œil qui te rend triomfant,
[A]mour aueugle tu seras,
[E]t ta Sœur Venus tu feras.

Autrement.
[F]ais, borgnet, de ton œil un don

A ta Sœur comme toy borgnette :
Ainsi tu seras Cupidon,
Elle vne Venus toute faite.

A Lise veuue.

Passe, Lise, ton beau veuuage
Aux ebats d'amour : ton visage
Estant sans roses & sans lis,
Ne sera qu'vn machecoulis,
Pour le bas de la tour defendre
A ceux, qui l'eussent voulu prendre.

A Elle mesme.

Puis que vous voulez, ieune & belle,
En imitant la tourterelle,
Imiter les oiseaux ialous ?
Pourquoy plustost la collombelle,
Pourquoy plustost la passerelle,
Et les moineaux n'imitez vous ?

Contre vn Cheualier.

Hors le combat, ie ne deniray point
Que tu ne sois de l'Ordre Cheualier :
Mais d'autrepart tu m'auouras ce point,
Que deuant toy ie suis vieil escuyer :
Et t'auouray, qu'entre les Cheuauchants,
Tu dois auoir la premiere louange,
Estant monté comme vn Saint George aux champs,
En la maison, comme vn Saint Michel l'Ange.

De la femme d'vn gouteux.

On ne s'etonne de la voir
A tous venants querelle auoir,
Fors à son homme plein de goute

Dont la foiblesse elle redoute :
Elle veut à quelqu'vn lutter,
Qui la puisse à terre porter.

D'vn ieune vieil.

Pourquoy fais-tu pour ieune plaire,
Ainsi souuent ta barbe raire :
La barbe ne te fait vieillard :
Ce sont les ans qui trompent l'art.

De Maguelonne.

A son seul Amant Maguelonne
Secrette au ieu d'Amour se donne :
Mais ce qui fait qu'on la diffame
C'est qu'elle est de deux hommes femme.

D'vn blamant les fēmes, & louant la siene.

Puis qu'il n'est point de femmes anges,
Cousin, ie veux à l'auenir
N'en dire plus tant de louanges,
Et vostre opinion tenir :
Mais ne croyez donc plus ainsi
Que la vostre soit ange aussi.

D'vne femme ieune & d'vn vieux mari.

Puis qu'Anne ieune est femme appariee
Aux vieux Regnault, vrayment on contera
Son infortune, & qu'elle ne sera
Ni veuue encor ni femme mariee !

Contre vn malapris.

Si tu veux donc sçauoir de moy,
Tout ce qui faut pour faire en somme,
Vn braue & galant gentilhomme ?
Il faut ce qu'il defaut en toy.

Priape.

Toy qui detournes ton visage,
Comme fait la chaste & la sage,
De peur de voir ce membre humain,
Brulante d'vne ardeur extresme,
Certes ie croy que dans ton sein,
Voire dans tes entrailles mesme,
Tu le voudrois bien receuoir,
N'estoit que tu crains de le voir.

Du mesme.

Dites, Dames, dites pourquoy
Vous riez vous ainsi de moy,
Pourquoy vous iasez vous mauuaises ?
Hé suis-ie quelque gobelin,
Ou suis-ie quelque esprit malin,
Qui desire empescher vos aises ?

Mes Dames ne vous cachez point ?
Ie suis le seul dieu, qui vous poind
A vous tenir gentes & belles ?
C'est moy, qui plein d'vn chaud desir,
Enflames au plus grand plaisir,
Les Dames & les Damoiselles.

Sans moy, qui suis vostre vray bien,
Mes Dames vous ne seriez rien
Que choses du tout imparfaites :
Car des Dames on ne fait cas,
Qu'autant qu'elles prennent d'ebas
Auecques moy, qui les ay faites.

Et si i'ose dire, ie suis
Le seul remede à vos ennuis :

Ie suis cette source sacree
D'où sort la friande liqueur,
Qui n'assouuit point vostre cœur,
Tant la douceur vous en agree.

De Venus, & Diane.

Aux forests vn iour Cytheree,
Apres Adonis egaree,
Voyant Diane sans souci
Vestre mignardement paree,
Porter ses rets, son arc aussi :
Riant luy dist, Quoy veux-tu tendre
Tousiours au bois les rets ainsi ?
Pourquoy donc, pour les bestes prendre,
Respondit Diane, aux forests,
(Où le premier honneur ie tien)
Ne tendre-ie filets & rets,
Quand ton Vulcan te les tend bien ?

Du mespris de fortune.

I'ay maintenant trouué le Port :
Adieu l'Espoir, adieu le Sort :
Nous n'auons plus que faire ensemble,
Trompez les autres, s'il vous semble.

De l'Ingrat.

Vn bon villageois d'auenture,
Trouua transie de froidure
Vne Vipere, que soudain,
Courtois il echauffe en son sein :
Mais aussi tost que degourdie
Elle eut cette chaleur sentie,
Elle piqua son bien faiseur,

Qui meurt promtement de douleur,
Vn homme ingrat en cette sorte,
Pour le bienfait du mal apporte.

De la Barbe rouge.

La barbe rouge est la trompette,
Qui dit bien souuent qu'on s'en guette :
Mais tel la noire par dehors,
Qui traistre est rouge dans le cors.

De la vie humaine.

La vie estant comme vn Theatre,
Il faut aprendre, il faut s'ebatre
A iouer bien d'vn grand courage,
Et son rolle & son personnage :
Car s'opposant malagreable,
A la fortune variable,
On la trouue double & facheuse,
Tousiours depite & dommageuse.

Autrement.

C'est vne farce ou comedie,
Ou c'est vn ieu, que cette vie :
Ou, comme vn enfant sans souci,
Il faut sçauoir iouer aussi :
Ou bien souffrir d'ame obstinee,
Le Malheur de la destinee.

De mesme.

De ton bon gré la charge porte,
Que les Destins t'ordonneront :
Outre que la douleur est forte,
A ceux qui la refuseront,
Ils auront tousiours par contrainte,

EPIGRAMMES.

...charge sur le coul iointe.

Autrement.

Si tu portes vn pesant fais,
...que d'vn bon gré tu le portes :
...pense si tu t'en deplais
...tu seras de chaines fortes,
...faire, malgré toy trainé
...que les Cieux ont destiné.

De mepriser le vulgaire.

Meprise, si tu te veux plaire,
...babil du sot populaire :
...stuy-ci de toy bien dira,
...cet autre en mal parlera.

Des laseurs.

Si bon estoit tenu sage
...ur iargonner du langage,
...i seroit plus sage au monde,
Que la babillarde hironde ?

D'vn grand nez.

Comme vn Cirus tu dis auoir
...nez à manche de rasoir :
Adiouste encore que tu as
...es oreilles du Roy Midas.

Du naturel des femmes.

Nature à la fille demange
Auant qu'à l'homme elle se range :
Quand elle est femme, la luxure
La brule toute en sa nature :
Quand elle est vieille, tant soit sage,
En sa nature elle en enrage.

A vne veuue.

Belle veuue vous auez tort
De lamenter si fort vn mort :
Sans pleurer qu'en vous poursuiuant,
Vous faites mourir vn viuant.

La Religion.

Quelle es tu, di le moy, si pourement vestue.
Ie suis Religion, fille de Dieu connue.
Pourquoy l'habit as tu d'vne si poure laine ?
Pour ce que ie meprise vne richesse vaine.
Quel Liure portes-tu ? les loix de Dieu mon pere,
Ou de ses Testaments est compris le mystere.
Pourquoy l'estomac nu ? decouurir la poitrine
Conuient à moy qui veux vne blanche doctrine.
Pourquoy sur cette Croix t'appuy'-tu charitable ?
La Croix m'est vn repos qui m'est fort agreable.
A quelle fin es-tu de ces ailles pourueue ?
I'appren l'homme à voller au dessus de la nue.
Pourquoy si rayonnante es tu de belles flames ?
Les tenebres ie chasse au loin des saintes ames.
Pourquoy ce mors de bride ? afin que par contrainte
I'arreste la fureur de l'ame en douce crainte.
Et pourquoy sous tes pieds foules tu la Mort blesme ?
A raison que ie suis la mort de la Mort mesme.

Du Mensonge.

Les ruses, les contes, les fables,
A toutes gents sont delectables :
Mais sur tous les personnes lourdes
Souuent sont deceus par les bourdes.

D'vn

EPIGRAMMES
D'vn Poëte.

Tu iures par vn grand serment,
Auoir fait ces vers promtement :
N'en iure point, car on t'en croit :
Aux vers clairement on le voit.

Du mesme.

Voyant tes vers, voyant ta rime graue,
Ie trouue belle vne façon si braue :
Mais toutefois les regardant deprés,
Tels ie les voy que sont les hauts Cyprés.

Contre luymesme.

Tu es borgne & tous nos Poëtes
Reprens comme faisant mieux :
Pour voir les fautes qu'ils ont faites,
Tu deurois auoir deux bons yeux.

De n'estre curieux du futur.

Qui pourroit les mesauentures
Bien preuoir pour les euiter :
Sçauoir toutes choses futures,
Seroit fort bon de tenter :
Mais puis qu'il faut en patiénce
Souffrir ce que l'on veut sçauoir,
Le mal croissant par la science,
Ne vaut bien mieux rien ne preuoir ?

Le bien fait ne change la Nature.

Contre mon gré poure cheurette,
Contrainte du soul pâtoureau,
Ie baille au glouton loũuereau
Mon pis, que goulument il tette :
Mais combien que ie le nourrisse,

Tt

Ie sçay quand plus grand il sera,
Que cruel il me mengera,
Et iamais son naturel vice,
Pour ce bienfait ne changera.

De la pieté.

AEneʾ Troyen portoit de nuit,
Parmi le sac, parmi le bruit,
Dessus son dos son pere Anchise :
Et combatant il trauersoit
Le feu de Troye en flame eprise,
Et le cam ennemi passoit :
Disant laissez moy, Grecs, en paix,
Sauuer cet agreable faix,
Ce vous sera peu de victoire
De meurtrir vn poure vieillard :
Mais ce me sera grande gloire
De le tirer de ce hasard.

Du Stupre.

Nardin ayant le menton damoiseau,
S'accoutre en fille amoureux d'Isabeau :
Il en iouit sous l'habit de femelle :
Mais descouuert, soudain le pere d'elle
Luy fait couper le membre vergongneux :
Luy qui pensoit d'vn sexe en faire deux,
N'est l'vn ni l'autre, il n'est homme ni femme :
Et si demeure en cette sorte infame.

D'vn Tableau.

Tu vois de l'auocat Rousseau
Au vif raporté le Tableau :
Ce Tableau n'a voix ni parole :

EPIGRAMMES.

Rousseau n'a ni voix ni cerueau :
Ils ne different qu'en la peau,
Rousseau l'ayant vn peu plus molle.

Du mesme.

Tu vois ici de Rousseau la peinture :
Mais ou peut on le voir en sa nature ?
En sa chere. Et qu'est-ce qu'il y fait ?
Ce que tu vois qu'il fait en pourtraiture :
Car ce qu'il est pourtrait de son pourtrait.

Sur le pourtrait de quelqu'vn.

Au peintre à mon auis tu dois plus qu'à ton pere :
Car l'vn te fist vn fou, l'autre t'a voulu faire
Comme vn grand Philosophe à la longue barbasse :
Ton pere t'auoit fait medisant plein d'audace,
Plus que le trait d'vn Scite vne langue piquante :
Le peintre a corrigé cette langue mechante :
Ton pere a decouuert ta façon indomtee :
Et le peintre a caché ta maniere ehontee :
Mais combien que tu sois assez laid en painture,
Le pourtrait est plus beau que tu n'es de nature.

Contre vn Autre.

On te cornoist en tous endrois,
Chez tous les grands, & chez les Rois :
Soit glorieux que par la France
Chacun ait de toy connoissance :
Mais toy particulierement
Tu ne te connois nullement.
Si tu te connoissois : toymesme
Aurois vne vergongne extresme,
Vne honte & beaucoup d'ennuy,

Tt ij

D'estre ainsi bien connu d'autruy.

D'vn Sonet.

Ce beau Sonet est si parfait,
Que ie ne croy que l'ayez fait :
Mais ie croy, Syluine, au contraire,
Que vous vous l'estes laissé faire.

Sur le Pourtrait de Iean Brise.

Admirant le Pourtrait du magnanime Brise,
I'admire ses hauts faits, ie les vante & les prise :
Ie n'auoy iamais creu, mais croire ie le veux,
Les faits d'armes hautains de ces braues neuf Preux,
Et de ces Cheualiers errants parmi le monde,
Dessoubs le nom connu de la grand' table Ronde :
Et ie veux croire encor les merueilleux exploits
De Roland, de Regnaud & d'Oger le Danois :
Et tout ce que Turpin a dit de Charle-magne ;
Et ce que d'Amadis a raconté l'Espagne :
Et ce que du Geant a conté Rabelais,
Qui mourut estranglé d'vn coin de beurre frais :
Puisque Brise brisant cette mutine armee
Contre la Liberté de sa ville animee,
A fait comme vn Horace a fait en Rodomont
(Son Isabelle morte) en defendant le Pont,
En defendant le pas, en defendant l'Asile,
La maison, la retraite, & le fort de sa ville,
Quand d'vne pertuisane il enfonça le cors
Du chef qui conduisoit ces Tyranneaux d'alors,
Se montrant aussi fort en si belle auenture,
Comme on le voit vaillant en cette pourtraiture.

EPIGRAMMES.

Depuis cette victoire il ne s'est pas armé :
Mais il s'est proprement habillé, parfumé,
A demené l'amour, a fait des mascarades,
Et dansant & sautant a fait mile gambades,
De sorte qu'on diroit par ses gestes plaisans,
Qu'il fait en son Decembre vn Auril de ses ans.
Puis il a recherché mainte fille bien nee,
Pour se remettre encor soubs le ioug d'Hymenee,
Et n'en ayant trouué qui fust digne de luy,
Comme vn Mars il n'a pas pris la Venus d'autruy :
Il a fait comme Achile, ayant fait son Amante
D'vn autre Briseis, comme l'autre seruante.
Brise est comme Phœbus, tousiours ieune & gaillard,
Et non tel que son fils AEsculape vieillard :
Duquel l'art il imite en la Pharmaceutrie,
Comme il fait d'Apollon la gentille industrie
Pour se faire immortel, par les discours diuers
De mile beaux esprits qui luy donnent des vers.
  Bref on voit de tous points cette belle peinture,
Du corps & de l'esprit rapporter la figure :
Et ce cœur, dont il fist à terre trebucher
L'oiseau qui se vouloit au haut du Pont percher.

D'vn bassin de valence.

Voici d'vne main Phidienne
En la poterie ancienne
Des poissons au vray rapportez :
Que si de l'eau vous apportez,
Aussi tost qu'ils la sentiront
Dans ce bassin ils nageront.

Tt iij

D'Herodote.

Herodote ayant pour hostesses
Les neuf Muses, qu'il voulut suiure:
Pour recompense ces Deesses
Luy donnerent chacun vn liure.

De la Diligence.

Tout semble viure sous les lois
De la prudente Diligence,
Qui ne laisse point toutefois
Viure les siens en indigence.

De Iuliete.

Tandis qu'à tous propos on blame
Iuliete la bonne dame,
De n'obeïr point assez bien
A son Epous homme de bien :
Respond, Que veut-on que ie face ?
Ie vay, ie reuien, ie tracasse
Pour son bien ? c'est moy qui me deulx,
Car tout ce qu'il veut, ie le veux ?
Il veut seul auoir l'entremise,
Le maniment & la maistrise
De la maison que ie conduy,
Et ie la veux ainsi que luy ?

De la Philaptie.

Pour grand' raison, Barlemont, tu me plais:
Tu me deplais pour raison mesmement :
Tu me plais bien pour tes louables fais,
Et pour te voir discourir doctement :
Mais en tes faits tu te plais tellement,
Qu'en te plaisant du tout tu me deplais.

Du vieil & du ieune.

Ne vous etonnez point de voir que la ieunesse
s'enflame ainsi d'Amour : on void que la vieillesse
En brule bien souuent en ses ans les plus vieux :
Il est vray que l'on dit, que la meilleure chasse,
C'est des vieux chiens rusez à bien suiure la trace :
Mais les ieunes pourtant tousiours mordent le mieux.

De Rauin.

Rauin, ta liberalité
T'acquiert vne immortalité :
Tout t'est commun, tu t'en vois riche :
Tu n'es point auare ni chiche ?
A tous liberal ie te voy :
Car, Rauin, tu n'as rien à toy.

D'vne Maison.

Ie fu la Maison de Galois,
Du grand Gautier, & puis de Pierre :
Et si ne suis à nul des trois,
Ie suis à fortune biserre,
Comme sont les chasteaux des Rois,
Comme est aussi toute la terre.

D'Amour.

Amour n'est rien qu'vn paresseux :
Il naist entre gents de loisir,
Il prent mesme entre les oiseux,
Son passetemps & son plaisir.
Il se plaist bien à mugueter,
A se friser, à se mirer,
A gosser, rire, & banqueter,
A ne rien faire, à s'admirer.

Mais i'ay remarqué mile fois,
Qu'aux gueux il ne s'arreste point :
Ains qu'aux riches, princes, & Rois,
Plustost qu'aux poures il se ioint.

Du parler.

A soymesme est contraire
Vn Parler indiscret :
L'Ame d'vn bon affaire,
C'est tousiours le secret.

Contre vn Enuieux.

La France lit ces vers pleins de sornettes,
Les aime & prise & les porte en la main :
Mais vn Quidam, palit, rougit en vain,
Me hait, s'etonne, oyant que mes rimettes
Plaisent si fort : & cela me plaist tant,
Qu'en fin mes vers m'en rendent plus content.

Des amours de Iupiter.

Iupiter amoureux se fist en gouttes d'or,
Se fist Cigne & Toreau, se fist Satyre encor,
Pour Danés, & pour Læde & pour la belle Europe,
Et pour rauir la fleur de la Nymphe Antiope.

D'vn Pescheur.

A vous Nimphes, & Nereïdes,
De ces beaux riuages humides,
Le Pescheur Ianot a sacré,
Pour la vieillesse qui le fâche ;
Son tramail, sa ligne & sa bâche,
Sur ce vieil Saule en ce beau Pré.

Maintenant, ô troupe ecaillee,
Poissons à la robbe emaillee,

EPIGRAMMES.

...ouez à plaisir sous ces eaux :
... du bon Ianot la foiblesse
... asseure vostre allegresse,
... ces rivieres & ruisseaux.

D'vn Buueur.

O Bacchus, Robin le buueur
...donne vn verre que voila :
...en le s'il te plaist de bon cueur,
...n'a d'autre bien que cela.

Aux Dieux marins.

O Dieux de la mer azuree,
...lauque, Melicerte, Neree,
...e grand Neptun, la belle Inon,
...rothé muable & Palemon,
...ous ô les cinquante Phorcides,
...ostesses de ces lieux humides,
...horques, & vous ô verds Tritons,
...ui dans vos conques tant de tons
...ntonnez auec les Sireines,
...auphins legers, lourdes baleines,
...t vous tous ceux qu'en son giron,
...nclot Thetis à l'enuiron :
...our m'auoir las ! poure Naufragé,
...auué de l'orageuse rage
...es vents & de ces flots ici,
...t m'auoir mis à bord ainsi :
...e me restant sur la chair nue,
...ue ma perruque cheuelue,
...e l'ay tondue, ô Dieux, pour vous,
...nsemble ma barbe mouillee,

Et toute ecumeuse & souillee,
Ie la vous sacre à deux genous!

A Lucine.

Cette courte ceinture
Doucement accourſie
Par les ieux de Nature,
Qui m'ont trop engroſsie,
Ie te donne, ô Lucine,
Afin que fauorable,
Tu ſois en ma geſine
A mon mal ſecourable.

D'vn Inconſtant.

Vous eſtes leger au meſtier,
Receu des dames en la ſorte,
Qu'eſt en l'Egliſe vn benoiſtier,
Bien loin du Chœur, pres de la porte.

D'vne Legere.

Ie vous veux Pucelle exorter
D'eſtre prudente & non volage:
Il eſt plus aiſé de porter
Vne haire qu'vn pucelage.

D'vne Courtiſane. A Venus.

Sentant que la blanche vieilleſſe,
O Venus, maintenant me preſſe
Par mile ſignes euidents:
Ie te donne ces fauſſes dents,
Cette perruque ie te donne,
Dont ie deguiſoy ma perſonne,
Ce vermeillon, ce blanc ces eaux,
Qui rendent les viſages beaux,

EPIGRAMMES.

…s ces parfums ces boitelettes,
…eaux de Cipre & caſſollettes :
…r voyant helas ! que mes yeux
…nt deuenus tous chaſſieux,
…ant que i'ay la veuë eblouye,
…d'autrepart ſourde l'ouye,
…e pouuant plus me deguiſer,
…veux tes ebats mepriſer :
…r encor que la teſte griſe
…'vn poil emprunté ſe deguiſe,
…eſme les dents, les yeux helas !
…haſſieux ne ſe cachent pas.
…e donnant donc ces dents de cire,
…t tous ces fards, ie te vay dire,
…Venus, le dernier Adieu,
…our viure ſeule en autre lieu.

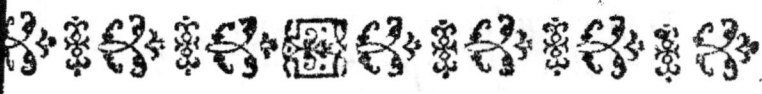

EPITAPHES.

E meilleur Epitaphe on doit touſiours
   tenir,
Qu'on peut meſme en courant & lire
   & retenir.

D'Vliſſes.
Pour Vliſſe ainſi fut dreſſee
Cette tombe. veux-tu ſçauoir

Son Histoire ? tu la peux voir
Lisant d'Homere l'Odissee.

D'vn couard.

Dematrion sa propre mere,
Estrangla ce couard ici :
D'elle estant indigne & du pere,
Du nom Laconien aussi.

De 4. freres.

Quatre freres sont enclos
Sous cette tombe en repos :
Desquels deux en vn iour mesme
Eurent mort vie & baptesme.

D'Isabelle.

Ne voy-ie pas le beau visage
D'Isabelle pudique & sage :
Defunte on la connoist viuante,
Par sa vertu belle & luisante :
Tousiours de l'esprit la beauté,
Celle du corps a surmonté.

De Chromis.

Desia de la venteuse rage
De l'Ocean par le naufrage
Chromis echapé de la mort,
Estoit sorti sur terre au port.
Chromis la gentille esperance
Des Pilotes de nostre France :
Qui ce iour là mesme esperoit
Qu'en sa maison sain il iroit.
Quand pressé d'vn engourdi somme,
Nu pres du bord s'endort cet homme,

EPITAPHES.

...ssé du tourment de la mer,
...u presque on le vit abismer.
Tandis qu'il dort vne vipere
...e fait mourir plein de misere !
...rtant Chromis, helas en vain
...u fuyois le flot inhumain.
   En vain tu fuyois la fiere onde,
...uis que tu deuois en ce monde,
...ur en terre, & que ta fin
...ppelloit hors du flot marin.

D'vn Chien.

D'abois les larrons ie chassoy,
Aux amants ie faisoy carresse :
A mon maistre ainsi ie plaisoy,
Ainsi plaisoy-ie à ma maistresse.

De Myrtine.

Ici Myrtine repose,
...u ces Myrtes sont venus :
Qui las ! si dire ie l'ose,
...u telle estoit que Venus,
...u bien Venus elle mesme
...n sa beauté plus extresme.

D'elle mesme.

Bien que ie sois Myrtine helas !
La mort ne me pardonne pas ;
Mais froide ici suis etendue :
Et si n'est aucun toutefois,
Qui vueille ore apporter du bois
A la flame que i'ay perdue.

De Collumelle.

Orphé iadis tiroit aux accents de sa voix,
Apres luy de Rodope & les monts & les bois :
Mais Collumelle aussi, parlant du labourage,
Attiroit apres luy les citez au village :
O combien Rome auoit de biendisants bourgeois,
Qui lors eut vn si docte & facond villageois.

De M. Budé.

De ce qu'en France est tant le Grec recommandé,
Et de ce que la Grece en France n'est barbare,
L'vn & l'autre se doit à l'esprit haut & rare,
De ce docte François & docte Grec Budé.

De Paul Ioue.

Paul Ioue louant l'Italie,
N'est point mauuais Italien :
Mais quand les François il oublie,
Il n'est point bon historien.

Du Poëte Marulle.

Marulle Poëte & guerrier
Couronné d'vn double laurier
Repose ici sous ce tombeau :
Tiré, noyé, pesché de l'eau
D'vn fleuue Tusque, ayant cent fois
Cherché la mort sous le harnois
Entre les combats furieux :
Toutefois tout victorieux
Tousiours Pallas l'accompagnoit :
D'ailleurs Phœbus ne dedaignoit
En langage Romain & Grec
De luy donner l'honneur auec.

EPITAPHES.

ais toy grand Neptune inhumain,
ne luy tendis pas la main
and sur vn coursier il passoit
 fleuue gros qu'il trauersoit.
S'il deuoit mourir dedans l'eau
meritoit que son flambeau
ist au Fleuue Aonien
upres du mont Parnassien.

Du Comte de la Mirande.

Cy gist Iean Pic de la Mirande :
n nom fameux, sa gloire grande,
le reste de sa louange
nnoissent le Tage & le Gange :
le peuuent encor, peut estre,
us les Antipodes connoistre.

r le Tombeau de la Peruse, lors que sa Medee
& autres ses œuures furent imprimees à
Poitiers 1556. Le Passant & le Prestre.

a. Quel Dieu gist en ce lieu? Pr. Nul Dieu ne gist ici,
 Peruse apres sa mort la rendu tout ainsi.
a. Pourquoy sont ces iardins & ces fleurs colorees,
 Et ces belles forests de beaux citrons dorees ?
Pr. Les Muses tous ces lieux ont peint de ces couleurs
 Afin que plus plaisant fust l'ombre par les fleurs.
Pa. Mais d'ou vient ce ruisseau qui dessous leur verdure
 Quasi Peruse nomme au bruit de son murmure ?
Pr. De l'onde Cheualine en ce lieu verdelet,
 Memoire fait couler vn si beau ruisselet.

Pa. Qui mist en cette tombe & dans cette Prairie,
    Vne pareille odeur à celle d'Assirie ?
Pr.   Les Graces l'ont cueillie aux monts Assiriens,
    Et parmi les parfums des bois Arabiens.
Pa. Mais qui fait qu'en ce lieu tout du long de l'ann
    La verdure iamais n'y demeure fanee ?
Pr.   Saintemarthe Poëte a rendu fleurissans,
    Ces rameaux effeuillez par luy reuerdissans.
Pa. Et pourquoy voy-ie ici tant de belle ieunesse
    Plaindre de ce trespas à l'enui la tristesse ?
Pr.   La Muse les attire au frais de ces Lauriers,
    Pour rendre le Deuoir aux humains droituriers.
Pa. Que le pouuoir est grand de la Tragique Muse,
    Qui tant d'amis appelle à plaindre la Peruse.
Pr.   Rien n'est plus fort ici, que les amis ouuers
    Qui sont ensemble vnis des Muses & des vers.
Pa. Ie voy que iustement les Muses & Memoire
    Ornent tant à propos la Peruse de gloire.
O Poëtes gentils, pour l'affolement dous
Des folâtres Demons, qui volent entre nous,
Nous aimons sa belle ame, & nous aimons ensemble
D'vn amour que la mort iamais ne desassemble.

De l'Aretin.

L'Aretin repose en ce lieu,
Qui de tout medist, fors de Dieu :
Car l'Aretin ne medisoit,
Que de cela qu'il connoissoit :
Dieu ne connoissant en nul point,
L'Aretin n'en medisoit point.
              De

EPITAPHES.

De Ia. Tahureau escuyer Sieur de la Cheualerie.

Mon Tahureau mignardelet,
La Parque fatale deesse
Rompit de tes ans le filet
Au bel Esté de ta ieunesse,
Sçachant que tousiours tu viurois,
Et que iamais tu ne mourrois,
Si tu paruenois en vieillesse.

De luy mesme.

Phœbus ferma les yeux au gentil Tahureau,
Les Graces, les neuf Sœurs pleuroient sur son tombeau,
Et l'Amour soupirant du profond des entrailles,
Auec les ieux mignards menoit les funerailles.

De Ioachim du Bellay Sieur de Gonnor.

Au monde en peine pour autruy,
Bellay ie viuoy plein d'ennuy :
De mon naturel toutefois
Auoy l'esprit digne des Rois :
Et ie meritoy par mon sang :
Entre les grands de tenir rang :
Maintenant citoyen des cieux
Vis à moy comme vn des Dieux,
Tenant rang entre les espris
Qui sont ici le plus en pris :
Et sans trauail par l'vniuers
Vis en terre dans mes vers.

De luy mesme.

Du Bellay, qui les flots du blond Tybre arrestoit,
Quand les restes de Rome en leur cendre il chantoit,
Va aux champs Elisée pour ouïr son bien dire,

V u

Tous esprits il arreste: & ceux qui plus diuins
Suiuoient Phœbus ici, soient François ou Latins,
Veulent qu'ore à la leur on prefere sa Lyre.
D'Ambroise de la Porte.
Tout d'Ambrosie, Ambroise, tu viuois:
Mais ore ayant ta demeure choisie
Entre les dieux que docte tu suiuois,
Tu as au Ciel reporté l'Ambrosie.
De R. Belleau.
Qui veut sçauoir ou de Belleau
Gisent les os, sous ce Tombeau.
Qui veut sçauoir ou son ame est,
Aux Cieux ou belle elle se plaist.
Mais qui veut connoistre la gloire,
Qui tire vne longue memoire
Dans ses escrits apres sa vie
D'vn eternel iamais suiuie:
Ne croye ni l'aueugle Grec,
Ni le Romain Virgille auec:
Ni le Grec, ni l'Italien
Du pays Siracusien,
Qui des mieux ont en Syracuse,
Fait parler la champestre Muse,
Arrestants l'onde de Sebethe
Au bourdonner de leur Musete.
Car eux tous seroient enuieux
De ses baisers delicieux,
A raison qu'on peut egaller
Au leur iustement son parler:
Mais Venus doucement parlante,

EPITAPHES.

Et naturelle & suadante,
Ou Cupidon son doux refuge,
Mignard baisant en sera iuge.
  Ou bien pluftoft le monde entier,
Qui de ses vers est heritier:
Auſquels viuent les Cupidons,
Et les Venus & les brandons,
Et les bien flairantes aleines,
Dont ses amours sont toutes pleines
En ses Baisers, quand il soupire
Mile fredons deſſus sa Lyre.

De I. Dorat.

Quand Iean Dorat sortit hors de ce monde,
Muette fut la Romaine faconde,
Et lamentà la Muse des François:
Et si pleuroient en Latin & Gregeois,
Les Muses lors arrosantes fachees
Son beau Tombeau de larmes epanchees.

De P. de Ronsard.

Ronsard, Tours te baſtit fidelle
Vn beau Tombeau: sçais-tu pourquoy?
Afin que tu viues par elle,
Et qu'elle viue auſſi par toy.

Du mesme.

On faint les Muses à recoy
Au mont Helicon demeurer:
Mais, Ronsard, ie veux aſſeurer
Qu'elles demeurent auec toy.

De I. A. de Baif.

Baïf eſtant la Mer de Poëſie,

Il fist (epris de haute fantaisie)
Couler par tout les ondes de Permesse
Suiuant les pas des Muses de la Grece :
Or qu'il est mort cette nouuelle source
A vers les Grecs soudain repris sa course :
Cette belle eau pour la France est tarie,
Si de nos Rois autrement n'est cherie :
Mais cependant nos larmes iournalieres
Ont de regret augmenté nos riuieres.
Voyant nos fleurs n'estre plus arrosées
De la liqueur de ces ondes prisees.

Du mesme.

Baïf par la guerre ciuile
Pert sa maison aupres la ville.
Mourant sa maison ruineuse,
Au Palais du Ciel a changee :
Son ame se tient bienheureuse
De se voir si bien relogee.

De M. Iean Poisson.

Les Griffins meurt par son courage,
Montrant que le ciuil outrage,
Les Tyrans, ni tout autre ennuy,
N'auoient point de pouuoir sur luy.

De Ch. Toütain.

Par ses beaux vers Toûtain sçauant
Plaisoit aux Muses en viuant :
Par ses bons mots qu'il sçauoit dire,
Ceux de Falaise il faisoit rire :
Pour ses beaux vers le saint troupeau
Donne des fleurs à son tombeau.

EPITAPHES.

Mais ceux de Falaize marris,
Pour ses bons mots & ioyeux ris
Luy donnent des larmes cuisantes,
Et s'elles ne sont suffisantes,
Ils requerent Ante & Creßi
De luy donner les leurs außi.

De I. Roußel, Iurisconsulte & Poete Latin.

Ci gist Roußel, qui nous restoit
Des loix la lumiere diuine,
Qui plein d'eloquence Latine
Le Droit Latin interpretoit.

Roußel le Phœbus de ce tans,
Qu'a raui la Parque odieuse :
O Mort sur nostre âge enuieuse
D'oster le Soleil de nos ans.

Mort tu montres à cette fois,
Par vn si douloureux presage,
Que las ! nous verrons en cet âge
Sans honneur les vers & les lois.

De luy-mesme.

On ne doit s'ebahir comment
Roußel est mort auant son âge :
Car son solide iugement,
Et sa sourdeße & son visage,
Montroient à la Mort aisément,
Qu'il estoit vieil estant si sage :
Puis le voyant si doucement
Vser d'vn pur Romain langage,
Elle pensa soudainement,
Que iamais aucun personnage,

V v iij

Pour viure ici plus longuement,
Ne pourroit faire dauantage.

Du mesme.

Roussel, Caen te deuoir confesse
Autant que Rome à la memoire
De son Virgile : & qu'à la gloire
De son Homere doit la Grece.

D'vn Medecin.

Vn Medecin sous ce marbre repose,
Qui ne donnoit sa peine ni son bien,
Sans grand profit ou sans quelque grand' chose :
Et mort t'oyant lire ces vers pour rien,
Il est faché dequoy tu les viens lire,
Sans que profit sous la terre il en tire.

De Charles 9. Roy de France.

Si tost qu'aux beaux champs Elisees,
Vint le preux Charles de Valois,
Toutes les ames plus prisees
Des Princes des Ducs & des Rois,
A son arriuer s'etonnerent
Et tous les Heros se leuerent.

Entre tous Homere & Virgille,
Pour auoir aimé leur bel Art,
Et suiui la Muse gentille,
Cherissant le diuin Ronsard,
A sa memoire consacrerent
Vn chant triomphal qu'ils chanterent.

Mais par deuant tous Charlemagne,
Suiui de grand' suite d'esprits,
Ce Prince premier accompagne,

EPITAPHES.

Et courtois par la main la pris,
Sa vaillance ayant reconnuë
Des vieux François à sa venue.
  Grand Charles, dit il, dont la gloire
Accroist l'honneur de nostre nom:
Aimé des Muses ta memoire
Deuancera nostre renom:
Du nom de Grand on me renomme,
Mais Charles Tres-grand ie te nomme.

De L. Collonne.

Ci gist Liuie vne dame Romaine,
Et vieille & riche en meuble & grand domaine
A qui son gendre & son seul heritier
(Comme s'elle eust exercé le metier
Des fouls ebats de Venus la deesse)
Osta la vie en sa grande vieillesse.
  Sera t'il donc pour vne Loy tenu,
Qu'vne bien riche ayant grand reuenu,
Soit par son gendre vne putain tenue?
Malheureux l'âge en la femme chenue!
O biens à craindre aux riches à ce coup,
Si c'est forfait que de viure beaucoup!

De M. P. de Saintclair escuyer sieur de Martigny qui deceda le 1. de May 1556.

La Nature qui met en chacune personne,
L'eguillon d'attenter à toute chose bonne,
Et l'Art qui la polit & l'vsance qui fait
Avec Nature & l'Art vn triangle parfait:

V v iiij

Auoient mis en Saintclair l'addresse souueraine,
Qui paisible entretient nostre façon humaine :
Si qu'assis à sa porte à tous il repondoit
Sur tous les differens que chacun demandoit.
Et donnoit vn auis & si faint & si sage,
Non seulement des loix mais aussi du menage,
Que son conseil estoit comme Oracle tenu,
Estant de la droiture au sommet paruenu :
De sorte qu'on l'eust dit vn Scœuole en prudence,
Vne autre Ciceron en parfaite eloquence :
Ou tant d'honneur acquist, que tant que dureront
Au monde les vertus, les siennes reluiront
Claires comme son nom. Mais le peu d'exercice
Qu'il faisoit de son corps exerçant la Iustice,
Le rendit tout gouteux & receut la langueur,
Que donne pour salaire aux sçauans le labeur.
 Sa suffisance fist, qu'il fut de sa prouince
Eleu le deffenseur des causes de son Prince.
Mais estant par la goute en sa ville arresté,
Et ne pouuant aimer la lasche oisiueté,
Il se mist à bastir : & fist aupres de celle
Ou lors il demeuroit, vne maison nouuelle :
Quand la veille du mois, qui verdoyant & doux,
Estale deuant Iuin la verdure entre nous,
Son corps voulant changer sa couche accoustumée,
Et passer de la vieille en la maison aimée
Qu'il auoit fait bastir ; lors par ce changement,
Son corps tout reiouy du nouueau bastiment,
Fist que son ame aussi, d'vne autre aise rauie,
Changer comme le corps de maison eut enuie.

EPITAPHES.

... de Bourgueuille Escuyer sieur du lieu & de Clincham.

Passant demeure vn peu ; ie ne t'ennuiray pas ;
[tu] verras en ce lieu la vie & le trespas
[du] Sieur de Bourgueuille : & pourquoy bienheureuse
[e]stime maintenant son ame genereuse
[h]abiter en triomphe, en repos, en honneur
[au] Palais eternel de l'eternel Seigneur ;
[A]yant des sa ieunesse eu tout ce qu'vn long age,
[p]eut donner de bonheur au plus vieil personnage.
  Il fut né de Maison ou le moyen conioint,
[A]uec le noble sang ne luy defailloit point.
[Il] fut vnique fils d'vn pere vieil & sage,
[Q]ui lors eut le souci pour luy de son menage :
[Lu]y plein de belles mœurs ennemi des mechants,
[S']addonnoit au plaisir de la ville & des champs :
[Ba]stissant iardinant sans sentir la misere
[N]u chagrin des procez, dont se chargeoit son pere.
  Cependant il aimoit les gracieux trauaux
De la chasse & du vol, des chiens & des cheuaux,
[E]t des armes sur tout : dont il portoit cachee
[V]n ardeur au profond de son ame attachee.
  Il fut grand de corsage, affable & bien formé,
Modeste, peu parlant, tres-digne d'estre aimé
Pour sa douce prudence, estant vn exemplaire
Des mœurs & des vertus, pour aprendre à bien faire.
  Ayant veu le Soleil tourner vingt & deux fois,
Il fut ioint sous le joug, dessous les saintes lois
Du sacré Mariage auec Anne de Bures,
Qui ieune & de bon lieu, ressentit les pointures

D'vne amour mutuelle : vn peu plus de sept ans
Ils ont vescu loyaux en tous ebats plaisans :
Estant ce gentil couple vn miroir veritable,
Qui rapportoit d'Amour l'vnion souhaitable.
Vn Fils de luy demeure vnique comme luy,
Duquel il n'auoit point encor receu d'ennuy,
Ains mile passetemps, dont l'enfance innocente
Par vn ioyeux espoir pere & mere contente.
Or pour montrer l'ardeur qu'aux armes il auoit,
Que beaucoup faire mieux que bien dire il sçauoit,
Compagnon valeureux d'vne vaillante bande,
Il marche au Cam Royal ou genereux commande
Le grand Duc de Ioyeuse : Alors aupres Coutras
La bataille se donne : ou d'vn furieux bras
Attaquant des premiers dans l'epaisse mellee :
De là fut du grand Dieu sa belle ame apellee.
Il falloit qu'il mourust : il n'eust sceu mourir mieux
Qu'à ce beau lict d'honneur pour s'en voler aux cieux.
Apres sa mort encor il eut cet auantage,
Qu'il fut fait inhumer par ceux de son lignage,
Auec pompe honorable, ou de iuste douleur
Les deux Cams ennemis regrettoient sa valeur.
Ayant donc accompli les charges de la vie,
Sans se voir ennuyé d'ans ni de maladie,
Qui voudroit accuser la Parque il auroit tort :
Car estant vieil d'honneur & ia pere il est mort,
D'vne mort ou bien peu d'hommes peuuent attaindre :
L'homme mort vaillamment on ne doit iamais plaindre.
Et puis il vit encore au monde en son enfant,
Comme il vit dans les cieux heureux & triomphant :

...tant pour ses vertus entre les bras de Peres,
...n contemplent de la nos facheuses miseres.
  Quel heur eust il plus eu? Passant voila pourquoy
...n heureux ie l'estime: Adieu retire toy,
...ne plains desormais le sieur de Bourgueuille,
...ins le malheur du siecle & la guerre ciuille.

D'Ettienne du Val, Seigneur de Mondreuille.

  Maigre plus que iamais, ô depiteuse Enuie,
...epais toy de serpents en ton antre relent,
...t pour le bien d'autruy, d'vn ennuy violent,
  Accrois ton mal du bien d'vne si belle vie!
  Car la belle Vertu, que du Val a suiuie,
...a morsure a vaincu de ta chancreuse dent:
...t malgré l'apre feu de ton courroux ardent,
...a dessous tes pieds ta malice asseruie.
  C'est pour toy, que l'on dit, que la France soucieux
...e souffre pas long temps vn riche s'eleuant,
...omme ce grand Du Val, que tu pinçois mechante.
  Mais les monstres ayant & le Monde donté,
...omme vn nouuel Alcide (ame d'honneur brulante)
  En souffrant & vainquant aux cieux il est monté.

Du Sieur de Bras & de ses Recherches de Normandie & ville de Caen.

  Amis, ne pensez au Tombeau
De moy Charles de Bourgueuille,
Qui sur mes ans de vostre ville
Ay recherché tout le plus beau.
  Vous ne me deuez plaindre en rien:
Car Dieu tout bon veut qu'on m'honore,

Et que viuant ie vole encore
En la bouche des gents de bien.

Sur son Pourtrait.

Ce Pourtrait & maint Liure,
Par le Peintre & l'Escrit,
Feront reuoir & viure
Sa Face & son Esprit.

Du Sieur d'Ouilly le Tesson.

Ci gist Iacques d'Asi Cheualier sieur d'Ouilly,
Baron de Conteuille & guidon de cent lances,
Qui lors que par le Roy fut Danfront assailly,
En mile sortes fist preuue de ses vaillances :
Tant que d'vn plomb blessé tost apres trespassa :
Et ne laissant de fils qui ses valeurs peust suiure,
Trois filles seulement à la mere il laissa,
En qui le bel esprit du pere on voit reuiure.

Cas pitoyable.

Passant de ce Tombeau la pitié considere :
Par megarde la Sœur tua son petit frere :
La Mere occit sa fille & le mari la mere :
Et la Iustice fist decapiter le pere :

De Bernardin de Vauquelin.

D'vn enfant Vauquelin le corps repose ici,
Digne qu'à son honneur on erigeast vn temple,
Si la vertu deuoit se guerdonner ainsi,
Afin d'encourager les bons par cet exemple.
Il n'auoit point les ans de la ieunesse attains,
Que la Parque rauit cette fleur à son pere,
Qui sans montrer son fruit renuersa ses desseins
Changeant son alegresse en tristesse contrere.

EPITAPHES. 677

Sa sainte pieté, ses gracieuses mœurs,
[son] gentil naturel, son aimable visage,
[Sa] beauté, son sçauoir & ses douces humeurs,
[Helas]! n'ont empesché de la Parque l'outrage.
O que vain est l'espoir des mortels ici bas,
[Si]ste vn Pere à son Fils dresse vne sepulture,
[Que] le Fils-gay deuoit faire apres le trespas,
[A] son Pere vn Tombeau par le cours de Nature!

De Rob. & Ant. le Cheualier freres.

Passant arreste toy, si tu prens le loisir
[D']ouir Euterpe ici, ce te sera plaisir :
[Eut]erpe à la Memoire a sacré cette place,
[Po]ur estre en ces cartiers comme un autre Parnasse,
[En] dressant le Tombeau des doctes Cheualiers,
[Qui] les premiers ici planterent des Lauriers,
[Qui] des Nimphes d'ici polirent la rudesse,
[A] l'egal à l'enui de celles de Permesse :
[Le]s Muses en ce lieu conduites d'Apollon,
[Fi]rent leurs monts sacrez des hauts monts de Belon,
[Et] dansoient aux accords de la faconde Lyre
[D]e ces deux Cheualiers tournants les Vaux-de-Vire,
[Et] les doux Vire-lais, aux antiques façons
[D]ont les Grecs & Romains mesuroient leurs chansons.
[Il]s n'auoient qu'vn esprit, ils n'auoient qu'vne Muse,
[Q]ui n'estoit en deux corps diuerse ni confuse.
[L']vn ne pouuoit sans l'autre vn vers bien embellir :
[Ca]r l'vn le sçauoit faire & l'autre le pollir.
[Su]r le point qu'ils deuoient donner meilleure grace
[A] leur Maron traduit, à leur traduit Horace,
Et maints diuers Autheurs faire parler françois,
[A]uec plus de licence & paroles de chois)

Vn engourdissement, de nerfs vne foiblesse,
Qui les tenoit contraints des leur basse ieunesse,
S'affoiblit tellement, se laschant par dehors,
Que leur esprit plus fort vainquit leur foible cors,
Et volla triomphant aux pleines ætherees,
D'ou nous oyons encor leurs chansons mesurees,
Qui nous inuitent ore auecque les neuf Sœurs,
A regretter ici de leurs chants les douceurs.
Si le bon fruict nous vient d'vne bonne semence,
Ici des fruicts viendront d'vne rare excellence.

De N. Michel Medecin, Poëte græc &

Loin loin Phœbus d'ici, retirez vous ô Muses,
La mort d'vn Michel rend vos sciences confuses:
Penses-tu qu'on te croye, ô Phœbus, medecin,
O Muses, ni vostre art immortel & diuin?
Ce sont contes qu'on fait, helas! ce sont des fables,
Que fausses on raconte ainsi que veritables:
Car Michel medecin qui vous aimoit si fort,
Deuoit estre par vous garanti de la mort.
Vous deuiez du trespas sauuer vn Hypocrate,
Et tousiours faire viure vn Homere vn Socrate,
Et Michel qu'on tenoit docte auoir surpassé
Ceux du siecle present & ceux du temps passé.

De I. Dalechans Sieur de Nauarre.

D'vn tel lien estoient les ames saintes
De Dalechans & de Michel etraintes,
Que cestuy mort, l'autre aussi tost voulut
Voler apres à son dernier salut.
Mais si le Vray, la Vertu, la Science,
Si la Bonté, si la sage Prudence,

EPITAPHES.

...euoient mourir, mourir elles deuoient
...n Dallechans; ou c'est qu'elles viuoient.

e Damoiselle I. Malherbe agee de 7. ans au Sieur de Digny son Pere.

Pourquoy, Malherbe, dolent Pere,
...grettes-tu ta fille chere?
...us que la belle Infantelette
...t ore aux cieux vne Angelette?
...est-ce pas vne grand' louange,
...'auoir esté pere d'vn Ange?

De R. Garnier Poete Tragique.

Neuf lustres sont passez, que ma Muse Lyrique
...amenta sur le Clain la Peruse Tragique:
...t maintenant ie plain Garnier qui commençant
...lloit tous les Tragics de France deuançant.
...ui iuge connoissant les lois & la droiture,
...unissoit en ses vers l'infame forfaiture
...es Rois malauisez, & des Peuples mutins,
...ar l'exemple des Grecs & des Princes Latins:
...artels, où tous les Grands bien apris peuuent lire
...e qu'vn Conseil flateur ou craintif n'ose dire:
...our ce de Melpomene & l'amour & le cueur,
...l fut des vers Gregeois & des Romains vainqueur.
...outefois de ces vers il n'eut onc recompence:
...e metier de cet Art ne vaut pas la depence.
...arnier pour le public fut tousiours empesché,
...t pour son passetemps aux Muses attaché.
...es Muses luy seruoient de Cartes & de Balles,
...ù prennent leurs plaisirs les ames generalles.
...ais seul en son loisir des Muses frequenté,
...'vn plaisir souuerain il estoit contenté:

Tant ce Ioüet à fouls, cet Art folastre assolle,
Ceux que Phœbus rauit maistres en son ecolle.
La Parque ferma lors qu'on luy ferma les yeux,
Le Theatre & la porte à tous ebats ioyeux :
Mais helas ! elle ouurit maintes sources hautaines,
En des yeux regorgeants de piteuses fontaines.
Des ruisseaux d'Helicon sa mort nous a priuez
Mais le Loire & le Loir enflez sont deriuez :
Et la Ferté Benard, le lieu de sa naissance,
Sarte & Maine ont ietté des pleurs en abondance.
Les Muses ont quitté leurs Lauriers Delphiens,
Et couronné leurs chefs de Cypres Candiens.
    Et luy trousse bagage & conduit son Theatre
Pour faire les grands Rois deuant les Dieux combatr
Ayant ses vers assez les mortels reiouys
C'est bien raison qu'ils soient des immortels ouys.

D'vn Esclaue.

Ce poure serf viuant fut miserable :
Mais maintenant en puissance, en bonheur,
Apres la mort il est aux Rois semblable,
Et peut autant que Charles l'Empereur.

D'Epictete.

Epictete ie fu boiteux,
Autant qu'Irus necessiteux :
Esclaue à beaucoup odieux,
Et toutefois aimé des Dieux.

De Ianon.

Dame Ianon ici gisante,
De Mari n'eut estant viuante :
Et toutefois la bonne Dame
De plusieurs Maris estoit femme.

De Rauet.

Ci gist Rauet guerrier nouueau,
Pourtrait armé plein de vaillance,
Qu'on ne vit onc porter de lance,
Ni de haubert qu'en ce tableau.

SONETS.

Sur la Mort infortunée de D. Madeleine de
Bailleul fille du s^r du Renouart auenuë l'an 1569.

Par le SIEVR DE LA FRESNAIE VAVQVELIN.

E dans Rouen, le quatriesme du mois,
Qui vient de verd toute la terre ornee,
Se celebroit vn festin d'Hymenee,
Dont se seroient bien contentez les Rois.
   Là par sur tout vne Nimphe de chois,
De sa beauté la Noce auoit paree :
Et lors qui l'eust du festin separee,
Il eust esté sans Soleil cette fois.
   On n'en verra iamais de telle au monde,
En ses beautez elle estoit sans seconde,
De l'vniuers l'honneur & l'ornement :
   Au bal, aux ieux, chacun vouloit paroistre,
Quand vn grand feu, qui lors soudainement
Tout deuorant, la fist la disparoistre.

X x

2.

En ce festin ou le conseil peu sage
Des hommes vains contrefaisoit les Dieux,
S'eprit le feu d'vn brandon furieux,
Pour rabbaisser leur superbe courage :
   Ce feu bruloit & le plus beau visage,
Le plus beau corps & les deux plus beaux yeux,
Qu'eussent peu voir depuis mile ans les cieux,
Qui se miroient en vn si bel ouurage ;
   En ce beau corps estoit vn bel esprit,
Dont l'amour saint diuinement s'eprit,
Voyant cet âge indigne de la Belle,
   Ainsi que l'or dans le feu l'eprouua,
Et pure & nette en flame l'enleua,
Pour estre aux cieux au rang d'vne immortelle.

3.

Ce n'est pas moy qui descris la grandeur,
Ni les aprests ni la grande depence,
Qui se faisoient à la magnificence
De ce festin menacé de malheur :
   Ce n'est pas moy qui chante la valeur
De ceux qui là remarquez d'excellence,
Eussent donné peut estre leur sentence,
Que le moyen se fust trouué meilleur :
   Mais las ! ie di l'auenture cruelle,
Hymen cruel & la Noce infidelle,
L'Astre cruel, qui ce iour eut pouuoir,
   De faire perdre en moins d'vn petit soir,
De nos beautez la beauté la plus belle
Que la Nature en ce monde eust fait voir.

SONETS.
4.

Les Anges saints & les ames elues,
Qui sont du Ciel citoyens bien heureux,
Voyant le feu d'vn brasier chaleureux,
Qui tant auoit de personnes perdues,
  Ont contrebas les ailles etendues,
Pour receuoir cet Esprit amoureux,
Qui laissant là son beau corps langoureux,
Par eux à Dieu fut conduit sur les nues :
  Et comme aux cieux iadis le grand Voyant,
Fut eleué dans vn Char flamboyant,
Laissant tomber sa robe etincelante :
  Elle ainsi fut, dans vn Char enflamé,
Aux cieux portee à son Dieu bien aimé,
Laissant helas ! sa chair ici brulante.

5.

Au plus bel âge ou dés belles la Belle
Est sceu venir : Amour de sa beauté
Enamourant, trouua la chasteté,
Qui contre luy dans son cueur fut rebelle :
  Et luy voyant que sa chaude etincelle,
Ne peut forcer sa grand' pudicité,
Conspira par apre cruauté,
De luy bruler son ecorce mortelle.
  Lors à Vulcan il vient pour se venger :
Puis qu'il n'a peu de son feu l'outrager,
Il veut qu'vn feu naturel la foudroye :
  Le fait auient : le corps est foudroyé :
Mais son esprit dans les cieux enuoyé,
Chaste d'Amour triomphe auecque ioye.

Xx ij

6.

Les Cherubins, les Anges precieux,
Saintes & Saints & les celestes ames
Au Ciel montez sans macule & sans blames,
Admirants or le Sauueur glorieux,

Voyants monter, comme en triomphe aux cieux,
Dedans vn Char enuironné de flames,
La belle fleur de toutes ieunes Dames,
Viennent au tour pour la contempler mieux :

Ayant au feu fait ses vertus plus nettes,
Elle s'egalle auec les plus parfaites,
Aise d'auoir là changé de seiour :

Arriere aussi pour voir elle se tourne,
Si du festin la bande encor seiourne,
A ne vouloir iouir d'vn si beau iour.

7.

Les doctes Sœurs l'Aonide Neuuaine,
Voyant le feu d'elle autour flamboyer,
Ia par leurs yeux, pour la flame noyer,
Faisoient couler les eaux de leur Fonteine :

Auec leurs pleurs les Naiades de Seine
Vouloient encor leurs ondes employer :
Et vouloient tant les Graces larmoyer,
Qu'eteindre on peust cette flame soudaine :

Quand Iupiter leurs desseins arresta :
N'empeschez point, dit il, qu'ici ne vienne
Auecques vous compagne & citoyenne

Cette Vertu qui les vices domta :
Iadis brûlant dans la chemise sienne,
Mon grand Hercule au Ciel ainsi monta.

SONETS.
8.

N'estoit-ce assez de voir la terre peinte
De mile fleurs, & de son verd manteau,
Qu'elle auoit pris en ce doux renoueau,
Sans faire en Salle vne verdure feinte ?

N'estoit-ce assez que cette belle Sainte,
De ses beautez fist le Festin plus beau,
Sans arrondir le Buis mort en berceau,
Sous la couleur de quelque toile teinte ?

D'elle les cieux en font vn cher ioyau,
Comme de Dieu le miracle nouueau,
Et digne d'eux au Ciel l'ont apellee :

Et toy, Festin, tu luy fus vn tombeau
Indigne d'elle : au Festin de Pelee
Ainsi iadis Discorde fut mélee.

9.

Muses helas ! ou habiterez vous
D'orenauant ? dans quelle pucelette,
Las ! sera plus vostre belle logette
Lors que des cieux descendrez entre nous ?

Muses helas ! & d'ou vint ce courrous,
Qui fist brûler cette belle Nimphette,
Volant aux cieux ainsi qu'vne bluette,
Que le vent chasse au serein le plus dous ?

Muses, estant les vertus retirees
(De nous en vain dans les cieux admirees)
Hors de la terre ou regne tout discord,

Ore à bon droit estant la vertu mesme,
Elle est vnie à l'vnion supresme,
Puis qu'elle aimoit comme vous tout accord.

X x iij

10.

Ce iour fatal la belle estoit vestue
De verd & blanc : & ce taffetas verd,
Son bel espoir montroit à decouuert :
Et cet argent sa foy purement nue :

En ses aps verds la Belle est paruenue
Ou son Espoir auoit le Ciel ouuert,
De blanche foy son pur Esprit couuert,
La fist de Dieu sans tache estre connue :

Elle est vestue aux cieux ou elle est or,
D'autres ioyaux que de perles & d'or,
En vn Festin ou le verd tousiours dure :

De rais flambants est couronné son chef,
Sans craindre plus d'vn brandon le mechef :
Car là le feu ne brule la verdure.

11.

S'on ne souffroit iamais aucuns malheurs
Pour les beautez ou pour la gentillesse,
Celle qui fut digne d'estre Deesse,
N'eust par ce feu souffert tant de douleurs.

Elle passoit de merite & d'honneurs
De ses parents la superbe richesse,
Et ses vertus surpassoient sa ieunesse,
Sa noble race outrepassoient ses mœurs.

Mais pour cela l'impitoyable flame
N'eut point pitié d'vne si gentille ame,
Elle eust fait doux les Tigres & les Ours :

Elle eust fait doux vn rude Antropophage,
Si le malheur de ce malheureux age
Eust merité de iouir de ses iours.

12.

Lors que i'auois & ma premiere ardeur,
Et le loisir de songer sur Parnasse,
Si i'eusses plaint cette quatriesme Grace,
I'eusses emeu tout l'vniuers en pleur :

Mais n'estant plus mon Laurier en verdeur,
De sa beauté, des beautez l'outrepasse,
Les plus beaux traits d'encre epaisse i'esface,
Et ce beau feu i'eteins par ma froideur.

Hé qui pourroit d'vne pointe assez dure,
Grauer helas ! dessus sa sepulture
Le sort cruel d'vn si douloureux mal !

Qui le pourroit, il feroit les gros marbres
De pitié fendre & le dur tronc des arbres,
Voire briser vn grand mont de metal.

13.

Toy sa compagne, ô douce Moriciere,
Comme les tiens aimoient ses grands ayeux,
Las ! tu l'aimois viuante beaucoup mieux,
Et morte encor accompagnas sa biere :

Comme le sien la Parque filandriere,
Las ! a brulé ton filet gracieux,
Qui fait iouir ton cœur deuotieux,
Comme elle aussi de la belle lumiere.

Elle te dit là sus le grand plaisir,
Qu'elle a d'auoir le comble du desir,
Que son Esprit imaginoit sans cesse :

Et si souhaite auoir pour compagnon,
Son oncle cher, des Dieux le cher mignon,
Qui vit pour elle ici plein de detresse.

14.

Vous son cher oncle & qui pouuez encore
Sans le sçauoir des autres emprunter,
A son honneur de l'honneur adioûter,
Si quelqu'honneur le mesme honneur honore.

Des yeux de l'ame aux cieux ou elle est ore,
Voyez la Vierge vn saint Epous vanter,
Et toute en feu de beaux hymnes chanter
A l'Eternel, qu'eternelle elle adore.

Là rien d'humain vostre Niece ne peind,
Fors que son oncle auec elle n'est point,
Et cette vierge en son heur vous desire :

Enfin aux cieux elle vous tirera,
Comme l'Emant le fer pesant attire,
Et lors son cœur elle contentera.

15.

Esprit heureux, qui si doucettement
Tournois les yeux plus clairs qu'vne planette,
Et qui formois la parole parfaite,
Qui vit encor en maint entendement :

Ia tu sentois vn chaste embrasement
En la saison de ce mois verdelette,
Non comme fille, ains comme vne Angelette,
Qui va du monde au hautain Firmament :

Alors qu'vn feu venant à l'impourueue,
De toy sa fleur la terre a depourueue,
Qui plaint encor ton lamentable Sort :

Las ! toy partant, l'amour partit du Monde,
Desia perir veut la machine ronde,
Et chacun veut mourir apres ta mort.

SONETS.

16.

De ce Phenix est brûlé le panage,
Le pourpre & l'or de ses plumes dorees,
Le bel azur des ailes honorees,
Qui las! faisoient au seul Soleil hommage.
 Mais pour la flame il a bien dauantage
Dans le seiour des plaines ætherees :
Par ce qu'il a des ailes asseurees,
Et pour mortel immortel est son age.
 Ce beau Phenix estant vnic au monde,
N'eust peu trouuer d'autre vertu seconde,
Qui n'eust esté pour ses vertus moleste :
 Et maintenant que Dieu le fait renaistre
Par cette flame, aux cieux on le voit estre
Accompagné de la vertu celeste.

17.

Ayant helas ! tousiours creu fermement,
Que par le feu finiroit toute chose :
Mieux que deuant ie croy qu'vn Ecpirose
Sera du monde enfin l'acheuement,
 Puis que la Belle estant certainement
Vn petit Monde ou la vertu fut close,
Or' par le feu dans les cieux se repose,
Ayant pris fin en cet embrasement.
 Le feu tout purge & du Monde la masse
Ne le peut estre, auant qu'auoir la Grace,
Si par la flame on ne la purge aussi :
 Vray ie le croy, puisque cette Parfaite,
Qui de Dieu fut vn petit Monde faite,
A par la flame esté purgee ici.

18.

Las ! on voyoit de Carrouges la dame
Deça, dela, courir echevelee,
Les bras croisez, dire, helas ! desolee,
Quelle douleur mon poure cœur entame.

Las ! que diray-ie, ô malheureuse femme,
A ses parents, qui me l'auoient baillee ?
Ce mois pour moy n'a la terre emaillee,
Car vn hyuer fait en moy cette flame.

Et qu'ay-ie fait à Dieu las ! miserable,
Qui ne punit le malheureux coupable,
Et donne aux bons vne mort violente.

Mais, ô bon Dieu, que tres-mal ie me fonde,
Ie croy voyant mourir cette innocente,
Que ie verray bien tost la fin du monde.

19.

Mais qui croiroit cette Nimphe estre morte,
Il erreroit : heureuse elle est encore,
Bien que sans corps son ame au Ciel adore
De ce grand Dieu la Triple-vnité forte.

Elle a passé la glorieuse porte
De Paradis : duquel elle void ore
La vanité que ce vain monde honore,
Sans regarder au malheur qu'elle aporte :

Elle vit donc & bienheureuse & Sainte,
Sans de la flame auoir aucune crainte,
Ni de souffrir vne mort lamentable :

Elle est montee aux cieux en pleine gloire,
Ayant souffert au feu son purgatoire,
Et de terrestre aux Dieux elle est semblable.

SONETS.
20.

Seigneur d'honneur & vous Dame gentille,
A qui Dieu fist cette grace d'auoir,
Os de vos os, sous vostre doux pouuoir,
Cette bien nee & vertueuse fille :
   Ce vous seroit vne peine inutile,
Que de penser en son corps la reuoir,
S'il ne vous plaist ce bonheur receuoir
Par les beaux yeux cachez en l'euangile.
   Mais s'il vous plaist prendre ces diuins yeux,
Sans pleurs humains, penetrerez les cieux,
Et la verrez au rang des saintes ames :
   Alors heureux dire vous vous pourrez,
Quand Dieu par elle en face vous verrez,
Et benirez les malheureuses flames.

21.

O tristes vers, allez trouuer la cendre
De cette Vierge auec ces piteux os
Restez du feu dans leur sepulchre enclos,
Et tout honneur bien tost allez luy rendre :
   Si vostre voix vn iour se peut estendre
Iusques aux cieux ou elle est en repos,
Faites si bien qu'entendant vos propos,
Le monde aussi ses vertus puisse entendre.
   Mais las ! ie croy que vostre basse voix
N'eleuera son nom de si grand pois,
Sur les soupirs de vostre foible aleine :
   Et toutefois vous vous contenterez,
Quand desormais tousiours vous chanterez
Le chaste honneur de cette Madeleine.

22.

Gentil Esprit serois-tu point helas
Ce Rossignol, qui dans ce beau bocage,
A longs soupirs degoise son ramage
Parmi le frais de ces ombrages bas :
 Las ! si tu l'es ne me le cele pas,
Et mes soupirs par tes soupirs soulage,
Si tu ne l'es tu sois vn Dieu sauuage
Qui comme moy lamente vn dur trespas.
 Car estant seul & n'ayant de compaigne
O Rossignol, qui repondre te daigne :
Las ! reponds moy, soit ore que tu sois
 Ce bel Esprit, que tout le Ciel admire,
Soit que tu sois quelque Dieu de ces bois ;
Aumoins d'accord plaignons nostre martire.

23.

Si vous auez le bienheureux souci
Du mont Parnasse & des vertes vallees,
Ou sont les eaux liquides deuallees
Et d'Hippocrene & de Permesse aussi,
 Si vous auez dans vn marbre endurci,
Muses, iamais des plaintes engrauees,
Contre le temps soient en cuiure eleuees
Tous ces regrets & ces durs vers ici.
 DV MOIS de May la quatriesme iournee,
L'an mil cinq cents soixante neuf, auint
De ce Phœnix la mort infortunee.
 Mais luy brûlé, son bel esprit reuint
Autre Phœnix, dont la beauté renee
Malgré la flame, immortelle se tint.

SONETS.
24.

Le iour trois fois s'est ouuert & fermé,
Pendant que i'ay lamenté la tristesse,
Qui me surprit entendant la detresse,
Que ce beau corps souffrit tout enflamé.
  Mais si i'auoy le doux vers estimé
Dont le Tuscan soupiroit sa Maistresse,
Vn an entier ie plaindroy la Deesse,
Qui surpassoit son Laurier tant aimé :
  Et si mes vers tiroient vne memoire
Longue apres eux, comme est grande sa gloire,
Sans fin seroient de bonne oreille ouis :
  Mais son merite egaller ie n'ay garde :
Car quand de pres le Soleil on regarde,
De ses beaux rais les yeux sont eblouis.

25.

Las ! ie confesse & que la grand' beauté,
Et la douceur de cette vierge tendre,
Eust de pitié fait les entrailles fendre
D'vne Tigresse horrible en cruauté !
  Et que courtoise en douce priuauté
Elle sçauoit toutes choses comprendre,
Et si sçauoit aux plus sçauants aprendre
Les chastes loix de chaste loyauté :
  Qu'elle deuoit ou viure longue vie,
Ou sans douleur aux cieux estre rauie,
S'il m'est permis des faits de Dieu iuger :
  Mais, ô le Feure, en l'ayant deploree,
Ie pense rendre & ma Muse honoree,
Et par sa mort de la Mort me venger.

26.

Ce beau Soleil, qui dès son aube belle
Alla coucher au couchant de son iour,
A fait au Ciel, dont il vint, son retour,
Et là demeure en demeure eternelle.

Changez d'habit, sainte troupe pucelle,
Et tout de noir faites vous vn atour,
Et d'vn rebat aux montagnes d'autour,
Faites rebruire vne mort si cruelle.

Seine auiourdhuy porte des tristes pleurs,
Pour ton tribut à la mer, & vous fleurs
Toutes de noir bordez son long riuage :

Puis qu'en ce feu sont les beaux feux eteins,
Qui rayonnants au Ciel entre les Saints,
Font maintenant en terre vn noir ombrage.

27.

Ores vn autre Seine vn autre beau riuage,
O vierge Madeleine heureuse tu connois :
Et de l'Eternité les modelles tu vois,
Dont ce Monde n'est rien sinon vn vain ombrage.

A d'autres qu'aux mortels d'vn immortel langage,
De tes chastes desirs tu fais ouir la voix :
Et maintenant sans temple au temple des vrais Rois,
Sans image tu vois de Dieu la vraye image.

Et bienheureuse au Ciel tu vois naistre le iour,
Et souz tes pieds encor les estoiles autour
Produire en tournoyant leurs effets variables :

Et tu peux voir encor les Muses ici bas
Plaindre que leur Laurier flestrit par le trespas
De toy vierge brulee en tes ans mariables.

SONETS.
28.

Belle ame qui le cœur eus tousiours enflammé
D'vn penser chaste & haut dans ton corps solitaire,
Et qui libre viuant loin des pas du vulgaire,
As les Muses, les Arts, & le Repos aimé :

Pleine de chasteté tu n'as guere estimé
Cette humaine demeure : ains t'en voulant distraire,
Ton esprit a suiui le beau chemin contraire,
Et du vice quitté le sentier diffamé.

Ainsi toy, qui voulant d'vne soigneuse cure
Enrichir ton esprit d'vn sçauoir precieux,
Et de gentilles mœurs (thresor qui tousiours dure)

Arriuant à ta fin tu t'en volas aux Cieux,
Bien aise d'y trouuer (colombe blanche & pure)
Le sçauoir rare & saint, qui rend l'esprit ioyeux.

29.

Quãd vn beau pot d'œillets, d'amaranthe & de fleurs
Duquel a pris le soin vne Nimphette belle,
(Pour en parer son chef en la saison nouuelle)
D'auenture est gâté par mauuaises vapeurs,

D'auenture est brisé par les apres fureurs
D'vn vent qui brise tout : la Nimphe lors apelle
Le Ciel, le vent cruel, toute estoile cruelle,
Et simplette repand vn grand ruisseau de pleurs :

Ainsi Rouen blamant de cette belle plante
Le brisement facheux, s'accoutre tout de noir,
Encor que May se montre en robe verdoyante :

Seine desesperee à tout chacun fait voir
Son courroux furieux à bouillons ondoyante,
Et par dessus ses bords en l'Ocean va choir.

30.

Les Anges & les Saints & les diuins esprits,
Voyant du Ciel ici la vierge Madeleine,
Qui par le feu deuoit purger sa chair humaine,
A Dieu disoient ainsi de grand' merueille epris :

Fay, Seigneur, que de toy nous puissions estre apris
Aux vertus, aux beaux arts, dont cette fille est pleine
Ou tire la dehors de la Cité mondaine,
Puisque diuine l'ont les mortels à mepris :

Le Seigneur repondit : Son ame reluisante
Auecques vous bien tost vous verrez discourante
Du desir qui la tire hors du mondain ennuy :

Ce dit, tendant la main à l'ame bien aprise
De la fille ennuyee, en son throsne la mise
Au rang des saints esprits qui sont aupres de luy.

31.

Bailleul, qui pour m'aimer prises ma Muse basse,
Cesse de lamenter le trespas douloureux
De ta Niece viuante au beau sein amoureux
De Dieu qui la rauie aux Cieux en son Parnasse :

Car Dieu voyant du Ciel, d'vne gentille grace,
Les filles par les Prez, en ce May vigoureux,
Cueillir des belles fleurs les fleurons bien heureux,
Pour parer leurs beaux chefs, parements de leur face :

Il voulut à l'enui d'vne d'elles s'orner,
Et comme d'vne fleur son chef en couronner,
Sur toutes choisissant ta Niece plus parfaite :

Pour ce faire il cueillit sa belle ame en sa fleur,
Qui luit ore en son chef ainsi qu'vne Planete :
Est-ce cause, Bailleul, d'en faire si grand pleur ?

Si

SONETS.
32.

Si loin de ce mortel & de ce court seiour,
Plein d'ennuis, plein de maux, d'enuie & de martire,
L'ame de cette vierge ainsi qu'elle desire,
Enfin a fait aux cieux à son Seigneur retour :
Si les Anges elle a d'elle assis tout autour,
En ce Siege de gloire où tout le monde aspire,
Hors du monde facheux où l'on ne sçauroit dire,
Que l'homme sans douleur puisse viure vn seul iour :
Pourquoy la voulons nous lamenter estant morte,
Puis qu'entrant au vray bien hors du mal elle sort
Par la Mort, qui la fait heureuse en cette sorte ?
Qui iamais se facha de voir surgir au Port
Vn nauire fuyant vne tempeste forte ?
Quand remercirons nous plus à propos la Mort ?

33.

Rigoureuses douceurs, repousses agreables,
Pleines de chaste amour, pleines de pieté,
Enfance, qui prudente as mon cœur surmonté,
Dont ore i'aperçoy les graces fauorables :
Acueil gentil & doux, paroles amiables,
Pleines de courtoisie & toute honnesteté,
Fleur de parfaites mœurs, fontaine de beauté,
Qui teniez dans vos eaux des miroirs attrayables :
Et vous diuins regards pour faire vn homme heureux
Et maintenant puissants pour retirer de blame
L'homme qui s'enhardit aux faits degenereux :
Et vous diuine ardeur dont le beau feu m'enflame
L'estre de vos vertus iusqu'au Ciel amoureux,
Vous fustes les appas qui rauirent mon ame.

Y y

Tombeau sur le fait precedent.

ASSANT, ferme le pas: regarde
ce mechef:
Pour voir qui t'y semond auise derechef
Tu verras que ce sont deux filles
fleur d'age,
Parfaites en beauté, de noble parentage,
Eteintes d'vn brandon de feux auentureux,
Qui rendit d'vn Festin les ebats douloureux.
  Ce fut lors qu'vn beau feu d'vne autre douce flame
Et l'Epous & l'Epouse enflammoit en leur ame:
Mais ce dous feu n'estoit qu'vn glaçon à l'endroit
De ces Filles portant au cœur vn chaste froit:
Quelque feu que ce fust, la chaleur alumee
Rendit tost la maison & la salle enflammee:
Et ce froid quel qui fust tellement se roidit,
Que bien tost la chaleur des flames refroidit.
  Moy Madelon i'estoy fille du Renouart
(Du vieil sang de Bailleul) brulee en ce hasard:
De plusieurs fus cherie & de tous estimee,
Deuançant par merite encor la renommee:
Ie demeuray rauie en ce grand desarroy,
Des bras du Gouuerneur, du Lieutenant de Roy,
Qui sienne me tenoit comme parent, & pere
Me nourrissant aussi comme sa fille chere.

TOMBEAV.

Et toy la Moriciere, ô compagne, au besoin
Me laisseras-tu donc? Quoy? ie ne suis pas loin,
Ne te pressay-ie point? pourquoy doncques si promte
Ainsi m'accuses tu? seroit-ce pas ma honte
Que de t'auoir quittee? hé ton heur est le mien,
Et tousiours mon bonheur estoit conioint au tien:
Auroy-ie donc fait faute à l'vnion iuree?
Tousiours en mesme lit elle fut asseuree:
Nous auons vn lit mesme en vn mesme tombeau
Echangé seulement par vn sentier nouueau,
Et par mesme chemin, d'vne mesme auenture,
Ioniointes on nous voit en mesme sepulture.
Dieu t'ayant, Madeleine, ici faite vn Miroir,
Ou toutes les vertus des filles on peut voir,
Vouuoy-ie à mon honneur te fausser compagnie,
Estant dés mon enfance à ton enfance vnie?
O bienheureuse Fille, heureuses vous aussi
Filles, dont ce brandon deuorant n'eut merci.

  Et vous gente ieunesse en blancs habits vestuë,
Qui simple d'honorer nos cendres s'euertue,
Blanches vous tesmoigniez nostre felicité:
Vos corps couuers de noir vostre calamité:
Vostre noir fait le dueil de vostre mal funeste,
Et des maux auenir desia l'augure atteste.
  Souuenez vous en bien & tousiours y pensez,
Car dés vostre berceau ces maux sont commencez:
Vous auez veu souiller les sacrez edifices,
Renuerser les Autels cesser les saints offices,
Vostre Roy meconnu, son Lieutenant chassé,
Et vostre Parlement de ce lieu deplacé,

Yy ij

La Iustice bannie hors de vos trois Colleges,
Et vos Sceaux vsurpez par des mains sacrileges :
Tairay-ie le surplus ? vostre Rouen troublé,
Vit en vn lieu le corps des Estats assemblé,
Ce lieu tost se ruine, & la cheute tombante
Les plus fermes esprits de la troupe epouuante ?
Vostre Pont abismé, les vaisseaux fracassez,
(En repos dans le Quay) des Rochers deglacez ?
Las ! qu'aiouste ce Feu ; Si c'est vn sacrifice
Des ieunes & des vieux appaisant ta iustice,
O grand Dieu tout puissant, ce brulage est heureux,
Heureuse l'Holocauste en temps si dangereux !
Si c'est vn autre signe vn autre vray presage
D'autres maux auenir en vn si facheux age,
Heureuse deliurance, heureux l'echapement,
Qui nous garantit tous de ce futur tourment.
  Et vous, ô Suruiuants, si la façon brutiue
Des vices de ce Siecle encore vous captiue,
Dieu vueille detourner cet orage de vous,
Et le detourne aussi des prudents & de tous.
Et toy qui lis ces vers, pour toy prens y bien garde :
Car le commun malheur tout le monde regarde.

DIVERS SONETS.

Par le Sieur De La Fresnaie
Vauquelin.

I.

YANT quitté Phœbus & Mercure suiuant,
Alors que ie cherchoy, ce qu'enseigne Barthole,
Pour cribler le sablon, dont se dore Pactole,
J'alloy des vers sans art par ebat esciuant.
Troupeau diuin qui vas la Fonteine auiuant,
Qui sur le Mont cornu les Poëtes affole,
Si lors ie les apris disciple en vostre ecole,
Muses, faites les viure au siecle suruiuant.
Ie t'en donne, Mon Fils, cette moindre partie,
Que ie fi lors qu'aux Droits mon ame reuertie,
En auoit le filet de la trame tissu :
Afin si comme moy de Phœbus tu prens cure,
En le reconnoissant tu ne laisses Mercure,
Depeur que tu ne sois des neuf Muses deceu.

2.

Petits Sonets bien peu vous liront auiourdhuy :
Car beaucoup deuant moy se sont acquis l'estime,
Que pourroit meriter vn excellent rime,
Qui fait que sans trauail la Nature ie suy.

Sans plus ie me contente en passant mon ennuy,
Au lieu d'autres plaisirs, qu'vne prose ie lime,
D'vn air bas & courant, des vers le plus infime,
Luy baillant vn suiet qui soit digne de luy.

A l'ecart de la France, ô doux Sonets, peut estre
Vous pourrez rencontrer vn iour tant de bonheur,
Qu'aux bors d'orne & de seine on vous pourra conoistre

Heureux ceux-la qui font choses dignes d'honneur
Et qui meritent bien d'estre escrites & sceues,
Ou d'en escrire aussi bien dignes d'estre leues.

3.

Ce fut toy, Du-Bellay, qui des premiers en France
D'Italie attiras les Sonets amoureux :
Depuis y seiournant d'vn goust plus sauoureux,
Le premier tu les as mis hors de leur enfance.

Ie ne me vante pas plein de vaine arrogance,
Que les miens soient autant que les tiens vigoureux :
Tu me connois & vois mon stile langoureux,
Qui s'eleueroit trop par son outrecuidance.

On dit quand au vieux temps les hommes batissoient
Que les Singes comme eux à bâtir s'efforçoient,
Par mines essayants en tout les contrefaire :

Mais ils estoient sans force & sans outils aussi :
Peut estre, Du-Bellay, que ie veux ainsi faire :
Maints Poëtes en France au moins en font ainsi.

4.

J'ay veu, mon cher Baïf, qu'allant au Mont-Ioubert
Je recherchoy les pas de ta belle memoire,
Et qu'estant lors poussé d'vne gentille gloire,
Je marchois au chemin que tu nous as ouuert.

Mais ie trouue auiourdhuy ce beau sentier couuert
De bois entresfiché tout plein d'vne ombre noire:
Puis au fleuue d'oubli mes parents m'ont fait boire,
N'osant prendre d'ebat qu'aux Forenses d'Imbert.

Ma Muse ne sent plus que la Muse Carique
Pleine de barbarie, & non la Muse Attique
Doucereuse & coulante: Adieu doncques Phœbus,

Si ie veux proroger ta Iustice diuine,
Il faut qu'auec depens aussi tost ie decline,
Ou Mercure autrement appellé en cas d'abus.

5.

Triste melencolic & plein de nonchalance,
Desesperé d'auoir iamais contentement,
Je passois Orleans, ou j'eu premierement,
Caliste, le bonheur d'auoir ta connoissance:

A Bourges venant voir de nos Droits l'excellence,
Duarin de nos loix le diuin ornement:
J'eu le bien que d'y voir particulierement
Sainte Marthe pour lors mon frere d'alliance.

Combien qu'vn plus grand heur ie ne pouuois auoir,
Que le diuin esprit du grand Duarin voir,
Et receuoir, Caliste, vn confort d'vn tel frere:

Toutefois assoupi comme vn marbre ie suis,
Et pour autre plaisir elongner ie ne puis
De mon cœur, de mes yeux, l'amoureuse misere.

6.

Cher Belleau qui te voit sous les vertes ombrettes,
Enciser tes beaux vers aux tendres arbrisseaux,
Il voit Paris en Ide au long des clairs ruisseaux,
Auec OEnone encor fluter ses amourettes.

Et qui t'oit, mon Belleau, de complaintes aigrettes,
En tes vers accouplez chanter tes petits maux,
Il oit Ouide encor plaindre les doux trauaux,
Que Corinne ecouloit dans ses veines secrettes.

La Muse te donnant la douceur en tes vers,
A fait qu'on les verra cherir par l'vniuers :
Sur l'air de la douceur doucement tu te fondes :

Tes baisers amoureux dont chacun est epris,
Ont si bien contenté les plus rares esprits,
Que Second qui n'auoit de second tu secondes.

7.

Saint François, en qui sont les Vertus demeurance,
En qui tous beaux pensers font leur diuin seiour,
Seul quasi demeuré Soleil à nostre iour,
Qui de ce monde aueugle eclaire l'ignorance :

Ce seroit trop grand faix pour ma foible puissance,
Ie ferois à tous arts encore vn mauuais tour,
Si vostre los cohnu par tout ce rond contour,
Ie tachois d'entreprendre à mettre en euidence.

De vous chante Belleau, qui pour don a des cieux,
Vn Chant qui se conforme aux vers ingenieux :
Car en vain quand à moy vos louanges ie tente :

Aussi ie ne pourroy iamais sauter si haut :
Souuent audacieux i'en contemple le saut :
Mais la hauteur trop grande aussi tost m'epouuente.

SONETS.
8.

O que l'eau viue plaist d'vne belle fonteine,
Qui naturelle roulle en son cours azuré,
Ou quand en marbre blanc d'or fin elabouré,
Par diuers artifice vn doux bruit elle meine.

Or vostre air naturel & poli par la peine,
Ces deux gloires fait voir, sur le temps asseuré :
Tant de la Nature entre tous honoré,
Et de l'Art plus parfait ayant la douce veine.

Ces deux vnis ensemble ont fait ce beau ruisseau,
Dont coule en son canal cette pure & claire eau,
Qui tousiours est en vous & riche & naturelle.

Du Perron, qui tout l'art de ce bel Art sçauez,
Puis que le cœur à Dieu tout tourné vous auez,
Tournez encor à luy vostre Muse immortelle.

9.

Mais n'ont-ce pas esté quelques diuins Orphees,
Qui iouants de la harpe ont ces rocs amassez ?
Puis les ont l'vn sur l'autre, ô Falaise, entassez,
Pour en faire à la fin aux Muses leurs trophees ?

Mais n'est-ce pas ici la belle Roche aux Fees ?
Leur fosse caverneuse, ou sont leurs pas tracez,
Qui n'ont encore peu du temps estre effacez,
Ni l'estoffe qui rend leurs chambres etoffees ?

Fut-ce pas Arion, qui sortant de la Mer,
Fut suiui iusqu'ici d'vne haute falaise,
Dont il fist lors ainsi Falaise te nommer :

Ayant tant de demons qui maintiennent ton aise,
Ie ne quiers plus qui fait tes esprits renommer,
Ne qui fait que si fort auec eux ie me plaise.

10.

Ie croy que quelquefois cherchant ses auentures,
Ayant en Thessalie esté pastre Apollon,
Qu'il vint se pourmener iusqu'aux monts de Belon,
Et iusqu'au vau-de-Vire & iusqu'aux vaux de Bure

Et qu'il apriuoisa premier les creatures,
Qui sauuages viuoient ici d'vn cœur felon :
Et lors, chef des pasteurs, les fist viure selon
Les naturelles loix des meilleures natures.

Et s'estant amoureux pres d'Amphrise abaissé,
Anfrie, auroit ton nom en memoire laissé,
Et les beaux vau-de-Vire & mile chansons belles :

Mais les guerres helas ! les ont mises à fin,
Si les bons Cheualiers d'Oliuier Basselin,
N'en font à l'auenir ouir quelques nouuelles.

11.

Guidon, qui te guidant à ce gentil metier,
Par les chemins du Ciel, de beaux Cercles façonnes,
Dont tes temples diuins, saint Prestre tu couronnes,
Bel Astre te montrant guide en si beau sentier :

Si le monde ton nom tousiours celebre entier,
Et que par tes beaux chants les mieux chantants etonne
Guidon, guide mon ame au rang des ames bonnes,
Pour n'estre point des maux de ce monde heritier.

Car si dans cette mer de honte & d'ennuis pleine,
En ces rochers encor ma barque ie pourmeine,
Las! i'ay peur desormais de ne surgir à bord !

Mais si suiuant tes pas, dehors ie m'en retire,
I'espere d'equipper vn si braue Nauire,
Que ie ne craindray plus ni le temps ni la Mort.

SONETS.

12.

Ami sçauant qui sçais que vaut la defiance,
Veux-tu point de ton cœur ce monstre fier oster ?
Veux-tu tousiours ainsi de tes amis douter,
Ne n'aimer des bien-nez l'amiable accointance ?

Vertueux as-tu point aux vertus asseurance ?
Humain veux-tu donc point des humains supporter ?
Veux-tu le manche apres de la hache ietter,
Et voir ta passion maitriser ta science ?

Autre Phœbus veux-tu des Muses t'en fuir ?
Veux-tu point en l'obscur d'vn beau Soleil iouir,
Qui durcisse la fange & la cire amolisse ?

Veux-tu donc point vser des fleurs de ton Printemps ?
Penses-tu qu'on te baille à viure vn autre temps ?
Auec ceux de son âge il faut qu'on s'esiouisse.

13.

Adieu les hauts coustaux, adieu les monts rocheux,
Adieu le val & l'Ante, adieu la haute Roche,
Adieu tous vos etangs, à tous ie vous reproche
Que vous m'auez esté pour vn an bien facheux.

O que le monde en toy, Villette, est depiteux,
O quelle estrange gent ! chacun qui vous aproche
Sent aussi tost la dent de son parent plus proche,
Comme d'vn estranger mordant & rioteux.

Le premier pour neant ie vous ay là menees,
Vous en estes tresmal, ô Muses, guerdonnees :
Mais encor pour l'ingrat, employer il se faut.

Pourtant puisque ie voy mon ame deliuree
Du venin qui l'auoit là dedans eniuree,
O Muses, apres vous ie franchiray le saut.

14.

Quelque part que tu sois, le Feure, que fais-tu ?
Vas-tu tousiours suiuant la douce Poësie ?
Courtois à ta contree, en toute courtoisie,
Va t'elle point aimant ta sçauante vertu ?

 Ie pense bien que non : car son cœur abatu
Du profit mecanic tient son ame saisie :
Tu ne peux aisement mettre en la fantaisie
Quelque chose de bon d'vn peuple si testu.

 Ie masque & vay couurant d'vn visage hipocrite
La science des Sœurs qu'au cœur ie porte escrite :
Depeur que ie ne sois des suffisants blamé :

 Fais y donc l'ignorant, toutes choses ecoute :
Toutefois, mon le Feure, asseuré ie ne doute,
Que tu ne sois vn iour plus qu'eux tous estimé.

15.

Ecoute, Boderie, il te faut ecouter :
Tout d'vn fil ils diront, ce qu'ils ont de science :
Prudent il faut vser de grande patience,
Qui veut le naturel de ces gents bien goûter :

 Las ! on me geine bien & ie n'ose tenter
D'en denouer le nœud : i'en ay bien la puissance,
Et ie le connois bien : Mais cette connoissance
Dauantage m'en fait en l'esprit tourmenter.

 Que de belles leçons de vieille preudhomie,
Nous oyons tous les iours en cette academie ;
Ha nous ne ferons pas renaistre vn siecle d'or !

 Ne montrons point nos vers à cette gent si fiere :
Elle est vrayment sauuage : il luy fallust encor
Du glan non des epics de Ceres la bletiere.

SONETS.

16.

Mon Rouffel, ne di point que ie fuis bon Poëte:
ne compofe plus : fi quelques vers ie fais,
eft qu'en m'y deplaifant malgré moy ie m'y plais :
ay la ceruelle aufsi comme vn autre malfaite.

Ie vis en mon ordure, vn taneur ie refpecte,
our ce qu'il eft bien riche & bien fale en fes faits :
n'eftime auiourdhuy que ceux-la bien parfaits,
ui riches pour vn autre emplent bien leur bougette.

Ie n'aime plus la Mufe : hé dieu qui l'aimeroit !
oftre ville ennemis du proffit les diroit :
une il fe faut nourrir tout de lait de Iuftice :

Bon page de bateau : mettre en fubtilité
es loix & la Nature : & m'eftimer pas vice
e mal dont il nous vient de la commodité.

17.

Ie n'aime, Rambouillet, ces graues ieunes gents,
ui ne font que morguer d'vne aparence feinte :
ui s'accoftent toufiours des hommes par contrainte,
ififs contrefaifants les hommes diligents.

Ie n'aime, Rambouillet, ces ieunes ignorants
ui ne parlent iamais de fçauoir que par crainte :
outefois de venin leur langue fera teinte,
our blamer le fçauoir des doctes aparents.

Ie n'aime, Rambouillet, vne arrogance fiere,
ui ment & qui medit de chacun en derriere,
Et comme vn pot percé, recelle fon fecret.

Ie n'aime, Rambouillet, l'indifcrette nature
Du vanteur qui fe met de bouche à l'auenture :
Mais ie l'aime pour eftre entre eux toufiours difcret.

18.

Beaulart, il fait bon voir ce braue Auenturier,
Qui vit au loin du Cam touſiours à la ſoldarde :
Qui ſeulement ſa langue & non ſon corps haſarde,
Penſant par ſes gros mots chacun ſeigneurier.

Car celuy qui ſçait bien les armes manier
Des Dames ſans ſuiet, comme luy ne bauarde :
Qui fait comme vn Thraſon aux ſimples la brauade,
Sera touſiours tenu couard & caſanier.

De mine & de parole il ſemble qu'il deſerre
Auſſi fort que le Ciel l'eclair & le tonnerre,
Quand après le repas il veut brauer autruy.

Mais lors que tu voudras regarder à ſon ire,
Tu verras que le vin ſans raiſon le fait dire,
Et que nul au matin n'eſt plus ſage que luy.

19.

Dangennes, qui montrez vn doux & graue port,
Vn air diuin qui vient de nature & de race :
Beaucoup plus diligent nos Pandectes i'embraſſe,
Quand aſtre ie vous voy pour me conduire au port.

Contre les Muſes lors ie me colere fort,
I'empoigne mon digeſte & ie fais la grimace,
Comme fait pres de vous le docteur Boniface,
Pour rechaſſer l'Amour qui nous tourmente fort.

O que les vers au loin ie reiette pour n'eſtre
De pane lucrando ! car ie me veux repaiſtre
De loix & de canons pour augmenter le mien.

Ce n'eſt pour eſtre iuſte, afin que ie vous die,
Qu'on aprend auiourdhuy, c'eſt pour auoir du bien,
Car il n'eſt plus beſoin que le riche eſtudie.

SONETS.
20.

Adieu, mon des Essars, puisque c'est pour partir,
qu'à Bourges encor mon compagnon l'embrasse:
[E]r me recommandant à vostre bonne grace,
[vo]stre depart me fait vn grand regret sentir.

De si peu que ie puis ie veux vous auertir,
[q]ue ie suis tout à vous tousiours en toute place,
[E]t pour l'amour de vous à toute vostre race,
[sa]ns que d'vn tel serment ie veille resortir.

L'vn de l'autre tousiours (comme des nostre enfance
[n]ous nous sommes aimez) nous aurons souuenance,
[E]n la charge ou voudra nostre cœur s'apliquer.

Adieu mon cher Thesart, ie souhaite sans cesse,
[q]u'auecques la santé, l'argent & la richesse
[d]e vous puisse iamais en affaire manquer.

Dialogue.   21.

Memeteau, tu viens donc de l'Autre Poiteuine
[D]e Bourges pour nous voir? Que font nos compagnons?
[I]ls sont doctes, gentils, affaitez & mignons,
[E]t chacun aux iardins des neuf Muses iardine.

Que fait le bon Nemond? du tout il se destine
[A] tirer bon archer au but ou nous tirons.
[Q]ue fait mon Chantecler? Il fait aux enuirons
[R]echanter ses beaux vers sur sa Lyre diuine.

Et que fait mon Morin? il est docte & gentil.
[E]t que fait la Queuille? il est braue & subtil.
[E]t Bonin que fait-il ie croy qu'on le marie.

Et que fait mon Anfrie? il vit sage à l'ecart.
Au retour, Memeteau, dis à tous de ma part,
[Q]ue de boire d'autant maintenant ie les prie.

22.

Depuis, mon l'Ecallé, qu'auecques ton Brunuille
Aux combats ie te vi des Muses aguerri,
Montrant la biendisance ou Python t'a nourri,
Errant i'ay voyagé par mainte & mainte ville.

Maintenant rabbaissé dans mon ame seruille,
Pour monter aux honneurs i'ay l'esprit aterri :
Apres Tribonian ie trauaille en Berri,
Et des Cesars i'aprens la droiture ciuille.

Nous oyons Duarin, Beaulard, Du Bosc, & moy
Pour nous dechagriner du chagrin de la Loy,
Et nos esprits rompus de tant d'Andinomies,

Fay nous voir tes beaux vers & ceux de Romilly
Et tu reucilleras nos Muses endormies,
Remettant le courage à nostre cœur failly.

23.

Iadis nos Peres grands n'estoient que des pasteurs,
Qui gardoient aux forests les bestes pasturantes :
Mais on void, Bellanger, auiourdhuy reluisantes
Sous les rais du Soleil des maisons les hauteurs.

Ces vieux temps là plairōt aux bōs vieillars contents
Mais ie me reiouy de ces façons plaisantes,
Pour les voir à nos mœurs conformes & duisantes,
Et qui raporte bien l'esprit des Inuenteurs.

Ce n'est pour voir que l'or en tant de parts reluise,
Ni pour voir que le marbre entaillé se diuise,
Ni pour voir des Romains & des Grecs l'ornement :

Mais pour ce que l'on void par tout la bienseance
Et la proprieté : dont la rustique vsance
De l'antique Bon temps ne s'aidoit nullement.

Cher

SONETS.
24.

Cher Morin, ne prend point de mes vers la deffence
Blame le iugement de tant d'hommes diuers,
Qui ne connoissent point entre tant de beaux vers,
Ceux qui sentent l'antique ou moderne excellence.

En cet âge facheux les miens pleins d'innocence,
Marchent en liberté de tort & de trauers :
Qui croiroit que les fruicts fussent autres que verds
Ou c'est que l'hiuer fait tousiours sa residence ?

Mais ie loue, Ecageul, ta parole & ta voix,
La Muse, dont tu fais parler si bien François
La graue Thebaïde, epineuse au vulgaire.

Et moy pour estre ici du siecle des meilleurs,
Ie ne puis, cher Cousin, vne Iliade faire,
Ie suis peut estre nay pour estre habile ailleurs.

25.

Dix & neuf ans encor mon âge ne bornoient,
Quand, Mon cher le Iumel, au gasouil des fonteines,
Au profond des vallons, aux carrieres lointaines,
Ie chantoy tes vertus que les bois aprenoient.

En Andaine, en Gerel, les forests resonnoient
Au rebat des accents de mes chansons hautaines :
Et la piteuse Ecco repondoit à mes peines,
Que les Naiades d'Orne apres moy retenoient.

Ie n'ay plus maintenant cette Muse pollie
Qu'aux forests i'adoroy sous le nom de Thallie :
Vne Muse ie suy qui n'a plus rien de doux.

Marri que ie ne chante encor ta Madeleine,
Ses beautez, sa ieunesse, & la douceur humaine
D'vne si bonne Epouse & d'vn si bon Epoux.

26.

Ici seul ie me plains, ô Fresnaie-au-sauuage,
A toy de mes ennuis : & ce bois m'est tesmoin,
Ces champs & ces beaux prez du lamentable soin,
Qui souuent m'accompagne au bord de ce riuage.

Quand ie me voy, Fresnaie, en ton bois en l'ombrage
Racontant ma tristesse en quelque sombre coin,
Ie suis comme vn Nocher, hors du peril au loin,
Qui bien aise raconte vn euité naufrage.

Ie t'ay de mes ayeux, tandisque ie seray,
Comme en lieu que plus i'aime, en toy ie me plairay,
Si contraire ne m'est de Dieu la Destinée :

Vlisse voyageant de mesme en diuers lieux,
De Circe & Calipson, refusa l'heur des Dieux,
Pour reuoir de plus pres fumer sa cheminee.

27.

Toutain, veux-tu iouïr de l'amoureux remede,
Sois doux & patient, & sans te colerer,
Endure du riual puisqu'il faut endurer :
Le lieu le plus aimé le patient possede.

Toutain, en tous debats à ta maitresse cede :
Luy cedant tu verras ton amour prosperer :
Ses mœurs & ses defauts il te faut tolerer :
A l'amour endurant la victoire succede.

Tu serois vn Mari si tu contredisois :
Puis qu'elle est ta Maistresse il faut bien que tu sois
Son esclaue approuuant tout ce qu'elle veut dire.

Il faut que son vouloir soit ton vouloir aussi :
Si tu vis patient, Toutain, tousiours ainsi,
Tu feras en amour tout ce qu'Amour desire.

SONETS.

28

Tu veis bien comme moy ces bonnes damoiselles,
Affables en douceur enuers leurs poursuiuants,
D'aimable regard montrer à leurs seruants,
Qu'elles ne sont rien moins que fieres & rebelles :
　Puis apres se montrant dedaigneuses chez elles,
Trouuer de leurs maris les propos deplaisants,
Et d'vne fiere mine indignes les faisants
De leurs ieunes beautez s'estimer trop fidelles.
　Que t'en semble, Grimout, aurois-tu bien desir,
En voyant leur douceur auoir ce doux plaisir,
Que de viure opreßé deßous vn tel martire ?
　Puisque le poursuiuant reçoit le plus doux ris,
Je les laiße Grimout rudes à leurs maris,
Et d'estre poursuiuant seulement ie desire.

29.

Mon Chantecler, celuy fut ennemi des Dieux,
Qui d'Or fist le premier aux femmes son offrande :
Car s'il faut que par l'Or vne femme se rende,
Son ame est engloutie en ce lac oublieux.
　Que nous sert d'enuoyer des chants melodieux ?
Les Muses ne sont plus en estime si grande :
On prise bien les vers mais de l'Or on demande,
Et pourueu qu'il soit riche vn sot on aime mieux.
　On peut dire à bon droit cette saison dorée :
Par l'Or on voit la vie en grandeur honorée,
Par l'Or tout s'entreprend, l'Amour par l'Or se fait.
　Et bien qu'Homere vint accompagné des Muses
Sans de l'Or apporter vn Poëme parfait,
On le mettroit dehors comme vn bailleur de ruses.

Zz ij

30.

Rousart, quand le premier la Porte Lionnois,
Tondit la ieune fleur de la belle Iaquete,
Elle auoit seulement quinze ans simple & ieunette:
Puis il eut prisonniere en chambre plusieurs mois.

Apres qu'il l'eut fait voir (comme le Roy Lidois
Fist voir au fin Gigés sa Roine si parfaite)
Beaucoup par la vertu de la bague secrete,
Couplerent à Iaquete en prison mainte fois.

Mais depuis que laissee elle fut de la Porte,
Ayant ouuert boutique à tous en mainte sorte,
On dit que ce bonheur chez toy s'en est allé:

Et que tandis, Rousart, qu'auecques si grand' peine
Tu vas renouuelant la vieille Loy Romaine,
Que Iaquete a ton corps aussi renouuellé.

31.

Cousin te mariant voy qu'à la femme riche:
Il luy vient de la plume & des ailes encor,
D'ou souuent s'eleuant elle vole à l'essor,
Puis ou c'est qu'elle veut aussi tost elle niche:

Elle frape du pied tout ainsi qu'vne biche,
Et seule cache à part loin de toy son thresor:
Ton plomb à son etein, ton argent à son or
Elle confond alors qu'en bourse elle le fiche:

Quand l'eau se mesle au vin, le vin dessus se met:
Qui la veut reserrer plus grand' faute commet:
Car il la fait souuent à ces iuments semblable,

Qui dans l'eau se mirant, ayant perdu le crin,
Se deplaisent si fort, qu'elles se font enfin
Deplaisantes couurir aux asnes à l'estable.

SONETS.

32.

Le magnanime cœur n'aparoist seulement
Dans un Camp herissé de piques & de lances,
Lors que leurs ennemis opposants leurs vaillances
Soustiennent courageux les assauts brauement.

Mais il se montre encor dans un lit doucement
Sur la plume ocieuse, alors que nos puissances
Debiles par le mal cherchent les alegeances
D'Hipocrate ou Chiron par le medicament.

Mon Bailleul, on le voit par vostre grand courage,
Qui braue de Breueaux ayant paré l'outrage,
Inuincible le mal en auez supporté.

Preuoyant sagement que tousiours soubs l'orage,
Le marinier ne tremble au danger du naufrage,
Et que tousiours le vent ne souffle d'un costé.

33.

Comme on voit par les prez cent filles d'une veuë
Pour cueillir force fleurs au matin s'auancer :
Et cueillant ore ici la premiere laisser,
Pour s'en courir apres la derniere aperceuë :

Pareille est l'amitié que d'un on a conceuë,
Qui veut beaucoup d'amis à la fin embrasser :
Car laissant l'un il va le dernier caresser
Et deçoit l'amitié d'une amitié deceuë :

Mais moy connoissant bien qu'un fleuue s'epuisant
En beaucoup de ruisseaux est foible & languissant,
Ie ne veux departir en tant de parts la mienne.

Vous aimant donc Lermit, ie ne veux pas pourtant
Iamais hair autruy, mais non en aimer tant :
Car ie veux qu'à vous seul l'amitié me retienne.

Z z iij

34.

Hé qu'eſt-ce que du Monde ? vne vanité pure,
L'vn veut ſuiure la guerre, & l'autre aime à plaider,
L'vn des aſtres ſe veut, l'autres d'herbes aider :
L'vn veut eſtre prelat & l'autre n'en a cure :

L'vn eſt ſage arreſté, l'autre eſt fou de nature :
L'vn la trafique hait, l'autre veut haſarder,
L'vn voudra des eſtats, l'autre ſon bien garder :
L'vn eſt riche touſiours l'autre touſiours endure.

L'vn ſe nourrit d'eſpoir l'autre n'eſpere rien :
L'vn hait le mariage & l'autre l'aime bien :
Quelque autre, Verigny, de tout ſe voudra rire :

Mais qu'auient il de nous ? Nous nous voyons mourir
Sans qu'eſtats ni moyens nous puiſſent ſecourir,
Qui penſe eſtre le mieux ſe trouue eſtre le pire.

35.

Sur le front vous portez vne antique bonté :
En voſtre graue port, l'honneſte bienſeance :
En l'eſprit vous auez l'vſage & la ſcience,
Qui rend voſtre parler de chacun ecouté.

Liſores, de nature en vous eſt l'equité,
Qui de tous arts polie egalement balance
Et le droit & le tort, & de quelle importance
Peut eſtre aux heritiers vn procez herité.

Vous n'auez point le cœur vermoulu de l'enuie :
Vous eſtes grand en faits & ſimple en voſtre vie :
Ainſi nul plus que vous d'honneur n'a merité.

La verité qui m'eſt beaucoup plus chere amie,
Que Platon ni Socrate, enfin veut que ie die,
Ce que ie dis de vous car ie dis verité.

36.

Comme en vn echauffaut l'vn de l'autre tesmoins,
Mon Seguier, nous iouons chacun son personnage :
Quãd beaucoup iouroiët mal nous deuõs d'vn cœur sage
Tascher à bien iouer le nostre neantmoins :

Si quelqu'vn bien le sien ne represente, aumoins
Nous aurons au Public cet heureux auantage
De remettre, peut estre, aux autres le courage,
Desorte qu'il n'auient pour lors ni plus ni moins.

En France l'ordre est beau, si la chose priuee
N'estoit sur le public pour le gain eleuee :
S'aux honneurs pour ce gain encore on n'aspiroit.

Iouants nostre rollet faisons de telle sorte,
Que quand mesme vn chacun le contraire feroit,
Que tousiours au Public nostre but se rapporte.

37.

La Volupté qui vient soubs vn fard amoureux,
A paster nostre cœur d'vne orde friandise,
Fait porter à la fin le regret pour Deuise,
Le repentir en l'ame & le corps langoureux.

Mais en toy, mon Brethel, l'apast voluptueux,
Qui les ieunes desirs en leur ardeur attise,
N'empesche la vertu, qu'elle ne te conduise
Au sentier qui te mene au rang des vertueux.

Aussi par ton sçauoir, des l'Auril de ton age,
Comme le fils de Nerue, en pareil auantage
Tu plaidas au Palais à ton commencement :

Puis iuge au grand Conseil : ores en ta Prouince
Reuenant President soubs le Sceptre du Prince,
Tu depars la droiture à tous egallement :

Z z iiij

38.

Hermier, mes vers ne sont de grande inuention,
Car parmi la douceur s'y mesle l'amertume,
Quand quelque beau suiet veut escrire ma plume
Selon sa naturelle & simple affection.

Ie flate mes amis de leur perfection :
Sans garder de venin ie perce l'apostume :
Ie n'estains point le feu que la Nature alume
Sans le faire paroistre en bonne occasion.

Mais si quelque enuieux mes ouurages deprise,
Hermier qui t'y connois, iuge bien s'il auise
Qu'aux sçauants i'ay limé le meilleur & le mieux :

Aux amis, comme à toy, les choses moins parfaites
S'addressent ou seront pour mon seul plaisir faites,
Afin que rien pour luy n'y trouue l'ennieux.

39.

Auecque longue barbe & vieil l'Antiquité
A pourtrait AEsculape : Et Phœbus au contraire
Elle peint ieune & gay : de sorte que le pere
A bien moins que le fils d'apre seuerité.

Pour decouurir à nu du fait la verité :
C'est que le medecin souuent graue & seuere
Dedaigne de Phœbus la Lyre qui tempere
La pratique de l'art, d'vn peu de vanité.

Toy, qui prises les vers, meprisant la fortune,
Et qu'vn soin d'amasser biens sur biens n'importune,
Autant comme Phœbus tu te fais renommer :

Maucelery qui chagrin tant de moyens attrape,
Fait que ie ne pourrois, Cahaignes, estimer
Autant comme vn Phœbus vn auare AEsculape.

40.

Tu t'en vas, mon Grimoult, tenir la lieutenance
Du Bailly d'Allençon, le bonheur en tous lieux
Puisse suiure par tout ton esprit gracieux,
Ayant de tes amis tousiours la souuenance.

Tu quittes comme moy les lieux de ta naissance,
Pour deployer à tous les thresors precieux
De la iuste equité : dont tant de factieux
En ce temps corrompu n'ont point de connaissance.

Mais humain te montrant & doux à l'aborder,
Facile ne sois pas ni promt pour accorder
Ce qui peut faire ouurir ta main encor pucelle.

Bref ne te laisse pas aller à l'abandon,
En iugeant les procez par faueur ou par don,
Tels que Dieu nous connoist le peuple nous apelle.

41.

Le Forestier qui vis comme vnique Phœnis,
Comme vn autre Anacarse en ta Sparte petite,
En ton Belleu plaisant, ou la Muse t'incite
A voir du Mont-sacré le gentil Olenis :

Cependant loin de toy les vices tu banis :
Comme tousiours au Nort tourne la Calamite,
Tousiours à la vertu la Muse nous incite,
Et rend les bas esprits aux hauts esprits vnis.

Vn rude Naturel les Muses adoucissent :
De l'horreur du forfait tousiours elles rougissent :
En les suiuant on fuit tout vicieux penser.

Moy quand i'auroy l'aneau de Gige ou d'Angelique,
De Pluton la salade ou quelque autre Art magique,
Ie ne voudroy iamais vn seul homme offencer.

42.

Il est temps desormais que de poil vous changez,
De changer de desirs, de changer de pensees :
Et que laissant, Catay, les œuvres commencees,
Qu'aux beautez de l'esprit, vostre esprit vous rangez.

Il est temps que du monde au Ciel vous voyagez,
Que les graces de Dieu de vous soient balancees
Contre le vain loyer, dont sont recompensees
Les choses d'ici bas, de gains trop menagez.

Suiuez donc Apollon vous n'aurez qu'allegresse,
Le Monde en vanité, n'apporte que tristesse,
L'vn nous donne du blame & l'autre vn diuin los :

L'vn sçait guider au mal l'autre au bien nous cõduire,
L'vn fait mourir le corps & sçait l'ame seduire :
Mais l'autre auecque Dieu nous guide en son repos.

43.

Ie suis bien aise à voir quelquefois ces beaufils
Qui remplis de fureur, regorgeants de science,
Font de l'art de Phœbus, ieunes l'experience,
Pensant que par leurs coups les vieux soient deconfits.

Et d'ailleurs ie les iuge orgueilleux & bouffits,
Quand pour se bien connoistre ils n'ont la patience,
Que medisant de tous ils ne font conscience
De louer les fruits crus pour ceux qui sont confits.

Mais ie t'estime bien ayant vne belle ame,
Mon Cordier, qui de feu les refroidis enflame,
Guidé de l'Ange bon, qui guide les sçauants :

Et qui ne t'asseruis à ces Fouls poëtastres,
Qui crayants l'art des vers leur estre infus des astres,
Se disent surpasser les morts & les viuants.

SONETS.
Amours chastes. 44.

Rocheux & dur Caillou, dont le fusil d'Amour,
Tire le feu subtil, qui depuis tant d'annees
M'a tout brulé le cœur, comme par tes trainees,
Tu rends le monde aueugle au plus serein du iour.

Qui croiroit pour t'auoir fait vn si braue tour,
Que de te mettre au Ciel, tu m'as par tes menees,
En mon plus doux Auril, tant de peines donnees,
Qu'encor en mon Octobre elles y font seiour ?

Et tant plus ie languis & tant plus ie lamente,
D'autant moins l'aperçoy que mon ame dolente
Connoissant son erreur vueille eteindre ses feux :

Enfin si la pitié pour moy du tout est morte,
Ie ne sçay comme Amour ne peut estre honteux,
De voir ta cruauté qu'il souffre & qu'il supporte.

45.

Si ie vouloy, Madame, en mon ame chanter
Les beautez de la vostre, & que mon œuure pleine
D'ombrage & d'encre obscur, deuint belle & sereine,
Il faudroit au Soleil du grand Soleil monter.

Il faudroit d'amour saint l'amour vain surmonter,
Luy faire regarder la clarté souueraine,
Dont naist le saint desir qui me conduit & meine
A la beauté qui peut toutes beautez donter.

Cependant du Penser mon ame estant repue,
Et de vostre parler & de vous qu'elle a veue,
En moy conçoit de vous vn si parfait obiet,

Quand il me fait renaistre en moy d'vn si bel estre,
Que si vous m'auiez veu mortel ainsi renaistre,
Vous diriez qu'à la mort mon corps n'est point suiet.

46.

Comme pour voir bien clair en l'eternelle vie,
Il faut que l'esprit monte au ciel d'un vol leger :
Et de tout soin humain son ame descharger,
Tant qu'elle vole aux cieux à Dieu qui la conuie.

Ainsi si vos beautez de voir i'ay bien enuie,
Il faut que soubs vos yeux ie me sache ranger,
Et soubs leurs beaux rayons mon ordure purger,
Afin qu'en vos beautez mon ame soit rauie.

Car pour vous ouir bien, aussi pour bien vous voir,
Ie suis sourd & ie n'ay de vous voir le pouuoir,
Dont tout morne & honteux il faut que ie rougisse.

Purgé renuoyez moy, mon Penser, qui se tient
Tousiours auecque vous & iamais ne reuient,
Afin que par vos rais mon obscur se finisse.

47.

Esprits, qui combatez soubs l'enseigne amoureuse
Forçant tout vil penser : contemplez cetteci
Deuant qui la Nature en se domtant aussi,
Et'lle mile dons prodigue & plantureuse.

Contemplez comme Amour, d'vne grace pompeuse,
Ainsi qu'il regne au Ciel, inspire & regne ici :
Comme d'vn seul regard il rend tout adouci,
Et montre des vertus la sente bienheureuse :

Et puis auecque moy, vous direz etonnez
(En regardant les cieux) ô les ans fortunez
Que nous viuons pour voir vne chose si belle !

Pourquoy, dira chacun, en regardant son œil
Ne fus-ie le premier nege à si beau Soleil ?
Heureux est qui la voit & qui parle auec elle.

SONETS.
48.

Bel Ange qui descends en la terre, des cieux,
Pour rendre à cette fois plus heureux nostre monde,
Par vostre vertu propre à nulle autre seconde,
Vous nous montrez du ciel les thresors dans vos yeux.

Parnasse garde luy tes lauriers precieux,
Afin d'en couronner sa cheuelure blonde,
Tu dois bien epuiser ta fontaine feconde,
Autrement que tu n'as pendant les siecles vieux.

Dieu, comme en vn miroir, en elle à nous se montre,
Les Cieux vn grand bonheur versent à sa rencontre,
Presentant de Nature vn miracle nouueau.

Qui la voit ne peut voir apres chose pareille.
O le beau Siecle d'or! ô tresrare merueille!
Quand iamais fut en terre vn chef d'œuure si beau.

49.

Heureux le bel esprit qui dedans vous respire,
O porte de rubis, ô bouche de coral,
D'où sort le beau parler ennemi de tout mal,
Qu'Amour si doucement vous fait luy mesme dire.

Heureux le ventelet, heureux le doux Zephire
Qui haussant & baissant soupire en ce beau val,
Qui parlant adoucit l'esprit le plus brutal,
Et tourne en douce paix toute rage & toute ire.

Heureuse aussi la voix qui rend accouardis
Les propos plus hautains, les parleurs plus hardis,
Nous ouurant l'Hippocrene ou toute ame se plonge.

Mais ô moy plus heureux, qui sens par ses beaux dits
Et par tant de beautez (raui comme par songe)
Mes oreilles au Ciel, mes yeux en paradis.

50.

Ni les beaux lis plantez au long d'vn clair riuage,
Ni le bel arc-en-ciel, bigarré de couleurs,
Ni le ieune Printemps vestu de ieunes fleurs,
Ni de beaux Orangers vn coloré paisage,
Ni voir dans les forests mainte beste sauuage,
Ni l'odorant parfum des plus douces odeurs,
Ni voir vne Princesse elancer mile ardeurs,
Au bal d'vn geste gay, decoupant maint passage :
Ne sont rien que laideur deuant vostre beauté,
A quiconque depres à vous s'est arresté,
Son ame repaissant d'vn œil emerueillable.
O l'exemple certain & l'vnique miroir
De l'eternel semblant, qu'en vous seule on peut voir !
Toute chose mortelle à vous n'est comparable.

51.

Vn desir tout parfait me pousse à vous aimer,
D'vn instinc si diuin m'echauffant la peitrine,
Que l'ardeur en sera tousiours sainte & diuine,
Sans qu'vn amour mortel mon cœur puisse enflammer.
Et bien qu'en vos beaux yeux Amour puisse alumer
Vn feu qui bruleroit du monde la machine,
Ie porte toutefois de l'eau pour medecine,
Si froide qu'elle fait vn brasier consommer.
En vain ses traits dorez, Amour contre moy tire :
Pour cela, ie n'en sens aucun lascif martire :
Car vostre esprit sans plus i'aime diuinement.
Et bien que vos beautez soient rares & de celles
Qu'vn Mome repreneur, prendroit pour les plus belles,
Par elles vostre esprit i'aime tant seulement.

SONETS.
52.

Quand la Raison en moy, forte les armes prend,
Pour las ! bien que perdu, recouurer son Empire,
Et le Tyran Penser en chasser, qui desire
Tousiours s'y maintenir, au contraire entreprend,

Amour les Sens assemble, & d'vn courage grand
Leur apporte secours, qui ce Penser rend pire :
Si qu'apres maint combat mon Fort ie voy destruire,
Et la Raison vaincuë à l'ennemi se rend.

Alors Amour vainqueur, d'vne façon cruelle,
Sans en auoir pitié punit mon cœur rebelle,
Qui me trahit aussi se rendant à la fin.

Voila comme on peut voir que celuy plustost erre,
Qui tient ferme & resiste à l'ordre de la terre,
Que celuy qui plus doux consent à son destin.

53.

Des gemmes & de l'or, caduque vanité,
Que le peuple commun sur toute chose estime :
De l'orgueil des plus grands, qui les petits deprime,
Remarquant des ayeux la vieille autorité :

Des Colloßes, des Arts, de toute antiquité
Que le temps à la fin periſſable suprime :
Des Empereurs, des Ducs, de la gloire sublime
Dont Rome est glorieuse en sa calamité.

Bref de toute Grandeur, de toute grande pompe,
De tout cela de grand donc le monde se trompe,
Ne vous chaille iamais fusse vne Royauté,

(O Dame en qui le Ciel a mis toute sa grace)
Car iamais rien si grand ne se peut voir en place,
Que ma fidelle peine & vostre grand' beauté.

54.

Qui souhaite de voir ou c'est qu'au vray s'adore,
Comme en son temple saint la sainte Pieté,
Ou c'est qu'en mesme lieu s'vnit la Chasteté
Auec mile beautez en vn beau corps encore :

Vienne voir cetteci que l'honneur mesme honore,
Sur toutes les beautez ayant l'honnesteté,
Qui luy donne à bon droit toute principauté
En ce Siecle dernier, dont le fer elle dore.

Mais qu'il ne tarde pas : car ie crains les malins,
Sauuages, ehontez, depiteux & chagrins,
Qui la feront cacher en l'horreur d'elle mesme.

Il verra s'il la voit vne Perle de prix,
Et comme ses beautez eleuent les esprits
A voler d'ici bas à la beauté supresme.

55.

Repandez d'Arabie & l'odeur & les fleurs,
Nimphes, voyant venir celle qui vous commande,
Que dessus son beau chef vn nuage on repande,
Pour tesmoigner combien vous prisez ses valeurs.

Que les petits Amours bigarrez de couleurs,
Couple à couple volants accompagnent sa bende,
Et que le chaste honneur son hommage luy rende,
Chassant de ce beau iour le chagrin & les pleurs.

De Palmes, de Loriers, que son chef on couronne,
Que toutes benissons chaque Dame luy donne,
Puis qu'on voit que le ciel admire ses vertus.

O vif & beau miroir des diuines Idees,
Ou des celestes dons les formes sont gardees,
Pour releuer à Dieu les esprits abatus.

Si

SONETS.
56.

Si tu veux, mon Soleil, que ie chante & defcriue
La beauté que les Cieux en toy veulent cacher,
Fais que pour te bien voir ie te puiſſe aprocher,
Afin que tes beautez au naturel ie ſuiue :
   Cette claire lueur non aprochable & viue,
Ne permet à mes yeux tes beautez eplucher,
D'autant qu'à bien te voir lors que i'oſe tacher,
Ma veüe eſt eblouye & mon ame captiue.
   Fais ce que fiſt celuy qui nous donne le iour :
Qui pour faire aprocher ſon fils ieune & volage,
Oſta hors de ſon chef les rayons d'alentour :
   Car ainſi ie ne puis tenir autre langage,
Que des rais & des feux ſortans d'vn beau viſage,
Qui m'aueuglent les yeux & me brulent d'amour.

57.

Auec quel nouuel art, Amour, ta rude main
Va trauaillant le monde en ta malice accorte ?
Il ſe peut voir en moy, tombé ſoubs ta main forte,
Portant le peſant fais de ton ioug inhumain !
   Mon beau Soleil ie cherche & ie le cherche en vain
Car hors ie ne le trouue & dedans ie le porte,
Imprimé dans mon ame : & pour ce qu'en la ſorte
Ie l'ay ſi pres, ie plains de l'auoir ſi prochain.
   Cependant que ſes rais fermement ie regarde,
Et d'ire & de douleur ie me ſens le cœur poind.
D'autant que de le voir vn Eclipſe m'en garde :
   Ainſi ie me voy riche & poure en meſme point :
Riche, car dedans moy, mon beau Soleil ie garde :
Poure, car ioint à luy, ie l'ay ne l'ayant point.

Aa

58.

A la beauté de Dieu s'eleue ma pensée,
Et la vostre me sert d'echelon & d'obiet,
Pour monter iusqu'au Ciel à si diuin suiet,
Dont ie trouue l'amour en mon cœur commencee.

Voyant d'vn si beau feu mon ame trauersee,
Ie ne conçoy plus rien ni de vil ni d'abiet :
Et de vous belle plante il sort vn si beau iet,
Que iusqu'au sein de Dieu mon amour est poussee.

Tant qu'enfin aprochant de sa viue clarté,
(Autant qu'il est permis) ie prens des saintes ailles,
Et tout sanctifié par la Diuinité,

Ie vole au beau seiour des ames immortelles,
Et tout aupres de Dieu ie me tiens arresté,
A contempler raui les beautez les plus belles.

59.

A l'heure que les ans qui si soudain arriuent,
Nous font changer de poil, de façon & d'humeur,
Que la Raison armee au haut Penser d'honneur
Chasse l'occasion, soubs qui les Sens retiuent,

La vigueur s'eteignant dont les Desirs deriuent
L'Amour non seulement s'amortit dans vn cœur,
Mais qui plus en bruloit refroidit son ardeur,
Et les Sens repentants par la Raison s'en priuent.

A l'heure que quelqu'vn menacé de la Nuit,
Preuoit quelque naufrage au prochain port s'enfuit,
Auant que dessus luy vienne fondre l'orage :

Mais iusques à la Nuit souffrir il me conuient :
Car tant de vanité si fort mes Sens retient,
Qu'en mes Sens, ô bon Dieu, ma Raison fait naufrage

SONETS.

60.

En mon Penser reluit d'elle vne image viue,
Qui m'enflame le cœur à tirer cette part
Ou se retire l'ame : & l'ame à l'heure part,
Qui tirant vers le Ciel en terre me rauiue.

De tout humain penser ce mien Penser me priue,
Et par les yeux de l'ame en elle il se depart,
Ou voyant tout le Beau, que la Nature & l'Art
Au monde peuuent mettre, ils font que ie le suiue.

Iamais vn foul desir ne trouble ma clarté :
Ni iamais l'eau d'oubli du fleuue de Lethé,
De mon beau feu ne peut eteindre vne etincelle.

Ainsi ie vis en moy : d'où quelquefois hautain
Mon Esprit vole aux cieux : puis dans son chaste sein,
Ie forme & ie conçoy ce qu'apres i'escri d'elle.

61.

Beaux yeux, miroirs de l'ame, ô beaux astres iumeaux,
Qui des rayons brillants de vos lampes luisantes,
M'auez ouuert le cœur ! qui de flames ardantes
Alumez vn beau feu dans les esprits plus beaux.

Beaux yeux qu'õ dit d'Amour estre les seuls flabeaux
Aux cieux conduisez moy hors des ombres nuisantes :
Sans arrester les miens aux charongnes puantes,
Qui tiennent acharnez les vautours & corbeaux.

Faites moy voir bien clair en cette droite voye,
Ou m'apelle le ray de Dieu qui me conuoye
A la vertu qui peut du vice triompher.

Amour en lettres d'or en nous voyant escriue,
IL FAVT que cet Amour sur toutes amours viue:
Car le mortel n'a peu l'immortel echauffer.

Aa ij

62.

O d'Enuie & d'Amour la fille mal nourrie,
Qui vas tournant la ioye en dueil du pere tien !
Clair-voyant pour le mal, aueugle pour le bien,
Ministre de tourment, bourrelle ialousie !

Thisiphone d'Enfer, rauissante Harpie,
Qui rauis le plus doux & ne veux laisser rien
De ce qu'ont les Amants de meilleur pour soustien,
Rendant la belle fleur sans suiet defleurie.

Monstre, qui de toymesme es encor desaimé :
Oiseau, qui de malheur es presage estimé,
Crainte, qui vas entrant au cœur par mainte porte :

Qui te pourroit l'entrée auec raison fermer,
D'autant seroit plus beau le Royaume d'aimer,
Qu'vne Cité sans haine est plus qu'vne autre forte.

63.

O clairs & chers Pensers de nuages couuers,
O ma verte Esperance, or' seche & toute morte,
Ie trouue de douceur ore close la porte,
Par ce Desir qui met mes desseins à l'enuers !

O doux liens changez en des ceps en des fers,
Qui font que de mon corps si tost mon ame sorte,
O pas marchez en vain, puisque ma seure escorte
Me fait du droit chemin eniamber de trauers !

O nuicts auparauant si claires & sereines,
En des obscurs brouillats de tempestes si pleines,
Puisque ie ne voy point mon Pole en cette Mer !

O beaux iours autrefois, ô tresdouces iournees,
Ameres maintenant en absinthe tournees,
Ou sans voir le Soleil, ie suis prest d'abismer.

64.

Estoile, qui ton cours me rends obscur & lent,
Seul ie t'attens içi, voyant tant de bruine,
(Caché dans ces rochers) si luisante & benine,
Tu me r'apaiseras l'orage violent :
　　Si tu r'acoiseras l'Ocean turbulent,
Ou ie crains la fortune & diuerse & maline :
Si tu m'ostes ce flot qui me bat & me mine,
Sur tous ie priseray ton rayon excellent.
　　Car estant echapé des vagues perilleuses,
Au port ie chanteray tes clartez bienheureuses,
Racontant aux neueux, ta faueur ta bonté :
　　Et de ton bon Aspec ils chanteront l'exemple,
Voyant pour ce bienfait au milieu d'vn beau temple,
Ma depouille sacree à ta grand' chasteté.

Dialogue. 65.

Que ferez vous, mes yeux, puis qu'helas ie n'espere
Pouuoir voir de si loin mes astres ses beaux yeux?
Nous ferons larmoyans, d'orages pluuieux,
Vn plus grand fleuue encor que le Rhin, ni l'Ibere.
　　Etancherez vous point de vos pleurs la misere,
Voyant d'autres beautez si belles en maints lieux?
Cela peut conforter les cœurs ambitieux,
Mais non pas nous nourris en lumiere si claire.
　　Au moins tentez vous mesme, yeux, à vous deceuoir,
Faignez que ses beautez ailleurs vous pouuez voir,
En contemplant souuent quelque beauté semblable.
　　Nous ne le pouuons faire estant accoutumez
A ne voir rien pareil à ses beaux yeux aimez :
Car nous ne trouuons rien aupres d'eux agreable.

Aa iij

66.

Vous aimez Dieu, Madame, & ie n'aime rien tant
Que me rendre tout sien par ieusnes & par veilles :
Recherchant ses bontez ainsi que les abeilles
Vont le sucre des fleurs au printemps suçotant :

En cet ample vniuers ie ne trouue pourtant
Chose, ou se montre mieux ses œuures non pareilles,
Qu'en vos perfections du monde les merueilles,
Qu'admire vn bel Esprit d'esprit au ciel montant.

Donques vous admirant i'admire aussi, Madame,
Ce grand Dieu qui dans vous a mis la sainte flame,
Qui me brule par tout auec tant de rayons,

Qui parent vostre chef d'vne belle couronne
En langues s'estendant, telle que nous voyons
Celle qui de nos Saints le beau chef enuironne.

67.

Amour m'emplume l'aile, & me guide si haut
Le courageux Penser, que montant d'heure en heure,
I'espere paruenir à quelque fin meilleure,
Voire aux portes du Ciel faire vn nouuel assaut.

Mais regardant en bas ie crains trop mon defaut :
Toutefois ce Penser audacieux m'asseure :
Si de ce vol hautain la course n'est pas seure,
Immortel est l'honneur si mortel est le saut.

Car s'vn autre iadis d'ailes malasseurees,
Quand le Soleil fondit ses plumes encirees,
Par sa mort à la Mer vn nom fameux donna :

On pourra dire encor : Cestuy-ci qui rauie
Vit son ame aspirante à l'eternelle vie,
Courageux se perdant iamais ne s'etonna.

Des troubles.

68.

C'est donc à cette fois que de nostre semence,
Doit racueillir le fruict vne barbare main ?
Et de nos bons fruictiers cultiuez, mais en vain,
Doit remporter le fruict l'Espagnole arrogance ?

Cette mere de Rois, cette Emperiere France,
Sentant decoloré son beau visage humain,
Plaint son ample dommage & son pouuoir hautain,
Sa Franchise Royale & sa vieille esperance :

Et dit, ô Roy du Ciel, si tu sentis iamais
Vne iuste colere à venger les forfais,
Venge les maintenant de certaine science.

Venge moy de mes maux, toymesme venge toy :
Ou fay les cœurs bouillants tellement tenir coy,
Que de voir leur erreur ils prennent patience.

69.

Les grands diuisions & les maux deplaisants,
Les outrages François, les morts & les querelles,
Que ie plain soubs le nom de cruels & rebelles,
Etonneront encor ceux-la des derniers ans.

Mais on peut dire aussi, que la paix refusants,
Les plus grands mesme sont à la France infidelles :
Et qu'à tort ils ont mis les choses eternelles
Soubs les courrous mutins, qui les vont meprisants.

Les Princes qui deuroient se regir par prudence,
Ne doiuent outrageux poursuiure vne vengeance
Au dommage public, ni du Roy leur Seigneur :

Auecque nostre sang, nous auons trop vengee
La colere de ceux, qui la France afligee
N'ont peu remettre encore en son premier honneur.

Aa iiij

70.

Mon Du-Pontbellenger, ô que vous fustes sage
D'auoir vostre pays quitté pour quelque temps :
Depuis vostre depart cent mile malcontents
Ont la France rempli d'vne cruelle rage.

France, qui deuient or' comme vn desert sauuage
Par la barbare main de tant de combatants :
Les freres en leur sang, leurs mains ensenglantants,
Contre leur mere encor exercent leur outrage.

O Saint Loys, reuien cette honte venger.
Puis qu'on n'empesche point les Grands de s'outrager
Rapellons les esprits de nos Grands Charlemagnes !

Mais qu'en est-il besoin ? ô France il suffira,
Quand ton Roy pour vengeurs les siens apellera,
Les siens qui peuuent plus que toutes les Espagnes.

71.

Mon de la Boderie, ici se fait vn bruit,
Que tu veux repasser les Alpes spacieuses,
Et qu'à voir maintenant nos façons vicieuses
(Las ! ie ne sçay pourquoy) le desir te conduit.

Le Soleil est couuert ici d'obscure nuit :
Ici les ames sont par tout seditieuses :
Ici chacun deçoit de langues captieuses,
Et Mars dessous le ioug tout le monde a reduit.

Ici tu ne verras que des plaines desertes,
Que des bois abroutis sans fleurs ni feuilles vertes,
N'ayants peu le Printemps nos terres echauffer.

Ici chaque Prouince a soymesme outragee :
Et d'vn beau Paradis nostre France est changee
En l'abisme effrayant d'vn tenebreux Enfer.

SONETS.

72.

Voici qu'horriblement va marchant par la voye,
descend tout ainsi qu'un torrent rauissant,
[De]s monts de Germanie un Esquadron puissant,
[Q]ui veut faire de nous une effroyable proye :
Et desia nostre sang de toutes parts ondoye,
[S]ubs le cruel effort de Mars nous terrassant :
[Il] faut las ! que la France en son cœur fremissant,
[Mi]serable en plain iour ses nuicts dernieres voye.
Que diroient maintenant ce grand Roy François,
[Et] ce vaillant Henry, qui t'ont en tant d'endrois
[Cru]elle, auare gent, fait seruir de littiere ?
S'ils oyoient nostre France auec sa triste voix,
[Re]nouueler ses cris aux champs, rochers, & bois :
[Et] par les vents en vain epandre sa priere ?

73.

Du paresseux sommeil ou tu gis endormie
[De]sia par si long temps, ô France, eueille toy,
[Re]spire dedaigneuse & tes offences voy,
[Ne] sois point ton esclaue & ta propre ennemie.
Repren ta liberté gueri ta maladie,
[Et] ton antique honneur, ô France ramentoy :
[Le]gere desormais sans bien sçauoir pourquoy,
[Da]ns un sentier tortu ne donne à l'etourdie.
Si tu regardois bien les Annalles des Rois,
[Tu] connoistrois auoir triomphé mile fois
[D]e ceux qui veulent or' amoindrir ta puissance.
Sans toy, qui contre toy depite ouures le sein,
[Le]s ventres de Harpie ieunez par souffrance,
[N']auroient iamais osé passer le Rhin Germain.

74.

Gaule, qui foubs Cefar as conquis l'vniuers,
Qui dedans la Syrie as conduit tes armees,
Planté tes eftandars aux plaines Idumees,
Et fait trembler Pluton au profond des Enfers !
    Efclaue tu languis pour tant de maux fouffers
Par la diuifion des ames animees
A rendre les vertus à la fin abifmees
Dans le gouffre auernal auecque les peruers.
    Noftre Dieu, c'eft le Dieu qui n'aime point la guerre,
Qui charitable veut mettre la paix en terre,
Et tous les deuoyez remettre au bon chemin :
    Garde d'eftre vaincue encor comme la Grece,
Pour auoir appellé le turc en fa detreffe :
Car le Marran ainfi te peut vaincre à la fin.

75.

Defia deffoubs le faix des hauts fapins armez,
Gemit la Mer Ægee : & pleignent les Syraines,
Et les Tritons legers, & les lourdes baleines,
De voir qu'ait l'Afriquain vos vaiffeaux abifmez.
    Vous eftes cependant en Europe blamez
De vous entredonner, ô Chreftiens, tant de peines :
Tournez à l'auenir vos armes incertaines
Sur les Orientaux contre vous animez.
    Vous Empereurs & Rois, pleins de valeur antique,
Faites vous les Remparts de la Chofe publique,
Et des fiers Ottomans l'audace furmontez :
    Marbres, Colloffes, Arts, triomphes & trophees,
Ici victorieux, ô Princes, raportez,
Et Tiphis vous ferez chantez d'autres Orphees.

SONETS.
Vers Chrestiens. 76.

Ie te prie, ô Seigneur, change ma guerre en paix,
Tourne en iour bien serein la nuict qui m'est obscure:
Helas! puisque i'ay trop du monde aueugle cure,
Fay qu'en toy seul ie pense enquoy tant ie me plais.

Echauffe mon cœur froid alege mon dur faix:
Rend mon ame plus mole helas! qui m'est si dure,
Et rend ma chair souillee à l'esprit sans souillure,
Et mon esprit eleue à contempler tes faicts.

De triste à ce moyen ioyeux tu me peux faire,
Me tirant du naufrage en vn tranquille port,
Sans que ie sente plus la tempeste contraire.

A ce moyen Seigneur tu donneras confort
A me rendre suiet mon plus grand aduersaire,
Et me feras viuant encor que ie sois mort.

77.

Auisons à mourir puisque la douce Mort
Est vne heureuse fin de toutes nos miseres,
Vn sucre qui confit toutes choses ameres,
Et qui met à la fin tous debats en accord.

Au Ciel ne nous peut rien le variable Sort,
Ni d'vn fier Lestrigon les depites coleres,
Ni le sourcy tyran des Princes plus seueres,
Ni des plus enuieux le dard poignant & fort.

Là sans fin on iouit d'vne paisible vie,
Des Anges & des Saints voyant la compagnie,
Et ce Christ, qui pour nous soustint vn si grand faix:

Heureux donc est celuy qui par la Mort s'enuole
A iouir du seiour de la diuine Ecole,
Et du bien eternel d'vne eternelle Paix.

78.

Seigneur, si de ta vigne vn des rameaux ie suis
Dont tousiours verdoyant est le branchu feuillage :
Ne permets que mon cep seche en son bel ombrage,
Mais humecte l'humeur ou triste ie languis.

Fais que le beau Soleil, ô Seigneur, dont tu luis,
Rauiue tes drageons qu'vne gresle sacage :
Et de tes beaux rayons ecarte le nuage,
Qui me trouble la veue & me charge d'ennuis.

Nous sommes tes prouins comme toy nostre vigne :
Fais que ie porte vn fruit qui puisse en estre digne :
Ayant desia promis qu'auec nous tu seras :

Sois donc auecque moy, ma foiblesse supporte :
Fais reuerdir ma plante & la rends assez forte,
Pour porter le bon fruit dont tu la chargeras.

79.

Auec le soc agu de mon humilité,
Il faut que dans mon cœur bien auant ie sillonne,
Pour en vuider l'humeur qui triste l'enuironne,
Auant qu'il soit noyé de tant de vanité :

Afin qu'il sente aumoins de la Diuinité
La fraicheur qu'en son fond liberale elle donne :
Et que d'vn saint Amour vn fruit en luy foisonne,
Qui ne soit en son champ ni flestri ni gâté.

Mais las! Seigneur, premier qu'il soit couuert d'ordure
Et premier que son fruit sente la pourriture,
Attendant, bien qu'en vain, tes rayons lumineux,

Toy qui fus humble seul, ouure luy debonnaire,
Les portes de l'esprit, qu'il trouue si contraire,
Et rabaisse l'orgueil de ce cœur dedaigneux.

SONETS.
80.

Du grand enfantement Estoile messagiere,
Qui tant de clairs rayons en Orient montrois,
Estant pour guide eleüe à ces trois sages Rois,
Et qui les conduisant leur seruois de lumiere.

Iamais auiendra-til, que cette flame fiere
Soit eteinte en mon ame, & qu'encore vne fois
Me conduisant la part ou tu les conduisois,
Pour voir ce Roy des Roys i'aille soubs ta baniere.

Mais vn Herode plein de cent mile defauts,
Me retient & si vient me liurer tant d'assauts,
Qu'il detourne cruel mon ame penitente.

Ainsi pour resister trop foible ie me sens :
Toutefois dans mon ame ou l'Enfant se presente,
Ie luy porte de l'Or, du Mirrhe, & de l'Encens !

81.

Le bon Seigneur de qui le sçauoir est certain,
Qui deux Natures ioint en personne diuine,
Est ore Mon Phœbus : en sa sainte poitrine
Ie gouste d'Helicon le nectar souuerain :

Autre Lyre, autre Muse, vn autre air plus serain,
D'vn feu de viue foy, tout par tout m'illumine,
Qui d'vn penser plus haut aux astres m'achemine,
Pour rendre mon esprit plus clair & plus hautain.

Mon Chef plus couronner de laurier ie n'espere,
Ni voller tellement d'aile promte & legere,
Que ie tombe d'en haut en vn second trespas :

Bien esperay-ie viure auec autre couronne,
Si d'vn saut plus leger le vice i'abandonne,
Fuyant l'apast trompeur du monde d'ici bas.

82.

Vierge Mere de Dieu qui des rayons si beaux
Du Soleil eternel es toute enuironnée :
Soleil, dont la clarté d'estoilles couronne,
Perce iusqu'en l'obscur des plus obscurs tombeaux :

Homme & Dieu tu le vis entre les pastoureaux,
Entre les sages Rois, qui cette grand' iournee,
Comme toy l'adoroient la face prosternee,
Voyant la nuict plus clair qu'auec mile flambeaux.

Vray Dieu tu l'adoras dessoubs vn humain voile,
Enfant tu le nourris emmailloté de toile,
Tu l'aimas comme Epoux, Pere tu l'honoras :

Pri-le, Vierge, pour moy, que les fautes passees,
De mon ame il retrenche & mes folles pensees,
Et d'vn homme du monde vn Ange tu feras.

83.

Par la foy ie sçay bien que ton bras grand & fort,
Fist & crea mon ame, & que tu vins au Monde
Pour mettre vn nouuel ordre à la machine ronde,
Et qu'immortel tu pris vn foible & mortel sort :

Et qu'à la Croix pendu tu souffris dure mort
Pour les vilains pechez dont la Nature abonde,
Que tu fermas d'Enfer l'Orque affreuse & profonde,
Et nous ouuris du Ciel le salutaire port.

Helas ! comme ie doy, toutefois ie ne t'aime :
Dont ie sens en mon cœur vne douleur extresme,
Qui m'abrege la vie & m'oste tout plaisir :

Ie n'ose denouer les nœuds de cette corde
Pour humble recourir à ta misericorde,
Sans plus ie te decouure, ô Seigneur, mon desir.

84.

Si touché dans le cœur de sainte affection,
Je me pouuois hausser comme vn petit Zachee,
Et voir de deuant moy toute ombre retrenchee,
Tant que mon Dieu ie visse en sa perfection ;

Ie pourrois estre heureux en ma condition
Si mon Seigneur prenoit mon ame debauchee
Pour son humble maison : & de vice entachee
Que nette il la rendist d'humaine passion.

Lors l'apareillerois vn festin delectable,
Vne sincere foy luy seruiroit de table,
De viande & de mets, l'esprit pur & le cœur :

Puis qu'il me dist apres : pour ample recompence
Ton peché t'est remis. Mais à suiure commence
Celuy qui t'a sauué du monde estant vainqueur.

85.

Arriere vains desirs, arriere seul Espoir,
Arriere vains honneurs, & vous richesses vaines,
N'embrouillez plus mon ame en miserables peines,
Puis qu'en vous le vray bien on ne peut receuoir.

Ars vains & curieux, Recherches de sçauoir,
Vous humaine Prudence, & Sagesses mondaines,
Retirez vous de moy ; vos Raisons incertaines,
De contenter mon ame helas ! n'ont le pouuoir.

Ie n'ay que trop gousté de l'arbre de science,
Me repentant i'en suis honteux en conscience :
Il faut couurir ma honte ainsi que fist Adam.

Ie suis ietté dehors, s'il ne te plaist, ô Pere,
Que le sang de ton Fils mon ame regenere,
Et laué me remette au beau iardin d'Edem.

Soleil, dont le Soleil n'est qu'vn rayon petit,
Par qui visiblement nous remarquons ta face :
Qui par tant de flambeaux l'ombre des vices chasse,
Soleil, rauiue en moy ton feu qui s'amortit.

Dissipe ce brouillas qui l'ame apesantit :
Soleil, guide mon ame, enseigne luy la trace,
Qui la puisse conduire au chemin de la grace,
Dont le Pere premier par le peché sortit.

Tire la desormais hors de ces vieux nuages,
Qui l'ont enuelopee en tant de fouls ombrages,
Qu'elle ne peut plus voir la face de son Roy.

Laue donc en ton sang ses fautes criminelles,
Donne luy par pitié des plumes de tes ailles,
Qu'elle puisse, ô Seigneur, d'ici voler à toy.

87.

Seigneur, ie n'ay cessé des la fleur de mon âge,
D'amasser sur mon chef pechez dessur pechez :
Des dons que tu m'auois dedans l'ame cachez,
Plaisant ie m'en seruois à mon desauantage :

Maintenant que la nege a couuert mon visage,
Que mes prez les plus beaux sont fanez & fauchez,
Et que desia tant d'ans ont mes nerfs desechez,
Ne r'amentoy le mal de mon ame volage.

Ne m'abandonne point : en ses ans les plus vieux,
Le sage Roy des Iuifs adora de faux Dieux,
Pour complaire au desir des femmes estrangeres.

Las ! fay qu'à ton honneur ie puisse menager
Le reste de mes ans sans de toy m'estranger,
Et sans prendre plaisir aux fables mensongeres.

FIN

www.ingramcontent.com/pod-product-compliance
Lightning Source LLC
Chambersburg PA
CBHW060903300426
44112CB00011B/1324